KB071550

기독(목회)상담총서 3

종교적 경험과 심리

| 한국기독교상담심리학회 편 |

학지사

발간사

학회 창립 20주년을 앞두고 '한국기독교상담심리학회'는 지난 2년 동안 여섯 권의 총서 출판을 위해 힘써 달려왔습니다. 지난 2016년 6월에 대표집필진이 구성되어 총서 출판에 대한 대략적인 논의가 진행되면서 총서 출판을 위한 긴 여정이 시작되었습니다. 총서의 각 권의 짜임새와 목차가 몇 차례의 회의 과정을 통해 정해졌고, 이에 따라 각 영역들의 전문가로 구성된 집필진들이 선정되었습니다. 더불어 원고 작성을 위한 원칙도 세워졌습니다. 이후 1년 동안 총서 출판을 위한 특별강좌가 매주 토요일 진행되었습니다. 집필진들은 총서에서 자신의 영역에 해당되는 주제의 원고를 작성하여 강의를 진행했으며, 학회원들이 강좌에 참석하여 다양한 질문을 던지며 심도 있는 논의가 진행되었습니다. 집필진들은 이 강좌에서 나온 질문과 의견을 수렴하여 총서의 원고를 보완하며 발전시킬 수 있었습니다. 특별강좌가 끝나고 학술위원회에서는 각 원고들의 편집을 시작하였고, 이를 통해 총서의 구성이 통일성을 유지할 수 있도록 노력을 기울였습니다.

기독(목회)상담의 총서를 출판하려고 각고의 노력을 기울인 데에는 몇 가지 분명한 목적과 의도가 있었습니다.

먼저, 기독(목회)상담의 학문적 영역과 성격을 명료하게 규정하고, 그 경계를 짓기 위함입니다. 1999년 3월에 설립된 한국기독교상담심리학회(설립 당시 명칭은 '한국기독교상담 · 심리치료학회')는 설립 준비기간을 포함하면 어느

덧 20년의 세월이 흘렀습니다. 기독(목회)상담을 공부하는 학생은 매년 증가하고 있지만, 그동안 이 분야의 학문적 성격을 명확하게 규정하기 위한 노력이 소홀했던 것이 사실입니다. 일반상담 분야에서는 다양한 상담 이론과 주제들을 다룬 교과서가 출판되어 왔지만, 기독(목회)상담 분야는 그동안 발전되어 왔던 다양한 학문적 성과와 논의에 비해 그 학문적 영역과 경계를 확립하려는 노력이 부족했습니다. 그렇기에 기독(목회)상담이 무엇인지에 대해 질문이 제기되면, 이를 공부한 사람들의 숫자만큼이나 다양한 답변이 존재할 수밖에 없었고, 이를 체계적으로 담을 수 있는 원리와 원칙을 제공하지 못했습니다. 이는 기독(목회)상담에 대한 오해와 잘못된 이해를 가져올 수밖에 없었으며, 기독(목회)상담에 대한 의심의 눈초리를 키우게 되었습니다. 그렇기에 본 총서의 출판은 기독(목회)상담이 무엇이고, 그 가치와 특별함이 어디에 있는지를 보다 명확하게 제시함으로써, 그런 외부의 잘못된 이해를 교정할 수 있게 되는 계기가 될 것입니다. 뿐만 아니라 기독(목회)상담의 학문적 영역과 성격 그리고 그 경계를 명확하게 규정할 수 있도록 도움을 주게 될 것입니다.

두 번째, 기독(목회)상담에 처음 입문하려는 학생에게 바른 지침과 안내를 제공하기 위함입니다. 매년 본 학회에서 기독(목회)상담 분야의 전문상담사가 되기 위해 훈련받는 학생들이 증가하고 있지만, 그들은 기독(목회)상담을 명확히 이해하고 이를 실제 상담현장에 적용하는 데 어려움을 겪어 온 것이 사실입니다. 저 자신 역시 실제 사례지도에서 학생들이 자신의 임상적 경험 안에 내포된 기독(목회)상담의 함축과 의의를 신학적으로 고찰하고 분석하는 데 어려움을 겪고 있다는 것을 발견할 수 있었습니다. 그렇기에 본 총서의 출판은 기독(목회)상담이 일반상담과 어떻게 다르고, 기독(목회)상담의 특별한 상담적 개입은 어떤 것인지를 제시하고 알려주는 역할을 하게 될 것입니다. 또한 기독(목회)상담 분야에서 공부하는 학생들과 임상 현장에서 활동하는 기독(목회)상담사들이 기독교의 근본정신, 즉 목양적인 관점(Christian or shepherding perspective)으로 사례를 개념화하고 구조화하도록 실제적인 도움을 주게 될 것입니다. 결국, 기독(목회)상담에 입문하는 학생들과 일선 상담사들 모두 자신을 기독(목회)상담사로 부르신 이의 특별한 뜻을 발견하고, 우리의 상담 사역을 자랑스러워하는 계기가 되었으면 하는 바람 간절합니다.

세 번째, 영성과 초월성의 인식과 도입이 요청되고 기대되는 오늘날의 상담현장에 기독(목회)상담이 의미 있는 기여를 제공할 수 있기 위함입니다. 심리상담적 접근이 한계에 직면하게 되면서 오늘날 상담현장은 점차로 영성과 초월성의 주제에 깊은 관심을 갖기 시작했습니다. 곧 상담에서 영성과 종교성을 인식하고 이를 상담적 개입으로 발전시키는 것이 가져오는 치료적 효과에 대해서도 주목하기 시작했습니다. 기독(목회)상담은 2,000년의 긴 역사를 갖고 있으며, 초대교회로부터 발전되어 온 축적된 인간 돌봄과 이해의 이론과 기술을 축적시켜 왔습니다. 그렇기에 기독(목회)상담은 짧은 역사를 갖고 있는 일반상담 이론에 비해 종교적 전통의 상담적인 치유효과에 대한 다양한 논의를 전개할 수 있을 뿐 아니라, 인간 돌봄에서 종교성과 영성이 갖고 있는 의의와 역할에 대해 그 어떤 상담이론보다 구체적으로 설명하고 묘사할 수 있습니다. 곧 기독(목회)상담은 인간의 영혼에 대한 관심이 부각되는 오늘의 상담현장에 기여할 수 있는 개념과 튼실한 이론적 토대를 제공할 수 있습니다. 본 총서는 이런 종교성과 영성의 측면을 강조하여 기독(목회)상담의 독특성과 가치를 보여 주고 있습니다.

이런 목표와 의도를 갖고 기획된 여섯 권의 총서는 『기독(목회)상담의 이해』, 『기독(목회)상담과 영성』, 『종교적 경험과 심리』, 『중독과 영성』, 『기독(목회)상담 연구방법론』, 그리고 『분석심리학과 표현예술치료』로 구성되어 있습니다. 총서 출판의 목표와 의도를 만족시키면서, 기독(목회)상담 영역에서 자주 언급되는 핵심적인 주제와 논의를 담기 위해 총서의 제목들이 결정되었습니다. 각 총서의 대표집필진은, 『기독(목회)상담의 이해』에 연세대학교 교수이자 제9대 학회장인 권수영 교수, 『기독(목회)상담과 영성』에 성공회대학교 은퇴교수이자 제2대 학회장인 윤종모 주교, 『종교적 경험과 심리』에 서울신학대학교 은퇴교수이자 제6대 학회장인 최재락 교수, 『중독과 영성』에 고병인가족상담연구소 소장이자 제4대 학회장인 고병인 교수, 『분석심리학과 표현예술치료』에 연세대학교 교수이자 제5대 학회장인 정석환 교수, 『기독(목회)상담 연구방법론』에 임경수 계명대학교 교수가 각각 맡았습니다. 각 총서의 대표집필진은 총서의 짜임새와 목차를 구성하고 집필진을 선정했을 뿐만 아니라, 각 총서들의 부분부분이 전체적으로 일관성 있는 내용을 담아내도록 노력을 기울였습니다.

본 총서의 출판을 위해 수고하신 많은 분들께 감사의 말씀을 전합니다. 총서 출판 논의의 시작부터 함께 이 작업에 참여한 사무총장 오화철 교수, 학술위원장 장정은 교수, 그리고 손재구 사무국장에게 특별히 깊은 감사를 드립니다. 이들은 지난 2년 동안 매주 토요일에 있었던 총서 출판을 위한 특별강좌와 편집회의를 주관하며 총서 출판을 위해 헌신했습니다. 이분들의 남다른 노력이 없었다면 총서는 결코 출판될 수 없었으리라 생각합니다. 그 외에도 총서 출판을 위한 특별강좌와 원고편집 과정에 수고하고 헌신한 연세대학교와 이화여자대학교의 조교 및 학생들에게도 깊은 감사를 전합니다.

본 총서의 출판을 통해 기독(목회)상담이 자신의 학문적 영역을 분명하게 규정하고 확립하여 한 단계 발전할 수 있는 계기를 마련하게 되리라 확신합니다. 나아가 이번 총서 출판을 통해 우리 사회의 성숙과 발전에 기여할 수 있는 정신적 자양분을 제공하게 될 것이라 기대해 봅니다.

2018년 5월

한국기독교상담심리학회장

권수영

머리말

우리가 사는 현대사회를 위기의 사회라고 진단해도 과장됨이 없을 것이다. 급진적인 산업화로 인한 사회 전반의 변화와 서구사회의 가치에 대한 무비판적인 수용으로 인하여 과거의 전통사회가 갖고 있던 공동체적 가치들이 너무 쉽게 부정되고, 확고한 가치관이 정립도 되지 못한 상태에서 존재의 불안은 심화되어 가고 있다. 많은 사람의 마음속에는 진정한 자신이 되지 못하는 두려움이 깊이 자리 잡고 있다. 역사를 통해 어느 시대에나 소외의 문제는 있었지만, 오늘과 같이 인간의 삶을 풍요롭고 창조적으로 만드는 참된 생명력이 경직되고 파괴되기 쉬운 적도 없었다.

현대인의 위기는 근본적으로 하나님과의 올바른 관계가 단절된 데서 왔다. 인간은 궁극적으로 하나님과 함께할 때 참된 평화와 정체성을 가질 수 있는 것이다. 인간에게 있어 이러한 하나님의 상실은 곧 자신과 이웃으로부터의 소외로 이어진다. 오늘날 우리 사회도 인본주의적인 서구문화의 영향 아래 '주체적 개인'을 무한대로 강조하지만 인간은 관계적 존재이다. 인간은 사회적 존재로서 관계적 자아가 발달하지 못했을 때 자신의 폐쇄된 자아 속에서 삶의 기쁨과 의미를 상실한 채 병들어 갈 수밖에 없다. 더 나아가서 정치, 경제, 사회, 문화, 교육, 종교 등과 포괄적으로 관련된 사회구조가 건전하지 못하고 병든 상태에서 강력한 상부구조로 기능할 때, 인간소외는 삶의 여러 측면에서 나타나게 된다.

그러나 종교는 인간이 처한 위기상황을 운명으로 받아들이거나 외면하지 않고 적극적으로 대처하고 도와야 하는 사명을 갖고 있다. 그러한 사명은 인간이란 위기와 고난을 통하여 성장한다는 긍정적인 견해를 전제로 하고 있다. 인간이 고난을 겪지 않고 성숙한 인격을 형성한다는 것은 존재론적으로 불가능하다. 물론 고난 자체가 성장을 의미하지는 않는다. 우리는 많은 사람이 위기로 인한 고통과 상처 때문에 왜곡되고 방어적인 성격과 행동양태를 형성하는 것을 보아 왔나.

인간이 삶의 여정에서 겪는 위기에는 대부분의 사람들이 인격발달의 과정에서 겪는 보편적인 위기와 예측하지 못했던 우발적인 위기가 있다. 보편적인 위기는 삶의 주기가 바뀔 때마다 감당해야 하는 핵심적인 갈등을 효과적으로 해결하지 못할 때 발생하며, 이것은 양질의 자아를 형성하는 데 어려움을 준다. 우발적인 위기는 당사자가 대처할 만한 여유도 없이 갑작스럽게 찾아오는 사건이다. 그러나 우발적인 위기에도 본인이 인식하지 못했을 뿐, 실제로는 오랫동안 내면세계에서 위기상황으로 진행되고 있었던 경우도 적지 않다.

어떤 종류의 위기든지 간에 일반적으로 사람들은 혼자 감당하기 힘든 상황에 처하면 신경질적이며 나아가서는 충동적이고 파괴적으로 되기 쉽다. 위기상황은 육체와 정신 그리고 영혼으로 구성된 인간의 통전적 인격에 영향을 미쳐 그 파장이 복합적으로 생겨난다. 또한 그 결과 가족뿐만 아니라 다른 사람들과의 관계도 원만하기가 어렵게 된다. 더욱이 위기의 미해결 상태는 당사자에게서 끝나는 것이 아니라 다음 세대에까지 악의 세력으로서 기능할 수가 있다.

종교와 심리치료는 인간이 삶의 의지와 희망을 잃고 아파할 때 그 고통을 극복하고 전인격적으로 성장할 수 있도록 도와주어야 한다. 20년 전만 해도 한국 사회의 학계에 간학문적(interdisciplinary) 방법론은 생소하게 느껴졌다. 특히 종교와 심리학은 인간 이해와 치료적 접근방법에 있어서 상호반목적인 입장을 취해 왔다. 상대 영역에 대해 대화보다는 편견과 적대적인 태도로 일관했던 만큼 전인적인 인간 이해와 치료는 어려웠다. 그러나 오늘날에는 종교와 심리치료의 영역에 종사하는 사람들 가운데 고통받는 사람들을 온전히 치유하고 성장시키기 위해 상호협조적인 노력을 하는 사람들이 증가하고 있다. 이러한 맥락에서 이 책의 전반적인 방법론으로서 인격 발달 과정에 깊은 통찰력을 부여하는 심리학과 궁극적 가치와 윤리체계를 제공하는 종교와의 상호대화가 시도되었다.

종교와 심리학의 상호대화에 근거한 기독교상담이 일반상담과 다른 점은 하나님은 고난 속에서 아파하는 인간들과 함께하시고 그들을 돕고 성장시킬 수 있는 힘을 갖고 있다는 가치체계에 있다. 기독교상담은 하나님과의 관계 속에서 위기에 처한 사람들을 돕고 궁극적으로 그들로 하여금 하나님의 구속적인 힘을 경험하게 하는 것이다. 위기에 처한 사람이 경험하는 구속의 힘은 구체적으로 고통을 통해 자신의 정체성을 확인하고 겸허한 마음으로 자신을 사랑하며 더 나아가서는 이웃을 위로하고 도와줄 수 있다는 데서 나타난다.

이 책에서 집필자들은 '종교적 경험과 심리'라는 대(大) 주제 아래 많은 기독교인들이 직면한 다양한 문제들을 다루었다. 그들은 인격발달의 과정과 종교적 경험에서 갈등과 고통을 겪는 사람들로 하여금 문제들을 극복하도록 돕는 데 있어서, 심리학적 인간 이해와 더불어 궁극적으로 종교가 갖고 있는 역동적인 힘과 중요한 역할을 구체화시키려고 노력하였다. 그러나 현대문화에서 보이듯이 인간의 문제를 극복해 줄 것으로 기대했던 종교 자체가 소외의 근원으로 작용하는 경우도 있기 때문에 종교경험과 관련된 위기상황도 다루었다. 구체적으로 이 책의 내용은 제1부 '종교와 인격', 제2부 '종교적 경험의 심리학적 이해', 제3부 '종교적 경험과 정신병리', 제4부 '기독(목회)상담을 위한 종교와 심리학의 대화'로 분류되어 논의되었다. 아무쪼록 이 책이 복잡하고 혼탁한 사회 속에서 고통받고 병들어 가는 영혼을 치유하는 데 종사하는 분들에게 도움이 되기를 기대한다.

한국기독교상담심리학회가 창립 20주년을 맞아 학회의 정체성을 확립해 줄 총서 여섯 권을 발간하게 되었다. 이 책은 그중의 하나인『종교적 경험과 심리』이며, 이 책이 나오기까지 집필자로 참여하여 훌륭한 연구물을 내놓으신 여러 교수님의 노고에 감사드린다.

한국기독교상담심리학회의 무궁한 발전을 기원하면서 학문적 동료로서 자랑스럽게 생각하는 집필자들의 이름을 적어 본다.

가요한 이상억
권수영 장정은
박노권 최지영
오오현 하재성
유상희 황헌영
유영권

집필자 대표
최재락

차례

제2부 종교적 경험의 심리학적 이해

제12장 종교적 경험과 상담자의 윤리 • 361

제1부 종교와 인격

종교적 경험의 발달적 이해*

가요한
(한동대학교 상담심리사회복지학부 교수)

1. 들어가는 말

한국인의 종교적 심성, 종교적 경험을 통한 인격(personality)의 발달과정은 매우 복잡한 양상을 보일 수 있다. 우선, 이천년 동안 기독교 문화권에 있었던 서양인들이 문화 속에서 하나님에 대한 인지적 이해와 정서적 경험을 발달해 가는 과정과, 오천년 이상의 역사 속에서 자연적인 신 관념인 하늘(하느님)에 대한 믿음을 가졌고 오랜 기간 유교와 불교의 종교제도와 전통의 영향을 받았던 한국인의 종교적 경험의 발달적 과정이 차이점이 있을 수 있다. 또한, 1885년에 개신교의 선교활동이 한국에서 본격적으로 시작된 이후로 가

* 이 장은 '한국기독교상담학회지'에 게재된 다음의 논문을 수정 · 편집했다.
가요한 (2017). 종교적 경험의 발달적 이해. 한국기독교상담학회지, 28(2), 9-43.

족의 문화와 환경 속에서 기독교 신앙을 자연스럽게 물려받은 3세대, 4세대 그리스도인들의 종교적 경험과, 종교적 배경이 없는 가족에서 자라나서 청소년기 혹은 성인기에 대학생 선교단체를 통해서 기독교 신앙을 접한 1세대 그리스도인들의 종교적 경험은 다른 패턴과 모습을 보일 수 있다. 더 나아가서, 각 개인이 자라난 특수하고 불안정한 사회환경적, 가정적 요인 때문에 종교적 경험 발달의 근간이 되는 심리적 발달과정이 어려움을 겪은 경우도 있다. 예를 들면, 한국전쟁 경험, IMF 시절 경제적 어려움과 가족의 해체 경험, 다른 체제와 역사로 인한 트라우마 경험이 있는 북한 주민들의 경우 등 같은 한국인이라도 개인이 자란 시대적, 환경적 영향 때문에 종교적 경험의 발달과정이 지연되거나 왜곡되거나 다른 발달의 패턴을 경험할 수 있다.

이런 상황 가운데 종교적 경험의 발달과정을 고민해 보는 과정이 어려운데, 특히 한국의 교회와 기독교인들은 종교적 경험의 발달적 과정보다는, 순간적 회심과 구원의 경험을 더 강조하는 경향이 있기 때문이다. 즉, 신앙을 가지게 되면서 일생 동안 성화(sanctification)의 과정(process)을 경험하는 것도 중요하지만, 인생의 어느 한 지점에서 죄로부터 사함을 받는 의인화(justification)의 순간(moment)을 통해서 구원받은 백성이 되는 것을 더 강조하기 때문이다. 또한, 종교적 경험의 발달적 과정을 논의하는 것 자체가 마치 발달적 과정을 통해서 지속적으로 성장하고 성숙하지 않으면 판단 혹은 정죄 받는 느낌이 들거나 구원의 문제가 생기는 것처럼 불편해지기 때문이다. 같은 개신교에 속한 교회와 교인들이라 할지라도, 각 개인이 속한 교회와 교파적 성향에 따라서 신학적 관점의 범위가 매우 넓고, 각 개인이 가진 고유한 신념, 관점, 가치관의 차이 때문에 인지적, 정서적 경험 측면에서 볼 때 각 개인이 신앙을 가지게 되는 계기와 이후의 성장과정도 매우 다른 종교적 경험을 하게 된다.

그렇기 때문에 종교적 경험의 발달적 과정은 중요한 강조점을 가지고 보아야 하는데 인지, 정서, 행동의 전인적이고 포괄적인 변화의 과정, 성장기에만 일어나는 경험이 아닌 일생 동안 지속적이고 통합적인 심리발달과 영성발달의 과정으로 보아야 하는 점이다. 즉, 인지발달과 동반되는 신앙(faith) 혹은 믿음(belief) 형성의 측면, 친밀한 정서적 경험을 바탕으로 한 친밀한 하나님 경험, 인지와 정서의 변화가 행동/삶의 변화로 연결되는 과정 등 모든 부분이 균형 있게 포괄적으로 경험되는 발달적 과정이 있을 때 더 건강하고 성숙한 종교적 경험을 할 수 있다. 이러한 경험이 가능한 것은 신앙공동체와 공동체 구성원들의 존재와 역할 덕분이다. 마치 유아가 심리적으로 자라는 과정에서 건강한 부모의 존재와 안정적이고 일관된 상호작용이 중요한 것처럼, 건강한 신앙공동체의 구성원들이 대가족으로서 친밀한 상호작용을 통해서 종교적 심성, 신앙 인격을 형성해 나가도록 상호 돕는 과정이 매우 중요하다고 볼 수 있다. 하지만 최근의 많은 한국의 교회들처럼 신앙공동체 자체가 갈등이 많고 건강하지 않거나, 신앙공동체의 구성원 중에 심리적으로 건강하지 않은 구성원들이 있는 경우에는, 초기 성장과정에서 심리발달에 어려움을 겪은 사람들이 교회의 다른 구성원들의 지지와 도움으로 심리적으로 발달하면서 동시에 신앙적으로 성숙해 가기에는 어려운 여건에 처하게 된다.

이 장에서는 개인의 고유한 종교적 경험의 발달적 과정에 대한 이해를 돕기 위해서 종교적 경험의 통일성과 다양성, 종교적 경험의 성숙도와 종교적 정서, 종교적 경험 발달의 신학적 이해, 종교적 경험 발달의 심리학적 이해, 심리발달과 영성발달의 상호관계를 논의할 것이다. 심리발달의 과정에서 핵심적인 전환점은 대상과 자기에 대한 신뢰를 가지고 대상과 자기가 가진 부정적 부분과 긍정적 부분의 통합을 이루는 것, 즉 대상항상성과 자기항상성을 형성함으로써 대상에 대해서도 자기에 대해서도 종합적으로 평가하며 건강하고 안정된 대인관계를 맺는 것이다. 영성발달의 과정에서 핵심적인 전환점은 자기의 주체성을 가지고 비평적으로 성찰된 개별적-성찰적 신앙(4단계)의 모습과, 삶에서 경험하는 양극적, 역설적, 모순된 것들을 결합하고 통합하는 능력을 가지며 자기의 고유성을 잃지 않고 타 문화와 종교의 진리를 존중하며 수용하는 능력을 가지는 결합적 신앙(5단계)의 모습으로 성장하는 것이다. 본 장의 내용은 주로 이론적인 논의이기 때문에 임상사례는 포함되지 않았지만, 본 장의 논의가 종교적 경험의 발달적 과정을 전반적으로 이해하는 중요한 자료가 되고, 기독상담의 현장에서 직접적으로 적용될 수 있는 실제적인 통찰을 제공할 수 있으리라 생각한다.

2. 종교적 경험의 통일성과 다양성: 제도적 종교 vs. 개인적 종교

종교적 경험의 발달적 과정은 같은 제도적 종교 전통과 공동체에 속한 사람들이라고 해도, 각 개인의 고유한 심리발달 과정과 성장과정의 환경과 문화에 따라서 매우 다른 양상을 보이는 경우가 많다. 그렇기 때문에 같은 신앙을 가진 기독교인이라고 해도 하나님 경험, 기도, 묵상 등 각기 고유한 경험을 할 수 있다. 이러한 다양한 종교적 경험의 발달적 이해를 위해서 우선 종교적 경험 연구의 출발점을 살펴보는 것이 필요하다. 미국 심리학계에서 종교적 경험에 대한 초기 연구는 하버드대학교의 철학, 심리학 교수였던 제임스(W. James, 1842-1910)와 하버드대학교의 성격심리학 교수였던 올포트(G. Allport, 1897-1967)에 의해 시작이 되었다. 초기 연구에서 두 가지 중요한 강조점은, 기독교라는 제도적 종교체계가 주는 성서적, 교리적 가르침은 비교적 통일성을 유지하고 있지만 그 가르침을 각 개인이 체화하고 습득하는 과정에서 다양성이 존재한다는 점과, 각 개인의 종교적 경험의 패턴을 구분해 보면 미성숙한 신앙과 성숙한 신앙의 차이점이 있다는 점이었다.

제임스는 어린 시절 가족과 함께 미국과 유럽을 옮겨 다니며 자란 경험과 미술, 화학, 의학, 생리학, 철학, 심리학 등 다양한 분야를 옮겨 다니며 공부한 경험에서 오는 자기(self)의 형성 문제, 정체성(identity) 문제로 인한 방황을 경험했다. 또한, 시력 문제, 소화 문제, 불면증, 요통, 심한 우울증 등 심각한 신체적, 심리적 질병으로 장기간 고통을 당하면서 자살 충동에 시달렸고, 아픈 영혼, 영적인 위기를 겪으며 각 개인이 가진 고유한 종교적 고통과 경험에 대해서 깊은 관심과 고민을 하기 시작했다(Wulff, 1997, pp. 473-476). 종교적 경험에 대한 연구는 제임스의 이러한 개인적 경험에서 시작이 되었는데, 그는 특히 1870년 초부터 극심한 영적 고통을 경험하게 되었고 그 경험은 1902년에 출판된『종교적 경험의 다양성(The Varieties of Religious Experience)』에 상세히 묘사되었다.

제임스는 "아픈 영혼(sick soul)의 우울증, 철학적 비관론과 영혼의 우울증의 상태"가 갑자기 자신을 덮쳐서 압도당하고 "자신의 존재에 대한 끔찍한 두려움(horrible fear)"에 휩싸였을 때, "여호와는 나의 피난처" "수고하고 무거운 짐진 자들아 다 내게로 오라" "나는 부활이요 생명이니" 같은 성서 구절에 매달려서 고통스러운 상태를 탈출하게 된 신비스러운 경험이 있었음을 서술했다(Wulff, 1997, p. 479). 또한, 제임스는 자신이 속한 기독교의 영적인 전통과 예배(ritual)에 적응하는 데 심각한 어려움을 경험했다. 종교적 관심이 강했던 제임스는 하버드대학교 교수로서 아침 채플에 정기적으로 참석을 했는데, 예배에서 행해지는 기독교인들의 공통적인 경건의 표현에 참여하기가 매우 어려움을 느끼게 되었다. 특히 그는 기독교의 교리, 교회의 가르침대로 기도의 중요성을 잘 알았고 기도가 기독교의 영혼(soul)이고 본질(essence)이라는 점도 강조했지만, 자신의 개인적 경험으로는 "나는 기도할 수가 없다. 나는 기도가 어리석고(foolish) 인공적(artificial)이라고 느낀다."고 기록했다(Wulff, 1997, p. 479). 기독교 문화에서 자란 제임스에게 이러한 일종의 부적응 경험은 기독교인들의 일반적인 경험과는 매우 다른 당황스러운 경험이었고, 이러한 경험은 각자 다양한 영혼의 갈등과 고통을 당하는 많은 사람들의 역경과 삶에 깊이 공감하게 되는 계기가 되었다.

제임스의 이러한 깨달음은 1901년 에든버러대학교의 기포드 강연과 그

강연의 내용을 기록해서 1902년에 출판한『종교적 경험의 다양성』에 고스란히 담기게 되었는데, 가장 중요한 강조점은 종교적 경험의 개인적 특성(individuality)과 정서(feeling)의 중요성, 인간의 영적 고통과 종교적 경험의 기이함에 대한 공감적 이해였다. 제임스는 무엇보다도 종교적 경험에 대한 천편일률적이지 않은 여러 목소리의 복수성, 개인의 차이점, 개인의 고유성을 강조했고, 이러한 종교적 경험의 개인적 특성이 나타나는 가장 핵심적인 이유는 개인의 정서적 경험이 각자 다르기 때문이었다. 그렇기 때문에 제임스는 모든 종류의 교조주의(dogmatism)에 대해서는 매우 비판적이었고, 제도적 종교(institutional religion)에 의해서 교리적 가르침을 인지적으로 습득하는 통일성(unity)보다는 개인적 종교(personal religion)의 정서적 체험의 다양성(varieties)에 더 관심을 가지게 되었다. 결국 제임스가 추구했던 종교적 경험의 본질은 인간 내면의 종교적 경험의 사적인 영역이었고, 그에게 제도적 종교는 집단적이고 교리적인 지배적 정신에 물들어서 자신들이 창조한 모습의 신을 위로하는 목적으로 예배를 드리는 일에 주로 집중하는, 덜 핵심적이고 덜 본질적인 일이었다(Wulff, 1997, pp. 483-485).

3. 종교적 경험의 성숙도와 종교적 정서: 비본질적 종교 vs. 본질적 종교

제임스의 종교적 경험의 다양성에 대한 연구는 후학들에게 큰 영향을 주었는데, 제임스 사후에 하버드대학교 심리학과에서 공부하고 교수가 되었던 성격심리학자 고든 올포트는 제임스로부터 깊은 영향을 받았다. 올포트는 제임스가 남긴『종교적 경험의 다양성』에 대해서 깊이 공감을 했고, 제임스의 연구를 '묘사적 과학의 걸작'으로 높이 평가하였다(Allport, 1942, p. 6). 올포트는 경건한 성공회 신자로서 그 당시 다수의 기독교인들이 가진 미성숙한 신앙의 모습에 대해서 매우 불만스럽게 생각했고, 성격심리학자로서 성격의 형성과 성숙한 신앙의 형성에 대해서 깊은 관심을 가졌다. 제임스가 예배 참석과 기도에 대한 개인적 경험의 차이 때문에 어려움을 느꼈던 하버드대학교의 애플턴 채플에서, 올포트는 정기적으로 말씀을 나누는 경험을 하면서 종교의 긍정적 기능과 성숙한 신앙에 대해서 깊이 있는 개인적 경험과 연구를 진행하였다.

제임스가 종교를 개인적 종교와 제도적 종교로 설명했던 것처럼, 올포트는 외재적/비본질적(extrinsic) 종교와 내재적/본질적(intrinsic) 종교의 측면으로 구분해서 설명하였다. 올포트에 의하면 신체적으로 심리적으로 건강한 성인들은 종교적 정향/방향성을 가지는 것이 당연한데, 종교의 어떤 측면을 받아들이는 것은 유익하지만, 어떤 측면을 받아들이는 것은 해롭다고 강조하였다. 올포트는 외재적 동기를 가진 사람들은 특정 목적을 성취하려는 수단으로 종교를 도구로 이용하고, 내재적 동기를 가진 사람들은 종교를 통해서 인생 자체를 사는 것으로 비교하면서, 신앙을 수단으로 여기는 사람과 신앙 자체에서 기쁨을 누리고 목적으로 삼는 사람을 구분하였다(김동기, 2013, p. 319).

올포트에 의하면 외재적/비본질적 종교는 아동기로부터 전수된 미성숙하고 건강하지 못한 종교적 측면(unhealthy religion)인데, 신자들의 관심과 이익에 따라 신적인 존재가 만들어져서 마치 하나님이 아이들의 소망을 다 들어주는 산타클로스와 같은 의미를 가진다. '우리 교회가 너희 교회보다 낫다.' 혹은 '하나님은 너희 백성보다 우리 백성을 더 사랑하신다.'는 이분법적이고 아동적인 생각 구조를 가지며, 잘 알려지고 이름 있는 교회의 교인이 되는 것은 비즈니스 접촉에 유리해서 많은 유익을 누릴 수 있다. 이런 모습은 실질적 유익함 때문에 다수의 사람들에게 잘 받아들여지는데, 결국 건강하지 못하고 미성숙한 사람들을 양성하게 된다. 반면, 내재적/본질적 종교는 성숙하고 건강한 종교적 측면(healthy religion)인데, 인간으로 하여금 깊은 내면적 깨달음과 성찰을 얻을 수 있도록 해 주고, 성숙한 가치관을 형성해 주며, 사람들의 심리적, 영적 성장과 성숙의 과정을 돕는다. 또한 세상의 많은 현상들, 예를 들면 선과 악의 공존, 자유의지와 운명의 공존, 선한 사람, 무고한 사람이 겪는 고통에 대한 가능한 설명을 공급해 주고, 자기 종교뿐만 아니라 모든 인류와 종교에 대한 동질감, 동일시를 격려해 준다.

올포트는 인간 성격에서 인지와 정서를 결합한 영속적인 요소가 어떤 의미 있고 가치 있는 내상을 향해서 나아가는 포괄석인 태도를 종교적 정서(religious sentiment)로 명명하면서 종교적 정서 발달의 근원은 아동기와 청소년기에 있음을 강조하였다. 그는 대학생들에 대한 연구에서, 사람이 일생 동안 영속적인 종교적 정서를 가지게 되려면 종교적 환경에서 성장하는 것이 매주 중요함을 확인하게 되었고, 특히 부모님들의 종교적 욕구(need)가 가장 중요한 요소임을 발견하게 되었다. 연구대상인 대학생들 중에서 70% 정도의 학생들이 종교적 욕구를 가지고 있었는데, 놀랍게도 그들 중에 대다수가 '제도적 종교'에 대한 불만족을 가지고 있었고 신학적으로 보수주의에서 벗어나서 보다 개방적인 관점을 가지고 있었다(Wullf, 1997, p. 586). 올포트는 성인 초기의 성인들이 성숙한 종교적 정서를 체화하기는 매우 어려움을 지적하면서, 연구대상자들에 대한 관찰과 자신의 개인적 성찰에 근거해서 성숙한 종교적 정서의 특징을 설명하였다. 그에 의하면 성숙한 종교적 정서는 주로 아동기 후기/청소년기에 시작이 되는데, 발달과정에서 신체적, 정서적으로 성장함에 따라서 점점 더 다양성을 내포하며 풍부해지고 복잡해진다. 특히 아동기 후기/청소년기에 접어들면서 개인의 비평적 성찰능력(critical reflection)이 발달하면서 아동기 초기의 지나치게 단순하고 간접적으로 접하고 배운 초보적 신앙에서 벗어나서 고유한 개인적 관점을 가지게 되는데, 시간이 흐르면서 지속적으로 수정되고 재구성된 성숙한 종교적 정서는 더 다양한 이슈, 관점, 대상을 포용하고 종합적으로 받아들이며 유지할 수 있게 된다.

성숙한 종교적 정서는 아동기의 자기를 위한 기본적 욕구로부터 벗어나서 자율적이고 독립적이 됨으로써, 개인의 관심과 욕심을 뛰어넘어 공동체와 인류를 위한 더 숭고한 가치와 목적을 위해서 자기의 삶을 변혁시킬 수 있는 방향성을 제시한다. 결과적으로, 성숙한 종교적 정서는 종합적인 삶의 철학, 참조의 틀을 제공함으로써 지속적으로 방향성을 제시하고 도덕적, 윤리적 행동과 삶의 결과를 맺게 하는데, 그중에 중요한 요소는 깊은 개인적 성찰과 신앙을 통해서 관용의 태도와 마음을 가지고 삶을 살게 되는 것이다. 또한 성숙한 종교적 정서는 어려운 통합의 과제를 실행하게 되는데, 즉 삶과 죽음, 기쁨과 고통, 악의 문제, 선량한 사람들이 받는 고난 등 쉽게 이해할 수 없고 받아들일 수 없는 문제들을 감싸 안아서 의미를 부여하고 나아가는 방향성을 제공한다(Wulff, 1997, pp. 587-588).

4. 종교적 경험 발달의 신학적 이해

올포트가 자신의 종교적 경험 연구에서 강조했던 내재적/본질적 종교의 성숙한 모습(healthy), 성숙한 종교적 정서(mature religious sentiment)의 특징에 대한 설명은 이후의 종교적 경험과 발달 연구에 근본적인 기초를 제공하였다. 특히 내재적/본질적 종교의 측면을 수용해서 성숙한 종교적 정서를 가진 종교인들의 경우, 자기 자신과 자신의 종교뿐만 아니라 모든 인류와 타종교에 대한 동질감과 존중감을 가지게 되고, 개인의 확고한 정체성에 근거한 고유한 관점과 비평적 성찰능력에 근거해서 다양한 이슈, 대상, 과제를 포용하고 종합적으로 이해하고 통합하는 측면은, 앞으로 살펴볼 신앙발달단계이론의 성숙한 단계인 개별적-성찰적 신앙(4단계), 결합적 신앙(5단계), 보편화된 신앙(6단계)의 모습과 일맥상통하는 면이 있다.

제임스와 올포트가 종교적 경험 연구의 귀한 유산을 남기고 떠난 하버드대학교에서 박사학위를 마치고 에모리대학교에서 신학 및 인간발달학 교수로서 활발한 연구활동을 했던 제임스 파울러(James W. Fowler, 1940-2015)는 유럽과 미국의 발달심리학자였던 피아제(J. Piaget), 콜버그(L. Kohlberg), 그리고 특히 에릭슨(E. Erikson)의 영향을 받아서 신앙발달단계이론을 구축하였다. 또한 감리교 목사였던 파울러는 자신이 속한 교파의 전통인 웨슬리 신학의 인간발달적 관점을 근거로 해서 이론을 전개하였는데, 하나님-인간관계, 인간-인간관계의 역동적 상호작용을 통한 성격과 신앙 형성(formation), 개인의 성격과 신앙 형성에 있어서 신앙공동체 역할의 필요성, 일생 동안 신앙의 발달과정인 성화(sanctification)의 과정에 깊은 관심을 가지고 있었다. 파울러는 자신의 저서 『Stages of Faith: The Psychology of Human Development and The Quest for Meaning』(1981)에서 파울러가 강조했던 종교적 경험의 인종적, 종교적, 문화적 다양성에도 불구하고 종교적 경험을 범주화하고 예측할 수 있는 단계, 과정, 패턴이 존재함을 발견했다. 파울러 연구팀은 개신교(45%), 가톨릭(36.5%), 유대교 (11.2%), 타 종교(7.2%)에 속한 359명의 연구대상자를 심층 인터뷰를 하고 얻게 된 일반인들의 삶의 이야기를 분석하여, 심리사회발달, 인지발달, 도덕발달의 단계들과 유사한, 예측 가능한 신앙발달 단계들(stages)로 구분지었다(Fowler, 1981, pp. 313-323).

신앙발달단계 연구의 내용을 살펴보기 전에 언급해야 할 중요한 점은, 이 연구에서 파울러가 정의하는 신앙(faith)은 종교(religion), 믿음(belief)과 유사하지만 구별되는 개념이라는 점이다(Fowler, 1981, pp. 9-15). 종교는 제임스와 올포트가 구분했던 "제도적 종교"와 "개인적 종교" 중에서 좀 더 제도적 종교의 의미로서, 오랜 시간 축적된 전통을 공유하는 사람들의 공동체와 그 공동체의 가르침, 경전, 율법, 규율, 상징, 음악, 신조, 예식 등을 의미한다. 믿음은 특정한 관념을 유지하는 것으로서 초월자와의 경험과 관계를 어떠한 개념으로 인지적으로 이해하고 믿는 노력을 의미한다. 그에 반해, 신앙은 좀 더 "개인적 종교"의 의미로서, 종교나 믿음보다는 좀 더 깊고, 풍부하고, 개인적인 신앙인데, 개인의 신앙이 제도적 종교 전통 안에 있더라도 종교적 제도의 시스템보다는 개인적 경험의 질적인 차이점을 의미한다. 신앙은 자기 자신, 주변, 세상을 바라보는 개인적 관점이고, 자기의 마음(heart)과 의지(will)를 정하는 것이며, 비전, 성실, 신뢰를 가지고 삶을 헌신하는 것을 의미한다(Fowler, 1981, p. 14). 이러한 신앙이 신조나 교리를 이해하고 받아들이는 제도적 종교의 믿음으로 축소된다면 생동감과 역동성을 잃게 될 것이다.

신앙발달단계 연구에 관해서 또 다른 중요한 점은, 많은 사람들이 신앙발달의 과정을 한 단계에서 다음 단계로 마치 계단을 오르거나 사다리를 오르는 비유로 보는 관점을 파울러 자신이 매우 경계하였다는 점이다. 그 이유는, 우선 신앙발달과정의 가장 중요한 핵심 이슈는 더 복합적이고, 더 분화되고, 더 포괄적인 모드의 신앙으로 연속적인 진행(successive progression)을 경험하는 것인데, 계단 혹은 사다리를 오르는 비유는 우리로 하여금 신앙의 단계들을 높고-낮은 사고의 구조로 묶어둘 수 있기 때문이다. 또 다른 이유는, 신앙발달의 전환의 과정을, 실제로는 한 개인이 근본적으로는 변하지 않은 모습으로 한 단계에서 다음 단계로 애쓰며 기어오르거나 힘겹게 매달리는 모습으로 생각해서는 안 되기 때문이다(Fowler, 2001, p. 46).

파울러의 연구결과에 따르면, 아동기와 청소년기에 나이에 따라 발달하는 인지발달의 직접적인 영향 때문에 0~6세와 7~12세 아동들은 주로 신앙발달단계의 1~2단계에 속하고, 13~20세 사이 청소년은 2~4단계에 포함된다. 흥미롭게도 21세 이상~65세 이상 성인 그룹은 연령층별로 큰 차이점 없이 3~5단계 사이에 골고루 분포되었다(Fowler, 1981, p. 318). 다시 말하면, 청소년기에 주로 경험하는 신앙의 3단계에 성인기 내내 더 이상은 성장하지 않고 머무르는 사람들도 다수가 있다는 의미이다. 파울러가 나눈 신앙발달단계들은 직관적-투사적 신앙(1단계), 신화적-문자적 신앙(2단계), 종합적-전통적(인습적) 신앙(3단계), 개별적-성찰적 신앙(4단계), 결합적 신앙(5단계), 보편화된 신앙(6단계)으로 분류를 했는데, 이후에 미분화된/원시적 신앙(0단계)을 추가하였다. 이후에 추가된 0단계를 포함해서 1~3단계는 주로 아동의 신앙발달과정이고, 이후의 3단계(4~6단계)는 주로 청소년기부터 성인기까지의 발달과정이다.

파울러가 강조하는 신앙발달단계의 출발점은 미분화된/원시적 신앙(0단계)과 직관적-투사적 신앙(1단계)이다. 이 두 단계는 본 장에서 이후에 다룰 대상관계이론에서 강조하는 유아의 3년(0~36개월) 동안의 심리적 탄생의 과정과 평행하는 과정이다. 파울러에 의하면, 미분화된 신앙은 유아의 생애 첫 1년(0~1세/12개월) 동안 유아와 돌보는 환경 간의 유대감(bonding), 애착(attachment), 기본적인 믿음(trust) 형성의 과정을 통해서 시작된다. 유아의 두 번째 해(1~2세) 동안, 의지할 수 있는 엄마와 아빠는 일시적으로 떠나가서 부재하지만 어딘가에 존재하고 있고 곧 돌아온다는 믿음을 주고, 그들과의 경험이 어떤 초월적 힘과 지혜에 대한 희미한 첫 느낌을 주며, 엄격함과 양육적인 사랑/은혜가 공존하는 경험을 제공함으로써, 3세 이후에 유아는 좀 더 독립적인 존재로 성장하면서 부모의 이미지를 통한 하나님의 이미지의 기초를 형성하게 된다(Fowler, 2000, p. 41). 대상관계이론의 관점으로 설명하면, 일시적으로 부재해서 보이지 않는 엄마와 아빠에 대한 믿음, 신뢰가 형성되는 전환점은, 분리개별화 과정의 연습기(10~16개월)와 재접근기(16~24개월) 동안 양가감정과 불안함을 느끼는 유아가, 대상이 눈에 보이건 보이지 않건 존재한다는 절대적인 신뢰인 대상항상성(24~36개월 이후) 형성과 같은 맥락의 경험이다.

미분화된 신앙에서 제공된 심리적, 인지적 기초에 근거해서 발달되는 다음 단계는 직관적-투사적 신앙(2~6세)인데, 대상항상성 형성이 막 시작되는 2세(24개월)부터 학령기 전인 6세까지의 유아기 동안에 경험할 수 있는 신앙단계이다. 이 시기 동안 아이는 거울이 되어 주는 엄마를 통한 모방과 반복의 상호작용으로 언어를 사용할 수 있게 되고, 많은 것에 대해서 적극적으로 탐구하고 질문을 쏟아내며, 지각, 정서, 상상적 환상을 통해서 자신들의 경험을 알아가는 과정을 거치게 된다. 직관적-투사적 신앙을 가진 아동들은 세상의 현실 너머에 있는 죽음의 신비에 대해서 서서히 인지를 하게 되고, 이야기, 상징, 교회의 예배를 통해서 오래 지속되는 시각적, 청각적 기억과 이미지를 가지게 됨으로써, 결국은 신적인 존재와의 관계에서 경험하는 확신, 인도함, 동일시를 경험할 수 있는 출발점이 된다(Fowler, 2000, p. 43).

아동기에 주로 경험하는 신앙발달의 다음 단계는 주로 학령기(6/7~12세)에 경험하는 신화적-문자적 신앙(2단계)이다. 이 단계는 발달심리학자 장 피아제가 언급했던 인지발달의 구체적 조작기(concrete operational thinking)와 평행하는데 공간, 시간, 인과관계 등 인지적 능력이 증가하면서, 감정, 상상력, 판타지에 의존하는 모습이 많이 줄어들게 되는 단계이다. 이 시기의 아동들은 자기의 관점과 다른 타인의 관점을 이해하고 받아들이게 되고, 이야기를 정확하게 풍부하게 할 수 있게 되며, 옳고 그름, 선과 악의 공존에 대한 이해와 의견을 가지게 된다. 자신의 가족이 속한 신앙공동체의 전통, 의미, 이야기, 믿음에 대해서 공유하게 되면서 "우리 백성(our people)"의 신앙의 이야기를 알게 되고 인과관계와 결과 등을 이해하고 평가할 수 있는 능력이 자신이 속한 종교전통과 신앙공동체에 대한 소속감과 배타성의 기초가 된다(Fowler, 2000, p. 43).

청소년기와 성인기에는 3단계부터 5단계까지의 신앙발달이 주로 일어나는데, 종합적-전통적 신앙(3단계)에서 개별적-성찰적 신앙(4단계)으로의 전환이 매우 중요하다. 이 전환은 제임스와 올포트의 개념으로 보면 "제도적 종교"의 권위와 가르침을 따르는 신앙단계에서, "개인적 종교"의 다양성, 포괄성, 신앙적 질문과 성찰을 경험하는 단계로의 중요한 전환점을 의미한다. 청소년기 초기(12세 전후)에 이르면 종합적-전통적 신앙(3단계)이 시작이 되는데, 중요한 점은 청소년뿐만 아니라 다수의 성인들이 평생 동안 이 단계의 신앙의 모습에 머물러 있기도 한다는 것이다.

종합적-전통적 신앙(3단계)의 형성은 피아제가 강조한 청소년기의 인지발달 단계인 형식적 조작기에 근거해서 가능한데, 추상적 개념을 사용하는 것이 가능해지고, 타인이 자기를 보는 관점을 이해하며, 타인의 관점과 같은 관점으로 자기를 볼 수 있는 능력을 제공해 준다(Fowler, 2000, p. 46). 파울러는 3단계 신앙을 종합적인(synthetic) 단계로 설명했는데, 그 이유는 이 단계의 청소년들이 아직은 흩어져 있는 자기의 이야기, 가치, 믿음, 확신, 성찰 등을 하나로 통합하는 과정을 거치면서 삶의 방향성을 제시해 주는 삶의 의미, 자기됨(selfhood), 정체성(identity)을 종합적으로 형성하기 때문이다. 이렇게 각 개인이 자기만의 고유한 관점과 정체성을 서서히 형성해 가면서도 3단계 신앙이 여전히 전통적인(conventional) 이유는, 통합하려는 믿음, 가치, 관점 등이 가족 구성원, 신앙공동체의 성도들과 같은 핵심적인 주변 인물들로부터 공급되었기 때문이다.

다시 말하면, 3단계에서 개인의 신앙은 개별적인 고유성이 있는 것 같으면서도, 아직은 독립적인 관점에서 독자적/자율적 판단을 내리기 위한 자기정체성을 충분히 형성하지 못한 모습이며, 아직은 비평적 성찰(critical reflection) 혹은 질문의 능력을 가지지는 못한다. 결국 이 단계의 정체성과 신앙은 여전히 가족이나 주변의 중요한 인물들의 관점, 가치관, 신앙이 내면화(internalization)되어서 주변 인물들의 가르침과 가이드 아래 있는 모습을 보인다(Fowler, 2000, p. 47). 3단계 신앙을 가진 청소년 혹은 성인에게는 가족, 친척, 직장, 교회, 친구 등 여전히 다양한 그들(they)이 존재하고, 그들이 말하는 것, 제3자의 관점과 조언이 가장 중요하다. 그렇기 때문에, 종합적-전통적 신앙의 단계의 사람들은 종종 자신들의 진술에서 3인칭 대명사를 주어로 사용한다. 예를 들면, '우리 아버지는…… 다른 사람들은…… 우리 목사님은…… 이렇게 하라고 했어요.'라는 표현을 자주 사용한다. 그들은 여전히 다른 사람들의 관점, 의견, 가치 등에 의존하는 성향을 보인다. 이러한 모습이 성인기까지 나타나게 되면 삶에서 갈등 상황에 놓이게 될 때 결국 다양한 타자들 중에서 강한 권위와 의견을 가진 사람의 생각에 종속되고, 자기 스스로 내리는 판단이 아닌 타인의 의견을 그대로 따르고 순종하는 성향의 신앙을 가지게 되는 문제가 생길 수 있다(가요한, 2013, p. 21).

종합적-전통적 신앙(3단계)에서 개별적-성찰적 신앙(4단계) 패턴으로의 전환은 인생과 신앙에 있어서 결정적인 의미를 가지고 있는데, 4단계로의 전환을 경험하는 것이 올포트가 강조했던 내재적/본질적 종교, 성숙한 종교적 정서를 경험하는 것과 같은 의미를 가지고 있다. 개별적-성찰적 신앙은 청소년기가 끝나가는 17~18세 즈음부터 좀 더 독립적이고 개인적으로 선택된 신앙의 모습으로 나타나는데, 파울러의 359명에 대한 심층 인터뷰 분석결과에 의하면, 30~60대 성인들도 다수가 일생 동안 3단계 신앙의 패턴을 유지하면서 살아가고 있다. 보수적인 기독교 선교의 관점에서 보면, 일생 동안 3단계 신앙을 유지하며 살아간다는 것은 개인적인 영혼구원을 받고 못 받고의 문제는 아니기 때문에 큰 문제가 아닐 수도 있으나, 개별적-성찰적 신앙을 가지는 것은 인생의 위기의 순간, 고통의 순간에, 자기에게 주어진 상황을 이해하고, 신앙으로 극복해 나가며, 고통 가운에 평안을 풍부하게 누리며 성장할 수 있는 매우 특별한 기회가 될 수 있다.

개별적-성찰적 신앙은 '제도적 종교'보다는 '개인적 종교'에 가까운 훨씬 더 개인적으로 선택되고 자율적인 신앙이고, 다양한 그들(they)로부터 독립적으로 떨어져서 신앙적으로 홀로서기를 할 수 있는 능력을 가지게 되는 신앙이다. 파울러가 정의했던 신앙의 핵심이 종교와 믿음을 뛰어넘는 더 깊은 개인의 경험의 질, 개인적 관점, 헌신 등을 의미한다고 볼 때, 개별적-성찰적 신앙 이후의 신앙 패턴이 파울러가 의미를 두고 추구하는 신앙의 모습으로 볼 수 있다. 개별적-성찰적 신앙의 핵심은 자기의 정체성과 신앙을 확립하고, 중대한 결정을 내리는 과정에서 종합적으로 고민하고 결정할 수 있는 자기-승인의 능력을 가지게 되며, 헌신과 책임성을 가질 수 있게 된다(Fowler, 2000, p. 49). 또한 삶의 역설, 양극성에 대한 인식이 새롭게 생기는 경험을 하는데, 하지만 아직은 둘 다(both-and)보다는 둘 중의 하나(either-or)의 접근법을 사용하며, 삶의 역설을 종합해서 받아들이는 능력을 가지고 있지는 못한 단계이다(가요한, 2013, p. 22-23).

파울러는 35세 이상 중년기 이후에는 결합적 신앙(5단계)의 모습이 나타남을 발견하였는데, 성인기 5단계 이후에 보편화된 신앙(6단계)을 경험할 수 있음을 제시하기는 했지만 아주 극소수의 사람들을 제외한 대부분의 성인들이 현실적으로 경험할 수 있는 성숙한 경험은 결합적 신앙임을 강조했다. 결합적 신앙은 "정반대되는 것의 동시발생/공존"의 특징을 가지고 있는데, 정반대되고, 보순되고, 양극적이며, 역설적인 모든 것들이 결합되고 통합되는 과정을 의미한다(Fowler, 2000, p. 51). 이 단계에서는 이전 단계들이 가진 선명한 경계들이 희미해지는 경험을 하게 된다. 결합적 신앙에서 보이는 몇 가지 중요한 특징들은 늙음과 젊음, 남성성과 여성성 등 자기 안에 공존하는 양극적 특성을 인식하고 함께 하는 것, 이전 단계인 개별적-성찰적 신앙(4단계)에서 알던 것처럼 진리(truth)를 둘 중의 하나(either-or)의 범주로 보는 것보다는 훨씬 더 다양성과 복잡성을 가지고 있기 때문에 적어도 두 개 혹은 그 이상의 각도에서 접근되어야 한다는 것에 대한 명확한 인식을 가지는 것, 그리고 자기 자신이 속한 종교전통에 대한 깊은 헌신을 가지면서 동시에 타인이 가진 진리에 대해서 인정하고 존중하는 "훈련된 개방성(disciplined openness)"을 가지는 것이다(Fowler, 2000, p. 54).

파울러의 신앙발달단계 중 결합적 신앙의 모습을 가지는 것은 어떤 믿음, 종교적 가르침에 대해서 개인적인 비평적 성찰 없이 종합적-전통적 신앙의 모습으로 순종하고 헌신하는 보수적인 관점에서 보면 "진정한 신앙인(true believer)"의 모습으로는 보이지 않을 수도 있다(Fowler, 2000, p. 54). 자기 종교의 전통, 공동체의 진리에 대한 깊은 충성심과 헌신을 보이는 동시에 다른 종교와 전통의 진리와 가르침에 대해서도 완전한 개방성을 가지는 것이 매우 역설적이고 모순적으로 보이지만, 이러한 경험은 올포트가 강조했던 내재적/본질적 종교의 측면을 수용하고 성숙한 종교적 정서를 가지게 된 사람들의 경험과도 같고, 5단계 신앙의 패턴에 이른 파울러의 연구대상자들이 삶에서 실제로 경험했던 것이기도 하다.

파울러의 신학적 관점과 신앙발달단계이론이 종교적 경험의 발달과정에 대한 매우 중요한 정보를 제공하지만, 반면에 이 이론의 한계점 때문에 비판도 받아왔다. 특히, 그의 이론이 신앙발달의 인지적인 측면에 주로 집중되어 있는 점과, 종교가 있는 가족과 문화에서 유아기부터 인지적으로 성장하면서 신앙이 발달된 사람들과 성인기에 회심한 사람들의 신앙발달과정의 경험적 차이점을 명시적으로 적용하지 못한 점 등이 한계점이다. 또한 파울러가 신앙발달의 단계들이 계단 혹은 사다리를 오르는 비유로 보는 관점을 경계하였지만, 종합적-전통적 신앙(3단계)은 앞으로 더 성장해야만 하는 아직은 미성숙한 신앙의 모습으로, 개별적-성찰적 신앙(4단계)과 결합적 신앙(5단계)은 바람직하고 성숙한 신앙의 모습으로 보이는 평가적 관점이 이분법적으로 나누는듯한 인상을 주기도 한다.

파울러가 묘사한 신앙발달의 단계들이 신앙의 발달과정이기도 하지만, 실제로는 심리적인 발달과정의 분리개별화 단계와도 일치되는 부분이 있다. 성인기에 주로 경험하는 3~5단계의 신앙발달과정을 단순하게 개념화하면, 종합적-전통적 신앙은 의존적(dependent) 특징을 나타내는데 비해, 개별적-성찰적 신앙은 독립적(independent) 특징을 가지며, 결합적 신앙은 상호의존적(interdependent)인 모습을 보인다(가요한, 2013, p. 23). 상호의존적 심리상태와 신앙발달의 과정은, 자신의 고유성과 독립성을 잃지 않으면서 타인을 수용하고 받아들이고 배울 수 있는 능력을 가진 모습과, 타인, 사회, 문화, 인류 전체를 위한 공감과 적극적 관심을 가지는 존재로서 경험하며 살아간다는 것이다. 결국은 이 모습이 이후에 논의할 심리적 발달에서 자기항상성(정체성)과 대상항상성을 경험하는 성숙한 모습과 일치하고, 심리적으로 성숙한 성인이 사용하는 가장 발달된 심리기제인 동일시를 사용하여 지속적으로 성장해 나가는 모습과도 일치한다.

5. 종교적 경험 발달의 심리학적 이해

파울러의 신앙발달단계이론의 중요한 강조점은, 아동기와 청소년기 신앙발달단계인 미분화된 신앙(0단계: 0~2세), 직관적-투사적 신앙(1단계: 2~6세), 신화적-문자적 신앙(2단계: 6/7세~12세), 종합적-전통적 신앙(3단계: 12세~17/18세)의 발달과정이 인지적 발달에 근거해서 진행된다는 점이다. 파울러가 나중에 추가한 미분화된 신앙(0단계)의 설명에서는 유아가 생애 첫 해에 경험하는 유대감, 애착, 기본적 신뢰 형성, 엄마의 사랑/은혜 경험 등 정서적인 측면을 언급했지만, 파울러가 의미하는 신앙(faith)의 발달과정은 기본적으로 감각운동기(0~2세), 전조작기(2~7세), 구체적 조작기(7~11세), 형식적 조작기(11세 이후) 등 인지적 발달과정에 기초해서 일어나는 발달과정을 의미한다. 하지만 종교적 경험의 발달은 친밀한 정서적 경험을 동반하는 과정이기 때문에 정서적 경험의 성장을 잘 설명한 심리학적 관점을 통한 보완이 필요하다.

유아기와 아동기의 심리적 발달과정에 대해서 중요한 통찰을 제공하는 정신분석적 대상관계이론가들에 의하면, 유아는 신체적 탄생과 "심리적 탄생"을 통해서 성장하게 되는데, 신체적 탄생의 경우 수정란이 형성되어서 출생할 때까지 9개월간 이루어지는 과정인데 비해서, 심리적 탄생은 출생부터 만 3세까지 36개월에 걸쳐서 무수한 대인관계 상호작용을 통해서 이루어지는 과정이다(Hamilton, 2007, p. 59). 심리적 탄생은 신체적 탄생에 비해서 4배나 더 오랜 기간이 필요하고, 이 기간 동안 유아와 돌봄 제공자의 무수한 정서적 상호작용을 통해서 서서히 자기(self) 구조가 형성이 된다. 대상관계이론가들은 수많은 아동과 엄마의 관계에 대한 장기간의 관찰과 임상경험을 통해서 심리적 발달이 크게 ① 자폐기(0~2개월), ② 공생기(2~6개월), ③ 분리개별화(6~24개월): 부화기-연습기-재접근기, ④ 대상항상성 발달(24~36개월 이후)

의 과정을 통해서 이루어진다고 설명하였다(Hamilton, 2007, p. 59).

3년간의 심리적 탄생의 과정은 한국 문화와 성서에서 강조하는 애도의 과정, 정체성 형성 과정 등과 같은 다른 심리적 과정에서도 일맥상통하는 부분이 있다. 예를 들면, 한국 문화에서 부모님이 돌아가신 경우 상주가 무덤 곁에서 삼년상을 치르던 경험은 망자를 위한 과정이라기보다는 아마도 자녀를 위해서 마을공동체의 공동노동의 책임에서 벗어나서 집중적으로 애도의 과정을 경험할 수 있도록 했던 배려로 보인다. '서당 개 삼년에 풍월을 읊는다.'는 한국 속담은 심지어 사람이 아닌 동물의 경우에도 3년 동안의 집중적인 형성과정을 거치면 어느 정도 능력을 가질 수 있음을 암시하는 속담이다. 최근 심리학 연구결과에서도 연인 간의 열정적인 사랑의 유효기간이 3년이고 그 이후에는 열정적인 이성관계가 덜 열정적이지만 더 친밀하고 질적으로 깊은 애정관계로 변화될 수 있음을 강조하고 있다. 공교롭게도, 신약성서에서 묘사된 예수의 제자훈련 기간도 3년이었던 점, 특히 그 3년의 기간 동안 다수의 청중이 아닌 소수의 헌신한 제자들의 심리적, 영적 형성과정을 거쳤음이 시사하는 바가 매우 크다.

3년 동안의 심리적 탄생 과정 중 분리개별화(6~24개월) 단계는 부화기(6~10개월), 연습기(10~16개월), 재접근기(16~24개월)로 나누어지는데, 이 시기 동안 유아와 엄마 관계에서 긍정적 정서적 교감, 기쁨, 위로 등을 통해서 애착이 형성되기도 하고, 불신과 불안 등의 부정적 경험이 형성되기도 한다. 특히 이 시기의 부정적 경험은 성인으로 성장하고 난 후에 경계선 인격장애, 자기애 인격장애와 같은 경계선 레벨의 심리적 문제를 일으키고 종교적 경험의 발달과정에 방해가 되는 경우가 많다. 부화기 유아는 밀치기, 뒤집기, 기기, 연습기 유아는 서기, 걷기, 뛰기 등의 운동능력이 발달하면서, 서서히 엄마 혹은 돌봄 제공자로부터 분리되어 가는 과정을 겪는 동안, 유아도 엄마도 심리적으로 많은 갈등과 양가감정으로 어려움을 겪게 된다. 유아의 경우 부화기와 연습기 동안 낯선 사람에 대한 불안(낯가림)을 느끼고, 엄마가 일시적으로 떠나는 것에 대한 이해의 부족에서 기인한 심한 분리불안을 경험하게 된다. 이러한 상황에서, 자기 자신이 충분히 분화되지 않은 엄마는 분리되려는 유아를 보며 외로움, 불안, 슬픔을 느끼기도 하고, 공생관계에 대한 자기의 과도한 욕구 때문에 유아의 분리 노력을 지지해 주지 못하고 오히려 방해를 하기도 한다.

연습기 유아는 자신감을 가지고, 자기 능력에 도취되어, 자기애가 최고조에 이르는 상태에서 거침없이 주변을 탐색하며 종종 독립적이고 위험한 행동을 하는데 비해서, 재접근기 유아는 인지능력의 발달로 자기가 혼자라는 인식, 자기의 취약성에 대한 인식이 발달하여 엄마에 대한 의존감을 가지며 더 조심스럽고 주변을 살피며 신경을 쓰게 된다. 재접근기 유아는 독립/분리에 대한 욕구와 의존하고 싶은 욕구가 공존하기 때문에 양가감정을 느끼며 투정을 부리게 되고 더 많이 갈등을 일으키는 모습을 보여서 엄마가 인내심을 가지고 다 받아주기는 어렵게 된다. 재접근기 유아의 정서적인 동요는 감정의 불안정과 급격한 변화, 실망, 슬픔 등으로 나타나기도 하고, 더 나아가서 이분법적인 분열(splitting)의 패턴을 보인다. 예를 들면, 엄마와 유모가 번갈아 가면서 돌봐줄 때 두 사람이 번갈아 가면서 전적으로 나쁜 대상 혹은 전적으로 좋은 대상으로 취급이 되고 이후에 다양한 사람과의 대상관계를 기분과 상황에 따라서 좋은 사람과 나쁜 사람으로 분리해서 맺게 되는 패턴을 보일 위험이 있다.

재접근기에서 대상항상성 형성(24~36개월 이후)으로의 발달은 유아기 발달의 가장 중요한 전환점이다. 대상항상성을 습득하는 것은 안정되고 성숙한 대상관계 경험뿐만 아니라 하나님과의 친밀한 관계 경험의 기초가 되는 핵심적인 변화의 과정이다. 파울러의 신앙발달단계이론에서 종합적-전통적 신앙(3단계)에서 개별적-성찰적 신앙(4단계)로의 변화가 핵심적인 신앙발달의 전환점이었던 것과 같은 맥락을 가진다. 대상항상성은 "엄마가 곁에 있거나 부재하거나, 욕구를 충족시키거나 좌절시키거나, 어머니에 대한 일관된

상을 유지할 수 있는 능력"이다(Hamilton, 2007, p. 84). 유아가 동일한 사람과의 관계 경험이 때로는 좌절을 주고 때로는 기쁨을 주는 경험을 통합해서, 두 가지 다른 경험을 주는 사람이 사실은 동일 인물이라는 인식을 하는 것은 큰 변화이다(Hamilton, 2007, p. 87). 인지적인 측면에서 양 극단의 경험을 통합할 수 있는 능력이고, 정서적인 측면에서 극단적인 감정을 인내하고 견딜 수 있는 능력을 의미하는데, 이러한 엄청난 능력은 선행 단계들, 특히 연습기와 재접근기에 엄마 등 대상과의 관계에서 충분히 좋은 경험, 신뢰와 사랑을 많이 축적하는 데 달려 있다. 그래야만, 짧은 분리의 시간에 정서적으로 압도되지 않고 심각한 분리불안 혹은 유기불안을 느끼지 않게 된다.

대상항상성 시기에 접어들게 되면 유아는 재접근 단계에서 보였던 투정하면서도 의존하는 행동 혹은 거부하면서도 매달리는 행동 등 이중적인 행동의 지속 시간과 강도가 현저하게 줄어들고 자기의 놀이에 더 집중하며 안정감을 경험할 수 있다. 대상항상성 형성과 더불어 유아는 자기항상성 형성을 동반하게 되는데, 자기항상성은 자기에 대한 감각이 점점 안정되어 가고, 자기가 무엇을 원하는지, 자기가 누구인지 등에 대한 인식이 선명해지는 것이다. 그렇기 때문에 좌절감, 실망을 느끼는 경우에도 어느 정도 자기의 과제를 지속할 수 있는 능력이 생기게 된다. 이때가 되면 자기와 대상과의 관계를 완전히 분리된 존재로 인식하게 되고, "개성(고유성)을 잃어버리지 않을까 하는 공포를 느끼지 않으면서 타인과 관계를 맺을 수 있고, 확고한 자기감(selfhood)을 가지고 이후의 심리사회적" 발달단계로 들어갈 수 있다(Corey, 2012, p. 87). 그런데 대상항상성과 자기항상성이 발달하는 과정은 3년간의 심리적 탄생의 마지막 지점인 36개월에서 완성되는 것이 아니라 끝이 없이 평생 동안 지속되는 과정이다. 청소년기, 성인 초기, 결혼, 자녀 출산, 새로운 직장, 먼 곳으로의 이사, 죽음을 준비할 때 등 인생의 전환점마다 자기항상성과 대상항상성의 설정은 항상 재작업을 요구한다(Hamilton, 2007, p. 84-87).

분리개별화 단계에서 분화를 잘 경험하지 못한 아동들, 특히 재접근기의 문제가 제대로 해소되지 않은 아동들의 경우에는 성인기 초기에 경계선적 성격장애와 자기애적 성격장애로 어려움을 겪게 될 확률이 매우 높다. 즉, 이 두 성격장애는 재접근기의 "외상적 경험"과 그로 인한 "발달적 장애"에 뿌리를 두고 있다(Corey, 2012, p. 87). 특히 분리하고 개별화하려는 자녀의 노력에 부모가 자신의 욕구나 문제 때문에 개별화를 견디지 못해서 부모 쪽에서 철회하고 자녀를 좌절시킬 때 이러한 문제가 발생하게 된다. 두 가지 성격장애는 연약한 사기(self)구조와 정체성(identity) 혼란, 즉 자기항상성이 완성되지 못한 공통점이 있는 반면에 다음과 같은 차이점도 있다. 경계선적 성격장애는 심한 기분 변동, 충동, 안절부절, 자기파괴적 행동, 불안정, 타인에 대한 이해와 공감 부족, 불안을 참는 능력 부족, 충동통제의 어려움, 만성적인 공허감/자기고갈과 지루함/대상에 대한 흥미결여 등 더 강한 행동 및 정서문제를 보인다. 반면, 자기애적 성격장애는 경계선적 성격장애만큼 충동적이지는 않고 좌절을 좀 더 잘 견뎌내지만, 연약한 자기감을 감추기 위해서 과장된 자기 중요감과 위대함, 타인에 대한 착취적 태도 및 이용하는 행동을 보이는 특징을 가지고 있다. 자기애적 성격장애는 타인의 관심과 찬사 추구, 자신의 성취에 대한 비현실적 과장, 지나친 자기 몰입성, 공허감과 무력감, 친밀감과 애정경험의 어려움, 타인에 대한 무관심과 공감 부재, 자기에 대한 공감 혹은 위로 불가능, 타인에 대한 기생 등의 특징을 가지고 있다(Corey, 2012, p. 87).

물론 성인기 사회생활에서 경계선적 성격장애나 자기애적 성격장애와 같은 대인관계적 문제를 경험하는 모든 사람들이 발달초기, 특히 분리개별화 단계에서 문제가 있는 것은 아니고, 대상관계이론의 관점이 모든 심리적 문제의 인과관계에 대한 유일한 설명을 제시하는 것은 아니다. 예를 들면, 일부 주의력결핍장애 혹은 학습장애의 원인을 "통합적 자아기능의 선천적 결함"으로 보는데, 이런 경우에는 좋고 나쁜 자기표상(자기항상성)과 좋고 나쁜 대상표상(대상항상성)을 인지적으로 통합하기가 어려워서 성인기에 분열된 대상관계가 나타날 수 있다. 또한 그동안 잘 발달된 대상관계로 살아오던 성인이 참전 경험 등으로 인해서 트라우마나 뇌손상을 입게 되는 경우 "통합적 자아기능"이 제대로 작동하지 않아서 분열된 대상관계로 돌아가게 되고 경계선 성격장애와 비슷한 모습의 관계 패턴과 어려움을 겪을 수 있다(Hamilton, 2007, p. 174). 이런 일부의 이유를 제외하고는 성인기 초기에 경험하는 경계선적 성격장애와 자기애적 성격장애의 뿌리를 분리개별화 단계에서 경험한 발달적 장애와 외상적 경험으로 볼 수 있다. 3년 동안의 심리적 탄생 과정, 발달 단계에서 문제를 경험한 사람이 성인기에 경험하는 각 단계별 심리기제, 그리고 성격장애 문제를 표로 요약하면 〈표 1-1〉과 같다(Hamilton, 2007, p. 173 일부 참고).

〈표 1-1〉에서 볼 수 있듯이 성인기에 사용하는 심리기제 가운데 경계선적 성격장애와 자기애적 성격장애 성향을 가진 사람들이 주로 사용하는 심리기제는 분열, 이상화와 평가절하, 투사적 동일시이고, 이들이 경험하는 문제의 뿌리는 재접근기에 있다. 우선, 분열은 자기와 대상에 대한 좋고 나쁜 정서를

〈표 1-1〉 심리발달과정과 성인기 심리기제/성격장애 관계

심리적 탄생 (유아기)	자폐(0~2개월) 공생(2~6개월) 분리개별화(6~24개월) -부화기(6~10개월) -연습기(10~16개월)	재접근기 (16~24개월)	대상항상성 형성 (24~36개월 이후)
심리기제 (성인기)	1) 통합과 분화 2) 투사 3) 내사	4) 분열 5) 이상화-평가절하 6) 투사적 동일시 7) 중간대상형성	8) 온전한 대상관계 9) 동일시
성격장애 (성인기)	정신증(psychotic) 레벨 1) 자폐증 2) 조현병 3) 양극성 정서장애	경계선(borderline) 레벨 4) 반사회성/의존성 5) 경계선적 성격장애 6) 자기애적 성격장애	신경증(neurotic) 레벨 7) 강박성 성격장애 8) 신경증/히스테리 9) 정상성격

따로 떼어서 보는 심리기제인데, 자기와 대상에 대해서 그날 컨디션에 따라 전적으로 좋고(all good) 전적으로 나쁜(all bad) 것으로 느낀다. 즉, 자기 자신을 혼자이거나 버림받아서 슬프고 외롭고 고통스러운 끔찍한 감정 상태를 가진 전적으로 나쁜 자기로 느끼는 경우에는, 대상에 대해서도 전적으로 나쁜 대상으로 느낀다. 예를 들면, 나쁜 자기-나쁜 대상 상태에서 배우자를 전적으로 나쁜 대상으로 보던 내담자가, 상담 시간에 와서 대화하는 가운데 기분이 좋아지면 자기 자신과 상담자를 전적으로 좋은 자기-좋은 대상으로 느끼는 경우가 전형적인 분열 심리기제에 해당한다. 분열 심리기제를 사용하는 사람들은 종종 주변의 사람들을 자기에게 호의적인 사람과 비호의적인 사람으로 구분하는 경향이 있다.

이상화와 평가절하는 분열과 마찬가지로 불안정한 심리기제로서 분열과 유사한 부분이 있지만 자기경험과 대상경험이 다르게 배열되는 차이점이 있다. 분열은 앞의 예처럼 좋은 자기-좋은 대상, 나쁜 자기-나쁜 대상으로 배열이 되는 데 반해, 이상화와 평가절하는 좋은 자기-나쁜 대상(평가절하), 나쁜 자기-좋은 대상(이상화)으로 다르게 배열이 된다. 이상화의 순간에는 자기와 대상을 일시적으로 "완벽하다"고 보게 되고, 평가절하의 순간에는 자기와 대상이 "무가치하다"고 보는 정서의 극단성을 보인다(Hamilton, 2007, p. 123). 이상화와 평가절하에 빠지게 되면 어떤 순간에는 자기를 심리적인 문제가 심각하고 의존적이며 감정 조절을 못하는 나쁜 자기로 인식하면서, 그러한 자기를 도와주고 치유해 줄 강력한 이상화된 대상이 필요하다고 느낀다. 또 다른 순간에는 자기를 이상화하면서 자기는 아무런 문제가 없는 사람인데 자기를 문제가 있는 사람으로 보고 고치려는 대상을 나쁘고 무능하고 무가치한 사람으로 완전히 평가절하하는 패턴을 보인다. 이런 심리기제를 사용하는 사람을 만나게 되면 처음에는 이상화되는 경험을 하게 되지만, 오래가지 않아서 심한 평가절하를 경험하게 되기 때문에 결국은 관계를 회피하게 되기 때문에, 이런 사람들은 대인관계에서 고립되는 경우가 많다.

투사적 동일시 심리기제도 자기-대상의 경계 설정이 적절하게 이루어지지 않은 경우에 혼동에 의해서 일어나는데, "자기의 어떤 측면이 먼저 대상에게 투사(projection)"가 되고, 그 후에 "대상 안에서 투사된 자기의 측면을 통제하려고 시도"하는 기제를 의미한다(Hamilton, 2007, p. 130). 예를 들면, 다른 사람을 혐오하는 마음으로 대하던 사람이, 자기의 그런 마음을 배우자 혹은 상담자에게 전가(투사)하고 그 투사된 측면을 동일시하는 경우, 다른 사람이 자기를 혐오하는 마음으로 대했기 때문에 나도 혐오하는 마음으로 대했다고 책임을 전가하는 경우가 투사적 동일시에 해당한다. 투사적 동일시는 자기의 감정을 대상에게 전염시키는 영향력이 있어서, 낙담, 좌절과 같은 부정적인 마음을 가진 사람이 대상에게 투사적 동일시를 사용할 경우, 심리적으로 건강한 대상도 부정적 감정에 함몰될 수가 있다.

재접근기 문제가 잘 해소되고 대상항상성 형성을 이룬 경우에는, 성인기에 온전한 대상관계와 동일시의 심리기제를 주로 보이게 된다. 온전한 대상관계를 획득하게 되면 더 이상 좋음-나쁨으로 구별되는 분열된 대상관계를 보이지 않게 되는데, 대상의 좋은 측면과 나쁜 측면을 통합해서 대상항상성을 발달시키고 자기의 좋은 측면과 나쁜 측면을 통합해서 자기항상성(정체성)을 확고하게 해준다. 자기와 주변 대상, 세상을 더 이상 이분법적, 흑백논리로 느끼지 않게 되고, 자기도 대상에 대해서도 대체로 좋은 측면이 많지만 나쁜 부분도 공존한다는 사실을 인정하고 받아들이게 된다. 온전한 대상관계를 경험하게 되면 상호 모순된 감정을 동시에 느끼고 견디며 의미 있는 방식으로 결합하는 능력을 가지게 되는데, 예를 들면, 침몰하는 배의 선원이 구조가 되었을 때 동료를 잃은 슬픔과 살아남은 기쁨을 동시에 느끼고 견디는 능력이다. 또한 온전한 대상관계를 획득하게 되면 자기와 대상에 대한 용서를 할 수 있게 된다. 예를 들면, 대상을 용서하는 것이 가능하려면 정서적으로 서로 상반된 대상에 대한 두 개의 이미지, 즉 자기에게 폭력적이고 무서운 존재였던 대상인 어머니의 이미지와 자기에게 따뜻하고 친절했던 어머니의 이미지를 마음속에 동시에 지니며 기억할 수 있어야 한다. 그래야만 좀 더 균형 잡힌 관점으로 대상인 어머니를 보게 되고, 어머니가 내게 무섭기도 했지만 나를 따뜻한 사랑으로 돌보아 주신 면도 있었음을 종합적으로 인식하게 되어서 결국은 어머니에 대한 극단적이고 부정적인 평가보다는 수용하고 용서하는 것을 배울 수 있게 된다(Hamilton, 2007, p. 158).

성인기의 심리기제 중에서 가장 성숙한 심리기제는 동일시이다. 대상항상성과 그와 동반되는 자기항상성의 습득은 유아기 특정 시점(24~36개월 이후)에 이루어지고 더 이상 변화하지 않는 것을 의미하는 것이 아니라, 평생 동안의 지속적인 발달과정을 통해서 끊임없이 성장해 나가는 것을 의미한다. 동일시는 중요한 대상과 구별되는 자기의 고유성은 잃지 않고 유지하면서, 동시에 대상의 주로 긍정적인 측면을 자기내부로 받아들이면서 꾸준히 변화하는 과정을 의미한다. 결국 인간은 전 생애를 통해서 동일시 심리기제를 통해서 대상에게 자기를 열어 놓고 대상이 자기에게 영향을 끼쳐서 변하도록 하는 과정을 겪어 나간다는 의미이다. 즉, 동일시는 자기와 대상의 끊임없는 상호작용을 통해서 평생 동안 자기의 정체감을 형성하고, 재구성하고, 변화하는 매우 중요한 과정이다. 기독교 전통에서는 동일시 과정을 통해서 예수의 제자들이 "내 계명은 곧 내가 너희를 사랑한 것 같이 너희도 서로 사랑하라 하는 이것이니라(요 15:12)."는 예수의 가르침을 동일시하여 일생 동안 성화(sanctification)의 과정을 거치며 서로를 사랑하는 부름에 응답하고 실천해 가는 삶을 살게 된다(Hamilton, 2007, p. 168).

아동기 심리적 발달과정의 마지막 단계인 대상항상성을 형성한 아동은, 성인기에 접어들면서 비교적 건강한 성격을 이루며 온전한 대상관계와 동일시 심리기제를 사용하게 되는데, 이 단계에서의 심리적 경험은 신앙발달단계의 결합적 신앙(5단계)의 모습과 일치한다. 대상항상성을 형성한 사람이 온전한 대상관계 심리기제를 사용하게 되면서 더 이상 이분법적 논리, 흑백논리로 자기와 대상을 보지 않게 되고 상호모순된 감정을 동시에 느끼며 결합하는 능력을 가지게 되는 것처럼, 결합적 신앙을 형성한 사람은 자기의 삶에서 경험하는 양극적이고 역설적이며 모순된 많은 것들을 결합하고 통합하는 능력을 가지게 된다. 또한 동일시 심리기제를 사용하는 경우 자기의 고유한 정체성은 잃지 않으면서 대상의 건강한 측면을 끊임없이 소화하면서 지속적으로 성장하게 되는 것처럼, 결합적 신앙(5단계)을 형성한 사람은 상호의존적(interdependent) 특성을 가지게 됨으로써 자기의 독립성과 고유성을 잃지 않으면서 대상을 수용하고 받아들이며 배우는 능력을 보이게 된다. 결합적 신앙에서 대상을 수용하고 대상으로부터 배우는 과정은 자기가 속한 종교전통에 대한 깊은 신앙과 정체성을 가지고 헌신함과 동시에, 훈련된 개방성을 가지고 다양한 문화와 종교 전통을 존중하고 배우는 성장과정을 의미한다. 지금까지의 논의들, 제임스, 올포트, 종교적 경험 발달의 신학적 이해, 심리학적 이해를 정리하면 〈표 1-2〉와 같다.

〈표 1-2〉 심리발달과 신앙(영성)발달 비교

제임스	제도적 종교 • 종교적 경험의 통일성 • 종교전통의 가르침, 형성	개인적 종교 • 종교적 경험의 다양성 • 종교적 경험의 고유성 • 개인적 특성(individuality) • 정서(feeling)의 중요성	
올포트	외재적/비본질적 종교 (건강하지 못한 신앙) • 특정 목적을 성취하려는 수단으로 종교를 도구로 이용 • 신자들의 관심과 이익에 따라 소망을 들어주는 산타클로스 하나님 • 이분법적/흑백논리적 생각구조 • 명망 있는 교회의 멤버가 되는 유익	내재적/본질적 종교 (건강한 신앙) • 신앙 자체에서 기쁨을 누리는 목적 • 깊은 내면적 깨달음/성찰 • 성숙한 가치관 형성 • 심리적/영적 성장과 성숙 • 선과 악의 공존, 자유의지와 운명의 공존, 무고한 사람의 고통에 대한 설명 공급	

	• 실질적 유익 때문에 다수의 사람들이 수용 • 건강하지 못하고 미성숙한 사람들을 양산	• 모든 인류와 종교에 대한 동질감/동일시 격려 성숙한 종교적 정서 형성 • 비평적 성찰능력(critical reflection) • 자율적/독립적 신앙 • 초보적 신앙에서 벗어나서 고유한 개인적 관점 형성	
신앙 발달	미분화된 신앙(0단계) 직관적-투사적 신앙(1단계) 신화적-문자적 신앙(2단계) 종합적-전통적 신앙(3단계) • 의존적(dependent) • 제도적/종교적 권위와 가르침 순종 • 청소년/다수의 성인 평생 3단계 유지	개별적-성찰적 신앙(4단계) • 독립적(independent) • 자기 정체성/신앙 확립 • 비평적 성찰(critical reflection) • either-or 관점 마음(heart), 의지(will), 헌신(commitment)	결합적 신앙(5단계) • 상호의존적(interdependent) • 역설, 양극성, 모순 수용/결합 • 다양한 관점에서 진리(truth) 추구 • 훈련된 개방성 • both-and 관점 보편화된 신앙(6단계)
심리 발달	자폐(0~2개월) 공생(2~6개월) 분리개별화 • 부화(6~10개월) • 연습기(10~16개월) 심리기제: 통합/분화, 투사, 내사	재접근기(16~24개월) • 독립적(independent) • 양가감정/갈등경험 • 심리기제: 분열, 이상화와 평가절하, 투사적 동일시, 중간대상형성	대상항상성/ 자기항상성(정체성) • 지속적 상호작용(interdependent) • 24~36개월 이후 평생 • 심리기제: 온전한 대상관계, 동일시

6. 심리발달과 영성발달의 상호관계

지금까지 살펴본 대상관계이론 관점에서의 인간의 심리적 발달의 과정은 종교적 경험의 발달적 이해에 매우 중요한 단서를 제공한다. 특히 분리개별화 단계의 연습기와 재접근기에 엄마와 아빠 같은 초기 돌봄제공자와 무수한 상호작용을 통한 자기-대상관계의 초기 경험이, 이후에 자기-하나님과의 대상관계적 경험뿐만 아니라 신앙공동체의 구성원들과의 대상관계적 경험에 막대한 영향을 미치기 때문이다. 기독교 공동체에 속한 사람들은 누구나 신학, 즉 하나님에 대한 말이나 생각을 하면서 살아가는데, 그러한 하나님 생각은 일상의 삶뿐만 아니라, 삶의 중요한 위기에 놓였을 때 그 사람을 움직이는 보이지 않는 힘으로 강력하게 작용을 한다(권수영, 2007, pp. 21-24). 특히 개인의 고유한 하나님 생각은 자기가 알지 못하는 사이에 습득이 되고 작동이 되는 오랜 시간에 걸쳐 형성된 내면적 삶의 구조인데, 누구나 신 존재/대상관계에 대한 의식적 혹은 무의식적 느낌을 가지게 되고 그 힘에 의해서 삶의 방향, 말과 행동이 지배를 받게 된다(권수영, 2007, p. 21). 어떤 사람들은 하나님 생각을 의식적으로 명확하게 인식하고 있어서 표현할 수 있지만, 많은 사람들은 신 존재/대상관계에 대한 대부분의 생각과 느낌이 무의식 속에 묻혀 있어서 의식적으로는 잘 드러나지 않는 모습을 보인다. 여기서 중요한 점은 종교가 있든지 없든지, 신앙생활의 패턴이 어떠하든지 이러한 우리의 심리내적 구조를 강력하게 지배하는 신 존재/대상관계와 관계없이 살아가는 사람은 없다는 것이다.

여기서 가질 수 있는 의문은, 인지적/의식적으로 생각하고 느끼는 신과의 대상관계 패턴과 삶에서 실제로 무의식적으로 작용하는 신과의 대상관계 경험이 다를 수 있을지에 대한 것과 한 사람 안에 하나님 생각이 하나 이상 존재하는 것이 가능할지에 대한 것이다. 실제로 하나 이상의 하나님 생각이 존재하는 것이 가능한데, 기독교인으로서 의식적인 레벨에서 말로 설명하고 고백하는 하나님 생각과 삶에서 강력하게 작용하는 하나님의 영향력이 다른 모습을 가질 수 있다. 예를 들면, 항상 따뜻하게 받아주시고 용서해 주시는 은혜의 하나님이라는 생각과 느낌을 말로 표현하고 다른 사람에게 전하는 사람이, 실제 신앙생활에서 인지적으로 작용하고 정서적으로 느껴지는 하나님은, 마치 어린 시절에 폭력적인 모습을 가진 아버지의 모습처럼 모든 것을 통제하시고 판단하시고 심판하시는 폭군 같은 하나님일 수 있다. 이러한 차이점을 개인이 주로 의식적 레벨에서 머리로 생각하는 "고백적 신학(professed theology)" 또는 "교리적 신학(doctrinal theology)"과 주로 무의식적 레벨에서 가슴으로 느끼며 삶에서 작동하는 "작용적 신학(operational theology)"의 차이로 볼 수 있다(권수영, 2007, p. 27).

교회에서 배운 교리와 성경말씀에 근거해서 우리와 늘 함께 하시는 '임마누엘의 하나님'에 대한 생각을 인지적 사고구조 안에 가지고 있는 사람의 하나님 생각이 감정과 몸으로 체화되지 않는 경우에, 실제 심리적으로 작용하는 하나님은 내가 어렵고 고통스러울 때 내 옆에 계시지 않고 버리고 떠나시는 하나님으로 느끼는 유기 경험을 하게 된다. 반대로, 실제로 삶의 큰 위기를 경험하거나 아플 때 임마누엘의 하나님이라고 머리에 입력하였던 하나님 생각이 가슴으로 느껴지면서 작용하는 경험을 할 수도 있다. 즉, 개인적 경험과 상태에 따라서 고백적 신학과 작용적 신학이 일치할 수도 있고, 불일치한 경험을 할 수도 있다. 이러한 상황을 대상관계이론의 관점에서 이해하면 분리개별화 단계의 재접근기에 충분한 정서적 교감과 신뢰를 경험한 아이가 성인으로 자라게 되었을 때, 지금은 잠시 자리를 비우지만 곧 돌아올 신뢰로운 엄마에 대한 대상항상성이 하나님과의 자기-대상관계로 전이되어서 하나님에 대한 대상항상성으로 경험을 할 수 있다. 반대로, 재접근기 문제에 함몰되어서 대상항상성을 수립하지 못하고 자란 성인의 경우에는, 부모에 대한 분리불안과 유기불안의 심리가 현재의 자기-하나님 대상관계로 전이되어서 강력하게 작동하면서 하나님에 대한 작용적 신학도 위기의 순간에 나와 함께 하지 않고 나를 버리고 도망가는 하나님으로 느껴질 수 있다.

사람들이 삶에서 경험하는 고백적/교리적 신학과 작용적 신학 간에 일치되는 경험이 있기도 하지만, 특히 삶의 위기 상황에서 두 신학 사이에 심한 불일치가 드러나게 되는 경우도 많다. 그렇기 때문에, 종교적 경험의 발달과정을 건강하게 성장하고 성숙하도록 돕기 위해서는 사람의 생각, 감정, 행동을 통제하며 사로잡는 강력한 심리구조인 작용적 신학을 찾아내는 일이 반드시 이루어져야 하는데 찾아내는 과정이 쉽지가 않다. 특히 고백적/교리적 신학을 철저하게 학습한 종교적 경험이 많고 신앙생활의 연륜이 긴 사람들의 경우에는, 대화 혹은 상담 중에 한편으로는 하나님 생각을 매우 유창하게 풀어내면서도 또 다른 한편으로는 마음에 숨겨진 작용적 신학을 아주 능숙하게 꽁꽁 숨겨두게 된다. 철저하게 숨기는 이러한 모습은 일종의 심리적 방어기제(defense)로 볼 수 있는데, 개인의 하나님 생각 자체가 고유한 성장과정을 통해서 형성된 심층적 심리내적 경험과 심리구조의 직접적이고 강력한 영향을 받기 때문에, 작용적 신학을 찾아내고 고백적 신학과 통합하는 과제는 결국은 전문적인 심리치료적 작업을 요구하게 된다(권수영, 2007, p. 32). 심리치료적 작업을 통해서 삶에서 부정적으로 작용하는 작용적 신학을 버리고, 삶을 건강한 방향으로 이끌 수 있는 긍정적이고 새로운 작용적 신학을 가질 수 있도록 하는 것이 중요한 과제가 된다.

대상관계 정신분석가인 리주토(A.-M. Rizzuto)는 사람들의 심리구조 안에서 작동하는 신/하나님 표상(God representation)은 성장과정의 경험에서 개인적으로 창조된다고 강조하였다(Rizzuto, 2000, p. 12). 예를 들면, 무서운 폭군 같은 하나님과 같은 부정적 생각, 감정, 표상은 유아기에 경험한 부모의 모습, 특히 아빠와의 관계에서 수 없이 경험한 불안한 관계 경험에서 비롯된 것으로 볼 수 있다는 것이다. 결국 그러한 뿌리 깊은 상처 경험이 시간이 오래 지나면서 고착이 되어서 사람의 심리내면을 통제하게 되면, 대상이 바뀌더라도 초기 대상의 이미지/표상, 관계경험이 현재의 대상관계에 자동적으로 전이가 되어서, 폭력적 아빠=폭력적 남편=무서운 목사님=두려운 하나님 등으로 지속적으로 영향을 주어서 일생 동안 큰 어려움을 겪게 될 수도 있다.

리주토에 의하면, 동양과 서양을 막론하고 신 표상/이미지는 대부분의 사람들이 다 경험하는 공통된 소유물인데, 신 표상은 아동이 부모와의 관계를 통해서 형성하는 필연적인 결과라는 것이다. 중요한 점은 각 개인이 신의 존재에 대해서 믿든 믿지 않든 간에 신 표상은 개인의 일생 동안 유효한 상태로 남아 있다는 점이다. 프로이트가 신 표상을 초기 부모와의 관계에서 기원한 발견을 넘어서서, 리주토는 자기의 연구결과에 근거해서 신 표상이 훨씬 더 복잡성과 역동성을 가지고 지속적으로 변화하는 과정에 있음을 발견했다. 리주토가 20명의 기독교인과 유대교인 내담자들에 대한 질문지, 인터뷰, 가족 그림, 하나님 그림 등을 연구한 결과에 의하면, 20명 전원이 하나님 표상을 실제 부모상, 자기가 소망하는 부모상, 자기의 상상을 통해서 경험한 두려운 부모상 등 다양한 자료로부터 도출했고 하나의 자료로부터만 도출해서 신 표상을 얻게 된 사람은 없었던 점을 눈여겨보고 강조하게 되었다(Wulff, 1997, pp. 343-344).

이렇게 "살아있는 신의 탄생," 즉 하나님 표상의 형성과정이 복잡하다면, 하나님 표상의 작용과 수정도 개인의 일생 동안 매우 복잡하다고 볼 수 있다. 리주토에 의하면 각 개인이 가지고 있는 하나님 표상은 크게 두 가지 특징을 가지는데 한편으로는 하나님 표상은 개인이 성장하면서 근본적으로 바뀌지 않고 유지되는 경향이 있다. 청소년기와 성인 초기를 거치면서 어떤 구체적인 타이밍이 되면 자기가 가진 하나님 표상이 부적절하거나 성장단계에 뒤떨어지는 표상이라고 하더라도 잘 변하지 않는다. 또 다른 한편으로는 하나님 표상은 인생의 발달과정 주기에 따라서 초기 유아기뿐만 아니라 모든 단계에서 생성되고 지속적으로 수정될 수 있다. 청소년기를 지나면서 성인으로 성장해 가는 과정에서 자기표상(정체성)을 통합해 가는 경험을 하게 되는데, 동시에 하나님 표상이 동반해서 수정되고 변형되는 과정을 거치게 될 수 있다. 특히 사춘기 이후 인지능력이 지속적으로 발달하면서 성장의 전환점마다 종종 신 존재에 대한 의심의 위기에 빠질 수 있는데, 그때마다 각 개인은 기존의 하나님 표상을 새롭고 더 적절한 하나님 표상으로 변화시켜 가야하는 도전을 경험하게 된다. 삶의 위기의 순간에 필요할 때는 각 개인이 가진 하나님 표상이 쉬고 있던 공간에서 갑자기 호출을 당하고 이용이 되고, 어려움이 지나갔을 때는 다시 무시당하고 버려지기도 하는데, 하나님 표상은 버려지는 순간에도 여전히 각 개인의 심리구조 내에 존재하면서 다음에 사용될 순간을 위해 머무르게 된다(Wulff, 1997, p. 344).

7. 나오는 말

지금까지 논의한 것처럼 종교적 경험의 발달적 과정을 경험하고 설명하는 것은 매우 복잡하고 어려운 과제이다. 제임스는 기독교 전통 내에서 종교적 경험의 통일성이 당연시되던 시대와 종교 문화적 상황 속에서 각 개인의 종교적 경험, 정서적 경험이 각자 고유하고 다양함을 인정하고 수용하였고, '제도적 종교'의 교리적인 가르침을 인지적으로 습득하고 배우는 것을 넘어서서 정서적 체험을 통해서 개인이 경험하고 성찰함으로써 성숙하고 성장하는 '개인적 종교'의 중요성을 강조하였다. 올포트도 신자들의 아동기적인 관심과 이익을 위해서 '외재적/비본질적 종교'에 집중하는 미성숙하고 건강하지 못한 신앙을 비판하면서, 건강하고 성숙한 '내재적/본질적 종교'에 집중함으로써 이분법적이고 흑백논리적인 생각구조를 넘어서서, 개인의 비평적 성찰을 통한 깊은 내면적 깨달음을 얻으며, 역설적이고 모순적인 현상들을 이해하고 수용하고, 인류와 다양한 종교에 대한 존중을 보이게 되는 성숙한 종교적 정서를 형성하는 것이 더 본질적인 종교적 경험임을 강조했다.

결국, 제임스와 올포트가 강조했던 개인적 종교, 내재적/본질적 종교, 성숙한 종교적 정서는 타인의 가르침과 관점에 의존하고 인지적으로 이해하고 수용하는 종합적-전통적 신앙(3단계)을 넘어서는, 좀 더 성숙한 개별적-성찰적 신앙(4단계)과 결합적 신앙(5단계)의 경험을 의미하는 것이다. 그런데 문제는 제임스, 올포트, 파울러가 공통적으로 강조했던 성숙한 신앙으로의 성장을 어렵게 만드는 핵심적인 원인이 안타깝게도 심리적 발달과정과 연관되어 있다는 점이다. 심리적 성장기에 부모님의 건강한 돌봄을 통해서 대상항상성과 자기항상성 형성을 경험하지 못하면, 성인기에 타인과 하나님과의 온전한 대상관계와 동일시의 경험을 통한 신앙발달이 어려워진다. 또한 건강하지 못한 심리기제인 분열, 이상화와 평가절하, 투사적 동일시를 일상에서 주로 경험하게 되어서, 경계선적, 자기애적 성격장애의 성향을 보이게 되고 그 결과 건강한 신앙발달이 전반적으로 어려워질 수 있다는 점이다.

이런 상황에서 앞으로 한국의 교회와 그리스도인들에게 몇 가지 중요한 과제가 있다고 볼 수 있다. 첫째, 한국의 교회와 그리스도인들의 신학적 관심이 의인화(justification)의 순간과 구원에 대한 관심뿐만 아니라, 일생 동안 성화(sanctification)의 과정에 대한 관심으로 확대되는 것이 중요하다. 신앙발달단계와 같은 학문적 논의에 대한 심리적인 불편함을 극복하고 자기 자신의 신앙의 발달과정을 겸허하게 비평적으로 성찰해 볼 수 있는 열린 마음이 필요하며, 이분법적 논리, 흑백논리로 신앙을 이해하고 받아들이기보다는 열린 마음과 관용의 마음으로 자기의 신앙발달에 대해서 나누고 함께 성장하는 것이 필요하다. 둘째, 건강한 신앙공동체와 공동체 구성원들의 존재와 역할에 대해서 더 고민하고 유익하게 활용하는 것이 중요하다. 신앙발달의 기초를 제공하는 심리발달은 전문적인 상담이나 심리치료를 통해서도 일어나지만, 심리적으로 건강한 구성원들이 존재하는 신앙공동체 내에서 서로의 지지와 격려를 통해서 일어날 수 있다. 초대교회는 박해와 같은 많은 어려움이 있었지만 가정교회의 모습으로 모여서 형제자매처럼 서로 심리적, 정서적 지지와 영적인 성장을 격려했던 역동이 있었다. 셋째, 신앙발달을 방해하는 강력한 심층적 심리내적 구조를 찾아내어서 교정함으로써 심리적으로 성장할 수 있도록 전문적인 심리치료적인 도움을 제공하는 것이 필요하다.

또한 기독교상담 분야가 학문적으로 해야 할 과제들이 있다. 연구와 임상관찰을 통해서 심리발달과 신앙발달 과정을 아우를 수 있는 파울러의 신앙발달단계이론과 같은 종합적인 이론과 실제적 뼈대를 만드는 것이다. 기독교 가정에서 자라면서 아동기 인지발달과 함께 신앙발달 과정을 경험한 사람들이 성인기와 인생의 중요한 전환점에서 직면하는 신앙발달과정과 위기에 대한 이해도 필요하고, 한국 문화와 사회에서 성인기에 기독교 신앙으로의 회심 경험을 한 사람들의 신앙발달과정의 고유한 경험과 패턴을 이해하고 도울 수 있는 이론적 틀도 필요하다. 더 나아가서, 앞으로 통일시대를 대비해서 성장과정에서 불안정한 가정적, 사회환경적 경험을 한 남한사람들뿐만 아니라, 체제역사적 트라우마 경험을 한 북한사람들의 심리발달과 신앙발달의 특별한 경험, 패턴, 발달과정을 이해하고 돕기 위한 연구도 필요하다.

참고문헌

가요한 (2013). 제임스 W. 파울러의 신앙발달단계 이론의 기독(목회)상담적 적용. 한국기독교상담학회지, 24(2), 9-32.

권수영 (2007). 기독[목회]상담 어떻게 다른가요: 심리학과 신학의 만남. 서울: 학지사.

김동기 (2013). 종교행동의 심리학적 이해. 서울: 학지사.

Allport, G. W. (1942). *The use of personal documents in psychological science*. New York, NY: Social Science Research Council.

Corey, G. (2012). 심리상담과 치료의 이론과 실제 [Theory and Practice of Counseling and Psychotherapy] (조현춘 외 역). 서울: Cengage Learning. (원저 2009년 출판).

Fowler, J. W. (1981) *Stages of faith: the psychology of human development and the quest for meaning*. New York, NY: HarperOne.

Fowler, J. W. (2000). *Becoming adult becoming Christian: adult development and Christian faith*. San Francisco, CA: Jossey-Bass Publishers.

Hamilton, G. (2007). 대상관계이론과 실제: 자기와 타자 [Self and Others: Object Relations Theory in Praction] (김진숙 외 역). 서울: 학지사. (원저 1990년 출판).

James, W. (2000). **종교적 경험의 다양성** [Religious experience] (김재영 역). 서울: 한길사. (원저 1902년 출판).

Rizzuto, A.-M. (2000). **살아있는 신의 탄생: 정신분석학적 연구** [(The)Birth of the living God: a psychoanalytic study] (이재훈 외 역). 서울: 한국심리치료연구소. (원저 1979년 출판).

Wulff, D. M. (1997). *Psychology of religion: classic & contemporary*. New York, NY: John Wiley & Sons, Inc.

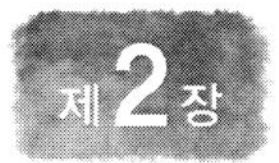

종교와 정신건강: 정신분석적 네 심리학의 관점에서*

장정은
(이화여자대학교 기독교학과 교수)

1. 들어가는 말

종교와 정신건강에 대한 연구에서 핵심적으로 다뤄야 하는 질문은 다음과 같다. 종교는 정신건강에 긍정적인 역할을 하는가 또는 부정적인 역할을 하는가? 종교적인 교리와 의례가 제공하는 종교적 경험은 정신건강과 어떤 관련이 있는가? 종교성은 인간의 정신적 성숙과 건강을 촉진하는가 아니면 오히려 정신건강에 방해가 되는가? 이런 질문이 흥미롭고 사람들의 관심을 끄는 이유는 종교와 그 교리, 그리고 그것이 제공하는 종교적 경험은 비록 정신

*이 장은 '한국기독교상담학회지'에 게재된 다음의 논문을 수정 · 편집했다.
장정은 (2017). 정신분석적 네 가지 심리학의 관점에서 바라본 종교와 정신건강. 한국기독교상담학회지, 28(1), 159-182.

건강의 증진에 대해 직접적인 언급을 하지 않지만, 정신건강과 밀접한 관련을 갖고 있는 것으로 여겨지기 때문이다. 하지만 실제로 종교를 믿는 것이 정신건강을 증진하기보다 오히려 그것의 방해물로 작용하는 것처럼 보이는 사례를 어렵지 않게 볼 수 있다. 종교가 인간의 정신건강을 훼손하고 퇴행시키는 것처럼 보이는 경우를 주변에서 쉽게 발견하게 된다. 이런 일상적인 경험은 종교와 정신건강이 반드시 긍정적인 상관관계에 있지 않다는 것을 느끼게 한다.

종교와 정신건강에 대한 이런 질문들과 주제를 한 장에서 다루기 위해서는 무엇보다 그 범주를 제한하고 한계를 둘 필요가 있다. 왜냐하면, 정신건강을 묘사하는 심리학의 다양한 이론들이 존재하고 있고, 그 이론들은 각기 정신건강에 대해 다른 정의를 내리고 있기 때문이다. 그렇기에 필자는 종교와 정신건강의 관계에 대해, 정신분석적 관점에서 언급하는 정신건강 척도에 한정시켜 살펴보려 한다.[1)] 곧, 정신분석적 정신건강의 척도들에 근거해서 종교가 정신건강에 어떤 영향을 주는지를 이 장에서 다루려고 한다.

정신분석은 프로이트(S. Freud)에 의해 도입된 인간 심리에 대한 이해의 이론이자 마음의 질병을 가진 사람들을 상담하기 위해 개발된 치료적 이론이다. 그것은 무의식이란 개념을 통해 인간의 심리를 이해하고, 그 무의식을 분석하고 이해하고 드러냄으로써 인간의 마음을 회복하는 상담이론이라고 말할 수 있다. 그러나 그 무의식의 차원은 정신분석 내 존재하는 학파들마다 다른 관점에서 이해되고 있으며, 프로이트 이후 다양한 발전과 급진적 이론이 도입된 것이 사실이다. 프로이트 이후 오늘날까지의 정신분석은 다양한 학문적 발전이 있었지만, 크게 네 심리학의 관점에서 이해되고 있는 것이 일반적이다. 그 네 심리학은 프로이트의 고전정신분석, 자아심리학, 대상관계이론 그리고 자기심리학이다. 이 네 가지 정신분석 흐름들은 인간의 정신건강에 대해 각기 다른 관점과 개념을 발전시켰다(Pine, 2006).

욕동이론으로 알려진 프로이트의 고전정신분석은 욕동을 둘러싼 긴장과 갈등을 중심으로 인간의 마음을 이해하려고 했고, 갈등의 해소와 완화가 정신건강의 핵심과제로 여겨졌다. 자아심리학은 프로이트의 후기 인격구조이론의 관점을 이어받아 현실세계, 초자아 그리고 이드에서 비롯된 서로 다른 요구와 기대를 조율하고 통제하는 자아의 적응성을 정신건강의 중요한 척도로 여겼다. 인간의 내적 대상세계와 그것의 투사에 대해 다루는 대상관계이론은 내적 대상세계의 변화와 통합을 정신건강의 목표로 삼았다. 자기감을 중심으로 정신분석이론을 재정립한 자기심리학은 자기의 응집성과 그로 인한 자기감의 고양상태가 정신건강을 보여주는 척도라고 주장했다. 그렇기에 본 연구는 이런 정신분석적 관점에서 이해되는 정신건강의 척도에서 종교는 어떻게 이해될 수 있는지를 살펴보는 것을 목표로 할 것이다.

이는 어떤 분명한 결론을 도출하기 위한 것이 아니다. 정신분석의 네 가지 흐름에서 바라본 정신건강에 종교는 어떤 기능과 역할을 할 수 있는지를 살펴봄으로써, 필자는 종교가 정신건강에 끼치는 다양한 무의식적 역동성에 대해 드러내는 것을 본 연구의 목표로 삼고 있다. 그것은 종교가 정신건강의 증진을 위해서도 큰 기여를 할 수 있을 뿐만 아니라, 오히려 그 반대로 정신건강을 훼손할 수 있음을 의미하며, 그 긍정적인 혹은 부정적인 기능은 종교가 경험되는 시점과 상황에 의해 결정될 수 있음을 보여준다. 다시 말해, 종교와 종교적 경험은 그것이 경험되는 시점과 상황에 의해 정신건강에 긍정적인 영향을 끼치기도 하며, 오히려 부정적인 결과를 초래할 수도 있다. 그러므로 이 장은 정신분석의 네 심리학의 관점에서 종교가 긍정적 혹은 부정적으로 경험될 수 있는 상황을 제시하게 될 것이다.

2. 고전정신분석의 정신건강과 종교

프로이트의 고전정신분석을 이해하는 중심 개념 중 하나는 갈등이다. 프로이트는 인간의 내적 세계를 갈등의 장소로 이해했으며, 그 갈등과 갈등으로 인해 일어나는 긴장을 어떻게 다루고 조절하는가를 정신건강의 핵심주제로 이해했다. 고전정신분석에서 그 갈등은 억압하는 힘과 억압받는 힘 혹은 세력 사이에서 벌어지는 것으로 이해된다. 억압받는 것 또한 중심된 힘과 세력으로 이해되는데, 왜냐하면 그것은 문명화된 사회에서 수용되기 어려운 욕망의 표상이지만, 결코 억압에 의해 없어지거나 수그러지지 않고 인간 심리에 영향을 끼치는 인간 사고와 행동의 근원적 동기도 작용하기 때문이다. 적절하지 못한 것 혹은 불편을 주는 것으로 여겨져 억압의 운명에 처해지는 이 세력은 역설적이게도 인간 사고와 행동의 중심된 에너지를 제공한다. 결국 인간 마음의 문제는 억압하는 힘과 억압받는 힘 사이의 갈등이 고조되어 타협물의 형태로 나타나는 증상으로 이해될 수 있다(Greenberg & Mitchell, 1999).

억압하는 힘과 억압받는 힘 그리고 그 갈등의 타협물인 증상이라는 프로이트의 도식은 그의 전 생애에 걸쳐 변하지 않았다. 다만 그 억압하는 힘과 억압받는 힘이 무엇인지에 대한 그의 설명은 조금씩 차이가 생긴다. 초기 브로이어와 함께 히스테리성 전환 신경증을 가진 여성 내담자와 작업할 무렵에, 프로이트는 억압받는 것이 감정이라고 보았다. 그것은 특정 사건을 통해 마음속에 불러일으켜진 것이지만, 그것이 불러일으켜진 구체적 상황과 문맥에서 표현되어서는 안 되는 것이었다. 프로이트에 따르면, 그 불러일으켜진 감정은 성적인 영역과 깊은 관련을 맺고 있었다(Freud, 1896, p. 163). 그러므로 억압받는 힘은 성적인 느낌과 감정이며, 억압하는 힘은 성적인 영역에 대해 문제삼고, 이를 잘못된 것으로 판단하는 당시 성억압적인 사회환경이라고 말할 수 있을 것이다.

그러나 유아환상설을 주장하기 시작하면서, 프로이트는 그 성적인 감정을 불러일으킨 특정 사건이 실제로 일어나지 않았을 수도 있다는 것을 알게 되었다(Freud, 1905). 그리고 그는 이후에 욕동이론을 발전시켰다. 욕동은 본능과는 구별되는 개념으로, 신체적인 무형의 본능과는 달리 욕동은 그 본능이 인간의 심리적 기능에 의해 표상으로 떠올려지는 것을 의미했다. 그렇기에 그에게 있어 욕동은 신체와 마음의 경계에 있는 개념이었다(Freud, 1905). 욕동이론 단계에서 프로이트는 갈등을 욕동 사이에 일어나는 것으로 이해하기 시작했고, 그렇기에 갈등은 태생적이고 선천적인 특징을 갖는다. 다시 말해, 그는 인간에게는 더 이상 쪼개기 어려운 자아보존욕동과 성적인 욕동이 태생적으로 존재하며, 갈등은 그 둘 사이에서 일어나는 충돌로 이해된다(Freud, 1915). 그러나 갈등을 일으키는 억압하는 힘과 억압받는 힘의 정체에 대한 분석은 후기에 가서 이드와 초자아, 현실세계로 이해되거나, 죽음의 욕동과 삶의 욕동으로 이해되기도 한다(Freud, 1920, 1923).

이렇듯 프로이트의 이론에서 갈등의 개념이 차지하는 위치는 대단히 크다. 이 갈등의 결과 일종의 타협된 형태의 심리적 현상들이 나타나게 되는데, 프로이트의 고전정신분석에서 중심 연구대상이 되었던 꿈, 실수 행위와 신경증이 바로 그 억압하는 힘과 억압받는 힘 사이에서 일어나게 되는 갈등의 타협물이라고 이야기할 수 있다. 그것은 억압하는 힘이나 억압받는 힘, 어떤 것도 자신의 요구를 충분히 만족시킬 수는 없다는 것을 의미하며, 그 타협된 형태로만 자신을 드러내고 나타낼 수밖에 없음을 보여준다. 결국, 이런 고전정신분석의 갈등이론의 틀에서 정신건강은 불가피한 억압을 어찌할 수 없다고 하더라도 불필요한 억압을 제거하여 마음의 긴장상태를 완화시키는 것이라고 묘사할 수 있다(Mitchell & Black, 2002, pp. 55-56). 그렇기에 프로이트에게 있어 정신분석의 목적은 신경증으로 인한 병리적 불행감을 낮춰 정상적 불행감으로 전환시키는 것이었다(Freud, 1930). 또한 프로이트의 전집을 영어로 번역한 Strachey 역시 이런 고전정신분석의 관점에서, 분석의 목표를 외부의 요구와 기대가 내면화된 형태인 초자아가 느슨해지고 완화되는 것이라고 설명했다(Ryan, 2005).

그렇다면, 종교는 이런 욕동이론의 갈등 관점에서 보았을 때, 정신건강에 어떤 영향을 끼치는가? 종교는 인간의 심리내적 갈등을 완화시키는 데 도움을 줄 수 있는가? 종교는 인간의 신경증의 병리적 불행을 정상적인 불행으로 전환시키는 역할을 할 수 있는가? 종교는 불필요한 억압의 수위를 낮춰 인간이 현실적으로 자신의 세상에 직면할 수 있도록 도움을 주는가? 후기에 종교에 대한 깊은 관심을 보여주었던 프로이트는 이런 질문들에 대해 결코 긍정적인 답변을 주지 않았다. 오히려 프로이트에게 있어 종교는 신경증에서 나타나는 억압하는 힘과 억압받는 힘 사이의 타협물에 상응하는 인간의 심리현상으로 이해되었다. 더불어, 종교는 인간에게 불필요한 억압을 가해 문명세계를 유지하는 수단으로 받아들여졌고, 해소되지 못한 인간의 어린 시절 갈등의 투사물에 불과한 것으로 평가절하 되었다.

예를 들어, 프로이트는 1907년에 발표한 「강박행동과 종교행위」에서 종교행위가 신경증 환자들이 심한 불안에서 벗어나기 위해 강박적으로 보이는 의식화된 강박행동과 깊은 유사성이 있음을 발견했다. 이 두 가지 행위는 특정한 유혹과 이에 뒤따르게 되는 처벌과 강한 죄책감 사이에서 일어나는 갈등의 타협안이라는 점에서 유사하며, 그렇기에 프로이트는 종교행위를 "보편적 강박 신경증"으로 이해했다(Freud, 1907, pp. 126-127). 또한 1914년에 프로이트는 『토템과 터부』를 통해 종교와 도덕의 기원을 설명하면서, 종교가 퇴행과 깊은 관련이 있음을 설명했다. 그에 따르면 종교는 토테미즘에서 비롯되는 것으로, 아버지에 대한 "적대적이고 두려운 감정들을 아버지 대체물"인 토템으로 옮겨 놓아, 아버지와의 양가감정에서 생겨나는 갈등을 경감시켜 주는 기능을 한다(Freud, 1914, p. 129). 그렇기에 종교는 오이디푸스 콤플렉스 갈등의 결과물이다. 1927년 『환상의 미래』에서는 종교가 자연 앞에서의 인간의 무기력과 연약함으로 인해 어린 시절 아버지와의 관계로 퇴행한 것으로 본다. 아이가 강력한 힘을 가지는 것으로 경험되는 아버지와의 관계에서 경험되었던 안정감을 제공해 주고자 종교는 요청되었다(Freud, 1927).

이런 논의들을 통해 알 수 있듯이 프로이트에게 종교는 갈등을 신경증적으로 완화시켜 주거나 경감시키는 기능을 한다. 또한 일종의 안정감을 제공할 수도 있다. 하지만 그런 경감과 안정감의 제공은 병리적인 현상으로 신경증적 증상이나 퇴행의 상태로 묘사할 수 있다. 오히려 종교는 현실에 대한 바른 인식과 대면을 가로막고, 불필요한 억압과 제한을 사람들의 삶에 둠으로써 인간의 정신건강을 훼손하는 역할을 한다. 오히려 그보다는 예술작품의 창조행위, "지식 혹은 연구의 본능" 추구 같은 것이 성적 욕동의 적절한 승화를 가져오는 것으로 이해했다(Freud, 1905, p. 157). 곧, 예술과 과학적 활동은 종교의 경우에서와 같이 억압하는 힘과 억압받는 힘 사이의 갈등을 신경증적인 증상으로 발현한 것이 아니라, 건강한 욕망의 배출구를 제공함으로써 그 욕망을 적절하게 해소해 주는 것으로 프로이트는 이해했다.

물론 프로이트는 후기에 작성한 『새로운 정신분석 강의』에서 신비주의 수행을 정신분석 수련에 비유하면서, 그것이 "인지체계가 자아의 보다 깊은 층들과 이드 안에서 일어나고 있는 것들을 파악"하도록 돕게 될 지도 모른다고 이야기했다(Freud, 1933). 이것은 신비주의라는 종교적 경험이 정신분석에서 이야기하는 치료의 핵심적 수단인 무의식의 의식화를 촉진시킬 수 있는 것으로 이해한 것이라 말할 수 있다. 신적 존재와의 일치적 연합이 갖는 신비주의의 독특한 수행이 병리적 퇴행이 아니라, 정신분석의 전이와 역전이 관계 구조 안에서 치료를 목표로 일어나는 의도적인 퇴행적 하강으로 볼 수 있다고 프로이트는 인정하고 있다. 하지만 프로이트에게 있어 종교와 종교성은 신경증에서 보이는 억압하는 힘과 억압받는 힘 사이의 갈등이 빚어내는 타협의 결과물에 상응하는 심리적인 현상이라는 점에는 큰 변화가 없었다. 이것은 오늘날 정신분석가들에게도 강한 영향을 끼쳤고, 그들은 내담자들이 갖고 있는 종교성을 병리적 측면에서 이해한다.

3. 자아심리학의 정신건강과 종교

1923년 프로이트는『자아와 이드』를 저술하면서, 후기 구조 모델을 도입했다. 그는 초기 의식과 전의식, 그리고 무의식의 지형학적 모델을 수정하여 자아와 이드 그리고 초자아로 심리구조를 구분하는 구조 모델을 개념화시켰다 (Freud, 1923). 자아와 초자아의 많은 활동이 무의식적 차원에서 이뤄진다는 사실을 설명하기 위해서는 지형학적 모델보다는 구조 모델이 더 알맞다고 그는 생각했다. 이런 구조 모델의 도입으로 인해 자아의 역할이 강조되기 시작했다. 다시 말해, 무의식적 표상을 인식하고 드러내는 차원뿐만 아니라, 심리내적인 갈등에서 자아가 차지하는 역할이 분석의 대상이 되기 시작한 것이다. 프로이트가 구조 모델을 도입하면서, 점차적으로 정신분석에서의 이상적인 정신건강은 자아의 능력에 달려 있는 것으로 이해되기 시작했다. 이드, 현실세계, 초자아의 요구를 조정하고 조율하는 자아의 능력을 강화시키는 것이 정신분석의 목표로 인식되었다.

프로이트 이후, 자아의 활동에 보다 관심을 기울이기 시작하면서, 자아의 방어기제 그리고 적응과 현실 검증에 대한 자아의 역할에 대한 이론이 대두되었다. 예를 들어, 프로이트의 딸인 안나 프로이트(Anna Freud)는『자아와 방어기제』를 발표하여 자아 구조 속에 일어나는 다양한 무의식적 방어기제를 세밀하게 묘사했다(Freud, 1936). 자아의 방어기제에 대한 이런 분류는 오늘날 정신분석에서도 내담자를 진단하고 치료적 개입을 결정하는 중요한 수단이 되었다. 이런 자아의 방어기제에 대한 관심은 정신분석가들로 하여금 자아에서 일어나는 방어기제에 대한 분석에 초점을 맞추도록 했다.

하지만 자아심리학은 하트만(H. Hartmann)에 의해 보다 다른 차원에서 발전하기 시작했다. 하트만에 따르면, 프로이트는 욕동이론에 지나치게 몰두한 나머지, 자아의 현실세계의 적응에 대한 측면에 관심을 갖지 못했다고 주장했다(Greenberg & Mitchell, 1999). 욕동이론에서 대상은 단순히 욕동의 만족을 위해 봉사하는 것이며, 그 상호적인 관계의 측면은 효과적으로 설명하지 못하는 약점을 갖는다. 그렇기에 자아는 이런 욕동이론과 갈등이론의 구조 안에서만 설명되며, 전체 환경과 관계 속에서의 적응이란 측면을 설명하지 못한다. 이에 하트만은 유기체와 환경 사이의 상호관계 안에서 일어나는 자아의 적응이란 문제에 초점을 두어 이론을 전개하기 시작했다. 자아는 환경과 상호 교류하면서 자신을 변형시켜가든가, 아니면 타자를 변화시키기 위해 영향력을 주든가, 아니면 보다 나은 환경을 찾든가 하여 현실세계에 적응해 나간다. 이런 자아의 독립적인 발달을 위해 제공되어야 할 환경 조건을 그는 "평균적으로 기대되는 환경 조건(average expectable environmental conditions)"이라고 정의했다(Hartmann, 1958, p. 48).

이렇듯, 자아심리학의 관점에서 인간은 적응(adaptation), 현실 검증(reality testing), 그리고 방어(defense)의 측면에서 이해된다. 자아심리학은 이런 인간의 능력들이 실제 삶에서 인간 정신세계의 욕구와 감정, 그리고 환상, 그리고 현실세계의 요구를 어떻게 조절하고 다루는 데 사용되는지 관심을 갖게 된다. 더불어, 자아의 적응, 현실 검증, 그리고 방어의 능력을 시간에 걸쳐 점차적으로 획득되고 발전하는 것으로 자아심리학은 묘사한다. 또한 자아심리학은 자아 결핍(ego defect)이라는 개념을 통해서 자아 기능의 손상과 발달에 대해 보다 구체적으로 묘사할 수 있게 되었다. 다시 말해 적응과 현실검증, 그리고 방어의 자아 기능이 부실하게 비정상적으로 발달할 수 있고 이것이 자아 결핍을 가져온다. 이것은 자아의 발달론적 과업과 그 실패를 보다 구체적으로 묘사할 수 있는 길을 열어 놓았다(Pine, 2006).

이런 자아의 발달에 초점을 맞춰 심리사회발달단계를 제시한 사람이 에릭슨(E. Erikson)이었다(박노권, 2008). 그의 심리사회발달이론은 자아가 심리 내적 갈등을 중재하는 역할을 넘어 인생의 각 단계에서 직면하는 내외부 현실의 요구에 자아가 어떻게 적응하고 발달하는지를 다룬다. 에릭슨의 심리사회발달이론이 주목되는 것은 그가 『청년 루터』에서 종교가 자아의 발달에 어떤 영향을 끼치게 되는지를 잘 묘사했기 때문이다. 다시 말해, 심리내적 갈등의 중재와 현실세계의 적응의 역할을 하여 정신건강의 핵심 쟁점이 된 자아에 종교는 어떤 영향을 끼치게 되는지를 에릭슨은 보여줬다(Erikson, 1962).

에릭슨의 관점에서 보면, 루터는 심리사회발달단계의 첫 단계에서 자아가 습득했어야 할 기초 신뢰감을 얻는데 실패했으며, 이후 아버지의 강박적인 통제로 인해 자기 자신의 정체성을 형성하는 어려움을 갖게 될 수밖에 없었다. 이런 루터의 삶에 강한 영향력을 끼친 이미지가 있었는데, 그것은 "처녀의 가슴에 안겨 구유에 누운 아기 이미지이고, 하나님 우편에 앉아 있는 남자의 이미지"였다(Erikson, 1962, p. 119). 이는 종교에서 제공되는 이미지로서, 이를 통해 루터는 기본 신뢰감을 재형성할 수 있는 기회를 얻었을 뿐만 아니라, 자신의 정체성을 형성해 줄 존재의 규범과 방향을 제공받게 되었다. 종교는 루터의 자아가 갖는 결핍과 필요를 채워주고 만족시켜 주는 역할을 제공했다. 특별히 『청년 루터』에서 에릭슨이 강조하는 것은 "정체성에 대해 고뇌하는 이들을 위한 이데올로기로서의 자원"으로 작용할 수 있는 종교의 심리적 기능이다(Erikson, 1962, p. 121). 에릭슨이 보기에 루터는 종교가 제공하는 존재의 규범과 방향을 통해 청년 시절에 겪게 되는 정체성의 혼란과 어려움을 극복할 수 있도록 도움을 주었다.

하지만 에릭슨은 『청년 루터』에서 종교를 보다 그 자체의 현상으로 이해하려 했다. 종교는 의미와 가치의 영역에서 새로운 정체성을 제공해 주는 역할을 한다. 그는 이를 "실존적"이라는 개념을 통해 묘사했다. 그에 따르면 모든 인간은 심리사회적 정체성과 그 혼란으로 인한 불안을 겪을 뿐만 아니라, 존재 자체가 추구하는 의미와 가치의 혼란으로 인한 "실존적인 불안" 또는 "형이상학적 불안"을 경험하게 된다(Erikson, 1962, p. 111). 이는 실존적인 정체성의 문제로 얼핏 보기에 심리사회적 정체성과는 별개의 문제인 것처럼 다가온다. 실존적인 정체성은 신 앞에서의 인간이 경험하는 정체성이며, 죽음

앞에서 인간이 어떤 의미를 추구할 수 있는가의 문제와 깊이 연결되어 있다. 하지만 에릭슨은 이런 실존적 정체성과 심리사회적 정체성은 상호 간에 긴밀한 관련이 있다. 구체적으로 말해서 실존적 정체성의 위기를 극복하고 이를 확립한 사람은 심리사회적 정체성의 위기를 극복할 수 있는 자원을 얻게 된다.

하지만 대부분의 사람들은 이런 실존적 정체성에 관심이 없다. 오히려 인간은 바로 코앞에 있는 인간 삶의 문제로 인해 이런 실존적 정체성의 문제로부터 회피하려고 한다. 하지만, 인간의 궁극적 의미와 가치의 문제가 해결되지 않았을 때, 사람들은 실존적인 불안을 경험하게 된다. 에릭슨이 보았을 때, 루터가 위대한 것은 다른 사람은 관심 갖지 않는 실존적 정체성에 그는 깊이 관심을 갖고 매달려서 이에 대해 일정한 답변을 제시했다는 것이다. 그런데 이렇게 루터가 겪은 실존적 정체성의 문제는 당시 그의 공동체가 경험하는 실존적 정체성의 문제와 연결되었으며, 그렇기에 그가 고군분투하여 해결하려 했던 실존적 정체성의 문제와 나름의 해소는 당시 공동체에게 고차원의 정체성을 제공하여 실존적 정체성을 확립하도록 도움을 주었다. 에릭슨은 루터의 신학에서 그가 발견한 실존적 정체성이 하나님 앞에 선 인간 존재의 무를 의미한다고 보았다.

이렇게 자아심리학의 관점에서 보았을 때, 종교는 자아의 적응을 돕는다. 종교는 자아의 결핍을 보완하는 심리적 기능을 수행할 뿐만 아니라, 고차원의 실존적 정체성을 제공하여 자아가 현실세계에 적응하고 그 불안을 해소하는 큰 역할을 감당할 수 있다. 이런 관점에서 보면, 종교는 정신건강에 긍정적인 역할을 한다고 볼 수 있다. 자아의 정체성 확립과 현실세계의 적응은 자아심리학에 있어서 정신건강의 중요한 지표가 될 수 있는데, 종교는 심리적 필요를 채워주고, 실존적 규범과 방향을 제시하는 역할을 하여, 자아를 성숙하게 하고 발달시키도록 도울 수 있다.

4. 대상관계이론의 정신건강과 종교

프로이트의 고전정신분석에서 외부 대상은 정신건강에 대한 묘사에서 핵심 위치를 차지하지 못한다. 다만 욕동을 만족하고 좌절하는 대상으로 기능한다. 욕동의 만족을 제공하는 방식에 있어서나, 그 외부 대상과의 관계의 성격에 대해서는 잘 설명하지 못한다. 하지만 대상관계이론은 고전정신분석에서 소홀히 다루는 대상관계의 측면에 초점을 맞춰 이론을 전개한다(Pine, 2006). 다시 말해, 인간의 정신건강에 있어 대상관계의 질적 속성이 갖는 영향을 강조하며, 그런 대상관계로 인해 형성되는 인간의 내적 대상세계와 내적 드라마에 관심을 갖는다. 이미 초기 아동기의 중요한 대상과의 관계에서 형성된 내적 대상들이 그 드라마의 독특한 역할들을 맡는다. 그 드라마는 의식 혹은 무의식의 기억으로 내적 세계에 자리 잡게 된다. 한 개인은 어떤 순간에 그 내적 대상이 되어 그 역할을 수행한다. 그렇기에 이 내적 대상과 내적 이미지들은 새로운 경험을 지금 여기에서 일어나는 독특한 형태로 경험하게 하기보다 기억에 내장된 오래된 경험으로 동화시키려 한다. 이는 내적 대상세계로 외부 대상관계를 채색하고 왜곡하는 것이며, 일종의 투사라고 부를 수 있다. 어린 시절 주요 외적 대상들과의 관계에서 생성된 내적인 대상관계는 이후 삶에서 외부 대상관계를 이해하고 해석하는 틀로 자리 잡게 된다.[2)]

클라인(M. Klein)에 따르면 인간의 내적 대상관계는 죽음의 충동에 기원한다(Klein, 1946). 자신을 파멸로 몰고가는 본능적인 측면은 내적 대상관계로 이해된다. 자기 자신을 공격하고 박해하는 이 충동은 그것이 유발하는 불쾌함으로 인해 외부로 투사될 수밖에 없다. 인간은 본래부터 외부 대상을 악의에 찬 공격자로 보게 된다. 하지만 따뜻함과 행복함을 제공하는 외부 대상과의 관계로 인해 이런 내적 대상관계는 수정되고, 보다 현실적인 측면으로 나아간다(Klein, 1975). 페어베언(W. R. D. Faribairn)은 인간의 핵심동기를 외적 대상과의 관계에서 찾으며, 리비도는 그 관계를 촉진하기 위해 존재하는 것으로 인식한다(Fairbairn, 1944). 그는 인간의 자아가 통일된 완전한 전체로 외적 대상들과의 관계를 추구하지만, 그 외적 대상들과의 관계가 만족스럽지 못하게 전개될 경우 보상적인 내적 대상들이 생겨난다고 이야기했다. 아동과 어머니의 관계의 양식과 그 질에 초점을 맞춰 인간의 발달단계를 묘사한 말러(M. Mahler)는 공생이란 대상관계가 인간의 독립을 향한 발달에 있어 갖는 중요성을 묘사했다. 공생이란 아동과 양육자 사이에 경계가 존재하지 않는 융합의 상태를 의미하며, 이런 아동과 양육자의 정서적 유대가 인간의 발달에 중요한 영향을 끼치는 것으로 묘사했다.

이렇듯 대상관계이론에서 외부의 적절한 대상관계는 인간의 정신건강과 심리발달에 중요한 토대를 제공한다. 대상관계이론의 관점에서 보면 상담관계는 이렇듯 성장과 발달을 촉진하는 대상관계의 측면으로 이해될 수 있다. 상담관계에서 내담자는 상담자가 제공하는 촉진적 대상관계를 통해 현실세계를 곡해하고 왜곡시키는 내적 대상세계를 수정하고 바로잡을 수 있게 된다. 또한 촉진적 상담관계에서 내담자는 분열되어 있어, 인격의 구조 속에 통합되지 못한 자신의 내적 대상관계를 통합시킬 수 있게 된다.

한편, 적절한 외부의 대상관계 경험은 인간의 심리발달과 건강에 중요한 환상과 대상을 창조하는데, 이를 중간대상과 중간현상이란 개념을 통해 설명한 정신분석 학자가 위니컷(D. W. Winnicott)이었다. 이 중간대상 개념은 종교와 정신건강의 관계를 이해하는 데 정신분석가들에 의해 많이 언급되었다. 인간은 태어났을 때 양육자의 절대적인 도움을 필요로 하는데, 위니컷은 유아 초기에 어머니가 유아에게 제공하는 대상관계의 특징을 "일차적인 모성적 몰두"라고 묘사했다(Winnicott, 1965, p. 85). 이는 아기의 필요를 즉각 알아채는 어머니의 직감적인 능력을 이야기한다. 아기는 배고픔과 불편함에서 비롯되는 불쾌에 대해 즉각 반응하는 어머니의 이런 돌봄을 마치 자신이 스스로에게 제공하는 것으로 착각하게 된다. 이는 아직 외부 대상과 자신의 경계가 희미하기 때문이다. 이를 통해, 아기는 엄마의 돌봄을 상징하는 엄마의 젖가슴이 자신의 마술적이고 전능한 통제 아래에 있다는 믿음을 갖게 된다. 곧, 엄마의 헌신적인 돌봄은 아기에게 전능함의 환상을 가져오게 된다. 위니컷에게 이런 전능함의 착각은 이후 아기의 독립적 정신 발달을 가능하게 하는 심리적 영양분을 제공하게 된다.

하지만 점차적으로 엄마는 아기의 욕구를 만족하는 데 실패하게 되고, 아기는 엄마가 자신의 전능함의 통제 밖에 있다는 것을 알게 되며, 이에 따라 외부 대상의 개별성을 인식하게 된다. 이런 좌절의 경험은 엄마와의 일치된 융합의 상태와 전능함의 환상을 대체할 만한 중간대상의 창조로 이어지게 된다. 그러므로 중간대상은 유아의 내적 욕구와 외부 현실을 이어주는 교량 역할을 하게 되어, "내적 현실과 외적 삶이 함께 창조되는 경험의 중간영역"을 의미하게 되고, "분리되어 있으나 상호 간 관계하고 있는 내적 그리고 외적 현실을 함께 유지하는 인간의 영원한 작업을 위한 일종의 안식처"를 제공한다(Winnicott, 1953, p. 3). 이렇듯 중간대상은 현실을 직면하는 데 방해물로 작용하는 것이 아니라, 현실세계로 나아가도록 돕는 창조적 수단이 된다. 내적 심리세계를 갖고 있는 인간은 차가운 현실을 있는 그대로 직면하기 어렵고 항상 그 중간에 내적 세계와 현실세계를 이어줄 중간대상, 중간현상이 필요하다.

위니컷에게 있어 종교는 인간의 내적 세계와 외부 현실세계의 상호작용에 의해 생겨나는 일종의 중간대상으로 이해되었다. 이를 보다 구체적으로 발전시킨 정신분석가가 마이스너(Meissner)였다. 그는 "신앙, 하나님 표상, 상징 그리고 기도"라는 구체적인 종교적 내용과 경험을 예로 들면서, 그것들이 중간대상 혹은 중간현상으로 작용하고 있음을 이야기했다(Meissner, 1984). 그것은 개인의 사적인 세계와 외부 현실세계 사이에 존재하는 현상으로, 인간이 보다 현실세계에 적응하도록 돕는 역할을 한다. 프루저(P. W. Pruyser) 또한 위니컷의 중간대상 개념을 통해 종교를 이해한다. 종교는 신비와 초월성을 근거로 하고 있는데, 이런 종교의 특징은 "마음 그 자체에 의해 탄생된 정신적 이미지와 현실세계가 감각계에 닿아 탄생한 객관적 감각 이미지" 사이의 구분을 넘어서기에 가능하다. 종교는 환상적 영역 속에서 자신을 드러내게 되는데, 왜냐하면 "초월적인 것, 거룩한 것, 신비는 평범한 현실적 시각과 청각에 의해 외부 세계에서 인식할 수 없기 때문이다. 또한 그것들은 인간 마음속에 즐거운 허구로 직접적으로 나타나지 않기 때문이다. 그것은 중간적 인간 활동인 실재의 중간 지대, 곧 순수하게 주관적이지도 객관적이지도 않는 지대에서 발생한다."(Pruyser, 1974, p. 113)

이와 같은 논의를 통해 알 수 있듯이, 종교가 갖는 초월성이나 신비의 속성은 인간 심리의 내적 욕구와 외부 현실세계의 메마르고 차가운 실재를 연결시키는 탁월한 중간대상으로 이해될 수 있다. 그렇기에 종교는 중간대상으로서 인간의 정신건강에 유익한 공헌을 할 수 있다. 종교가 억압하는 힘과 억압받는 힘 사이의 신경증적 타협의 결과물로 보는 프로이트와는 달리, 내적 욕구와 현실세계의 불가피한 충돌을 이어주고 해소해 주는 역할을 종교는 수행한다. 그러나 주의할 것은, 위니컷에 따르면, 중간대상은 충분한 전능함의 착각에서 불가피한 좌절로 옮겨가며 생겨나는 창조적인 인간 활동이지만, 만약 이런 전능함의 경험이 충분히 제공되지 않는다면, 그것이 페티시즘으로 바뀐다는 사실에 있다(Chasseguet-Smirgel, 1984). 곧, 그 대상에 집착하고 매몰되어 심리적 건강을 훼손하는 역할을 할 수 있다. 종교는 중간대상으로 정신건강을 강화하는 환상으로 기능할 수 있지만, 반면에 그것은 페티시즘으로 기능하여 성숙과 심리발달에 방해물로 작용할 수 있다.

5. 자기심리학의 정신건강과 종교

정신분석의 역사에서 일어난 가장 중요한 변화 가운데 하나는 갈등에서 결핍으로의 임상 관점 변화라고 설명할 수 있다. 정신분석가들이 상담실에서 만났던 내담자들이 호소하는 심리 문제는 갈등과 그것의 해결이라는 영역을 넘어서는 것이었다. 그보다 내담자의 심리내적 세계는 "기본적 결점(basic fault)" 혹은 결핍이라고 묘사할 만한 문제가 영향을 끼치는 것처럼 보였다(Balint, 1968). 인간의 자기감을 중심으로 정신분석이론을 재정립한 코헛(H. Kohut) 역시, 경계선 장애와 자기애성 장애를 가진 내담자들을 상담하면서, 그들의 심리 문제가 결핍과 긴밀하게 관련되어 있음을 알게 되었다(Son, 2006). 코헛은 프로이트의 욕동이론이 강조하는 내적 갈등을 중심으로 통찰위주의 치료를 했지만, 그것이 내담자의 문제를 해결해 주지 못한다는 사실을 알게 되었다. 그가 만난 내담자들은 내적인 공허감과 결핍감을 호소하고 있었고, 그것을 알아봐 주고 공감해 주기를 바라고 있음을 깨달았다. 그리하여, 그는 내적 정신세계에 존재하는 결핍은 심리 내적 갈등의 문제와는 달리 그 결핍이 메워지는 과정을 통해 해결될 수 있다고 확신하기 시작했다.

이런 임상경험은 코헛으로 하여금 자기애 개념에 주목하도록 만들었다. 왜냐하면, 내적인 공허와 결핍을 호소하는 내담자들은 "결핍된 자기감의 구조"를 갖고 있었기 때문이다(Kohut, 1977, p. 243). 그는 자기애야 말로 "심리적 기능에 있어 모든 사람들의 가장 중심되고 두드러진 측면"이라고 주장하기 시작했다(Wallerstein, 1983, p. 21). "자기애와 자기애적 분노에 대한 생각들"에서 코헛은 이렇게 말했다. "만약 누군가가 자기애에 대해 가장 중요하게 여기는 것이 무엇인지를 내게 묻는다면 나는 자기애가 갖는 독립적인 발달 노선, 곧 원초적인 형태에서 고상하고, 적응적이며, 사회적으로 가치 있는 것으로의 발달이라고 답할 것이다"(Kohut, 1972, p. 617). 프로이트에게 자기애는 심리성적 에너지인 리비도가 대상으로 전체 자기 자신을 선택한 결과로 나타나고, 대상사랑으로 향해가는 인간발달의 중간단계로 생각했다. 이것은 일차적인 자기애 단계이며, 인간이 성장하며 불가피하게 경험하지만, 아직 미숙한 단계로 볼 수 있다. 하지만 코헛은 자기애가 독자적인 발달 노선이 존재하는 것으로 생각했다. 그것은 자기애의 원초적인 것에서 성숙한 형태로의 발달이라고 묘사할 수 있다. 자기구조의 결핍은, 이런 자기애가 성숙하고 고상한 형태로 발달하지 못해 생겨난 결과이다.

인간의 자기구조가 견고해지고 응집력 있는 상태로 발달하기 위해서는 외부 대상의 계속적인 지지와 돌봄의 지지적 구조가 필요하다고 코헛은 보았다. 그는 페어베언이 원초적 의존에서 성숙한 의존으로 인간 심리발달을 묘사했던 것처럼, 인간의 자기 자신에 대한 느낌, 곧 자기감은 항상 외부 대상과의 관계 안에서만 결정되고 유지되는 것으로 이해했다. 그리고 이렇게 자기구조의 견고함과 응집성을 가져오고, 자기감을 유지시켜 주는 외부의 대상을 그는 자기대상(selfobject)이라고 불렀다(Kohut, 1971). 초기 이론 전개단계에서 코헛은 자기대상을 마치 자기 자신의 몸의 일부처럼 경험되는 대상으로 이해했다. 그렇게 경험되는 이유는 자기대상이 자기애적 기능을 수행하여 자기감을 향상시키기 때문이다. 이렇게 초기에 그는 자기대상을 마치 자신의 팔과 다리처럼 분리되지 않고 경험되는 외부의 대상으로 이해했다. 하지만 후기에 갈수록 코헛의 초점은 자기애 기능을 수행하는 외부 대상에 대한 한 사람의 내적인 경험에 맞춰졌다. 코헛의 사후에 출판된『분석이 어떻게 치유하는가?』에서 코헛은 자기대상을 "어떤 사람이 우리의 자기를 떠받치는 기능을 수행할 때, 그 사람에 대한 우리의 경험의 측면"과 관련시켰다(Kohut, 1984). 이런 논의에서 암시되는 것은 자기대상이 반드시 사람일 필요는 없다는 것이다. 왜냐하면, 자기대상에 대한 코헛의 관심은 어떤 대상을 자기의 응집성이 유지되는 것으로 경험하는 한 사람의 내적 경험에 있기 때문이다.

코헛은 자기감을 견고하게 하고 유지시키는 자기대상을 세 종류로 나눴는데, 그것은 거울 자기대상, 이상화 자기대상, 쌍둥이 자기대상이다. 거울 자기대상은 한 사람이 가진 가치와 특별함을 알아봐 주고 인정해 주는 대상을 의미한다. 사람은 누구나 자기 자신이 특별하고 가치 있는 존재로 경험되기를 원하는 자기애적 욕구를 갖고 있는데, 이를 알아봐 주고 반영해 주는 대상이 거울 자기대상이다. 이상화 자기대상은 불가피하게 경험되는 자신의 연약함과 부족함을 채워줄 만한 이상화할 만한 대상을 가리킨다. 이 대상은 자기감의 고양이 필요한 한 사람과 긴밀하고 친밀한 관계에 있기 때문에 이런 이상화가 자기감의 상승을 위한 효과적인 방법이 된다. 마지막으로 쌍둥이 자기대상은 함께 경험을 공유하고 나누는 과정을 통해 동질감, 유대감, 소속감을 경험하도록 도움을 주는 대상을 의미한다. 조기 코헛은 이 쌍둥이 자기대상을 거울 자기대상의 일부로 분류했지만, 후기에 자기대상의 세 번째 종류로 구분하기 시작했다. 이는 동질감과 유대감의 경험이 자기감의 고양에 끼치는 중요성에 대해 코헛이 새롭게 인식한 결과로 볼 수 있다(Kohut, 1971, 1977, 1984).

이런 자기심리학이론에 근거했을 때, 인간의 정신건강은 자기구조의 응집성과 견고함으로 묘사할 수 있다. 자기의 응집성은 활기차고 통합된 심리적 기능을 특징으로 하는 자기의 상태를 지칭하는 말이다. 자기의 응집성은 일상의 삶에서 포부와 이상 그리고 재능의 조화로운 상호작용이 가능한 상태를 의미할 뿐만 아니라, 그것은 또한 외부 현실의 역경과 방해물에도 불구하고 자기구조의 파편화에 빠지지 않도록 보호하는 자기의 탄력성을 의미하는 것이기도 하다(Leider, 1996). 이런 자기의 응집된 상태는 자기 자신의 노력과 결심에 의해 만들어지거나 유지되는 것이 아니라, 항상 자기대상과의 관계 속에서만 비로소 가능해진다. 그러므로 코헛에게 있어서 정신건강은 인간의 심리 구조가 독립성을 획득하는 데 있지 않고, 자기대상과 같은 건강한 지지적 구조의 형성과 그 관계에 달려 있다고 말할 수 있다.

갈등이 아닌 결핍의 관점에서 정신분석을 재조명한 코헛의 자기심리학은 자기감을 고양하여 결핍을 메울 수 있는 긍정적인 자기대상으로 종교를 이해할 수 있는 길을 열었다. 코헛은 만약 종교를 전체적으로 평가했을 때, 프로이트처럼 갈등을 심화시켜 죄책감과 긴장상태를 유발하는 것으로만 볼 수 없다고 주장했다. 코헛에게 종교는 프로이트에 의해 문명세계의 건강한 욕동 조절도구로 인정받은 예술이나 종교와 같은 특별한 위치를 점유한다. 그의 관점에서 보면 종교가 다루는 것은 "인간의 자기를 떠받치고, 결합하고, 유지하고, 조화롭게 하는 것"이다(Strozier, 2001, p. 328). 1977년 출판한『자기의 회복』에서 코헛은 종교가 얼마나 가치 있는지를 극작가 유진 오닐의 작품『위대한 하나님 브라운』의 한 부분을 인용하여 설명한다. "인간은 깨어진 채 태어난다. 그는 치료를 통해 살아간다. 하나님의 은혜는 접착제이다"(Kohut, 1977, p. 287). 여기서 볼 수 있듯이, 그는 인간이 자기의 회복을 열망한다는 것을 보여주고 있으며, 종교 경험과 종교의 상징이 이런 열망을 어떻게 채워줄 수 있는 지를 표현했다.

코헛의 일대기를 서술한 스트로져(C. Strozier)는 코헛이 언급한 종교의 자기대상 기능을 보다 부연하여 설명한다. 스트로져에 의하면 인간은 하나님 개념을 제거할 수 없는데, "왜냐하면 이상화시킬 만한 무엇, 완벽에 가깝거나 혹은 완벽한 무엇, 사람이 따라 살기를 원하는 무엇, 사람을 고양시키는 무엇이 존재해야만 하기 때문이다"(Strozier, 2001, p. 329). 상처받고 결핍을 경험하는 인간의 자기는 이런 하나님 개념을 통해 진정되고 고양된다. 또한 스트로져는 하나님의 은혜라 불려질 수 있는 것을 통해 종교는 자기대상 기능을 수행하게 되는데, 그것은 "당신에게 주어진 어떤 것, 당신이 여기에 존재하고 자신을 주장할 권리에 대한 타고난 지각이 있으며, 누군가가 당신을 향해 웃을 것이며, 반응할 것이고, 당신의 가치를 인정해 줄 것"임을 시사한다(Strozier, 2001, p. 170). 종교는 전지전능하고 완벽한 존재인 신의 개념을 통해 인간 자신의 연약함과 좌절을 보완해 줄 수 있는 이상화된 존재를 제공한다. 뿐만 아니라, 가치를 인정하고 특별함을 알아줄 수 있는 신의 개념을 통해 상처 난 자기감을 치료해 주는 공감적 존재를 제공한다. 이렇게 자기심리학은 종교가 정신건강에 유익한 결과를 만들어 낸다는 것을 보여준다. 이는 종교가 자기감을 유지하고 고양하는 자기대상으로 기능함에 따라, 원초적인 상태에 있는 자기애를 보다 성숙한 형태로 변형시킴으로써 가능하다. 결국, 이는 종교가 정신건강과 긍정적 관계에 있음을 설명한다(Ka, 2010; 장정은, 2015).

6. 나오는 말

오늘날 정신분석의 네 심리학, 곧 고전정신분석, 자아심리학, 대상관계이론, 그리고 자기심리학의 관점은 각기 조금씩 다른 정신건강의 척도를 갖고 있다. 먼저, 고전정신분석은 욕동의 지연능력과 적절한 만족을 통해 긴장과 갈등을 완화시키는 것이 정신건강을 보여주는 중요한 지표가 된다. 불필요한 억압 상태를 완화시켜 신경증의 상태를 초래하지 않는 것이 한 사람의 정신건강 상태를 보여주는 것이다. 자아의 역할과 활동에 대해 강조하는 자아심리학은 자아의 내적 세계와 외부 현실을 중재하는 역할과 현실적응능력을 중요한 정신건강의 핵심 척도로 본다. 대상관계이론에서는 현실관계를 곡해하고 왜곡시키지 않는 내적 대상관계를 형성하는 것이 정신건강을 의미하는 것이다. 자기심리학의 관점에서 보면, 견고하고 응집력 있는 자기의 구조를 형성하는 것이 정신건강에서 대단히 중요하다.

네 가지 심리학의 전통은 오늘날 정신분석에서 혼합되어 사용되고 있고, 내담자를 이해하고 진단하는 데 각각 핵심적인 개념들을 제공해 주고 있다. 고전정신분석의 경우에는 인간의 핵심동기로 이해하는 욕동과 그로 인한 갈등, 자아심리학에서는 자아의 방어기제, 대상관계이론은 자기와 대상 표상으로 이뤄진 내적 대상관계, 자기심리학에서는 자기의 결핍이라는 척도를 통해서 내담자를 진단하고, 이 진단에 근거하여 사례를 개념화한다. 이것은 내담자의 상황과 내적 심리구조의 상태에 따라 네 가지 심리학에서 치료적으로 더욱 강조되는 이론이 있음을 의미한다. 어떤 내담자에게는 갈등이론이, 혹은 결핍이론이 더 적절할 수 있으며, 어떤 내담자에게는 자아의 현실적응능력을 향상시키는 것이 중요한 측면으로 작용할 수도 있다.

종교는 정신분석적 관점에서 부정적인 혹은 긍정적인 심리적인 기능을 수행할 수 있다. 종교는 부정적인 양상으로 나타나 사람들의 내적 심리세계를 훼손하는 결과를 낳기도 하고, 반대로 사람들의 정신건강에 필요한 자원들을 제공하여 마음을 견고하게 하는 역할을 할 수도 있다. 프로이트는 종교를 신경증적 타협의 결과물로 이해하며 비판적으로 종교에 접근했다고 한다면, 다른 심리학적 전통에서 보면, 종교는 자아를 건강하게 하고, 현실세계에 직면하도록 돕는 중간대상의 역할을 하기도 하며, 자기감을 견고하게 하는 자기대상으로도 기능할 수도 있다. 이는 결국 기능적 차원에서 종교는 사람들의 상황과 그 내적 필요에 의해 부정적인 양상으로 전개될 수도 있으며, 긍정적인 기능을 제공할 수도 있다는 것을 보여준다.

그렇기에 무엇보다 종교를 이해하고 접근하는 사람들과 그들의 심리적 필요에 대한 이해가 선행될 필요가 있다. 그들이 종교를 어떤 필요와 관점에서 접근하는지, 그들에게 종교의 기능은 무엇이고, 종교가 그들에게 어떤 결과를 가져오고 있으며, 종교를 대하는 그들의 태도와 행동은 무엇인지를 살펴볼 필요가 있다. 종교가 일방적으로 긍정적 혹은 부정적 기능을 수행하는 것이 아니라, 이 종교를 받아들이고 경험하는 사람들에 따라 종교는 다른 심리적 기능을 수행하지 않을 수 없는 것이다. 그렇기에 목회자는 심리학에서 말하는 정신건강의 핵심적인 척도에 대해 바르게 이해하고 이를 바탕으로 교회의 회중의 종교성을 분석할 수 있어야 한다. 이에 따라 목회자는 더 긍정적이고 유익한 종교의 측면을 제시하여 교인들에게 기능하는 종교의 부정적 양상을 수정할 수 있을 것이다.

후주

1) 정신분석적 정신건강의 척도는 정신분석적 상담이 인간의 정신건강 상태를 묘사하기 위해 사용하는 기준들과 지표들을 의미하며, 그것은 이 장에서 제시하는 정신분석적 네 심리학의 이론으로 정신분석이 발전함에 따라 조금씩 변화해 왔다.
2) 어린 시절 주요 외적 대상들인 사람들과의 관계와 경험에서 형성되는 내적 표상들, 이미지들, 대상들은 그 외적 대상들을 그대로 복제하는 것은 아니다. 그 주요 대상들과 다양한 관계를 맺을 당시 그 아이가 갖고 있었던 감정과 소망에 의해 그 내적 대상은 채색되고 변형된다. 이렇게 형성된 내적 대상세계는 이후 지금 여기의 외적 대상관계를 이해하고 공감하는 역할을 하기도 하지만 그것을 곡해하고 왜곡하는 역할을 하기도 한다.

참고문헌

박노권 (2008). 에릭슨의 이론을 통해 본 영적 발달 이해. 한국기독교상담학회지, 16, 43-67.

장정은 (2015). 승화, 대양적 느낌, 그리고 자기대상: 종교의 승화가능성에 대한 연구. 장신논단, 47(2), 243-268.

Balint, M. (1968). *Basic fault: Therapeutic aspects of regression*. London: Tavistock Publications.

Chasseguet-Smirgel, J. (1984). *Creativity and perversion*. New York: Norton.

Erikson, E. (1962). *Young man Luther*. New York: W. W. Norton.

Fairbairn, W. R. D. (1944). Endopsychic structure considered in terms of object relationships. *International Journal of Psychoanalysis*, *25*, 70-92.

Freud, A. (1936). *The ego and the mechanisms of defense*. New York: International Universities Press.

Freud, S. (1896). Further remarks on the Euro-psychoses of defense. In J. Strachey (Tr. & Ed.), *The standard edition of the complete psychological works of*

Sigmund Freud (Vol. 2, pp. 41-61). London: The Hogarth Press.

Freud, S. (1905). Three essays on the theory of sexuality. In J. Strachey (Tr. & Ed.), *The standard edition of the complete psychological works of Sigmund Freud* (Vol. 7, pp. 125-245). London: The Hogarth Press.

Freud, S. (1907). Obsessive actions and religious practices. In J. Strachey (Tr. & Ed.), *The standard edition of the complete psychological works of Sigmund Freud* (Vol. 9, pp. 117-129). London: The Hogarth Press.

Freud, S. (1914). Totem and taboo. In J. Strachey (Tr. & Ed.), *The standard edition of the complete psychological works of Sigmund Freud* (Vol. 13, pp. 1-161). London: The Hogarth Press.

Freud, S. (1915). Instincts and their vicissitudes. In J. Strachey (Tr. & Ed.), *The standard edition of the complete psychological works of Sigmund Freud* (Vol. 14, pp. 117-140). London: The Hogarth Press.

Freud, S. (1920). Beyond the pleasure principle. In J. Strachey (Tr. & Ed.), *The standard edition of the complete psychological works of Sigmund Freud* (Vol. 18, pp. 213-26). London: The Hogarth Press.

Freud, S. (1923). The ego and the id. In J. Strachey (Tr. & Ed.), *The standard edition of the complete psychological works of Sigmund Freud* (Vol. 19, pp. 1-66). London: The Hogarth Press.

Freud, S. (1927). The future of an illusion. In J. Strachey (Tr. & Ed.), *The standard edition of the complete psychological works of Sigmund Freud* (Vol. 21, pp. 3-56). London: The Hogarth Press.

Freud, S. (1930). Civilization and its discontents. In J. Strachey (Tr. & Ed.), *The standard edition of the complete psychological works of Sigmund Freud* (Vol. 21, pp. 59-145). London: The Hogarth Press.

Freud, S. (1933). New introductory lectures on psycho-analysis. In J. Strachey (Tr. & Ed.), *The standard edition of the complete psychological works of Sigmund Freud* (Vol. 22, pp. 3-182). London: The Hogarth Press.

Greenberg, J., & Mitchell, S. (1999). **정신분석적 대상관계이론** [Object relations in psychoanalytic theory] (이재훈 역). 서울: 한국심리치료연구소. (원저 1983년 출판).

Hartmann, H. (1958). *Ego psychology and the problem of adaptation*. New York: International Universities Press.

Ka, Y. (2010). Self psychology's implicit contribution to spiritual development: Empathy and grace. **한국기독교상담학회지**, 20, 11-28.

Klein, M. (1946). Notes on some schizoid mechanisms. In R. Money-Kyrle (Ed.), *Melanie Klein: Envy and gratitude and other works, 1946-1963* (pp. 1-24). New York: Free Press.

Kohut, H. (1968). The psychoanalytic treatment of narcissistic personality disorder. In Ornstein, P. H. (Ed.), *The search for the self* (Vol. 1, pp. 477-509). Madison: International Universities Press. Klein, M. (1975). *The psycho-analysis of children*. London: Hogarth Press.

Kohut, H. (1971). *The analysis of the self: A systematic approach to the psychoanalytic treatment of narcissistic personality disorders*. New York: International Universities Press.

Kohut, H. (1972). Thoughts on narcissism and narcissistic rage. In P. H. Ornstein (Ed.), *The search for the self: Selected writings of Heinz Kohut, 1950-1978*. (Vol. 2, pp. 615-658). Madison: International Universities Press.

Kohut, H. (1977). *The restoration of the self*. Chicago: University of Chicago Press.

Kohut, H. (1984). *How does analysis cure*. Chicago: University of Chicago Press.

Leider, R. (1996). The psychology of the self. In E. Nersessian & R. Kopff Jr. (Eds.), *Textbook of psychoanalysis* (pp. 127-164). Washington, DC: American Psychiatric Association Press.

Meissner, W. W. (1984). *Psychoanalysis and religious Experience*. New Haven: Yale University.

Mitchell, S. A., & Black, M. J. (2002). **프로이트 이후** [Freud and beyond: A history of modern psychoanalytic thought] (이재훈, 이해리 역). 서울: 한국심리치료연구소. (원저 1995년 출판).

Pine, F. (2006). The four psychologies of psychoanalysis and their place in clinical work. In A. M. Cooper (Ed.), *Contemporary psychoanalysis in America: Leading analysts present their work* (pp. 489-513). Arlington, VA: American Psychiatric Publishing.

Pruyser, P. W. (1974). *Between belief and unbelief.* New York: Harper & Row.

Ryan, J. (2005). *How does psychotherapy work?* London: Karnac.

Son, A. (2006). Relationality in Kohut's psychology of the Self. *Pastoral Psychology, 55*(1), 81-92.

Strozier, C. B. (2001). *Heinz Kohut: The making of a psychoanalyst.* New York: Farrar, Straus and Giroux.

Wallerstein. R. S. (1983). Self psychology and 'classical'psychoanalytical psychology." In A. D. Goldberg (Ed.). *The future of psychoanalysis: Essays in honor of Heinz Kohut.* New York: International Universities Press.

Winnicott, D. W. (1953). Transitional objects and transitional phenomena. In D. W. Winnicott, *Playing and reality* (pp. 1-34). London: Routledge.

Winnicott, D. W. (1965). From dependence towards independence in the development of the individual. In D. W. Winnicott, *The maturational processes and the facilitating environment: Studies in the theory of emotional development* (pp. 83-92). Madison CT: International Universities Press.

제2부

종교적 경험의 심리학적 이해

회심과 자기정체성

최재락
(전 서울신학대학교 신학과 교수)

1. 들어가는 말

인간의 정신적 세계는 잘 알려진 것 같지만 모든 존재양식 가운데 가장 덜 알려져 있다. 인간은 교육이나 정보를 통한 객관적 지식과 더불어 자신의 경험에서 얻은 주관적 지식으로 누구보다도 자기에 대하여 잘 알고 있다고 생각한다. 그러나 인간 무의식의 심연은 그를 모순과 충돌의 세계로 몰아넣는다. 그렇기에 Niebuhr(1964)가 말했듯이, 인간이라는 주제는 언제나 인간 자신이 풀지 못하는 문제가 되어 왔다.

이렇게 복잡한 존재양식을 가진 인간은 모순과 갈등을 통하여 자유의 가능성과 선택의 필연성을 경험하게 된다. 인간은 삶의 여정에서 끊임없이 갈림길에 직면하며 그때마다 결단을 해야 하는데, 우리 자신이 의식적일수록 더 많은 선택에 부딪치게 되며 더 많은 결단을 내려야 한다. Kierkegaard(1971)

는 인간이 자신에 대하여 의식이 깊을수록 더욱 분명한 자아를 갖게 되며 확고한 존재가 된다고 생각했다. 이것은 하나의 인격이 되기 위해서는 자신에 대한 분명한 의식이 필요함을 의미한다.

그런데 인간은 자신에 대한 새로운 자각을 위해서 꽤 많은 대가를 치러야만 한다. 의식적인 사람에게 인생은 결코 단순하거나 쉽지 않다. 그는 복잡한 세상에서 자신에게 주어지는 경쟁적인 '요구'와 복잡한 내면에서 계속 충돌하는 '갈망'과 싸우지 않으면 안 된다. 이러한 실존적인 싸움에서 불안하지 않을 사람은 없다. 그러나 인간은 이런 경험을 통하여 자기정체성을 확립해야 한다.

본래부터 내면에 모순과 갈등을 갖고 있는 인간은 그것을 의식할 때 불안을 느끼며, 자기 나름대로의 욕구를 충족시키기 위하여 이리저리 애쓴다. 그러나 자신의 노력이 허망하다고 느낀다면 어느 쪽을 향해서든 삶의 방향을 돌려야 한다. 즉, 자기방어 속에서 거짓되고 병든 자아를 형성하든지, 아니면 자신의 한계와 어리석음을 고백하고 궁극적 관심 속에서 삶의 방향을 전환하여야 할 것이다. 만약 우리가 모순과 불확실성이라는 심리적 불안 속에서 종교적 각성에 이르게 되고, 그 결과로 자신의 유한성과 죄를 깨닫고 고백할 수 있다면, 그때 우리는 종교적 회심을 경험하게 될 것이다.

그러므로 이 연구목적은, 인간이 자기 내면의 충돌과 위기에서 벗어나 앙양되는 궁극적 관심 속에서 새로운 삶을 살려는 종교적 각성으로서의 '회심' 경험을 검토하는 데 있다. 구체적으로 위기 속에서 자신의 통합적 정체성을 확립하려는 사람들의 사례를 적용하면서, 회심의 성격과 유형, 그리고 회심의 요인과 결과를 고찰할 것이다. 그리고 마지막으로 한국교회의 부흥회가 회심과 관련하여 정체성 확립이라는 견지에서 어떤 문제점을 안고 있는지를 고찰할 것이다.

2. 회심의 정의

회심은 크게 세속적인 회심과 종교적인 회심으로 나눌 수 있다. 회심과 유사한 체험이 모두 종교적 내용을 지니지는 않는다. 많은 학자들이 세속적 회심이라고 하는 비종교적 회심에 관하여 표현하거나 서술할 때에는 뚜렷하게 심리학적인 용어를 사용하고 있다. 그 예는 Stewart(1967)의 저서『청소년의 종교』에서 볼 수 있다. Stewart는 자기보다 전 세대의 사람들이 회심의 경험으로 생각했던 종교경험을 설명하기 위해 다른 의미 있는 범주를 사용했다. "취약성－비취약성" "정체성의 추구－정체성의 결여" "압박감에 대한 대처－압박감에 대한 굴복" 등 비종교적인 개념들이 사용되었다. 그리고 Starbuck(1911)이 회심을 청소년기의 현상이라고 본 것도 그 예일 수 있다.

분명히 우리가 여기서 다루고자 하는 회심은 종교적 회심이다. 그러나 그것이 세속적인 회심이 아닐지라도 우리는 그것을 종교적인 것과 비종교적인 것이 상호 관련된 간학문적인(interdisciplinary) 방법으로 설명할 것이다. 우리가 인간행위에 대하여 심리학적이며 경험적인 서술을 배제하면, 그것은 회심에 대한 전체적인 이해를 시도하는 데 큰 장애가 될 것이다. 이러한 입장은 Oates(1974)의 견해에서도 잘 나타나고 있다. Oates는 Maslow가 이름 붙인 '절정경험(peak-experience)'이 그 역동성과 효과 면에서 회심과 유사하다고 주장했다. Maslow가 생산적이고 건강하고 창조적인 사람에게서 볼 수 있다고 생각한 절정경험은 신학자들이 이제껏 얘기했던 회심의 고전적 의미와 심리학적으로 상응하는 것으로 보인다는 것이다(Maslow, 1966, pp. 104-114).

신학적으로 회심이란 하나의 입장이나 신념에서 다른 입장이나 신념으로, 또는 한 종교에서 다른 종교로 전향하는 것이다. 사도행전 9장 35절과 15장 19절을 보면, 회심은 하나님께로 전향함(turning)을 의미한다. "전향"이라는 동사는 자신의 충성이나 열정의 대상을 바꾼다든가, 하나님과의 관계 속에서 삶의 방향을 바꾼다는 뜻이다. 회심은 어둠에서 빛으로, 사탄의 세력에서 하나님께로 돌아섬(행 26:18)을 뜻하며, 우상으로부터 살아 계신 하나님께로의 전향(살전 1:9)을 의미한다. 인간이 전향했다는 것은 그리스도 안에서 하나님과의 새로운 자기일치라는 의미에서 내면적이고도 객관적인 영적 변화라고 할 수 있다.

이같이 회심에 관한 성경적 가르침은 하나님과의 만남 속에서 개인적인 방향의 전환을 의미한나. 회심은 특별한 교회적 의식이나 관습적인 깃과 관련되어 있지 않다. 이러한 점은 종교심리학자 제임스(1971)의 저서『종교적 경험의 다양성(The Varieties of Religious Experience)』에서 나타난 그의 종교에 대한 입장과 회심에 대한 정의와도 일맥상통하는 점이 있다. 제임스는 종교에 대하여 다음과 같이 말하고 있다.

> 나는 전적으로 제도적인 종교를 무시하고자 한다. 또 교리적인 조직에 대해서도 아무 할 말이 없으며 가능한 한 조직신학이나 신에 대한 관념들에 대해서도 생각하고 싶지 않다. 나는 가능한 한 나 자신을 순수하고 단순한 개인적인 종교에 국한시키고 싶다(James, 1971, p. 41).

그리고 개인적인 삶의 전향적 특성은 회심에 대한 그의 고전적 정의에서도 잘 나타나 있다.

> 전향했다는 것, 갱생했다는 것, 은혜를 받았다는 것, 종교를 경험했다는 것, 확신을 얻었다는 것은 이제까지 분열되고, 잘못되고, 열등하고, 행복하지 못했던 자아가 궁극적 실재와의 확실한 접촉을 통하여 올바르고, 탁월하고, 행복한 자아로 변하는, 점차적이거나 갑작스러운 과정을 의미한다(James, 1971, p. 157).

우리는 이러한 그의 입장에서 그 자신이 회심에 관하여 발전시킨 몇 개의 기본적인 가정들을 볼 수 있다.

첫째, 자아의 갈등은 제임스의 회심에 관한 정의에 깊이 내재하고 있다. 이런 자아의 갈등은 St. Paul이나 St. Augustine의 종교경험이나 신학에서 볼 수 있다. Paul은 "나는 내가 해야겠다고 생각하는 선은 행하지 않고 행해서는 안 되겠다고 생각하는 악을 행하고 있다(롬 7:19)."고 말했다. Augustine 또한 그의 고백록에서 "내가 나 자신에게 '이것을 행하자'고 말했다. 그리고 내가 말했던 것처럼 결심하려는 순간에 있었다. 나는 그것을 거의 행했다. 그러나 나는 사실 그것을 행하지 못했다."고 했다(purly, 1838). 제임스는 Augustine의 심리적 천재성이 초월될 수 없는 분열된 자아의 문제점을 보여주었다고 생각했다(James, 1971, p. 14). 여기서의 문제점은 현재의 자아와 되고 싶은 자아 사이의 갈등이다. 그리고 이 갈등의 해결은 회심을 경험하는 데 그 본질이 있다.

둘째, 제임스는 회심이 직접적인 신의 행위의 결과일 수도 있고 아닐 수도 있다고 보았다. 그래서 그는 회심에 대하여 초자연적, 인본주의적 용어로 말했다. 그는 행동과학으로서의 심리학과 종교적인 노력으로서의 신학 사이에 창조적인 긴장이 있다고 보았다. 그는 우리가 한쪽 방법만을 택하지 않고 두 분야 사이에서 조화를 창조하는 것이 바람직하다고 보았다.

셋째, 제임스는 회심을 인격의 성장과 관련된 과정으로 이해했다. 회심은 급진적일 수도 있고 점진적일 수도 있다. 종교적인 회심은 급진적이고, 심리적인 회심은 점진적이라고 생각하는 사람들이 많다. 그들은 급진적인 회심은 신의 기적적인 개입으로 돌리고, 점진적인 회심은 종교교육이나 올바른 심리발달의 결과로 이해하려는 경향이 있다. 그러나 이러한 경향들은 회심을 올바로 이해하지 못하고 있다. 중요한 것은 갑작스러운 회심이든 점진적인 회심이든 그 안에 존재하는 인격발달의 과정을 이해하는 것이다.

이러한 제임스의 표준적인 가정들은 우리가 회심을 이해하는 데 매우 중요하지만, 이 연구는 회심에 대하여 조금 더 현대적인 학문의 접근을 통하여 시도될 것이다.

3. 회심의 유형

회심에는 수많은 유형이 있다. 여기에서는 위기형 회심과 점진적 회심을 중심으로 논의하고자 한다.

1) 위기형 회심

S부인의 사례

S부인은 암 선고를 받았다. 그는 병원에서 몸과 마음이 모두 지친 상태에서 자신의 영혼과 씨름하고 있었다. 다음은 자신의 회심에 대한 S부인의 서술이다.

> 나는 1년 전에 유방암 수술을 받았다. 발병되기 전에는 누구보다도 건강했고 야심이 컸으므로 하고 싶은 일들은 거의 다 하면서 살아왔다. 생각해 보니 나는 자아실현이라는 이름 아래 한없이 자기중심적으로 살았다. 나는 나와 내 가족 외에는 그 어떤 것에도 여유를 보이지 못하고 인색했다. 나는 최고가 되지 않으면 마음의 평화를 얻지 못했기에 자신과 가족을 위해서는 악착스러울 정도로 살았다. 그러나 마음은 늘 허탈하고 불안했으며 몸은 심한 중압감 속에서 쇠약해져 갔다. 어느 날 직장동료를 병문안 간 뒤 큰 걱정 없이 해 본 건강진단에서 암으로 판명되었다. 그때 의사는 나에게 암이 상당히 진행되었으므로 남은 인생을 성자처럼 살라고 충고했다. 수술은 성공적이었지만 나는 의사의 말이 무엇을 의미하는지 확실히 알 수

없었다. 회복의 불가능성을 의미하는 것인지, 아니면 단순히 조심해서 살라는 뜻인지 알 수 없었으나 잊으려고 애썼다. 그런데 다른 데서 암이 다시 발견되었다.

나의 마음속에서 수많은 상념이 몸부림치고 있었다. 나는 살 수 있는가? 산다면 얼마나 살 수 있나? 살아도 고통스럽게 산다면 무슨 의미가 있나? 미래를 생각해 보니 모든 것이 불투명했고 불안했다. 이제 이틀만 지나면 수술을 받아야 하는데 마음을 정리하고 싶다. 왠지 마음속에 어떤 결단을 하지 않으면 안 된다는 생각이 들었다. 그때 대학 시절 채플시간에 무심히 불렀던 찬송가 구절이 생각났고, 선배가 보낸 카드에 적힌 "두려워 말라, 내가 너와 함께 함이니라, 놀라지 마라, 나는 네 하나님이 됨이니라. 내가 너를 굳세게 하리라. 참으로 너를 도와주리라. 참으로 너의 의로운 오른손으로 너를 붙들리라(사 41:10)."는 성경말씀이 눈에 띄었다. 나는 예수에 대해 생각했지만, 지난날 주님을 잊고 살았던 것을 생각하니 죄책감과 수치심이 들었다. 나는 생전 처음으로 느껴본 간절함 속에서 결단하는 마음으로 무릎을 꿇었다. 그리고 참회하는 마음으로 다시 살 수 있다면 삶의 방향을 전환하겠다고 기도했다. 그러나 예수는 볼 수가 없었다. 그런데 동이 트기 전 순백의 장엄하고 무조건적인 사랑을 느끼게 하는 강렬한 빛이 나에게 쏟아져 내리면서 죽음의 공포 속에서 꽁꽁 얼어붙었던 몸이 나의 의지와는 전혀 상관없이 너무도 평화롭게 펴지는 것을 느꼈다. 갑자기 마음속의 모든 두려움과 괴로움이 다 사라져버리는 것이었다. 나는 말로 다 표현할 수 없는 불가항력적인 사랑의 힘이 나를 감싸고 있음을 확신할 수 있었다. 너무 놀라워서 쳐다보니 그 순백의 강렬한 빛 가운데 희미하게나마 사람의 형태가 있었다. 나는 그분이 예수라는 것을 알았다. 나는 이제까지 이러한 평화와 행복감을 느껴본 적이 없었다. 나는 차분히 마음을 가라앉히고 생각했다. 어떻게 예수께서 절벽 끝에 서 있던 내 영혼의 어두운 밤의 고뇌와 신음소리를 아셨을까? 나는 과거에 그분에 대해 진지하지는 못

> 했고, 다만 위기 속에서 무릎을 꿇었을 뿐이었다는 생각에 두 손에 얼굴을 묻었다. 그분이 나를 받아들인 것은 너무 벅찬 사실이다. 나는 새로운 삶의 여정을 시작하고 싶을 뿐이다.

S부인과 같은 위기형의 회심은 보통 세 가지 단계를 거치게 된다. 처음에는, 심한 혼란과 불안과 갈등의 시기가 온다. 사람들은 이때 실제 혹은 가상의 사건에 대하여 우울해지거나 죄책감에 싸일 수도 있고, 분열되고 산산이 찢어진 자아를 느낄 수도 있으며, 삶의 모든 의미를 상실하고 공허감과 불완전성에 시달릴 수도 있다. 두 번째 단계에서는, 강한 감정을 동반하는 빛의 체험이나 고조된 통찰력이 포함된다. 또 일반적으로 회심에서 있는 일이지만, 자기포기도 하나의 특징으로 나타난다. 삶의 방식에서 근본적인 변화가 생기는데, 이것은 개인적인 우주의 중심이 자기에게서 하나님께로 옮겨지는 것이다. 셋째 단계는, 통합, 평화, 고요함의 느낌을 가져다준다(Meadow & Kahoe, 1992, p. 180). S부인은 전례 없이 차분했고 행복했다. 그리고 새로운 삶에 대한 확신으로 가득 차 있었다.

2) 점진적 회심

L사모의 사례

L사모는 청년기 시절부터 자기정체성을 확립하기 위하여 진지하게 살아온 사람이다. 다음은 그가 인생 여정에서 어떻게 회심을 경험했는지에 대한 서술이다.

> 나는 부권이 강한 유교가정에서 태어났다. 청년기 때는 보통 학생들처럼 자기정체성을 탐구하기 위하여 많이 방황했다. 특히 대학시절 부모가 권한 전공이 적성에 맞지 않아 갈등을 느꼈고, 그것은 마음에 큰 부담이 되

었다. 그때 나름대로 찾은 탈출구가 문학 서클이었다. 그때는 군사정권 시절이라 학교는 거듭되는 휴교령 속에서 제대로 상아탑 구실을 하지 못하였다. 사회적으로는 몹시 불안하고 억압된 분위기 속에서 사람들의 마음은 어두웠고, 개인적으로는 지적 방황이 계속되었다. 또한 그때 부친의 갑작스러운 사망을 포함한 환경의 변화는 자연스럽게 삶의 유한성과 죽음에 대한 나의 인식을 심화시켰다. 성격적으로는 염세주의적인 면이 강했고 우울증도 스스로 느낄 수 있었다.

나는 친구의 권유로 성경공부 클럽에 가입했고 열심히 성서를 배웠다. 성서의 말씀들은 나에게 생수와 같았다. 나의 마음과 정서는 안정되었고, 나름대로 장래 계획을 세우고 열심히 살았다. 이것이 나의 첫 번째 회심이었다. 졸업 후 신학교에 들어갔는데, 거기서 선배를 만나 결혼하게 되었다. 결혼 후에도 계속 공부를 할 수 있으리라고 생각했는데 쉽지 않아서 도중하차했다. 남편은 개척교회를 섬기느라 애를 쓰지만 신앙의 유형이 나하고 많이 달라서 갈등할 때도 있었다. 나는 어느덧 목회자의 아내로 20년 가까이 지내왔지만, 나 자신을 보면 매너리즘에 빠져 있는 모습을 느낀다. 신앙입문 시절에 느꼈던 뜨거운 열정도 찾아보기 힘들고, 제도적인 교회가 사모에게 주는 억압감에도 만성적으로 적응되어 가는 듯했다. 그러나 시간이 흐르면서 나는 억압감 속에서 점점 심한 갈등을 느끼게 되었다. 그리고 우울증이 다시 나타나기 시작했다. 나는 이것이 흔히들 말하는 '중년기의 위기'인 것 같았다. 남편은 나에게 이제 교회도 어느 정도 성장해 가고 있으니 교회일은 목사와 교인에게 맡기고 틈나는 대로 부흥회에 열심히 다니면서 여가선용을 하라고 했다. 그러나 부흥회는 나의 영혼의 깊은 열망에 큰 도움이 되지 못하는 면이 있었다. 나는 당장 대학원으로 돌아가는 것이 힘들지만, 나름대로 관련 서적들을 읽으면서 명상의 시간도 충분히 가지려고 노력했다. 나는 예수와의 개인적인 관계가 회복되고 계속 성장하는 것을 느낄 수 있었다. 무엇보다도 기쁜 것은 평생교육원에 가서 공부하여 사회복지사 자격을 갖게 되었고, 중년기를 의미 있게 보낼 수 있다는 확신이 들었다는 것이다. 구체적으로 적성에 맞는 일을 찾았는데, 그것은 봉사 프로그램을 통하여 교회와 지역사회의 관계를 발전시키는 것이다. 나는 요즈음 지역사회의 소외된 노인들을 돌보는 일을 하면서 제2의 회심을 경험하고 있다.

L사모의 경우와 같은 점진적 회심은 S부인의 경우에서와 같이 갑작스러운 위기의 체험은 없지만, 새로운 삶과 신앙으로 뚜렷하게 전환한 것이라고 할 수 있다. 물론 L사모가 경험한 갈등과 불안은 S부인의 위기형 회심에 비하여 더 지적이고 덜 감정적이긴 했지만, 그의 회심에도 보편적인 위기가 있었다. 첫 번째 회심 이후 틀에 박힌 신앙생활과 제도적인 억압감 속에서 자신과의 투쟁이 중년 여성의 우울증 형태로 잠깐 나타나기도 했으나 그는 잘 극복해 나갔다. 그는 자신이 처한 어려움에 좌절하지 않고 적극적으로 직면하면서 사회의식을 확장하고 자기정체성을 확립하려는 의지를 보여주었다.

점진적 회심에서는 위기형 회심에서 나타나는 동일한 구성요소와 단계가 의식적 수준에서 관찰될 수 있다. 점진적 회심은 의지적 회심(volitional conversion)이라고 할 수 있는데, 이것은 사람들의 의지가 자기포기의 상태에서 좀 더 의식적으로 수반된다는 것을 암시하기 때문이다.

4. 회심의 요인들

1) 갈등과 신경증

회심에 대한 심리학적 연구는 회심현상이 갈등이나 죄책감, 불안과 관계가 있다고 보았다. 그리고 이러한 회심현상은 사람에 따라 병리적 혹은 신경증적 요소와도 연관되어 있다.

프로이트는 인간의 인격 속에서 근본적인 모순과 갈등을 찾았다. 인간의 인격을 이해할 때 상충론적 입장을 취하고 있는 프로이트는 철저히 자연주의를 표방하였으며 자연법이 근본적이고 궁극적인 것이라고 믿었다. 자연주의적 대전제에서 시작한 프로이트는 종교적 경험을 모순적인 것에서부터 억압적인 정신 메커니즘으로 환원시켜 버린다. 확실히 종교를 보편적인 강박관념에서 오는 신경병이라고 본 그의 환원주의적 입장은 회심이라는 종교경험을 설명하기에 도움이 되지 않는다. 그러나 인간의 심리적 모순과 갈등에 대한 그의 정신분석은 회심의 과정에 있어서 중요한 역할을 하고 있는 실존적 요인들을 설명하기에 유익하다(Freud, 1964).

인간은 원본능(id)이라고 하는 원시적 갈망이 있어서 끈덕지게 만족을 찾으려고 한다. 이러한 감정이 제어되지 않으면 인격파괴를 가져오므로 권위를 가진 부모나 사회적 전통의 가치로부터 억제에 부딪치게 된다. 특히 아이들은 유아기 때부터 부모의 윤리적 요구를 내면화시킴으로써 초자아(superego)를 형성하게 된다. 초자아는 도덕적이며 법적인 인격의 요소이므로 인간은 원본능과 초자아 사이에서 끊임없이 죄책감 때문에 고민하며 심한 우울증 속에서 도덕적 불안에 휩싸이기도 한다.

그리고 이러한 충돌의 중심에는 외부 세계의 현실과 접촉하는 자아(ego)가 있다. 자아는 본능적인 욕구와 초자아의 명령과 외부 세계의 제한 사이에서 조정하는 역할을 담당한다. 자아는 의식세계를 통제하며 잠재의식에 억압을 행사한다. 원본능과 자아의 관계를 보면 자아는 지성에 입각하여 원본능의 충동을 억제하고, 현실원칙에 의거하여 욕구충족의 목적을 달성하려 한다. 이때 자아는 고통스러운 충돌을 잘 해결하여 인격구조의 심판자로서의 역할을 한다. 이렇게 자아와 초자아는 원본능의 끈덕진 욕구의 항거를 억제한다. 그리고 원본능과 자아, 초자아가 삼중 충돌을 하는 가운데, 초자아의 도덕적 요구는 원본능의 쾌락적 갈망와 마찬가지로 자아의 실재 추구에도 영향력을 행사한다.

S부인의 경우, 그는 자기중심적 욕구를 충족시키려는 원본능적인 태도가 강했다. 그러나 그는 위기 속에서 불안을 느끼면서도 현실세계에 잘 적응하려고 투쟁했다. 그는 자신의 삶의 방식에 대하여 반성하면서 예수를 의지해야겠다는 마음의 결정을 했다. 이러한 그의 태도는 지성에 입각하여 원본능을 통제하고, 현실원리에 근거한 욕구를 충족시키려는 자아의 기능이다. 더욱이 그는 이기적이었던 과거의 삶과, 이제까지 예수를 진지하게 대하지 않고 살아오다가 위기에 직면해서야 그를 의지해야 한다는 사실로 인해 죄책감을 느꼈다. 이것은 그에게 있어서 원본능을 억제하고 보다 완전을 추구하는 초자아의 기능이다. 이같이 S부인의 자아와 초자아는 원본능을 억제했는데, 이러한 충돌 가운데서 초자아는 그의 원본능뿐만 아니라 자아의 실재 추구에도 영향력을 미쳤다. 이것은 S부인이 위기 속에서 자기중심적인 삶을 버리고 예수를 자기 삶의 궁극적 모델로 생각했다는 데서 볼 수 있으며, 또한 S부인의 자아가 인격의 갈등을 잘 조정해서 통합적인 자기정체성의 확립을 촉진시켰다는 데에서도 잘 드러나고 있다.

여기서 간과할 수 없는 사실은 어떤 인간이 아무리 외적으로 건강하고 부족함 없이 보일지라도 그는 실존적인 양극, 즉 불안/안정, 유한성/무한성, 죽음/삶, 사랑/증오, 질병/건강 등의 긴장 속에서 불확실한 감정에 사로잡혀 있다는 것이다. 만약 우리의 모순과 갈등이 잘 조정되지 않고 심화되면 자아가 분열되거나 억압되어서 병리적이거나 신경증적인 증상을 보이기 쉽다. 그러나 그러한 신경증적 증상을 악으로 이해할 수는 없다. 인간은 인격적 실패와 죄책감으로 인하여 삶의 균형을 잃고 병리적 증세를 보인다 해도 그 위기의 시간에 생을 재건하려는 의욕이 존재할 수 있다. 인간은 심오한 괴로움 속에서 인생에 대하여 궁극적 관심을 갖게 되며, 자신의 인생행로를 변경시킬 종교적 회심을 경험할 수 있는 것이다.

S부인의 경우에는 위기로 인한 죽음의 공포와 깊은 죄책감으로 고통을 받

왔고, L사모의 경우는 처음 회심을 경험하기 전에 정체성 혼미로 인한 갈등과 염세주의적이고 우울한 성격이 그를 괴롭혔다. 그리고 회심 후에도 목회자 부인이 느끼기 쉬운 내적 억압이 계속되면서 '신경증적인 불안감(Corey, 1992)'을 보였다. 이러한 위기의 시간에 S부인과 L사모는 창조적인 힘을 발휘할 수도 있고 또한 파괴력을 보여줄 수도 있었다. 그러나 S부인은 자신의 모순과 갈등, 불안 등을 잘 조정함으로써 성장이 촉진되었다. 또한 L사모가 경험한 갈등과 불안에 기인한 신경증은 그로 하여금 자신의 삶을 정직하게 대면하게 함으로써 보다 원숙한 회심의 경험으로 이끌었다.

2) 실존적인 불안과 영성적 갈망

절대적 가치와 존재가 설 자리가 없는 현대사회에서 많은 사람들이 실존적인 불안에 함몰되어 있다. 문제는 이러한 위기의 근본적 원인이 심리적인데 있다고 주장하는 심리치료사들이 증가하고 있다는 것이다. 융은 이러한 심리적 환원주의에 반대하며, 위기의 근본적 원인은 영적인 질병에 있다고 강조한다(Jung, 1933, p. 269). 이런 의미에서 많은 현대인들이 안고 있는 영적인 질병은 치유과정에서 회심을 요구한다.

인간은 유한한 존재이기 때문에 실존적인 불안을 일으키는 비존재(nonbeing)의 위험에 직면해 있다. 그것은 숙명과 죽음의 위협, 공허와 의미의 상실, 그리고 죄책과 심판이라는 세 가지 형태를 취하고 있다. 그러나 사람들이 실존적인 불안에 직면하는 방법은 창조적일 수도 있고 파괴적일 수도 있다. 많은 사람들이 불안에 대처할 때 우상숭배적인 방법을 택한다. 그들은 소유물, 건강, 성공, 지식, 국가, 종교기관, 가족 등을 신격화하여 그러한 것들을 궁극적 관심의 대상으로 삼고 있다. 그러나 아이러니컬하게도 이러한 방어수단을 사용하면 결과적으로 비존재의 위협은 강화되고 불안은 더욱 깊어진다.

중요한 것은 인간이 자신의 불안과 대결하여 그 불안을 자기의 정체성 속에서 통합시킬 때에 불안은 삶을 해치는 것이 아니라 삶을 성숙하게 만든다는 사실이다. 그러나 이것은 비존재를 영원히 정복하는 하나님의 능력 안에서만 가능한 것이다. S부인과 L사모 모두가 죽음의 위협과 의미의 상실과 같은 비존재의 위협을 느꼈지만 그들은 하나님을 향한 깊은 영적인 갈망을 갖고 있었기 때문에 하나님의 능력 안에서 실존적인 불안을 극복할 수 있었다.

이러한 영적인 갈망은 천재 Pascal(1623-1662)이 결정적인 회심 전에 자신의 영혼에 대하여 기록한 짧은 글에서 잘 나타나고 있다. "영혼은 하나님 앞에서 겸손해지고 깊은 존경의 마음을 품는다. 벌레와 같은 나에게 주시는 하나님의 은혜를 감사한다. 많은 허영을 택한 것을 깊이 뉘우친다. 참회와 가책의 마음을 가지고 하나님께 용서를 구한다. 나는 하나님께 사랑을 받고자 뜨거운 기도를 드린다(Pascal, 2003)." Pascal이 자신이 갖고 있던 최고의 지식과 이성의 한계를 고백하며 겸손한 마음으로 신앙을 구했을 때 하나님은 신음하면서 간구하는 이 겸손한 구도자의 영혼을 받아들였다. Pascal은 1654년 11월 23일 저녁 10시 30분에서 새벽 0시 30분까지 놀라운 성령의 체험을 했는데, 이것은 역사적으로 흔치 않은 하나님의 능력 세례이다. 그는 이때의 감격의 순간을 양피지에 정서하였는데, "The Memorial"로서 알려져 있는 약 600여 자 되는 짧은 신앙고백은 그가 회심을 통하여 경험한 하나님에 대한 확신과 기쁨 그리고 인간 영혼의 위대함을 말해주고 있다.

3) 비정상적 및 초정상적 표시

종교적 회심에서 청각 및 시각적 환각은 하나의 요인으로 작용하고 있다. 환각은 보편적이지는 않지만, 그것은 종교적 회심에서 나타나며, 보통의 정신증과는 구별되어야 한다(Christensen, 1963). Augustine의 어머니 모니카는 아들이 청년시절 이교인 마니교에 빠져 방탕한 생활을 했을 때 그를 위해 기도했는데, 기도 중에 자주 환각을 경험했다. 훗날 그녀 자신이 그중 어떤 것은 간절한 소망의 심리적 투사였다고 말했지만, 대부분은 초정상적 표시로써 나타났다고 회고했다(Augustine, 2003). S부인의 회심과정에도 시각적 환각이 개입되었지만, 그는 어떤 의미에서도 정신병 환자는 아니었다. 그의 경험은 종교적 비전이나 계시와 유사하므로, 비정상적으로 생각하기보다는 초정상적 표시로 분류하는 것이 바람직하다.

그리고 청각적 환각은 St. Augustine의 유일회적 사건으로서의 회심에서 나타난다. 그가 마니교의 이원론에 반대하여 신플라톤주의에서 새로운 탈출구를 마련하면서 마음의 평온을 위해 애쓰고 있을 때, 근처에서 "집어서 읽으시오, 집어서 읽으시오." 하는 아이들의 노래를 들었고, 마치 천사들이 자기 귀에 쟁쟁하게 들려주는 메시지로 들려 친구가 있는 곳으로 가서 바울서신을 펴게 되었다. 눈이 가 닿는 곳을 읽어내려 갔는데, 로마서 13장 13절 이하의 "낮에와 같이 단정히 행하고…… 오직 주 예수 그리스도로 옷 입고 정욕을 위하여 육신의 일을 도모하지 말라."라는 말씀이 있었다(Augustine, 2003). 그가 이 말씀을 정독하는 동안 절제하는 마음이 생겼다. 심리학에서는 초정상적인 현상을 그냥 관찰하는 수밖에 없는 것으로 보는 반면, 신학자들은 이것을 '계시'로 이해한다.

4) 박탈감과 과잉자극

인간은 살면서 자신에게 의미를 부여했던 중요한 것을 박탈당했을 때 상실감 속에서 좌절하기 쉽다. 그러나 일반적으로 사람들은 건강이나 재정, 사회적 위치, 인간관계가 반전될 때 그 위기를 통하여 회심의 가능성이 커진다고 생각한다. 어떤 노동자들은 경제적 박탈감으로, 장애자는 신체적 박탈감으로, 이혼한 사람은 인간관계의 박탈감으로, 실직한 사람은 사회적 지위의 박탈감으로, 사별한 사람은 사랑하는 사람의 박탈감으로 회심을 경험할 수 있다. 그리고 회심한 사람 중에서도 박탈감으로 인하여 큰 교파에 있지 못하고 작은 교파로 다시 회심하는 경우가 있다. 여기서 우리는 S부인의 경우 건강의 박탈감이 회심의 한 요인이 되었음을 볼 수 있다. L사모의 경우는 자아실현의 욕구가 억압된 사모의 위치 때문에 충족되지 못했으므로 자기정체성의 박탈감을 느꼈고, 이것이 회심의 한 요인이 되었다.

그리고 감각적인 자극도 회심에 영향을 줄 수 있다. 예를 들어, 북치기나 춤, 다양한 음악을 통해서 그리고 자극의 규칙적 반복에 의해서 강한 감정의 분출을 유도할 수 있다. 또한 긴급한 해결을 필요로 하는 정신적 갈등을 부여함으로써 과잉자극을 주기도 한다. 우리는 부흥회에서 행해지는 많은 방식에 심한 자극이 있음을 알고 있다. 그리고 통일교 회의에서 행하는 것처럼, 정상적인 사회적 자극이나 혼자 생각할 기회를 박탈하고 잠재적 회심자에게 질문 공세를 퍼붓는 것과 같은 과잉자극은 회심체험에 영향을 줄 수 있다. 그러나 그 질적인 면을 생각해 보아야 하는데, 그것에 대해서는 나중에 논하기로 하겠다.

5) 사회적 · 종교적 배경

사회적인 배경은 회심의 가능성 및 회심과 유사한 체험을 하는 데 중요한 역할을 한다. L사모의 경우, 자기정체성을 확립하려고 애쓰는 청년기 때 사회는 몹시 혼란스러웠다. 군사문화 속에서 억압되고 경직된 사람들의 마음은 불안했고 소외되었다. 한 인간이 성장할 때 사회가 건전하여야 그 구성원들이 참된 가치와 사상을 배울 수 있다. 사회가 억압되고 물리적인 힘이 주도하면 개인의 정체성 추구는 어려워진다. 사회가 이데올로기적으로 획일적이고 억압적이면, 그것이 의미 있는 목표를 갖고 있더라도 전체주의로 변질될 위험이 있고, 삶의 전체적인 퍼스펙티브에서 의미를 느끼기 힘들다(Erikson, 1982). 그러나 L사모에게 있어서 어두웠던 사회적 배경과 염세주의적이고 우울했던 성격은 성서의 가르침을 통하여 자기정체성을 진지하게 추구하는 미래의지의 힘으로써 성숙하게 작용하였다.

가족의 배경 역시 중요한 원인이 된다. 일반적으로 종교적 배경을 가진 가정에서 양육된 사람이 비종교적인 가정에서 성장한 사람보다 회심을 체험할 가능성이 크다. S부인은 기독교 가정에서 자라지 않았지만 기독교계 학교를 다녔는데, 이것은 그의 회심과정에서 분명히 영향을 주었다. 물론 종교적 가정이나 기관에서 교육을 받았다 해도 그것이 관습적인 데서 그쳤다면 그것은 회심의 근본적인 요인이 될 수 없다. 왜냐하면, 신앙과 교리는 불가분의 관계가 있지만, 자기가 배운 교리를 삶의 현장에서 적용하고 재해석함으로써 신앙은 가능하기 때문이다. 그리고 우리는 L사모에게서 보듯이 비종교적 가정에서 자란 사람들일지라도 자신의 정체성을 형성하기 위하여 진지하게 갈등하고 방황한 결실로서 회심을 체험하는 경우도 보게 된다.

6) 나이

회심 연령에 대하여 학자들 사이에 다양한 견해를 보이고 있다. 회심의 심리학을 연구하던 초기 학자들은 회심이 사춘기 때의 현상이라고 주장했다. 회심은 가끔 청소년기의 심리적 스트레스 및 격정과 동일시되었다. 청소년에게 있어서는 극도의 혼란조차도 건설적으로 여겨졌다. 불안정성과 불확실성 그리고 극단적인 아픔조차도 높은 수준의 자아 신뢰감을 가진 균형 잡힌 인간을 만들어 내는 자연의 오묘한 방법 중 하나라고 보았다. 이렇게 해석한 대표적 학자로 Starbuck이 있다. 그의 회심에 대한 견해는 다음과 같다.

> 회심은 청년기의 성향과 관계가 깊다. 청년기의 성장에 있어서 본질적인 것은, 어린 시절을 벗어나 성숙하고 인격적인 통찰력을 가진 새로운 삶을 시작하는 것이다. …… 여기서 가장 본질적인 모습은 회심이 그 사람에게 결정적인 위기를 가져다줌으로써 청년기의 정상적인 성향, 즉 성장을 강화시키

고 갈등과 억압의 기간을 단축시킨다는 것이다(Starbuck, 1911, p. 224).

L사모의 첫 번째 회심은 분명히 Starbuck이 주장한 청년기의 특징과 유사하다. 그가 경험했던 갈등, 심리적 스트레스, 혼란, 우울함 등은 청년기의 특징으로써 회심을 통한 정체성 확립에 있어서 피할 수 없는 것이었다.

그러나 모든 회심이 청년기에 일어나는 것은 아니다. 융에 의하면 심리적 질환에 이르는 신앙의 위기는 35세 이후에 자주 나타난다고 한다. 그러나 L사모가 중년기 때 잠깐 겪었던 우울증은, 중년기가 좀 더 완전한 종교적 통합에 도움이 되는 내적 지향성으로 옮겨지는 시기임을 시사한다. 인간이 중년기에 이르면 이제까지 외적 가치에 집중해서 살았던 것에 공허함을 느끼게 되면서 내적으로 자신이 원하는 것이 무엇인지에 대해 추구하게 된다(Brewi & Brennan, 1982, pp. 30-40). 또한 에릭슨의 인격 발달에 관한 가설들은, 다른 시기의 갈등과 억압이 청년기보다 더 심각할 수도 있음을 보여준다. 예로, 성년기 초기 때 친근성-격리감, 중년기 때 생산성-침체성 사이의 갈등에서 보이듯이, 모든 단계는 성장하기 위해서 통합을 필요로 하는 분열된 자아가 갈등하는 시기이다. 이 기간에 사람들은 결정적인 위기에 직면함으로써 회심을 경험할 수 있다(Erikson, 1982, pp. 62-72).

5. 회심의 결과

1) 성장의 촉진

회심의 경험을 성장의 촉진으로 이해한 Starbuck에 의하면, 회심은 언제나 성장을 가져오며 결코 유아기 상태로의 퇴보를 의미하지 않는다고 한다. 그러나 제임스는 병든 영혼의 종교와 건강한 정신의 종교를 구분하였다. 그는 회심이 언제나 성장의 과정을 촉진시키지 않음을 보여준다. 오히려 회심이 유아기 상태로 이미 진행 중에 있는 퇴보를 더 촉진시킬 수 있다고 보았다. 최근의 연구에 따르면 회심의 결과가 후퇴를 의미할 때도 많다. 어떤 사람은 회심 후에도 이전의 신앙에 대한 감정적인 유대 때문에 문제를 일으키기도 하고, 또 자신의 전문직을 포기하거나 자신의 일을 해 나가는 데 문제가 있다. 그리고 많은 회심자가 종교적 편견으로 인하여 사회적으로 가까웠던 사람들을 상실했다.

Salzmann에 의하면 두 가지 종류의 회심이 있다. 하나는, 점진적이고 성숙한 회심이다. 이것은 자의식, 타인에 대한 관심, 세계와의 일치감 등을 발전시킨다. 또 다른 회심은, 퇴보적이고 정신병리학적 유형의 것이다. 이것은 과장된 반이성, 지나치게 강렬한 신념으로 나타나기도 하며, 나아가서 경멸, 증오, 강박적인 전도, 순교에 대한 절박성, 신앙을 위한 가혹한 처벌의 성격을 포함한다(Salzmann, 1953). Oates(1974)의 임상목회 연구에서도 적지 않은 신자들이 공격성, 의존성, 현실도피성, 율법주의적 태도와 같은 병리적인 태도로 인하여 어려움을 겪고 있는 것이 나타나 있다. 그런데 이러한 병리적인 태도들이 신앙을 통하여 교정되는 것이 아니라 오히려 신앙에 의해 더 강화되거나 합리화될 수 있다는 것이다.

2) 분열된 자아의 통합

분열된 자아의 통합은 회심의 가장 좋은 결과이다. 보통 우리는 자아의 분열을 정신분열로 이해하는 실수를 범한다. 정신분열은 현실을 완전히 떠나 환상적인 세계로 함몰하는 증상을 말한다. 여기서는 보통 사람들이 겪는 자아의 여러 극들(poles) 사이에서의 갈등을 중심으로 살펴보고자 한다.

분열된 자아의 첫 번째 난제는 충성심의 딜레마이다. 청년기에 직면한 사람들은 부모나 또래 그룹 사이에서 어디에 충성해야 할지를 몰라 평화를 느끼지 못할 때가 많다. 이때 사람들은 새로운 사랑의 구축력에 자연스럽게 끌림으로써 자신의 갈등을 극복할 수 있다. 즉, 그리스도의 사랑을 느끼게 해 줄 수 있는 목회자나 스승과 같은 사람들과의 새로운 관계를 통하여 자신의 에너지 가운데 잘못된 중심을 다시 조정하여 갈등을 극복하게 된다는 것이다.

분열된 자아의 두 번째 난제는 권위의 딜레마다. 인간은 살면서 부모나 배우자, 고용주의 권위와 대결할 때가 있다. 모든 경우에서 하나님의 권위를 인정하는 것이 양편의 회심을 가능하게 하는 것이다. 또 자신의 권위와 하나님 사이의 갈등은 히브리스(hybris)의 죄를 짓게 한다. 그러나 건강한 회심은 우리로 하여금 피조물의 유한성을 깨닫고 하나님의 은총을 증거하도록 도와준다(Oates, 1974, pp. 97-98).

3) 삶의 방향 전환

회심은 단 한 번에 가능한 하나님과의 만남을 의미하지 않는다. 오히려 의지적 차원에서, 오랜 시간에 걸친 영혼의 순례로서 삶에 대한 역동적 해석이다. 단 한 번에 전향이 가능할 수도 있겠지만 회심에 이르는 길에는 여러 방법이 있다. 회심의 핵심적인 행위는 방향 전환이다. 한 개인이 새로운 가치에 접했을 때 옛 삶의 방식과 윤리적 불협화음을 겪으며 갈등하게 된다. 이때 인간이 성장하고 싶다면 변화에 대한 무조건적 거부를 지향하고 새로운 가치에 확실하게 응답함으로써 회심에 이르게 된다.

그리고 회심을 인성이론과 관련시킨 Lecky(1945)에 의하면 자아의 참된 기능은 가치들의 일관성이다. 즉, 회심을 경험한 사람의 자아는 상황의 어떠한 변화에도 불구하고 자신이 의미 있다고 생각한 가치들을 포기하지 않는다. 그는 회심 후에 개인적으로나 사회적으로 다양한 어려움, 즉 사업실패, 사별, 실직, 질병, 전쟁의 불안 등에 직면하게 된다 해도 하나님의 사랑을 의심하면서 과거로 돌아가거나 세속적인 현실적 가치와 쉽게 타협하지 않는다.

4) 확실한 자기포기

회심을 통하여 인간은 궁극적 실재에 대한 복종적인 관계 안으로 들어간다. Wolff(1962)에 의하면 자기포기는 여러 의미를 포함한다. 첫째, "전체적 참여"는 자신과 하나님을 어디까지 주장할지에 대하여 어려움을 느끼면서도 사랑의 대상에 완전히 몰입함을 의미한다. 둘째, "수락된 개념들의 정지"는 내가 이전에 가졌던 신념과 가치를 중단시키고 인생 전체를 하나님께 관련시켜 다시 생각함을 의미한다. 셋째, "적절함"은 나의 관심사가 사랑하는 대상이 허락하는 것과 관계가 있는지를 묻는다. 넷째, "동일성"은 사랑하는 대상에게 정복되기보다는 그 대상과의 일치감을 추구한다. 다섯째, "위험성"은 사랑하는 대상에 의하여 변화되기 위해서는 상처받을 준비가 되어 있음을 의미한다(Wolff, 1962).

회심을 경험한 사람들은 Wolff가 설명한 자기포기의 구체적인 의미를 삶 속에서 지속적으로 실천하면서 살아야 한다. 그러나 여기서 간과할 수 없는 점이 있다. Wesley가 말하는 것처럼 신자에게는 회심 후에도 잔여죄가 있어서 확실한 자기포기를 실천하는 과정에서 현실적인 갈등과 유혹이 존재할 수 있다(Wesley, 1994). 이러한 갈등과 유혹의 정도는 신자가 회심을 통하여 얼마나 성숙했는지에 따라 다를 것이다. 그럼에도 불구하고 신자는 회심 후에도 자신의 잔여죄에 대한 깊은 성찰 속에서 확실한 자기포기를 지향해야 한다(Wesley, 1994, p. 125).

5) 전인적 영성 함양

회심을 통하여 전인적인 영성을 함양시키는 것은 매우 중요하다. 적지 않은 사람들이 신앙인이라고 자처함에도 불구하고 스스로 신앙적 형식주의에 치우쳐 활력 있는 삶을 영위하지 못하고 있다. 이런 경우 그들을 영적인 측면에서 살펴보면 그들이 전인적인 영성을 결여하고 있다는 사실을 접하게 된다. 전인적인 영성은 건강한 인격을 형성하는 데 있어 매우 핵심적인 요소이다. 그런데 기독교인의 영성을 생각할 때 부정할 수 없는 점이 있다. 일반적으로 기독교인에게 영성은 삶의 다른 영역과 분리되어 높은 차원에 존재하는 것 같다.

그러나 전인적 영성은 우리의 삶 속에서 분리된 상태가 아니라 통전적인 차원에서 힘을 발휘할 수 있다. 회심을 경험한 사람의 영성은 개인의 육체, 마음, 이웃과의 관계, 소속사회와의 관계, 자연과의 관계를 중시하고, 그 영성이 핵심적인 축이 되어 다섯 가지 차원과 통합적으로 기능할 때 인간의 삶에 창조적으로 영향을 준다.

앞에서 언급한 다섯 가지의 회심의 결과는 거짓된 회심과 마술적인 회심으로부터 순수한 회심을 가려내기 위하여 모두 필요한 것이다. 이러한 회심의 긍정적 결과는 S부인과 L사모에게서 공통적으로 나타났다. S부인의 경우 회심은 성장의 빠른 촉진을 가능하게 한 반면에, L사모의 회심은 점진적으로 성장을 촉진시켰다. 또한 L사모의 회심은 그가 부모나 사회의 권위와 갈등하고 궁극적 가치를 부여하는 하나님의 권위에 귀속되는 과정을 잘 보여주고 있다. 그리고 우리는 두 사람의 회심에서 그들이 하나님에 대한 신뢰 속에서 새로운 변화에 용기 있게 대처하고 삶의 방향 전환을 결단한 것과 궁극적으로는 자기중심적인 태도를 포기하고 전인적인 영성을 함양시켜 나가게 된 것을 볼 수 있다.

6. 부흥회와 계획된 회심

우리가 회심의 문제를 한국교회 현장과 관련시켜 볼 때 검토해야 할 문제가 있다. 우리가 알고 있듯이 많은 교회가 부흥회를 통하여 회심을 유도하고 있다. 물론 우리는 부흥회 자체를 과소평가하는 것은 결코 아니다. 부흥회가 하나님의 말씀에 기초하여 신자들로 하여금 뜨거운 성령체험을 하게 인도하는 것은 의미가 있다. 사실 많은 사람들이 종교를 이성과 동일시하기 때문에, 그들의 신앙은 이념적인 교리에 갇혀 활력을 갖지 못할 때가 많다. Edwards에 의하면 종교는 이성적 사고가 아니라 변화된 마음에서 출발한다는 것이다 (Fiering, 1981). 그래서 그에게 깊은 영향을 받은 Wesley는 자신이 창시한 감리교를 '가슴의 종교'라고 불렀다.

우리가 종교에 대해 갖고 있는 잘못된 개념은 종교를 하나의 특정한 성격으로 잘못 분류하는 데서 생겨나는 것이다. 예로, 종교를 정신, 이성, 또는 감정과 터무니없이 동일시하는 경우이다. 이처럼 종교를 삶의 한 부분으로 분류하면, 종교에 대해 잘못된 생각을 갖고 모호한 정의를 내리게 되며, 그것을 해로운 목적에 이용할 수 있다. Leuba(1912)는 종교를 지적 종교, 의지적 종교, 감정적 종교로 나누어 설명하였다. 그러나 현대의 과학이 인간의 전체성을 강조함에 따라 인간 존재 전체가 크게 중요시되는 것을 볼 때, 그리고 인간 존재 전체에 대한 히브리적 개념에 비추어 볼 때, Leuba의 정의는 설득력을 더 이상 가질 수 없다. Lewin(1955)과 같은 학자는 인간성의 지적인 측면은 역동적인 성격의 한 차원에 불과하다고 보았다. 인간의 이성적 차원을 인간전체로 보려는 개인적 요구를 가지고 종교를 규명하면, 인간과 종교의 의미가 왜곡된다는 것이다.

그러나 문제는 교회가 부흥회를 통하여 감정을 지나치게 자극하여 회심을 제도화하려는 강한 성향을 갖고 있다는 데 있다. 우리는 이렇게 제도 속에서 유도된 회심을 '계획된 회심(programmed conversion)'이라고 부른다. 회심에 대한 부흥회적 접근은, 하나님에 대한 모든 경험은 같고 모든 사람은 같은 경험을 통하여 같은 길에 다다른다는 전제를 기초하고 있다. 그러나 구원의 내용이 같다는 것이, 회심에 대한 접근방식이 똑같은 형태를 취해야 함을 의미할 수는 없다. 그러기에 오늘날 현실주의자들이 종교경험을 순수하게 개인적이고 비제도적인 견지에서 본 제임스의 입장을 부정하는 태도는 지양되어야 한다(Gillespie, 1979, p. 101).

회심에 대하여 제도화된 해석방법을 사용하는 부흥사들은 카리스마적인 힘을 통해 사람들이 갖고 있는 복종의 필요성을 더욱 자극할 것이라고 생각한다. 그러나 L사모의 경우를 보면 그가 자신의 신앙생활에서 매너리즘에 빠져 참다운 활력을 느끼지 못했을 때 부흥회를 다녔으나 도움을 받았다고 생각하지는 않았다. 부흥회는 그 자신이 내면적 갈등과 진지하게 대면함으로써만 가능한 회심의 경험을 체득하기에는 너무 획일적이었다. 그는 부흥회에서 얻은 경험이 지속적인 종교적 위탁으로 이어지지 않았음을 깨달았다(Meadow & Kahoe, 1992).

우리는 부흥회에서 마지막 찬송가가 울려 퍼지기 전에 부흥사가 참석자들을 향해 결단하고 앞으로 나올 것을 강력히 권하는 것을 본다. 그때 사람들은 가운데로 걸어나가 앞에서 그리스도를 공개적으로 고백하는데, 이것을 '회심'이라고 생각하는 사람들이 있다. Mills는 부흥회를 통한 회심의 제도화에 대하여 다음과 같이 말하고 있다.

> 상징이나 형식 그리고 과정들은 그들 자신의 자율성을 발전시킬 성향을 갖고 있다. 그러나 그것들을 너무 의지하다 보면 자신이 표현하고 싶은 참된 것들을 부인하는 결과를 가져올 수 있다. 교회나 큰 부흥회에서 앞으로 나가는 상징적 행위에는 죄에 대한 내면의 확신과 참회를 표현할 수 없게 하는 장애적인 면도 없지 않다(Mills, 1963, pp. 205-206).

이렇게 계획된 회심은 제임스가 말한 종교경험의 변혁적인 힘과는 거리가 멀다. 물론 부흥회의 설교는 바울 같은 사람의 경험을 극적으로 표현해 준다. 그러나 그러한 가능성에도 불구하고 과장된 부흥회는 우리 자신의 영혼이 악의 세력과 싸우는 내면적 투쟁과 얼마나 관계가 있는지 의문이 간다.

7. 나오는 말

이 연구에서 우리는 인간이 자신의 인격 안에 있는 모순과 충돌을 극복하고 새로운 통합적 정체성을 확립할 수 있는 '회심의 경험'에 대하여 설명하였다. 회심은 이제까지 분열되었고 잘못되었던 자아가 올바른 의미에서 통합되는 인격발달의 과정이다. 회심에는 대표적으로 '위기형 회심'과 '점진적 회심'이 있는데, 각 특성에도 불구하고 중요한 것은 회심을 시간과 관계된 발달과정의 측면에서 이해하는 것이다. 그리고 회심에 대하여 설명할 때 신학과 행동과학으로서의 심리학 사이에 존재하는 긴장을 극복하고 상호 관련적 방법을 쓰는 것이 유효하다.

이러한 현대적인 접근방법에 따르면 회심에는 여러 요인들이 있다. 갈등과 신경증은 때때로 위기로서 나타나며, 인간은 그 위기의 창조적인 면을 활성화하여 원숙한 회심을 경험하게 된다. 그리고 환각이나 환청과 같은 초정상적 경험과 박탈감과 과잉자극, 사회적 · 종교적 배경, 그리고 나이도 회심의 주요 원인이 될 수 있다.

회심의 요인은 사람에 따라 다양하지만 회심의 결과는 사람들 사이에 공통적인 면을 보여주고 있다. 회심에는 성숙한 회심이 있는가 하면, 또 한편으로는 퇴보적이고 병리적인 유형의 회심이 있다. 전자에 국한시켜 볼 때 회심은 성장을 촉진시키며 분열된 자아를 통합시킴으로써 정체성을 확립시킨다. 이러한 회심은 또한 하나님에 대한 절대적 신회 속에서 거짓된 자아를 포기하고 참된 가치를 추구하게 한다. 우리는 이러한 창조적인 결과에 기준하여 자신의 회심이 순수한 것인지 마술적인 것인지를 구분할 수 있다.

그러나 오늘날 한국교회가 부흥회를 통하여 시도하고 있는 계획된 회심은 정체성을 확립하기에는 문제점을 안고 있다. 부흥회는 인간의 종교경험에 다양성이 있음을 고려하지 않는다. 제도적으로 유도된 계획된 회심은 인간 영혼의 정직한 내면적 투쟁과 관계가 없을 뿐만 아니라, 더 나아가서는 인격 성장에 장애가 되는 병리적 유형의 회심으로 변질될 가능성이 있다.

참고문헌

Wesley, J. (1994). 요한 웨슬레 설교선집 Ⅰ(조종남 편역). 서울: 도서출판 청파.

St. Augustine, A. (2003). 성 어거스틴의 고백론 (선한용 역). 서울: 대한기독교서회. (원저 AD 400 출판).

Brewi, J., & Brennan, A. (1982). *Mid-life: Psychological and spiritual perspectives*. New York: Crossroad.

Christensen, C. W. (1963). Religious Conversion. *Archives of General Psychiatry. 9*(3), 207-216.

Corey, G. (1992). 상담학개론 (오성춘 역). 서울: 장로회신학대학출판부.

Erikson, E. H. (1982). *The Life Cycle Completed*. New York: W. W. Norton & Company.

Fiering, N. (1981). *Jonathan Edward's Moral Thought and Its British Context*. Chapel Hill: The University of North Carolina Press.

Freud, S. (1964). *New Introductory Lectures on Psycho-analysis*. London: Hogarth.

Gillespie, V. B. (1979). *Religious conversion and personal identity: How and why people change*. Birmingham Alabama: Religious Education Press.

James, W. (1971). *Varieties of Religions Experience*. New York: New American Library. (원저 1902년 출판).

Jung, C. G. (1933). *Modern Man in Search of a Soul*. New York: Harcourt, Brace & Co.

Kierkegaard, S. (1971). *The Sickness unto Death*. (W. Lowrie, Tr.). N.J.: Princeton University Press. (원저 1844년 출판).

Kirwan, C. (1991). *Augustine*. London & N.Y. : Routlege.

Lecky, P. (1945). *Self-Consistency: A Theory of Personality*. N.Y.: Island Press.

Leuba, J. (1912). *A Psychological study of religion: It's origin, function, and future*.

New York: Macmillan.

Lewin, K. (1955). *A Dynamic Theory of Personality*. New York: McGraw-Hill.

Maslow, A. (1966). *Toward a Psychology of Being*. New York: D. Ban Nostrand Co.

Meadow, M. J., & Kahoe, R. D.(1992). 종교심리학 [Phychology of religion: Religion in individual lives] (최준식 역). 서울: 민족사. (원저 1984년 출판).

Mills, L. O. (1963). *Conversion experiences in a revival of the First Southern Baptist Church of Clarksville, Indiana* (Doctoral dissertation, Southern Baptist Theological Seminary

Niebuhr, R. (1964). *The Nature and Destiny of Man*. New York: Charles Scribner's Sons.

Oates, W. E. (1974). *The Psychology of Religion*. Word books, Publishers: Waco, Texas.

Pascal, B. (2003). 팡세 (이환 역). 서울: 민음사 (원저 1670년 출판).

Purly, E. P.(Tr.). (1838). *The Confessions Of St. Augustine*. Mt. Vermons, N. Y.: Peter Pauper Press.

Salzman, L. (1953). The psychology of religious and ideological conversion. *Psychiatry*, *16*(2), 177-187.

Starbuck, E. D. (1911). *The Psychology of Religion*. New York: Walter Scott.

Stewart, C. W. (1967). *Adolescent Religion*. New York: Abingdon Press.

Tillich, P. (1952). *The Courage to Be New Haven*. Yale University, 1952. Print.

Sargant, W. (1969). The physiology of faith. *The British Journal of Psychiatry*, *115*(522), 505-518.

Wolff, K. H. (1962). Surrender and religion. *Journal for the Scientific Study of Religion*, *2*(1), 36-50.

기도와 신비적 체험에 대한 심층심리학적 이해*

황헌영
(서울신학대학교 상담대학원 교수)

1. 들어가는 말

무신론자도 기도를 하는가? 중도적이고 객관적인 통계와 설문 자료 제공으로 유명한 퓨연구소(Pew Research Center)의 조사에 의하면 미국의 경우 무신론자(불가지론자 포함)를 자처하는 사람들의 97%가 기도를 해 본 경험은 있다고 한다. 더 놀라운 사실은 이들 중에 11% 정도의 사람들은 매주 혹은 매월, 시간을 정하여 기도를 하고 있으며, 매일 기도하는 사람들도 전체의 6%에 해당된다는 사실이다. 물론, 종교인들이 하는 기도생활(57%가 매일 한두 번씩 잠깐)에 비하면 무신론자들의 기도에 대한 통계는 작은 수치일 뿐이라고

*이 장은 '신학과 실천'에 게재된 다음의 논문을 수정 · 편집했다.
황헌영 (2018). 기도와 신비적 체험에 대한 심층심리학적 이해. 신학과 실천, 58, 329-355.

할 수 있다. 하지만 이 통계는 무신론자들도 기도라는 신앙행위와 전혀 무관한 삶을 살고 있지 않다는 사실을 보여주며, 더욱 놀라운 사실은 기도를 통해 얻는 신비적인 경험에 관해서는 무신론자들의 관심이 종교인들(45%)보다 더 큰 비율(54%)로 앞선다는 사실이다(Lipka, 2016).

그렇다면 무신론자들은 누구에게 기도를 하는 것일까? 그들의 기도의 대상은 누구일까? 그들의 대답은 다양하다. 기도란 그들에게 곧 자연과의 대화이며 정적과 고요 속에 흐르는 침묵의 소리 혹은 자기의 내면의 이야기를 듣는 것이고, 또는 우주와의 만남으로 정의되기 때문이다. 그런데 기도의 대상에 대한 그들의 대답은 동일한 면이 있다. 기도의 대상으로 신적인 존재나 절대자가 꼭 중요한 것은 아니라는 것이다. 즉, 자기의 기도를 특정한 대상이 꼭 들어야 할 이유는 없다고 한다. 그들이 말하기를 기도의 대상보다 더 중요한 것이 있으니 그것은 기도의 행위를 통하여 삶의 특별한 효과를 얻는다는 것이다. 이들도 삶 속에서 어려움에 봉착할 때에 무작정 도움을 청하듯이 기도를 시작하는데 그렇게 기도를 계속해 나가다 보면 삶에 감사하는 마음도 생기고, 때로 깊은 사색에 잠기어 마음의 평안을 얻는 좋은 경험을 한다는 것이다. 무신론자도 그리고 불가지론자도 기도를 한다. 종교인과 비종교인의 구분을 떠나 74%의 남자, 86%의 여자들이 기도를 통해 마음의 평안을 찾는다고 한다(Lipka, 2016). 여기서 우리는 기도가 꼭 종교인들만의 행위가 아니며 어쩌면 모든 인간의 보편적인 행위는 아닌지, 특별히 인간의 내면세계와 관련된 정신적 활동과 어떤 연관이 있는지 관심을 갖게 한다.

도대체 기도가 무엇이기에 인간의 존재와 삶 속에서 이렇게 떼려야 뗄 수 없는 행위가 되었을까? 무엇이 사람들로 하여금 기도를 하게 하며, 또한 기도를 통하여 사람들은 무엇을 얻는 것일까? 그리고 기도하는 사람의 내면에 일어나는 정신적 역동은 무엇일까? 이 장에서는 사람들을 기도로 이끄는 내면의 동기와 과정, 그리고 그 결과로 나타나는 신비적 경험 등을 특정 신앙의 노선에 서 있지 않는 종교심리학적 시각으로 밝혀 보고자 한다.

2. 기도의 효능에 관한 연구

현대 심리학과 종교심리학의 개척자 윌리엄 제임스는 종교를 인간의 생존에 큰 도움을 주며 삶에 긍정적인 영향을 끼치는 자원으로 소개하며 많은 종교행위 가운데 특별히 기도라는 행위가 가져오는 큰 효과의 강조를 잊지 않았다. 그는 주장하기를 기도야 말로 인간에게 도움을 주는 종교행위 가운데 가장 본질적으로 효과가 있게 하는 것으로 보면서 다음과 같이 설명한다.

> 종교는 기도 이외의 다른 어떤 방법으로도 실현될 수 없는 것들을 기도의 행위가 가능하게 함을 증거한다. 에너지라는 것도 기도를 통하여 그 굴레가 풀리며 자유롭게 작동할 수 있는 자원이 된다. 기도할 때와 기도하지 않을 때의 차이점은 마치 우리가 사람을 대할 때 사랑의 마음으로 바라보는 것과 사랑의 마음 없이 바라보는 것에서 나타나는 경험의 차이와도 같다. 우리가 아주 오래된 (진부한) 세상 속에 산다 할지라도 기도가 개입되면 우리의 정신은 완전히 새로운 세계를 맛볼 수 있다(James, 1902, pp. 454-456).

사실 기도의 긍정적 효과를 주창한 학자를 들자면 제임스가 처음은 아니었다. 이미 중세기 때부터 서양사회에서는 기도의 효험을 증명하려는 수많은 노력이 있었는데 그 대부분은 신비적 의례의 효과를 주장하거나 신학적 교리의 보수를 위한 목적으로 행해졌다. 그러다가 근대 이후에 자연과학에 대한 관심이 커지면서 종교적 경험도 과학적인 방법으로 설명할 수 있는지 알아보려는 시도들이 생겨났다. 그 효시로 19세기 중엽 정량적(quantitative) 방법으로 기도의 효과를 측정한 운동을 들 수 있다. 갈톤(Galton)이 바로 이러한 과학적 측정 운동의 효시를 이루었다. 그는 찰스 다윈의 친척으로서 진화론에 입각하여 사회계급이나 인종 간의 능력 차이를 지능 등의 발달 수준 차이로 정당화하려 했는데 기도의 효과에 대한 실험 역시 종교인들의 어리석은 믿음의 비효율성을 밝히고자 하는 목적으로 실시되었다. 그의 실험은 단순하였다. 기도의 전후 상태를 비교하여 그 차이를 측정하는 것이었다. 당시 영국 교회는 왕실의 안녕과 왕족의 건강을 최고의 기도 제목으로 삼고 기도하였는데 그것이 얼마나 효험이 있는지 기도운동의 전후의 왕족의 건강도를 비교하는 조사를 했다. 물론 평소에 기도를 많이 할 것이라고 예측되는 성직자 그룹의 건강도 함께 조사하였다. 측정의 결과 그가 주장한 것은 역시 기도와 건강도는 아무런 관련성이 없다는 것이었다. 이 연구는 근대 이후 처음으로 종교적인 행위의 효과를 과학적으로 검증하려 한 관찰적 실험으로 알려졌으며 이후 기도의 유효성에 대한 주장은 당분간 조용해지는 듯했다(Zaleski & Zaleski, 2005, p. 340).

그런데 갈톤 이후에도 기도의 효능에 대한 과학적 접근의 노력은 그치지 않았다. 특히 20세기에 들어와서는 단순한 관찰기법이 아닌 실험기법을 통하여 기도의 효험을 증명하려 한 노력들이 등장했다. 그중에 대표적인 실험이 Parker가 1951년에서 약 1년간 캘리포니아의 레드랜드 대학교에서 행한 것이었다. 그는 우울증을 비롯한 여러 공포증상을 가진 45명을 세 그룹으로 나누어 기도의 효과를 실험했다. 첫째 그룹은 종교가 배제된 심리치료만으로, 둘째 그룹은 기도만으로, 그리고 셋째 그룹은 심리치료와 기도를 병행한 돌봄을 제공받았다. 그리고 이후에 각 그룹들의 효과 차이를 비교하였다. 실험이 끝난 후 심리측정을 겸한 종합적인 신체검사를 실시해 보았는데 기도 없이 심리치료만을 받은 첫째 그룹의 경우 65%가 공포증상의 감소효과를 보았고, 심리치료와 기도를 병행한 셋째 그룹에서는 72%의 긍정적 변화의 효과가 나타났다. 하지만, 기도만으로 돌봄을 제공한 두 번째 그룹의 경우에는 아무런 치료 효과를 보이지 않았다. 이 실험으로 인해 기도의 효험을 확신했던 많은 이들은 다시금 실망을 할 수밖에 없었다.

하지만 기도의 효과를 굳게 믿는 사람들에게 긍정적인 소식들도 드디어 들려오기 시작했다. 1988년 샌프란시스코에서 393명의 환자들을 대상으로 10개월 동안 기도를 병행하여 치료한 192명과 병행하지 않은 대조그룹을 비교하는 실험이 있었는데 이는 이전보다 많은 수의 참가자들을 동원하여 펼쳐진 역사상 가장 공신력을 기울인 연구를 하게 된 것이다. 실험의 결과, 기도와 병행한 치료그룹이 기도를 병행하지 않은 치료그룹과 유의미한 차이를 보였다(Zaleski & Zaleski, 2005, pp. 343-346). 이 실험이 발단이 되어 종교와 인간 심리에 관련된 유사한 실험들이 폭발적으로 증가하게 되었고 종교현상은 과학적 연구의 한 부분으로 자리를 굳히게 되었다. 그리하여 20세기 후반 미국심리학협회(American Psychological Association: APA)에서는 종교경험에 대한 심리학적 연구들의 가치를 인정하여 APA내에 종교적 행위를 다룬 논문들을 출간하는 관련 부서(Division 36)를 신설하기에 이른 것이다.

그런데 기도와 신비적 경험에 대한 수많은 연구들이 수행되고 있음에도 불구하고 여전히 논란은 심하다. 특별히 실험 자체의 타당성(validity), 즉 이러한 실험들이 본래 측정하고자 하는 목적을 제대로 달성하고 있는지, 실험의 설계를 함에 있어서 연구의 객관성을 흐리고 방해하는 교란변수들은 충분히 배제되고 있는지 의문이 제기된다. 일례로 실험에 참여한 이들의 신앙의 정도와 종교적 배경의 다양성 등은 실험의 과정과 결과에 영향을 주고받는 교란의 요소들이 될 수 있는데 이러한 방해요소들을 완전히 배제하는 실험이 가능하겠는가 하는 문제가 대두되었다. 그리고 더 나아가 이러한 객관성을 확보한다고 하더라도 일부 영역의 관찰과 실험결과만을 가지고 모든 기도행위의 보편적 효능성을 인정할 수 있는지, 과잉일반화는 아닌지를 밝힐 수 있는 설득력이 부족해 보일 수밖에 없는 현실이다.

그럼에도 불구하고 동서고금을 막론하고 기도에 분명히 효과가 있다고 믿는 사람들의 믿음은 끊이지 않고 있다. 비록 기도의 효력을 과학적이고 객관적인 방법으로 증명하기는 어렵다 하더라도 기도의 유익에 대해서 사람들이 갖고 있는 '주관적인' 평가는 실제로 사람들로 하여금 기도를 통해 긍정적 효과를 삶 속에서 경험하게 하고 있음을 부인할 수 없기 때문이다. 미국 내 큰 독자층과 대중성을 확보하고 있는 월간지『Psychology Today』역시 사람들이 기도를 할 때 얻는 효능을 다음과 같이 소개할 정도이다. 과학적인 심리학의 주제들을 다루는 이 잡지에서 밝힌 기도하는 사람들이 주관적으로 얻는 효과는 다음과 같다.

① 자기 절제력의 향상: 정신적인 어려움을 겪기 전에 평소 기도를 해온 사람들의 경우 자신의 감정을 잘 다스리며 직면한 문제에 효과 있게 대처하는 힘을 보인다. 특별히 기도는 스트레스로 인한 알코올 섭취량을 줄인다. 이는 학계에 너무도 잘 알려진 사실이다.

② 성품의 개선: 어려운 일을 당한 사람을 위하여 기도를 해주는 사람들은 그렇지 않은 사람들에 비하여 자신이 부당한 일을 당할 때에 덜 폭력적인 방법으로 대처한다. 그리고 과거에 폭력적이었던 사람들도 기도를 통해 그 성향이 크게 감소된다.

③ 용서에의 의지: 연인들이나 부부 사이에 로맨틱한 관계를 위하여 기도하게 하면 서로를 '용서'하려는 마음의 의지도 함께 커진다.

④ 신뢰의 동기 증가: 낯선 사람들일지라도 함께 모여 서로를 위하여 기도를 하게 하면 서로에게 친근감이 높아지고 신뢰의 마음이 커진다. 인간관계와 신뢰조성을 위하여 참으로 신기한 발견이 아닐 수 없다. 사회성 있는 기도는 인간관계를 발전시킨다.

⑤ 스트레스의 부정적인 영향 감소: 평소 남을 위하여 기도해 주는 사람들의 경우 재정적으로 심각한 스트레스를 받는 상황에서 신체적 건강에 부정적인 영향을 덜 받는 것으로 나타난다. 하지만 자신의 재정적인 유익만을 위하여 기도하는 사람들은 스트레스로 인한 부정적인 정서를 잘 다스리지 못한다. 기도자가 자기만이 아닌 다른 사람들을 위하여 기

도를 할 때에 더욱 긍정적인 효과를 경험하게 된다(Routledge, 2014).

한마디로, 기도라는 행위가 가져오는 인간 내면세계의 평안과 주관적인 확신의 효과를 과학적인 방법으로 확신할 수 없지만 결코 무시할 수 없다는 것이 일반 심리학에서도 인정하는 주제가 된 것이다. 그런가 하면 종교심리학계에서는 이제 더 이상 기도의 효과에 대한 과학적 입증에 심혈을 기울이기보다는 과학으로 쉽게 접근하고 평가할 수 없는 인간 내면세계를 다루는 정신적 역동의 설명들에 귀를 기울이게 되었다. 즉, 기도의 효과보다는 기도라는 인간의 보편적 종교행위를 가져오게 하는 정신적 작용과 동기, 그리고 그 과정은 무엇이며, 이에 따른 인간 경험이 본질적으로 의미하는 것이 무엇인지에 더 관심을 기울이게 되었다.

3. 기도의 구성요소: 소통과 경험

종교심리학은 우선 기도라는 행위 안에 보편적으로 수반되는 요소들이 무엇인지를 살피며 기도자의 정신세계 속에서 그 요소들이 어떻게 작용하며 어떠한 결과를 가져오는지를 연구한다. 이 방법론을 처음으로 제시한 학자들로서 Spilka와 Ladd를 들 수 있다(Spilka & Ladd, 2013). 이들은 종교심리학의 개척자라 할 수 있는 윌리엄 제임스의 기도에 대한 정의, 즉 기도란 "신적인(divine) 존재로 인정되는 그 힘과 우리 인간이 내적으로 나누는 교제(communion) 혹은 대화"라는 언급에 주목한다(James, 1902, Lecture XIX, Sec.7). 그리고 또한 여러 종교심리학자들의 정의를 모아 메타연구를 통해 기도의 정의들 가운데 공통으로 담긴 구성요소들을 추려 내어 이를 통해 기도에 대한 작업적 정의(operational definition)를 만든다. 이러한 방법론으로 도출한 기도의 작업적 정의는 "인간 기도자가 기도의 대상(신적인 존재)과의 소통 속에서 갖게 되는 경험"이 된다. Spilka와 Ladd는 이 작업적 정의 가운데 담긴 기도의 가장 중요한 구성개념으로 "소통"과 "경험"이라는 키워드를 제시하며 이 구성요소들과 관련되어 나타나는 내면적 정신작용들을 다음과 같은 질문들을 통해 밝혀 나간다(Spilka & Ladd, 2013, pp.10-13).

첫째, 기도는 어떤 면에서 소통적(communicative) 특징을 가지고 있는가? 기도의 소통적 특징이 보여주는 인간의 심리적 욕구들은 무엇인가?

① 요청(간구)욕구: 인간의 필요나 소망을 기도의 대상에게 부탁(petition)하고자 하는 것이다. 부탁의 내용은 여러 가지 형태가 있을 수 있으나 주로 고충과 고통의 극복, 당면한 문제의 해결을 받고자 하는 것으로 시작된다. 처음에는 현실의 문제들에 대하여 수동적으로 해결 받기를 소망하지만 점차 그 문제를 기도자가 조정하여 해결할 수 있는 힘을 확보하는 것으로 기도는 기도자의 소망을 변화시킨다.

② 관계욕구: 기도자가 기도를 받는 대상과 친밀한 관계(intimate relationship)를 형성하고 싶어하는 것이다. 기도자는 처음에 친밀감의 소망으로 시작하여 나중에는 기도의 대상과 하나가 되는 일체감을 갈망하게 된다.

③ 대화욕구: 앞서 언급한 부탁/요청 그리고 관계에의 욕구는 기도의 대상과 대화로 표현되어야 한다. 그런데 여기서의 대화는 일상적인 정보나 외부적 혹은 표면적인 일들을 처리하는 수준이 아니라 인간 내면의 교감을 나누는 차원을 말한다. 인간관계에 얽힌 생각과 신념체계 그리고 정서 상태를 포함하는 다양한 형태를 지닌다. 그리고 기도자가 속한 종교의 전통이나 문화에 영향을 받아 대화의 형식이 주어진다. 예를 들어, 기독교의 기도에서 나타나는 형식은 먼저 기도의 대상을 높이고, 그 자비에 감사하며, 자신의 문제를 드러내고, 현재 삶 속의 감정을 토해내고, 생각과 의견을 나누며 요청과 간구로 이어지는 형식을 갖추고 있음을 볼 수 있다.

④ 사회문화적 성향의 욕구: 기도자가 기도의 대상을 인식하고 관계를 형성하는 모습은 그가 속한 가족과 사회문화적 영향을 떠나서 생각할 수 없다. 예를 들어, 기도의 대상을 가리키는 이름만 해도 여러 다양한 이름으로 표현(반석, 깃발, 산성, 아버지, 왕 중의 왕……)되기도 하고 어떤 경우에는 그 이름이 있을지라도 부를 수 없는 경우도 (히브리인들 경우에 야훼) 있는데 이는 기도자가 처한 사회문화적 요소들의 영향을 받아 개인이 내면으로 수용한 형식의 산물로 보인다(Spilka & Ladd, 2013, pp.10-20).

둘째, 기도가 가져오는 경험적인(experiential) 특성들은 무엇인가? 기도가 인간으로 하여금 도달하게 하는 인간 내면의 새로운 경험은 무엇인가? Spilka와 Ladd는 기도가 보편적으로 선사하는 심리적 위안과 긴장의 완화 그리고 감정의 정화에 주목한다. 물론 감정 부분에 있어서 격앙되거나 긴장이 증폭되는 경험도 있다고 한다. 하지만 그 모습이야 어떤 것이든 인간은 기도를 통하여 가장 큰 긍정적 경험을 얻는데 그것은 인간이 '자기'의 굴레를 벗어나 해방을 맛보며 더 나아가 이전의 감정과 사고로부터 벗어나서 새로운 감정과 사고를 갖게 하는 것이다. 기도자는 자신의 필요와 욕구를 가지고 기도를 시작하지만 기도의 대상과 관계를 형성해 나가면서 자신에 대한 성찰(부족함과 어리석음 그리고 잘못된 모습)을 보게 되고 이에 대하여 안타까운 정서를 드러내며 새로운 자아를 향하여 삶의 방향을 돌리는 것이다. 기독교에서 말하는 회개가 바로 그것이다. 그리고 이러한 성찰은 더 나아가 자신을 넘어서서 타자를 이해하고 공감하는 수준에 이르게 한다. 자기에게 집중되었던 마음을 벗고서 기도의 대상의 입장이 되어 그의 기분과 생각, 그리고 의지를 인식하고 그를 이해하며 그와 함께 하나가 되는 경험으로 이어진다(Spilka & Ladd, 2013, pp. 13-20). 이러한 경험은 종교세계에서 절대자 신과의 만남을 의미하며 기도를 통해 얻게 되는 신비스러운 수준의 경험이 된다. 이는 또한 기도자가 자신의 무의식 안에서만 희미하게 존재하던 절대자를 만나고, 또한 무의식 안에 감추어진 자원들도 의식화되어 올라와 결국 인격의 온전성을 이루게 하는 경험을 완성해 나간다는 것이다.

Spilka와 Ladd의 연구는 기도의 구성요소를 찾아 그것에 연결된 심리적 경험의 관련성을 제안하는 방법론이다. 이와 같은 연구는 연구의 초점을 기도의 효과보다는 기도의 발생동기를 다루는 정신역동적 이론들에 두는 현대 종교심리학계의 일반적인 연구경향을 보여준다고 할 수 있다.

4. 기도의 과정: 투영과 변형

이렇듯 소통과 경험은 기도의 구성요소인 동시에 기도자로 하여금 기도의 '대상과의 만남' 속에서 얻는 이점이라고 볼 수 있다. 그렇다면 기도를 통해 이런 소통과 경험을 요구하는 인간의 마음은 어떻게 동기화되는 것일까?

종교심리학에서는 인간 내면의 정신역동을 설명하는 심층심리학적 이론들을 빌어 '투영(projection)'과 '변형(transformation)'이라는 특성으로 기도를 이해하기 시작한다. 바로 기도에 관한 신학과 심리학의 통합적 연구를 처음 시도한 Heiler가 그런 연구 분야의 선구자이다. 그는 주장하기를 기도의 형태는 다양하지만 모든 기도가 함께 공유하는 특징이 있는데 그것은 "기도에는 본질적으로 기도자의 정신(혹은 마음상태)이 반영된다는 사실이다."라고 하였다(Heiler, 1958, p. 354). 이 말은 어느 누구도 자신과 관련 없는 추상적인 내용으로 진실된 기도를 올릴 수 없다는 것이다. 즉, 기도자는 자기의 정신이 보유하고 있는 근본적이고 뿌리 깊은 경험을 기도에 쏟아 붓고 표출하며 정신적 필요(욕구)를 채우려 한다는 말이다. 기도자는 기도를 통하여 이미 자신 안에 도사리고 있는 "원초적인 결핍(the deepest roots of deficiency)"을 채우려고 시도하며 기도의 행위를 통하여 이에 대한 만족과 해결책을 얻게 되면 이 긍정적인 경험을 토대로 한층 더 고양된, 고차원적 정신세계로의 삶을 향유

할 기회를 추구하게 된다고 본 것이다.

여기서 Heiler가 말하는 "원초적 결핍"은 초기 정신분석학과 대상관계로 이어지는 심층심리학의 전통적 이해와 관련이 있다. 왜냐하면, Heiler는 프로이트와 동시대에 태어나 활동한 인물로서 프로이트의 정신분석은 물론 이미 그 이전부터 Feuerbach 이후 끊임없이 제안된 투사(projection) 개념에 주목하여 자신의 이론을 형성하였다. 하지만 그의 이론은 프로이트의 시각에서만 머무르지 않고 오히려 프로이트 이후 대상관계론적 정신분석가들의 입장과 맥락을 같이하며 기도에 대한 시각을 발전시켰다.

우선 프로이트의 종교관을 살피자면 인간의 종교적 성향은 어린아이들과 같이 아직 이성적 판단과 합리적 사고력이 부족한 사람들이 갖고 있는 집단적 신경증의 발로이다. 따라서 기도는 그런 어리석고 미숙한 사람들이 자연(재해)의 두려움을 피하기 위해 조아리는 소망 희구에 불과하다. 종교의 숭배 대상인 신 존재는 바로 이렇게 미개한 인간이 삶의 어려움을 피하기 위하여 전능자를 찾아 섬기는 환영(illusion)일 뿐이다. 그런데 이 전능자의 환영은 이미 유아기적부터 자아에 강력한 영향력을 주는 정신작용이다. 강력한 도덕적 원칙을 가지고 영향력을 행사하는 초자아 앞에서 정신내적으로 표상화된 아버지의 이미지 앞에 굴복하며 양가감정을 가진다. 자기의 본능을 구속하는 것이 싫지만 그래도 생존을 위하여 순응하고 따라야 할 존재로 이 아버지란 형상에 순종하게 되는 것이다. 이러한 유아기적 정신내적 초자아는 집단 안에서도 형성되는데 그것이 바로 '신'으로 투사된 존재이며 이 투사된 존재에 대한 양가감정에 따라 제도화된 환영이 종교인 것이다. 프로이트는 이처럼 종교란 인간으로 하여금 인간 사회에 죄의식을 조장하는 투사된 초자아 아버지를 섬기는 보편적 신경증의 산물이며 인류가 피하고 싶은 강압적인 힘이다. 하지만 동시에 인간은 세상이 주는 모든 위험과 두려움을 피하기 위하여 이 '신'의 환영에 절대 의존할 수밖에 없다는 것이다.

하지만 프로이트의 이러한 종교관은 그의 정신분석학의 기반을 그대로 인간의 문명 형성과 종교적 제도의 발전에도 그대로 적용하려한 환원론적인 시각이었다는 비판을 피하지 못한다. 그래서 프로이트 이후의 정신분석이론들은 프로이트가 내세운 인간 내면의 정신내적 작용과 그것에 따른 신경증의 모습으로서 종교를 설명하기보다는 인간이 유아기 때 갖게 되는 초기 대상관계의 경험과 이때 내면화되는 외부 대상의 모습에서 종교적 행위의 근원적 동기가 시작된다고 본다. 물론 여기서도 투사는 중요시된다. 종교 특별히 신(하나님)의 이미지는 유아기의 관계 경험 매트릭스에 따라 외부 대상이 유아의 내면 안으로 표상화되고 그것이 다시 외부 대상에 동일시되며 형성되는 심상으로 이해되기 때문이다.

Heiler가 말하는 '원초적 결핍', 즉 사람을 기도의 자리로 이끄는 동기는 프로이트의 견해보다는 바로 이 대상관계론이 주장하는 내용에 흡사하다고 볼 수 있다. 기도가 만일 프로이트가 말하는 것처럼 신경증세의 방어로서의 나타나는 심리적 기제의 발현에 불과하다면 기도라는 행위는 정신적으로 건강하지 못한 사람들만의 전유물이며 이성이 발달함에 따라 기도의 행위는 결국 사라져야 한다. 하지만 앞에서 언급했듯이 기도는 종교인이나 비종교인, 무신론자나 신앙인 모두가 일정한 비율로 일관성을 보이는 행위이다. 기도는 과학의 발전과 상관없이 역사 가운데 지속되는 보편성을 띠고 있다. 그 이유는 무엇일까? Heiler는 인간이 피할 수 없는 원초적 결핍의 충족 욕구 때문이라고 본 것이다. 모든 인간이 초기 대상관계 경험에서 비롯된 결핍, 즉 충분히 만족시켜 주지 못한 대상과의 관계가 내면화되고 이를 종교라는 제도 안에서 신적인 존재 안으로 투사하여 자신의 채우지 못한 정신적 내용물을 채우고자 하는데 기도는 바로 그와 같은 필요를 채우는 큰 도구가 된다는 것이다.

물론, 여기서 기도에 대한 연구, 특별히 기도의 대상을 개인의 투사에 의한 것만으로 개념화하고 끝낼 수는 없다. Heiler는 사람들이 기도라는 투사의 행위를 통해 실제적으로 기도에 의하여 개선되는 정신 작용이 나타난다고 보았으며, 바로 이것이 종교적 경험을 심화시키는 동기가 된다고 본 것이다. 하지만 Heiler는 기도가 이 투사의 과정 가운데 구체적으로 어떠한 작용과 변화가 일어나는지를 밝히지 않았다. 이 작업은 이후에 신학적 정신분석가 Ulanov에 의하여 구체화된다. Ulanov는 우선 기도에 나타나는 투사적 요소에 동의한다.

> 우리는 하나님에 대한 사진을 가지고 있는데 이는 우리가 실제로 우리의 부모에게 의존하던 시기에 우리에게 반응하던 부모에 대한 경험과 기억에서 표상화되어 내면에 만들어진 것이다. 이 사진들은 부모에 대하여 우리가 가진 초상화와도 같은데 우리는 이를 가지고 행동으로 옮긴다……. 우리가 하나님을 대하는 행동(기도)에서도 부모에 대한 초상이 작용하여 우리의 갈망을 드러낸다. 그리고 기도를 통해 우리 안에 있는 받아들일 수 없는 부분들이나 피하고 싶은 부분들이 만들어 내는 불편함에 대하여 하나님이 우리를 보호하거나 위안이 되어 줄 것을 원한다. 하나님은 우리보다 아주 더 큰 존재로서 이러한 문제들에 대하여 우리를 위하여 진정한 승자가 되어 줄 것을 원하는 것이다(Ulanov & Ulanove, 1982, p. 27).

우리가 기도할 때 우리는 이미 우리가 필요한 하나님의 이미지를 만들고 기도에 임하며 그렇게 이미 준비된 기도의 대상에게 대화를 시도한다는 것이다. 이는 마치 유아기를 마치고 엄마 손을 붙잡고 교회에 오는 아이들에게는 자기 손에 쥐어진 인형처럼 자기만의 하나님을 가지고 오는 것이라고 주장한 리주토의 주장과 같다(Rizzuto, 1979). 기도란 이처럼 내적인 표상을 외부로 투영하되 자신의 입장을 그렇게 쏟아내는 행위이며 하나님의 이미지도 그와 같이 만들어 기도의 대상으로 삼는다는 것이다.

하지만 Ulanov는 이렇게 투사(projection)로 시작된 기도의 하나님 이미지는 기도의 행위가 진행되면서 점차 긍정적으로 '변형(transformation)'된다고 한다. 기도의 대화가 진척되면서 지금까지 기도에 투영해 왔던 자기는 작아지고 더 '큰 자기'를 경험하는 계기가 찾아온다. 그것은 바로 대상관계론에서 말하는 자아 안의 표상화된 대상의 수준을 넘어서서 진정한 '타자'를 만나는 경험인데 이를 통해 '투사(projection)'의 자리는 건강한 '내사(introjection)'의 자리로 옮겨가는 것이다(Ulanov & Ulanove, 1982, p. 29). 바로 기도자는 이제 더 이상 자기의 소리가 아닌 더 큰 자기 그 '위대한 타자'의 소리를 듣는 자리가 가능함을 알게 됨을 말한다.

이는 마치 심리치료에 있어서 내남자가 문제해결을 위해 상담구조화(목표 설정 및 진행 사항 합의)에 합의하는 차원의 "작업동맹(work alliance)"을 넘어서서 상담자를 신뢰함으로써 그의 상담적 지도에 순응하고자 하는 "치료적 동맹(therapeutic alliance)"과 유사한 것이다(Safran & Muran, 2003). 대상관계론적 시각에서 볼 때 이것은 내담자가 상담자의 이끌어 줌을 통해 안전하고 유익한 중간공간(예: 위니컷의 안아주는 환경경험) 경험을 하며 자아구조 안에 새로운 긍정적이고 선한 내적 대상표상(good object-representation)을 형성하는 차원과 같다고도 할 수 있다(Greenberg & Mitchell, 1983). 그리고 자기심리학적 치료과정에서는 내담자의 자기가 상담자의 공감적 자기반영을 경험하며 '자기대상'을 발견하고 자기의 나르시시즘을 벗어나 상담자의 이상적인 모습을 통해 이상화된 부모 표상을 발견하는 "변형적 내면화(transmuting internalization)"의 경험과도 같다고 할 수 있다(Kohut, 1997). 융 심리학의 '보다 더 큰 자기(Self)' 경험, 대상관계론의 안아주는 환경 속에 만나는 '새로운 선한 대상 경험,' 그리고 자기심리학의 '자기대상 경험' 모두 Ulanov가 말하는 바로 이 '위대한 타자'와의 만남을 통하여 기도자의 자기 투사가 변형되어 내적 치유와 성숙, 전인성(wholeness)을 이루는 경험과 일맥상통하는 것이다.

그렇다면 이 '타자'의 내사는 누구에게나 쉽게 이루어질 수 있는 것인가? 모든 기도자가 이 건강한 내사를 경험할 수 있는가? 그렇지 않다. Ulanov는 '영원한 타자'의 내사를 방해하는 두 가지 어리석은 유혹이 있으니 "억압"과 "우상숭배"라고 한다. 억압이란 기도자가 자기 투영을 하면서 자신의 진정한 이미지는 부인하며 신의 이미지도 함께 왜곡시키는 것이다. 예를 들어, 기도자가 기도를 통해 사랑과 신뢰의 하나님을 필요하여 부르짖지만 내면적으로는 하나님을 사랑과 신뢰로 결코 받아들이지 않는 것과 같다. 이 기도자의 내면에는 사랑과 신뢰의 이미지를 부인하고 억압하는 정신내적 작용만을 따를 뿐이다. 물론 이것은 대상관계 경험의 상처나 자기애적 트라우마로 빚어진 영향일 수 있다. 둘째로, 우상화란 자기를 투영하면서 대상을 향해 일시적으로 제시한 이미지를 절대시하여 그 가운데 자신을 계속 가두어 넣고 자기보다 더욱 큰 자기(Self) 의 개입을 막아 영원한 타자 하나님의 이미지를 받아들이지 않는 것을 말한다(Ulanov & Ulanove, 1982, p. 31). 이는 마치 우리가 어릴 적에 풍경화를 그리면서 도화지 위에 먼저 연하게 칠한 색깔을 붙들고 절대로 다른 것으로는 대신할 수 없다고 주장하는 것과 같다고 한다. 이로 인해 변화도 없고 발전도 없다. 그 그림은 변형 없이 그 자체로 남을 뿐이다.

또한 기도에 임하는 우리 모두는 아직 정리되지 못한 표상들과 여러 가지 잡다한 생각들이 가득하여 집중하지 못할 때가 있다. Ulanov는 이를 가리켜 기도의 과정을 방해하는 '환상(fantasy)'이라고 여기며 이것이 사람들로 하여금 영적인 세계로의 진입을 방해한다고 말한다. 이 어지럽게 보이는 환상들 가운데서 우리가 맡아야 할 과제는 '참된 나'와 '거짓 나'를 솎아내는 것이다. 즉, 내가 아닌 것으로부터 나를 탈아(dysidentifying from false selfhood)시키고 자신 안에 감추어져 있던 '더 큰 자기'를 발견하여 그것으로 우리 내면에 새로운 표상을 심는 것이다. 이는 기독교에서 말하는 '하나님의 개입'을 허용하고 혹은 '하나님의 음성'을 듣는 계기로 이해할 수 있다.

사실 이러한 견해는 칼 융(C. G. Jung)의 이론 중에 그림자(shadow)에 감추어진 부인된 자아, 깨닫지 못한 자아를 드러내는 행위로도 볼 수 있다. 그림자를 통해 자신의 어두운 면이 무엇인지를 알아야 개성화를 이룰 수 있는 것처럼 기도자는 진정한 자기를 찾는 과정으로 기도를 통해 진정한 자기를 찾는 목표가 있어야 한다. 코헛(H. Kohut)의 자기심리학적 입장에서 보면 이는 자기와 자기대상이 거울전이를 통해 진정한 자기 가치와 야망을 회복하고 그리고 이상화된 부모표상을 경험하여 변형적 내면화(transmuting internalization)을 이루는 것과도 같다.

어쨌든, 이러한 '내가 아닌 나'를 벗어나 '참된 나'로 정화되어 가는 과정에서 내 안에 있는 '더욱 큰 나'를 만나는 과정은 그동안 작은 나 중심으로 살아온 모습을 벗어나게 한다. 그리고 이제는 진심으로 '타자'의 입장을 이해하고 그 소리를 들을 수 있는 공감력이 향상된 수준으로 고양되는 것이다. 이때 기도하는 '나'는 나보다 더욱 큰 '타자'와 합일을 이루며 아주 따뜻하고 신비로운 경험을 하게 되는 것이다. Ulanov의 이러한 지적은 기도가 투영에 의하여 시작되더라도 그 과정을 통해 변형을 경험하는 신비적인 경험임을 천명한 것이다.

5. 기도와 신비적 경험: 잉여현실

기도의 행위와 과정을 통해 기도자가 '타자(기도의 대상, 절대자)'와의 합일을 이룬다는 대상관계론적 시각은 그동안 전통적으로 기도의 행위와 신비적 경험이 함께 연관되어 회자되어 온 현상들을 설명할 수 있게 한다. 신비주의적 경험에 대한 정신내적 동기와 발현을 심층심리학적인 입장에서 살펴보는 것은 기도에 대한 종교심리학적 시각의 일관성을 이어가게 한다. 우선 Oates가 분류한 신비주의의 유형들을 살펴보자.

① 자연신비주의: 인간의 자아가 보이는 자연의 모든 사물들과 하나됨을 경험하는 것을 말한다. 자아는 그에게 말을 걸어주는 땅, 자신의 일부를 내어주는 공기, 위엄을 보이는 바다, 밝은 빛을 보내주는 태양, 그리고 포근한 하늘과 하나가 되면서 영혼마저 희석되는 경험을 한다.

② 플라톤/신플라톤 신비주의: 자연신비주의와는 정반대의 모습이라 할 수 있다. 육체와 같은 물질세계는 낮은 차원이기에 보다 더 고양된 세계, 즉 초월적인 영의 세계 안에서 자아를 버리고 신과 하나되는 황홀경을 경험한다.

③ 기독교 신비주의: 인간은 창조주 앞에서 피조물에 불과하고 스스로 피조 세계를 초월할 수 없지만 창조주가 피조물 안으로 들어와 성육신함으로써 신과 인간의 합일의 가능성이 열린다. 이러한 창조주의 절대적 섭리와 은총, 임재 앞에서 인간은 경외와 사랑 그리고 존재의 분명한 목적과 삶의 방향을 얻어 헌신하게 된다.

④ 실용적 신비주의: 쫓기듯이 살아가는 현대인은 바쁜 일상을 잠시 멈추고 조그마한 들풀 하나를 관찰하는 순간에 말로 형언할 수 없는 평안이 찾아오는 것을 경험하기도 하는데 이와 같이 일상 가운데서도 의지적으로 얻을 수 있는 신비한 경험을 말한다.

⑤ 무아신비주의: 유한한 자아가 무한자 또는 궁극적 존재 안으로 흡수됨으로써 완전히 자신을 잃어버리고 흡수되는 경험을 말한다. 우주 안으로 완전히 흡수되는 자아는 이제 더 이상 자기의 의식이 없다. 근심도 기쁨도 흥분도 모두 사라진다(Oates, 1994, pp. 184-192).

이런 다양한 신비주의의 경험에 대하여 과학적 연구자들이 갖는 큰 관심가운데 하나는 종교체험에 관련된 뇌의 작용이다. 과학자들은 신비경험 때 보이는 뇌의 작용과 유사한 상태를 약물이나 기타 인위적인 방법으로 만들어 내어 그것을 이런 신비경험의 범주에 함께 넣을 수 있는지를 살피자는 것이다. 만일 이러한 실험과 관찰 결과로 뇌의 활동이 신비주의 경험과 같은 반응으로 나타난다면 약물로도 신비적 경험의 상태를 만들어 내고 영적인 경험도 인위적으로 이끌 수 있다고 선언할 수 있기 때문이다. 뿐만 아니라, 신비적 체험들이 어떤 특정 물질들에 노출되거나 영향을 받아 생기는 현상이라고 말할 수도 있으며 또한 뇌의 어떤 특정부위가 영적인 기능에 관련된 것인지 확정지을 수 있다는 생각이다(Zaehner, 1957). 이를 위해 뇌과학자들은 환각제 약물 투여(psychedelics)와 같은 방법으로 뇌의 활동 모습을 비교한다. LSD(Lysergic Acid Diethylamide)와 같은 환각제는 지각 전반과 정서, 기억, 시간 경험 전반을 강력하게 왜곡하는 기능이 있기에 이와 같은 방법으로 의식의 확장을 시도하여 종교경험과 유사한 상태를 유도할 수 있기 때문이다. 실제로 이러한 약물 투여의 실험들은 어느 정도 종교경험과 유사한 시각적 이미지를 보게 하는 연구결과를 가져왔다(Shanon, 2002). 하지만 이런 반응들이 종교의 신비경험과 같은 것이라고는 결론을 내리기에는 역시 논란이 심하다. 약물 투여로 인하여 유도된 특이한 시각적 이미지가 참가자들의 의식에 영향을 주어 인지작용에 변화를 주는 것은 사실이지만 그것은 일시적이고 신체 생리적인 반응에 그칠 뿐 종교의 경험처럼 세상을 보는 사고방식의 변화나 인간 내면세계의 변형적 효과가 있지 않기 때문이다(Paloutzian, & Park, 2013, p. 245).

이러한 과학적인 연구들을 통해 더욱 깨닫게 되는 것은 종교의 신비적 체험에 대하여 신체 생리학적 연관성보다는 심층심리학적 설명에 더욱 집중하는 것이 의미가 있다는 사실이다. 특별히 신비적 경험이 가져오는 효과는 세상을 보는 가치관과 이에 따른 행동의 변화로 이어지기에 신비적 체험 가운데 인간 내면에서 일어나는 변형의 모습을 살피는 것이 더욱 뜻깊은 인간 이해로 이어질 수 있기 때문이다. 이는 결국 신비적 종교체험의 과정과 효과를 심층심리학적 심리치료를 통해 나타나는 인간 내면의 변화 과정과 비교할 수 있게 한다. 사실, 현대 심리치료계는 이미 수천 년간 종교계가 담당해온 인간에 대한 돌봄, 특별히 정신적 영역의 고통과 증상들을 완화시키는 역할을 대신해 왔다. 그런 이유로 심리치료가 어떠한 방법으로 이러한 인간의 변화를 가능하게 하였는지를 살핀다면 여태껏 종교적 신비체험이 담당해 온 인간변화의 본질에 더욱 가깝게 접근해 들어갈 수 있을 것이다.

여러 심리치료 중에서 종교적 신비체험과 유사한 과정을 통해 인간을 치유하는 이론으로 단연코 드라마치료를 들 수 있다. 모레노(Moreno)에 의하여 시작된 드라마치료(소시오드라마와 사이코드라마)와 최근에 이르러 유대전통의 미드라쉬식 치유 성서공부 방식으로 드라마치료를 통합한 비블리오드라마는 그동안 종교계에서 보여주는 자기초월과 치유의 경험을 쉽게 접하게 한다. 특별히, 모레노가 제시한 "잉여현실(surplus reality)"의 기법은 드라마치료로 하여금 현실을 넘어서서 인간이 도달할 수 있는 또 다른 '확장된' 현실의 경험을 가능하게 하는데 이를 통해 사이코드라마에 참여한 사람들은 개인과 집단 모두 감정의 정화와 자아 역할의 강화를 얻어 현실로 돌아오게 된다. 이러한 내용들은 실제로 종교가 제공해온 신비적 경험의 효과와 아주 유사한 것이다. 아울러, 앞서 말한 Heiler의 '원초적 결핍'의 극복으로서의 종교경험의 효능 역시 잉여현실 경험을 통해 가능한데 이는 기도와 신비체험에 대하여 앞서 대상관계론으로 살펴본 이론적 내용들을 실제적으로 완성시키는 놀라운 결과를 보여주기도 한다.

야콥 모레노의 "잉여현실"을 살펴보면 다음과 같다. 드라마치료를 하는 디렉터들은 한결같이 잉여현실을 가리켜 "내 속에 존재하지만 아직 살아보지 못한 삶"을 지금 이 자리에서 경험하도록 인도하여 사람들로 하여금 감정의 정화는 물론 삶이 새롭게 창조되는 또 하나의 현실을 맛보게 하는 것이라고 정의한다(윤우상, 2015). 실제로 사이코드라마에서는 집단으로 모인 구성원들에게 자발성이 올라올 수 있도록 도우며 마침내 주인공으로 자원한 사람의 이야기를 무대 위로 올리도록 이끌어 준다. 이때 디렉터는 주인공을 상담하며 천천히 자신의 삶의 역할들을 행위로 표출하게 하는데 역할을 시연(enactment)하면서 주인공은 그동안 "아쉬웠던 시간 속에 잠들어 있던 자기의 영혼을 찾는 일"을 하게 된다(Dayton, 2014). 주인공의 소망은 이제 아직 살아보지 못했던 삶으로 들어가기를 희구한다. 주인공이 지금까지 표현하지 못하여 자신을 짓누르고 있던 감정이나 생각들 혹은 억눌렀던 본능적 욕구, 꿈과 소망, 갈망 및 원하는 세계관의 모든 것들을 행위로 표출하는 기회를 얻는다. 물론 아팠던 과거의 상처나 트라우마, 전에는 다시 생각해 보고 싶지 않았던 상황도 용기 있게 다시 직면할 수 있도록 안전한 환경을 제공한다. 이를 통해 잊혀진 자기 혹은 숨겨진 자기의 모습을 발견하고 또한 자신을 새롭게 바라보는 시각을 얻는 것이다. 그리고 현실을 넘어서서 새롭게 창조된 현실을 경험하는 초유의 사건이 일어나는 것이다. 이는 마치 기도에 몰두한 기도자가 기도의 과정을 통해 자신의 삶과 자신의 내면에 담거진 이야기들을 표출해 가며 결국 어느 정점에 이르러 자신의 울타리를 넘어서서 새롭게 창조되는 자기를 경험하는 것과 같다.

참 자기의 발견이 신비적 체험의 필수적인 요소이라면 이 드라마치료는 그것과 가장 유사한 경험을 보여준다. 사이코드라마 디렉터 최헌진은 사이코드라마(심리극)가 제공하는 인간치료의 경험인 '잉여현실'을 가리켜 "일상 속에서 문명화된 나를 해체하고 '탈 나'를 체험하는 경험"이라고 보았다(최헌진, 2007, p. 7). 이 말은 우리 인간이 사회 속의 제도와 삶의 방식에 맞추어 살다가 본래의 나에게 충실하지 못하고 있음을 전제로 하는 말이다. 하지만 드라마치료는 우리를 둘러싸고 있는 세상의 굴레를 벗어던질 기회를 제공하여 본래의 나를 해방시키고 참 자유의 경험을 하는데 그것은 바로 이 잉여현실의 과정을 거치면서 가능해지는 것이다. 잉여현실은 바로 지금-여기에서 자유와 초월을 맛보게 하며 자기를 '확장'시키게 한다. 모레노는 말하기를 "사이코드라마에는 현실의 범주를 뛰어넘는 경험의 형태가 있으니 그것은 주인공으로 하여금 좀 더 새롭고 확장된 실재의 경험, 즉 잉여현실을 제공하는 것"이라 했고, 그의 부인이요, 역시 저명한 사이코드라마 디렉터이었던 Z. 모레노 역시 이러한 잉여현실을 통해 "사람들은 한계가 없는 세계 안으로 들어가 원했던 모든 만남을 경험하고 돌아온다."고 말했다(Moreno, 2005, p. 21). 다시 말해서 사이코드라마는 참여자들로 하여금 개인을 그 제한된 세계로부터 걸어 나오게 하고 그의 삶의 경계선들을 해체하여 확장된 현실 속에서의 새로운 삶을 맛보게 하는 특별한 경험을 잉여현실을 통해 제공하는 것이다.

그런데 이 잉여현실의 경험이 종교의 신비적 체험과 흡사한 점은 그것이 '초현실주의'와는 분명한 차이가 있다는 점이다. 초현실주의처럼 잉여현실도 현실 너머에 있는 존재의 차원을 강조한다. 하지만 잉여현실은 초현실주의처럼 어떠한 형태의 미의식이나 도덕적 몰입을 차단한 채 이성에 의한 통제를 거부하는 방식을 추구하지는 않는다. 오히려 정반대로 잉여현실 경험은 인간의 사고 기능을 반영하며 의식적인 통제 활동과 윤리적 · 도덕적 고려사항을 모두 버리지 않고 포함하여 새로운 경험을 하게 한다. 이것이 바로 잉여현실이 가져오는 건강하고 유익한 효능이다. 마치 건강한 신비적 체험이 현실부정이 아닌 풍성한 현실을 가져오는 것과 같다. 야콥 모레노는 말하기를

> 나는 잉여현실이라는 용어를 고안할 때 마르크스가 말한 잉여가치의 개념에 영향을 받았다. 잉여가치란 노동자가 자본주의 고용자들에 의해 빼앗긴 보수의 일부를 말한다. 하지만 잉여가치와 비교해 볼 때 잉여현실은 실재의 상실을 의미하지 않으며 오히려 적극적인 상상력의 동원과 활용을 통해 얻어지는 풍성한 현실을 의미한다(Moreno, 1965, pp. 212-213).

잉여현실은 또한 '허구(as-if)'와도 차이가 있다. 물론, 잉여현실도 현실을 벗어나서 자신을 관망해 보는 기회를 갖는다. 하지만, 이는 단순히 허구의 세계에 머물러 있기 위함이 아니다. 잉여현실은 허구의 세계에서는 피하고 부딪치지 않으려고 하는 고통스러운 세계를 오히려 직면하고 극복하게 하는데 그 고통스러운 역할을 직접 부딪치는 힘을 길러줌으로 인해 그것에 대한 조정력과 행위 주체성을 확보하고 돌아오게 한다. 실제적인 세계로 돌아와 현실을 직면하는 자아의 기능을 강화시키는 것이다.

어쨌든 사이코드라마의 잉여현실은 존재 너머의 존재를 경험하게 함으로써 현실을 초월하는 경험을 하는 것이라고 말할 수 있다. 존재한 적도 없고

어쩌면 존재할 수도 없는 세계, 그러면서도 절대적으로 현실을 떠나지 않으며 실제적인 세계 직면의 힘을 키우게 한다. 이러한 힘은 사이코드라마의 참여자들로 하여금 치유를 경험하며 마음의 모든 무거운 짐들을 내려놓고 현실로 돌아오게 하는 경험이 되게 한다. 모레노는 이와 같은 경험이 잉여현실의 카타르시스에서 가능하다는 사실을 임상적으로 확인하며 다음과 같이 이야기했다.

> 극도의 긴장상태, 흥분, 저항을 넘어서 정점에 이른 정서, 감정이 넘쳐흐르고 과거에 억제작용하고 있던 것들을 표현한 후에 일어나는 홀가분한 상태, 그리고 일상에서 일어날 것 같지 않는 그런 장면들과 상호작용을 하며 (현실의 문제를) 재현(reenact)할 때 일어난다(Moreno, 2005, p. 59).

그렇다면 탈자아와 의식의 확장으로 이어지는 이 경험 속에서 종교의 신비체험이 말하는 "타자와의 합일"을 어떻게 설명할 수 있는가? 바로 잉여현실을 고양시키는 또 하나의 기법 "역할 바꾸기(role reversal)"를 통한 상호연관성의 경험을 주목할 필요가 있다. 역할 바꾸기란 드라마치료 가운데 주인공으로 하여금 보조자아(주인공이 상호 연결망 속에 관계하는 중요한 타자들)와 역할을 교대하여 상대방의 입장에서 자신을 바라보고 말하며 행동하게 함으로써 상호적 관점에서 자기의 시각을 확장하는 기회를 주는 기법이다. 우리에게 흔히 '빈 의자' 기법으로 알려진 치료법을 떠올리면 이해가 쉽다. 인간관계상에서 상호 역할을 바꾸어 말하고 행동함으로써 주인공은 주관적인 세계를 넘어서서 자기를 객관화하여 볼 수 있는 기회를 얻는다. 뿐만 아니라 이 역할 바꾸기는 타인의 입장을 공감하게 한다. 주인공은 이를 통해 자신의 한계를 넘어서며 그동안 타인에게 던지던 투사를 접게 되고 타인의 입장에서 나를 바라보고 나를 수정하며, 자기의 결핍을 넘어서서 자기의 확장을 경험하는 수준을 맛본다. 이때 진정한 나와 너의 참 만남이 이루어지는 것이다.

종교인이 기도를 통해 절대자를 만나 그에게 귀의하는 것이 가능한 것은 그 '절대자(절대 타자)의 시각'에서 자기를 바라볼 때이다. 또한 기도자가 그 절대자의 시각을 수용하고 그 절대자 안으로 자기를 귀속시켜 들어갈 때 절대자와 기도자가 하나로 어우러지는 경험을 할 수 있다. 신비체험에 있어서 황홀경이란 바로 이 절대타자와의 하나됨이 주는 것으로 말로 표현할 수 없는 자기초월적 경험을 가리킬진대 바로 이와 같은 경험이 드라마치료가 제공하는 신비적 잉여현실의 경험 속에서도 나타나는 것이다.

사이코드라마는 'psyche(영혼)'과 'drama(행위)'의 합성어로 흔히 '심리극'이라 번역하는데, 원래 의미로 보면 "행위로 옮겨진 영혼"이란 뜻을 품고 있다. 그 말의 그 진가는 종교와의 유사점에서도 잘 나타나고 있다고 할 수 있다. 여기서 우리는 인간의 종교적 신비체험 경험을 일반 심리치료계에서도 유사하게 짐작해 볼 수 있음을 알게 된다. 물론 심리치료이론이 종교경험의 모든 것을 다 보여 줄 수는 없다. 하지만 치료라는 공통 과제에 대하여 정신치료와 영혼치료가 아주 유사한 접근을 하는 것을 알게 된다.

6. 나오는 말

지금까지 기도와 신비적 체험에 대하여 심층심리학적 관점에서 살펴보았다. 특별히 종교계에서 주로 다루어지는 주제들을 심리학의 이론으로 이해하고, 심리치료과정에서 이루어지는 내면적 변형을 통해 종교적 경험의 효과를 함께 비교하였다.

물론 종교적 경험을 심리학적인 입장만을 고집하며 모든 것을 설명한다는 것은 무리한 시도가 될 수도 있다. 특히 종교와 과학은 서로 별개의 분야라고 주장하는 이들에게는 더더욱 그렇게 여겨질 것이다. 하지만 세상의 모든 분야들이 서로 만나 교류하고 상호 이해의 폭을 넓히는 시대에 거대한 이 두 분야가 교류 없이 고립된다면 우리의 세상에 대한 이해도 두 쪽으로 갈라지고 말 것이다. 기도와 신비적 종교경험의 경우 특별히 심층심리학적인 접근이 용이한 것은 전통적으로 종교가 맡아온 많은 활동 영역들(돌봄, 상담, 치유와 희망 찾아주기)이 이제는 심리치료계가 상당히 대체하고 있기 때문이다. 그만큼 심리치료는 또한 종교의 역할과 특성을 이해하는 데 도움이 될 수 있다는 것을 암시한다. 물론 심리학이 종교를 완벽하게 대체할 수는 없다. 하지만 심층심리학적 이해로 종교적 경험들에 대한 설명을 들으며 종교인들은 자신의 모습을 성찰하는 계기를 얻을 수 있다. 그리고 심층심리학도 종교의 지혜와 역할을 제대로 인식할 때 수천 년 종교가 담당해 온 치유와 돌봄의 지혜를 크게 얻을 수 있을 것이다.

참고문헌

윤우상 (2015). 사이코드라마에서 욕의 의미와 역할. 한국사이코드라마학회지, 18(1), 1-14.

이길용 (2013). 뇌과학과 종교 연구. 서울: 늘품플러스.

최헌진 (2007). 굿: 제의적 사이코드라마, 한국사이코드라마학회지, 10(1), 1-24.

Boorstein, M. (2013. 6. 24.) *Some Nonbelievers Still Find Solace in Prayer*. Retrieved from https://www.washingtonpost.com/local/non-believers-say-their-prayers-to-no-one/2013/06/24/b7c8cf50-d915-11e2-a9f2-42ee3912ae0e_story.html?utm_term=.481d4640b90d

Dayton, T. (2014). *The Drama Within*, Retrieved from http://www.tiandayton.com/portfolio/ he-drama-within

Greenberg, J., & Mitchell, S. (1983). *Object Relations in Psychoanalytic Theory*. Cambridge, Mass.: Harvard University Press.

Heiler, F. (1958). *Prayer: A Study in the History and Psychology of Religion (translated by Samuel McComb)*. New York: A Galaxy Book.

James, W. (1902). *The Varieties of Religious Experiences*. New York: Longmans, Green.

Kohut, H. (1977). *The Restoration of the Self*. New York: International Universities Press.

Lipka, M. (2016. 5. 4.). *5 Facts about Prayer*. Retrieved from http://www.pewresearch.org/fact-tank/2016/05/04/5-facts-about-prayer/

Moreno, J. L. (1941). *The Words of the Father*. New York: Beacon House.

Moreno, J. L. (1965). Therapeutic Vehicles and the Concept of Surplus Reality. *Group Psychotherapy, 18,* 211-216.

Moreno, Z.(2005). 사이코드라마와 잉여현실 (황헌영, 김세준 역). 서울: 학지사. (원저 2000년 출판).

Oates, W. (1994). 종교심리학 (정태기 역). 서울: 대한기독교서회. (원저 1973년 출판).

Paloutzian, R., & Park, C. L. (2013). *Handbook of the Psychology of Religion and Spirituality (2nd ed.)* [Kindle version]. Retrieved from Amazon.com

Rizzuto, A.-M. (1979). The Birth of the Living God: A Psychoanalytic Study. University of Chicago Press.

Routledge, C. (2014. 6. 23.). *5 Scientifically Supported Benefits of Prayer: What science can tell us about the personal and social value of prayer*. Retrieved from https://www.psychologytoday.com/blog/more-mortal/201406/5-scientifically-supported-benefits-prayer

Safran, J. D., & Muran, J.C. (2003). *Negotiating the Therapeutic Alliance*. New York: The Guilford Press.

Shanon, B. (2002). *The antipodes of the mind: Charting the phenomenology of the Ayahuasca experience*. New York: Oxford University Press.

Spilka, B., & Ladd, K. L. (2013). *The Psychology of Prayer: A Scientific Approach. Guilford Publications*. [Kindle version] Retrieved from Amazon.com.

Ulanov, A., & Ulanove, B. (1982). *Primary Speech: A Psychology of Prayer*. Atlanta: John Knox Press.

Wicker, C. (2013. 9. 25.). *Do Atheists Pray?* Retrieved from https://www.psychologytoday.com/blog/pray-me/201309/do-atheists-pray

Zaleski, P., & Zaleski, C. (2005). *Prayer: A History*. Boston: Houghton Mifflin Company

Zaehner, R. C. (1957). *Mysticism, sacred and proface: An inquiry into some varieties of praenatural experience*. London: Oxford University Press.

분노와 용서*

오오현
(호남신학대학교 목회상담학 교수)

1. 들어가는 말

다음의 사례는 호스피스 간호사인 최화숙의 『아름다운 죽음을 위한 안내서』에서 발췌한 내용이다(최화숙, 2004).

유방암 말기 환자인 김순애 씨를 처음 만났을 때는 이 세상을 비관하고 있는 불쌍하고 초라해 보이는 독신 여성이었다. 병실에서 만나는 사람 누구에게나 화를 내고 샐쭉해하는 다루기 어려운 환자 중 한 사람이었다. 대답도 잘 안하고 시니컬하게 굴기 때문에 병동 간호사들도 다 회피하는 환자였다. 그녀는 아직 41세였으나 50세도 더 되어 보이는 얼굴로 온통 찡그

* 이 장은 저자의 박사학위 논문의 일부를 인용하여 보완·수정한 것이다.

리고만 있었다. 병 수발하는 친정어머니에게도 화를 내며 짜증을 부리기만 했다. 유방암 진단을 받은 지는 3년이 되었는데 두 번째 재발하여 입원한 후로는 항암 치료도 효과가 없어서 호스피스에 의뢰된 경우였다. 머리카락은 다 빠져서 하나도 없고 얼굴 모양은 둥그런 것이 전형적인 보름달 모양이었다. 그녀는 머리에 스타키넷으로 모자를 만들어 쓰고 있는데 살고 싶은 마음이 하나도 없는 사람처럼 보였다.

김순애 씨의 수된 증상은 통증과 호흡곤란이었으나 정서적으로 분노, 짜증, 부정적인 태도를 보이고 있었다. 처음에 종교는 없다고 하였고, 가족도 없다고 하여서 그런 줄 알았다. 돌보는 사람이라고는 친정어머니 밖에 없고 그 외에는 가족도 없다고 했다. 그래서 호스피스 자원봉사자들이 요일을 정해 놓고 매일 병실을 방문하여 환자에게 친절하게 대하고 사랑과 관심을 보여주었다. 조금씩 음식도 가져다 주고 멋있는 그림을 침상 옆에 붙여주고는 김순애 씨가 그림 안에 있는 것처럼 상상해 보도록 권유하기도 하였다. 친정어머니가 쉴 수 있도록 일주일에 하루는 아침부터 저녁까지 종일 자원봉사자들이 돌봐주었다. 씻겨 주고 함께 있어 주고 책을 읽어 주기도 하였다. 호스피스 치료를 받으면서 김순애 씨의 통증을 비롯한 신체적 증상은 조절이 되고 있었으나 부정적인 태도는 여전하였다.

그런데 어느 날은 김순애 씨가 혼자서 울고 있었다. 아파서 그런 것 같지는 않았고 무언가 말 못할 사정이 있어 보였다. 알고 보니 김순애 씨에게는 두 딸과 남편이 있었는데 남편과는 10년 전에 이혼했다고 하였다. 당시 여섯 살과 여덟 살이던 두 딸은 남편이 데리고 있다고 하였다. 이혼한 이유는 남편의 외도 때문이라고 하였는데 그 후 남편은 재혼하였으나 김순애 씨는 혼자 살아왔다고 한다. 이혼 후 그녀는 남편에 대한 분노와 배신감으로 잠을 이룰 수가 없었으며, 자다가도 벌떡 일어나고는 하였다고 했다. 이혼한 지 10년이나 되었으나 그녀는 아직도 마음속에서는 남편을 보내주지 못하고 있었다. 당시에 남편은 잘못을 빌었으나 결벽증이 있었던 그녀는 자신이 도저히 용납할 수가 없어서 이혼을 강행하였는데 나중에 남편은 외도했던 상대가 아닌 다른 여자와 재혼을 했다고 하였다. 그녀의 병은 남편 때문에 속을 끓여서 생긴 것이라고 생각하고 있었다. 남편뿐만 아니라 온 세상이 자신을 배반했다는 생각이 들어 식사도 제때에 안 하고 잠도 제때에 안 자고 아무렇게나 자신을 학대하며 살아왔다고 했다. 그런데 이제 이렇게 되고 보니 자신이 너무 불쌍한 생각이 든다고 하면서 흐느껴 우는 것이었다.

남편은 그렇다 치고 자녀들은 그동안 얼마나 자주 만났는지 물어 보았다. 그녀는 고개를 저으면서 처음에는 몇 번 만났으나 남편이 재혼한 후 이사를 가고 나서부터는 연락이 끊어져서 만나지 못한 지가 오래 되었다고 했다. "보고 싶으세요?" 하며 묻자 고개를 끄덕였다. 죽기 전에 남편도 딸들도 한 번 만나보고 싶은데 어디에 사는지를 모른다고 했다. 생의 마지막에 있는 사람의 간절한 소원이었다.

김순애 씨는 긴 방황 끝에 이제야 자신이 진정으로 원하고 사랑하는 사람이 누구인지를 알게 된 것이었다. 딱한 사연을 듣고 보니 사망하기 전에 찾아서 한번 만나게 해주었으면 싶었다. 그런데 그 전에 김순애 씨가 남편을 용서하고, 자기 자신을 용서할 수 있어야 했다. 또 찾을 수 있다고 해도 남편이 이미 재혼한 상태이므로 현재 부인의 동의를 얻어야 했다. 가장 염려가 되었던 것은 오랫동안 보지 못하였던 딸들이 이젠 10대가 되어 있을 텐데 생모를 만나는 것을 어떻게 생각하는지 하는 점이었다. 호스피스 팀에서는 그러나 한 번 시도해 보기로 하였다. 김순애 씨 가족의 소재를 여러 채널을 통해 알아보는 동안 그녀는 호스피스팀의 성직자와 면담을 하도록 했다. 김순애 씨는 종교가 없었지만 '용서받고 용서하고자 하는 요구'가 있었고, 분노 속에 감추어져 있었던 '사랑에 대한 요구'가 있는 만큼 영적으로 접근해야 될 부분이 있었기 때문이었다.

2주쯤 지나서 김순애 씨의 전남편의 소재를 알게 되어 연락이 가능하게 되었다. 그녀의 전남편 정씨는 모회사의 이사로 재직하고 있었다. 이야기를 들은 그는 딸들과 현재의 부인과 의논해 보겠다고 하였다. 이틀이 지난 후에 정씨는 현재의 부인이 쾌히 동의하고 보내주었다고 하면서 두 딸을 데리고 문병을 왔다. 이 무렵 김순애 씨는 거의 먹지 못하고 바싹 마른 상태로 하루하루를 지내고 있었다. 심리적으로 성직자와 두어 차례 면담을 하면서 이제는 용서해야 되겠다고 생각하고 있었다.

거의 10년 만에 가족을 만난 그녀는 처음에 조금 서먹한 듯했고 아이들도 중병으로 침상에 누워 있는 엄마를 이상하듯 쳐나보았나. 남편이 먼서 조심스레 말을 꺼냈다.

“그동안 늘 마음 한 구석에서 미안하게 생각했소. 나를 용서해 주겠소?” 김순애 씨는 울먹거리는 듯하더니 앙상하게 마른 손을 내밀었다. 정씨가 그 손을 잡았고 아이들도 그 손을 함께 잡았다. 그녀가 사과를 했다. “내가 너무 옹졸했어요.” “아니, 내가 잘못했지. 당신 마음을 너무 아프게 했어.” 김순애 씨와 가족들은 누가 먼저랄 것도 없이 함께 울음을 터뜨렸고 지나온 이야기들을 하기 시작했다. 그날부터 정씨와 딸들은 김순애 씨의 병상을 지키기 시작했는데 가족들이 오고 난 후에 김순애 씨는 훨씬 원기를 되찾은 듯해 보였다.

이혼한 후에 그녀가 자기 연민과 비탄으로 세월을 보내온 것과 달리 정씨는 재혼한 부인을 따라 신앙을 갖게 되어 가정예배를 드리면서 종종 김순애 씨를 위해 기도해 왔다고 하였다. 그녀는 마지막 일주일간을 사랑하는 남편과 두 딸과 함께 보낼 수 있었는데 이는 정씨의 현재 부인의 배려가 있었기에 가능한 일이었다. 정씨 부인은 자신이 나타나면 김순애 씨에게 좋지 않은 영향을 줄까 봐 문병을 오지 않았다.

얼마 남지 않은 시간 동안 김순애 씨가 가족들과 함께 지낼 수 있도록 기도하는 마음으로 남편과 두 딸을 보내준 것이었다. 이들은 김순애 씨와 함께 보낸 일주일 동안 그동안의 세월을 보상이라도 하듯이 그녀에게 지극한 정성으로 대했다. 아침에 얼굴을 씻기고 양치질을 할 수 있도록 도와주는 것은 물론이고 대소변을 받아내고 온몸을 쓸어내려 마사지를 해주고 두 시간 간격으로 체위를 변경시키는 등 김순애 씨에게 필요한 일이라면 무엇이든 했다. 그녀의 눈빛만 보고도 서로 도와주려고 하는 모습이 보기에 참 아름다웠다. 그녀는 몹시 행복해하며 이들의 수발을 고맙게 받고 있었다. 10년간의 세월을 훌쩍 뛰어넘은 것처럼 보였다.

남편과 자녀들을 만나고 나서 김순애 씨는 심경에 많은 변화를 일으켜서 병상세례를 받겠다고 했다. 성직자에게 부탁하여 병상세례를 받게 되었는데 김순애 씨뿐만 아니라 두 딸들도 몹시 기뻐하였다. 그 날은 날씨도 화창하였다. 비록 휠체어에 앉을 힘도 없어서 침상에 누운 채로 세례를 받았지만 그녀의 얼굴은 행복해 보였다. 긴 방황 끝에 이제야 사랑하는 가족들과 한 자리에서 함께 웃고 눈물을 흘리고 있었다. 김순애 씨를 방문한 호스피스팀은 꽃다발을 주고 함께 축복해 주었다. 김순애 씨는 눈물로 얼룩진 얼굴로 환하게 웃으며 "행복하다."고 하였다. 자신이 지금까지 살아온 생애 중에서 이때처럼 행복하다고 느껴 본 적이 없었다고 했다. 몸은 비록 죽음에 임박한 상태에 있었지만 그녀의 삶의 질은 최고 수준인 것처럼 보였다. 그녀는 병상세례를 받고 이틀 후에 사망했는데 그녀가 남긴 마지막 말은 "사랑해요. 최고로 행복한 시간이었어요."였다.

이 사례는 상처로 인한 분노의 결과와 용서했을 때 오는 결과를 상반되게 보여주는 내용으로서 용서를 통한 분노의 치유에 중요한 시사점을 제시하고 있다.

첫째, 치유되지 않은 분노가 개인에게뿐만 아니라 행복했던 가정이 파괴되는 장면을 보여주고 있다. 김순애 씨의 남편에 대한 치유되지 않은 분노가 결국 자신뿐만 아니라 가족을 파괴하는 결과를 가져오게 되었다.

둘째, 분노에 대한 치유의 대안으로서 용서의 필요성을 제기하고 있다. 대인관계에서 상처로 나타나는 결과가 미움과 분노와 원한의 감정이다. 이러한 부정적인 분노와 원한의 감정은 방어기제 중의 하나인 억압(repression)과 보복 또는 복수로 나타난다. 이러한 분노에 대한 억압은 물론 처음에는 어느 정도 멀어지게 해주기 때문에 편리한 점도 있지만 계속해서 사용하게 되면 근본적으로 상처를 치유할 수 없게 할 뿐만 아니라 마음속에 억압된 분노는 결국 보복을 낳게 한다. 보복이나 복수는 또 다른 보복을 낳아 폭력의 악순환만이 계속되게 한다. 따라서 상처로 인한 악순환을 멈추게 하는 기제로서 용서의 필요성이 제기된다.

셋째, 진정한 개인적인 용서가 이루어졌을 때, 그 용서의 힘으로 대인관계적인 화해까지 나아가야 함을 제기하고 있다. 용서는 화해는 아니다. 다만 화해로 갈 수 있는 통로 역할을 하는 것이 용서이다. 진정한 용서는 화해로 나아갈 수 있는 힘이 된다는 것을 보여준다. 본 사례에서 김순애 씨가 외도했던 남편을 진정으로 용서했을 때 그를 받아들일 수 있었으며, 결국 두 사람이 만날 수 있었으며 남편이 용서를 구함으로써 두 사람 간의 화해가 가능했음을 보여준다. 결국 용서가 개인의 아픔이요, 쓴 뿌리인 분노를 치유하는 중요한 기제임을 제시하고 있다.

따라서 필자는 연구목적에 따른 구체적인 연구문제를 다음과 같이 제시한다.

첫째, 분노에 대한 일반적인 개념과 기독교적인 개념을 살펴보고자 한다.

둘째, 분노의 치유에 대한 대처전략으로서 세 가지를 살펴보고 근본적 대안으로서 용서를 제안하고자 한다.

셋째, 분노를 치유하기 위한 대안으로 용서의 개념을 살펴보고자 한다.

넷째, 분노를 치유하기 위한 용서의 과정 모델을 제시하고자 한다.

다섯째, 신·구약성서에서 자신의 삶을 통하여 용서를 실천한 사람들을 다루고자 한다.

2. 분노에 대한 일반적 이해

인간은 자기대상(self object)과의 관계 안에서 살아가는 관계적 존재이다. 특히, 인간은 나와 너의 관계를 통하여 완전한 존재가 된다(창 2:18). 하나님은 인간을 하나님의 형상대로 창조하셨다고 말씀한다(창 1:27). 이 말의 뜻은 인간이 하나님처럼 관계적 존재임을 가리킨다. 하나님은 성부 · 성자 · 성령의 세 위격으로 친밀한 관계를 누리시는 완전한 관계적 존재이다. 인간도 자신과 타인, 하나님과 관계하면서 살아가는 관계적 존재이다. 하지만 죄성을 가진 불완전한 인간은 피할 수 없는 자기대상과의 관계 속에서 서로 상처를 주고받으며, 그 상처로 인한 분노의 감정을 갖게 된다. 결국 분노는 개인과 집단 공동체에 많은 영향을 미치게 된다.

어느 도시에 경쟁관계에 있던 장사꾼 두 사람이 있었다. 두 사람의 가게는 서로 마주보고 있었는데, 이들은 아침에 눈뜨고 일어나 밤에 잠들 때까지 어떻게 하면 상대방을 망하게 할까 하는 데만 신경을 썼다. 보다 못한 하나님께서 어느 날 천사를 한쪽 상인에게 보냈다. 두 사람을 화해시키려고 천사는 이런 제안을 했다. “하나님께서 그대에게 큰 선물을 내릴 것이오. 그대가 재물을 원하면 재물을, 장수를 원하면 장수를, 자녀를 원하면 자녀를 줄 것이오. 단 조건이 하나 있소.” 천사는 잠시 말을 멈춘 다음 말을 계속했다. “그대가 무엇을 원하든 그대 경쟁자는 두 배를 얻게 될 것이오. 그대가 금화 10개를 원하면 그는 금화 20개를 얻게 될 것이오.”라고 말하였다. 천사가 미소를 지으면서 “이제는 화해하시오. 하나님은 이런 방법으로 그대에게 교훈을 주려는 것이오.” 하고 말하였다. 천사의 말을 들은 상인은 한참 생각하더니. “제가 무엇을 바라든지 다 그렇게 이뤄진다는 말씀이지요?” 하고 물었다. 천사가 그렇다고 하자 상인은 크게 숨을 쉬고는 결

심한 듯이 말하였다. "그럼 제 한쪽 눈을 멀게 해주십시오."(White, 1993)

앞의 사례는 인간이 아닌 다른 피조물들은 자연 그대로 살다가 아무런 원한이나 분노를 남기지 않고 사라지는데, 인간만은 그렇지 못함을 보여준다. 즉, 용서할 수 없는 상처로 인한 분노의 감정을 가슴에 안고 있다가 분노의 변형된 형태인 폭력으로 나타나거나 반대로 분노의 감정을 억압한 채 그대로 안고 죽어 산다. 따라서 인간관계에서 개인적인 상처로 인한 분노의 감정을 치유하기 위해서는 먼저 분노에 대한 심리학적 개념과 기독교적 개념을 살펴보고자 한다.

1) 분노에 대한 심리학적 접근

분노란 어떤 감정인가? 분노는 지구상에 생존하는 인간이면 누구나 경험하는 감정이다. 이러한 분노를 한마디로 정의하는 것은 쉽지 않다. 분노는 인간의 생애 초기에 시작하여 노년에 이르러 죽음에까지 계속된다. 분노는 생애과정에 경험하는 감정으로서 짧은 기간에 사라질 수도 있지만 수십 년 동안 지속될 수도 있다. 또한 그것은 무의식의 내면에 숨겨져 억압되어 있을 수 있고, 표면적으로 자유롭게 나타날 수도 있다. 특히, 분노가 공격이나 복수의 형태로 지속될 경우 종종 파괴적이 되지만, 분노가 불의를 바로잡거나 창의적으로 생각하게 하는 동기가 된다면 긍정적일 수 있다(DeAngelis, 2003).

일반적으로 분노를 표현할 때, 자신뿐만 아니라 다른 사람들도 인식하고 있다. 하지만 분노가 다른 사람들에게 의도적으로 숨겨지든지, 또는 무의식적으로 표현되든지 간에 수많은 심리적, 사회적, 육체적, 영적인 문제들의 근원에 있다. 따라서 상담자는 자신의 분노를 포함하여 모든 분노에 대한 심리학적 이해가 곧 효과적인 기독교상담의 기초가 된다.

인간 개인의 한 심리로서 분노를 담고 있는 심리학적 스펙트럼을 알아본다. 즉, 세 가지 심리학적 입장이 있다(김용태, 2001). 첫째, 프로이트(Freud)의 정신분석학적 관점이 있다. 이 관점은 19세기 물리학의 에너지보존법칙에 근거하고 있다. 분노는 심리적 사건인 환경 자극으로부터 발생하여 인간의 무의식의 세계에 저장이 된다. 저장된 분노는 죽음의 본능인 공격적인 행동과 관련이 있어 언어적 폭력이나 물리적 폭력으로 나타나 상처를 남긴다. 따라서 정신분석학적 입장에서 분노 조절은 분노가 무의식적인 행동으로 폭발하기보다는 적절하게 조절되어 표현되도록 해야 한다. 분노의 감정이 적절하게 표현되면 무의식적인 폭력 행동을 그만큼 감소시키거나 방지할 수 있다. 그러나 분노가 해결되지 않으면 내부에 쌓여 있다가 분출되거나 폭발되기 쉽다. 그래서 상처를 받아 마음속에 오랫동안 품고 있는 치유되지 않는 분노는 마치 우리 안에 갇힌 맹수나, 끓는 가마솥과 같아 시한폭탄처럼 기회만 있으면 때와 장소를 가리지 않고 여러 가지 분노의 변형된 형태로 작용하게 된다. 결국 이러한 억압된 분노의 감정의 에너지가 내적으로 작용되었을 때는 신체적인 증상인 몸의 자각증상의 형태로 나타난다. 그래서 '마음이 말을 하지 않으면 몸이 말을 한다.'는 말이 있다. 또한 억압된 분노의 감정의 에너지가 외적으로 작용되었을 때는 언어적 또는 물리적 폭력으로 나타나게 되어 자신과 타인에게 상처를 남기게 한다.

둘째, 인지행동적 관점과 사회학습이론이 있다. 인지행동적 관점에서 분노는 비합리적 사고라 불리는 인지적 왜곡에 의해서 발생한다고 본다. 인지적 왜곡은 폭력이나 다른 불행한 감정들을 유발한다. 감정의 반응으로서 분노는 인지적 기대에 대한 좌절로부터 기인한다는 것이다. 또한 사회학습이론에서 분노는 중요한 모델링(modeling)을 통한 간접적인 학습의 결과로 나타난다고 믿는다. 따라서 인지행동모델에서 분노 조절을 생각한다면 인지적 왜곡의 변화, 즉 비합리적 신념을 합리적 신념으로 변화시키는 것이 분노를 해결하는 중요한 요소가 된다. 사회학습이론에서는 훌륭한 모델을 보여주는 일이 분노를 긍정적으로 해결하는 중요한 요소로 생각된다. 왜냐하면, 이들의 이론에서 분노는 인지적 왜곡이나 좋지 않은 모델링과 관련이 있다고 생각하기 때문이다.

셋째, 현상학적 관점이 있다. 현상학적 입장에서 분노는 한 개인이 세상에 대한 지각의 반응으로서 언급하고 있다. 즉, 분노는 한 개인이 세상에 대한 지각된 감정으로 나타난다고 믿고 있다. 이러한 지각은 한 개인이 생존하는 방식이므로 분노는 한 개인이 살아있다고 느끼도록 만드는 활성화의 역할을 한다고 본다. 실존적이고 현상학적 입장에서 분노 조절을 생각한다면 분노는 화가 난 사람의 인지적 지각과 관련이 있기 때문에 인지적인 재구조화(reframing)는 가장 중요한 분노해결의 방법이 된다.

앞의 내용을 종합적으로 정리하자면, 분노를 한 개인의 심리학적 세 가지 측면인 정신분석적 관점과 인지행동적 관점과 현상학적 관점에서 살펴보았다. 그러나 분노라는 인간의 감정이 발생하는 데는 이러한 세 가지의 개인 심리적 요인 또는 사회심리에만 국한되지 않는다고 본다. 왜냐하면, 분노에 대한 개인심리학적 이해는 분노 조절에 있어서 일시적인 효과는 있지만 근본적인 문제를 해결하는 데 한계가 있기 때문이다. 따라서 분노라는 감정을 근본적으로 통제하고 이해하기 위해서는 개인심리학적 요인뿐만 아니라 분노에 대한 기독교적인 입장에서 반영되어야 한다. 즉, 하나님과 인간의 관계맥락에서 이해되고 연구되어야 할 것으로 본다.

2) 분노에 대한 성서적 접근

분노에 대한 성서적 관점은 "모든 사람이 죄를 범하였으매……(롬 3:23)"라는 이 구절에서 밝히고 있는 것처럼 분노를 인간의 죄성에 근거해서 설명할 수 있다. 죄성을 가진 인간은 타인과의 관계에서 상처를 주게 되고 그 결과로 인하여 분노를 유발하게 한다. 분노는 죄성의 표현임과 동시에 죄를 짓는 행위이다. 분노는 다른 사람에게 상처를 주거나 폭력을 행하거나 죽이는 등의 많은 파괴적인 행동들과 관련이 있다. 이러한 행동들은 분명한 죄성을 반영하는 특성들이다. 따라서 분노를 조절하기 위해서는 사람의 본성 자체를 일차적으로 고려해야 한다. 인간의 분노에 대한 성경의 가르침과 이 모든 것을 어떻게 상담에 적용할 것인가를 이해하려고 한다면 인간의 분노에 대해 성서적 이해를 하는 것이 중요하다.

성경은 대부분의 주제들보다 더 많이 분노에 관하여 이야기를 한다. 특히 성경은 구약에서뿐만 아니라 신약성경에서도 계속 언급되고 있다. 여러 성경 구절들로부터 인간 분노에 대한 이해에 도움이 되는 몇 가지 내용들이 있다(Collins, 2007).

첫째, 인간의 분노는 정상적이고 모두 죄는 아니다. 이는 인간은 하나님의 형상대로 창조되었으며 분노를 포함한 감정들을 하나님께로부터 받았다. 따라서 이러한 분노는 필요한 것이며 유익한 감정 중에 하나이다. 분노는 예수님께서도 보여졌으며 그 자체가 죄가 되는 것은 아니다.

둘째, 하지만 인간의 분노는 종종 죄를 불러일으킨다. 분노는 악하고 해로운 행동들을 쉽게 불러일으킬 수 있기 때문에 성경은 분노를 옳지 않다고 말하며, 분노와 격분을 멀리해야 한다고 주장한다(시 37:8). 비록 분노가 그 자체로 잘못된 것은 아니지만, 명백히 통제되지 못할 수도 있고, 복수, 언어적이고 신체적인 폭력, 수동적 공격성을 포함한 다양한 문제들의 원인이 될 수 있다는 것이다. 따라서 분노는 통제되어야 한다는 것이다.

셋째, 인간의 분노는 선하게 사용될 수 있다. 이러한 분노가 다른 사람을 회개하게 하고 보다 나은 방향으로 인도한다면, 분노는 가치가 있다는 성경의 가르침을 인식하는 것이 중요하다(눅 17:3-4). 분노를 표현하는 것이 바람직한 결과를 위한 것일 때 우리는 분노를 표현하도록 지시받았다. 따라서 우리의 감정을 이야기하는 것을 항상 부정하거나, 무시하거나, 왜곡하거나, 거부하는 것은 잘못된 것이다.

결론적으로 요약하자면 성경은 분노를 보편적인 감정으로 언급하고 있다는 것이다. 그것은 실제적인 불의에 대항하여 표현될 때에는 선한 것이 되지만, 자기중심적인 동기에서 표현될 때에는 해로운 것이 된다는 것이다. 그래서 분노는 분명히 통제되어야만 하는 감정이라는 것이다. 솔로몬은 "자기의 마음을 다스리는 자는 성을 빼앗는 자보다 나으니라(잠 16:23)"라고 기록하고 있다. 결국 자기 자신을 다스리는 것은 우리 스스로 하기 힘들지만, 다른 사람들이 도와줄 수 있고, 무엇보다 자기 자신을 다스리는 가장 큰 영향력은 성령이다(갈 5:22-23). 이러한 성경적인 관점에서 분노를 근본적으로 치유하는 것은 죄인 된 인간을 향한 하나님의 용서에서 찾을 수 있다. 그러므로 무엇보다도 인간의 분노의 감정을 궁극적으로 치유하는 것을 예수님의 용서를 통해서 가능하다는 관점이다.

3. 분노에 대한 대처방법

통제되지 않은 분노가 다른 사람들과 그들 자신에게 매우 많은 해를 끼칠 수 있음에도 불구하고 왜 많은 사람들이 계속하여 공격적이고, 적대적이며, 냉소적이고, 앙심을 품는 것일까? 이러한 사람들은 분노를 처리하는 다른 방법들이 있을 수 있다는 것을 모른 채 성인기에 이르렀기 때문이다. 대부분의 사람들이 분노를 대처하는 방법으로 크게 세 가지 측면에서 다음과 같이 처리하게 된다(오영희, 1990).

첫째는, 정서 중심의 대처방법인 자기방어기제이다.

일반적으로 많은 사람들이 상처를 받으면 상처로 인한 치유되지 않은 분노의 감정을 대처하는 방법으로 가장 쉽게 사용하는 것이 자기방어기제이다. 특히 방어기제 중에 부정이나 억압, 반동형성 등을 가장 많이 사용한다. 예를 들어, 배우자가 외도를 했을 때 "우리 남편은 혹은 우리 부인은 아마 그런 일이 절대 없다."라고 사건 자체를 부정하든가, "그런 일로 상처를 받을 내가 아니다."라고 하면서 상처를 부정(denial)하기도 한다. 또는 "참을 수밖에 다른 방도가 없다."라고 생각하면서 상처를 억압(repression)할 수도 있다. 또는 겉으로는 상대방을 이해하고 동정하며 용서한다고 하면서도 마음속으로는 상대방을 미워하고 저주하는 반동형성(reaction formation)을 보일 수도 있다.

그러나 이러한 자기방어기제를 사용한 대처방법은 상처로부터 우리를 어느 정도 멀어지게 해주기 때문에 처음에는 편리한 점도 있지만 이 방법을 계속 사용하게 되면 근본적으로 상처를 치유할 수 없게 만든다. 결국 부정적이거나 지속적인 방어기제를 사용하는 대처방법은 우리 마음속에 쓴 뿌리로 작용하여 육체적, 정신적, 영적 장애를 가져오게 하는 원인으로 작용하게 된다. 그러므로 분노를 해결하기 위해서 가장 먼저 해야 할 일은 모든 관계 속에서 작용하는 심리적 방어기제를 찾아내고 이를 직면하여 인식하는 일이 선행되어야 한다.

둘째는, 공격적인 대처방법인 보복이나 복수를 행하는 것이다.

사람들이 상처를 받으면 가장 쉽게 사용하는 방법으로 복수를 선택하기도 한다. 복수는 가해자가 잘못한 것에 대해 그 대가를 지불하게 함으로써 자신의 피해에 대한 정당성을 인정하려는 것이다. 그러나 복수를 하는 경우 마음의 아픔과 고통이 해결되리라고 생각할 수도 있지만 불행하게도 복수는 또 다른 복수를 낳게 할 가능성이 높다. 왜냐하면, 복수는 '눈에는 눈 이에는 이'의 원칙에 기초하고 있기 때문이다. 그래서 복수의 전략을 사용하는 경우에는 상처의 악순환이 계속 발생하게 한다.

예를 들어, A가 B에게 상처를 입히면 B는 복수를 통해 다시 A에게 자신이 받은 만큼의 상처를 입힌다. 그러면 A는 그 상처가 너무 크고 부당하다고 생각되어서 다시 B에게 상처를 입히고…… 이런 식으로 상처의 주고받기가 지속되면 악순환만이 지속된다. 따라서 Govier(2002)는 복수는 어떤 조건 아래서도 정당화될 수 없다고 주장한다. 가해자에게 복수를 통해 고통을 줌으로써 피해자의 자존감이 올라가고 만족을 얻는다면, 그것은 도덕적으로 옳지 못하며, 자신을 만족시키기 위해 한 사람 혹은 사람들의 고통을 이용하는 것은 도덕적으로 받아들여질 수 없다. 왜냐하면, 그것은 가해자들을 수단으로 이용하는 것이며, 그들의 인간적 가치와 존엄성을 존중하지 않기 때문이다. 복수는 또한 피해자를 가해자의 위치로 전락시키기 때문에 그것은 도덕적 타락이라고 말한다(손운산, 2005). 복수는 피는 피를 부르는 악순환을 반복시킬 뿐이다. 그래서 중국 고대 속담에 '복수를 하려고 하는 사람은 두 개의 무덤을 파야 한다.'고 했다. 또한 성경에서는 "검을 쓰는 자는 검으로 망한다(마 26:52)."고 하였다.

예수님이 핍박받으셨을 때 그분은 분노할 수 있고 보복할 수 있는 충분한 권리를 가지셨다. 그럼에도 불구하고 그는 모욕을 받을 때 보복하지 않았고, 고통받을 때 심지어 저주하지도 않으셨다. 그는 항상 공정히 판단하시는 하나님 손에 그의 문제를 위탁했다. 그러나 분노하는 사람은 종종 앙심을 품고, 심지어 보복하려는 방법들에 대해 생각한다. 궁극적으로 이러한 경향은 분노하는 사람에게 해를 끼친다. 따라서 보복과 복수는 저지되어야 하고, 자기 자신과 자신의 상황들을 하나님에게 위탁하는 태도로 바뀌어야 한다(Collins, 2007).

셋째는, 상처로 인한 분노를 대처할 수 있는 긍정적이고 적극적인 방법이며 가장 근본적인 핵심기제는 용서이다.

부당하고 깊은 상처를 대처하기 위한 긍정적인 방법 중에서 가장 적극적이고 효과적인 방법이 용서이다. 이러한 용서는 개인 내적인 면과 대인관계적인 면에서 중요하다. 먼저 개인 내적인 면으로서 용서는 자신이 그동안 분노 때문에 생겨났던 여러 가지 정서적, 행동적 장애가 치유되어 온전하고 건강한 한 개인으로서 기능할 수 있게 한다. 특히 Kinzer는 용서는 자기 정죄로부터 해방시켜 주며, 용서를 보류하는 것은 자기 정죄의 사슬을 더 강하게 한다. 다른 사람들이 우리를 정죄하고 있다는 것을 아는 것만큼 우리를 자기 정죄에 확고하게 묶어 놓는 것은 없기 때문이다. 따라서 용서는 자기 정죄로부터 새로운 자유를 체험하게 할 것이다(Kinzer, 1988). 또한 대인관계적인 것으로서 용서는 자신에게 상처를 입힌 사람에 대해 가졌던 부정적인 감정을 극복함으로써 새로운 긍정적 상호작용을 시작하게 하는 계기를 부여해 주기 때문에 깨어진 인간관계를 치료하는 가장 효과적인 방법이라고 볼 수 있다. 특히 대인관계적인 면에서의 용서는 다음의 세 가지 면에서 효과적이다.

첫째는, 대인관계에서 상처를 받았을 때 복수를 함으로써 악순환을 반복시키지만 용서는 가해자와 지속되어 왔던 악순환을 멈추게 하는 것으로 작용할 수 있다.

둘째는, 가해자를 용서함으로써 두 사람이 더욱 성숙된 수준에서 상호작용을 시작하게 할 수 있다(Smedes, 1984).

셋째는, 가해자의 입장에서 보면 다른 사람에게서 용서받은 경험이 또 다른 사람을 용서하는 데 결정적인 동기가 된다. 즉, 누군가를 용서해 주면 그 사람도 다른 사람을 용서할 의무나 동기로 작용하게 된다. 이처럼 용서는 기독교인들이 개인 내적으로나 대인적으로 분노를 근본적으로 치유하는 데 있어서 가장 효과적인 방법이라고 볼 수 있다.

4. 용서에 대한 의미

1) 용서에 대한 심리학적 의미

최근에 용서에 대한 연구가 인간의 심리적 건강증진과 내면에 관심을 갖는 심리학자들에 의해서도 활발하게 논의되어 오고 있다. 특히 본 장에서는 용서에 관한 기존의 종교, 철학적 문헌에 대한 분석을 토대로 심리학적 여러 견해를 통합하여 체계적인 연구를 해 오고 있는 Enright와 그의 동료들이 말하는 용서의 개념에 대하여 살펴보고자 한다. Enright의 용서의 의미를 기술하고 검토하기 전에 진정한 용서와 관련하여 선행 연구자들의 견해를 먼저 제시하고자 한다.

Trainer(1981)는 용서에 대해서 역할기대적 용서, 방편적 용서, 본질적 용서로 구분하면서 세 가지 유형을 말한다.

첫째, 역할기대적 용서(role-expected forgiveness)란 '주위에서 용서하기를 기대하기 때문에 마지못해서 용서하는 것이다. 이런 경우는 겉으로는 용서하는 행동과 태도를 보이지만, 심리적으로는 불안, 분노와 원한 등이 남아 있는 용서'를 말한다. 예컨대, 많은 교회 지도자들이 가르치는 용서의 즉각적이고 당위적인 행위와 태도로서 가해자에 대해 용서해야 한다고 한다. 또는 종교적 기대와 압력으로 성경에서 원수를 용서해야 한다고 말씀하고 있기 때문에 용서를 해야 한다고 하는 경우이다.

둘째, 방편적 용서(expedient forgiveness)란 상대방을 처벌하는 한 가지 방편으로서 용서를 이용하는 것이다. 이런 경우는 겉으로는 용서하는 행동을 보이지만 심리적으로는 상대방에 대한 원한과 적의를 가지는 용서라고 말한다. 즉, 이러한 용서는 나의 이익을 위한 방편이나 도구로서 용서를 이용하는 것이다. 예컨대, 기독교인들이 용서를 함으로써 자신이 타인보다 신앙이나 인격이 더 훌륭함을 보여주기 위해서, 그리고 상대방이 미안하고 고마워하도록 만들기 위해서 용서해 주는 척하는 것이다.

셋째, 본질적 용서(intrinsic forgiveness)란 앞으로 논의하고자 하는 진정한 용서에 해당되는데 '가해자에게 용서와 호의를 표현하고 가해자에 대한 감정과 태도를 바꾸는 것'이라고 말하고 있다. 예컨대, trainer는 진정한 용서란 세 번째의 본질적 용서로서 분노와 부정적 정서가 감소하고 관계 향상을 수반하는 가해자에 대한 인지적, 정서적 변화를 뜻한다고 보고 있다.

철학자인 North(1987)는 용서가 이루어질 때는 가해자를 연민과 관대함 그리고 사랑을 가지고 보고, 그에 대해 스스로 포기한 권리를 재인식할 수 있게 된다고 하였다. 그래서 진정한 용서에서 중요한 세 가지 점은 다음과 같다.

첫째, 상처받은 사람이 실제 상처를 재인식(recognition)할 수 있다는 점이다.

둘째, 정당한 보복을 하기보다는 자발적으로 자비(mercy)를 선택한다는 점이다.

셋째, 이전보다 더 긍정적인 상호작용으로 나아가게 하는 도덕적인(moral) 행위라는 점이다.

Enright(1992)는 이들 연구가들의 견해를 더욱 발전시켜 용서의 의미를 구체화하였다. 예컨대, 그는 North가 가해자를 용서하는 사람의 정서적 변화만을 다루었다고 지적하면서, 판단(용서하는 사람이 가해자에 대해서 어떻게 생각하는가)과 행동(용서하는 사람이 가해자에 대해서 어떻게 행동하는가)의 변화 개념을 포함시켰다. 나아가 Enright(1995)는 용서에는 세 요소(forgiveness triad), 즉 '타인을 용서하기' '타인으로부터 용서를 받기' '자신을 용서하기'가 포함되어야 한다고 주장하고 있다.

이들 세 요소에 관하여 간략히 살펴보면 다음과 같다.

첫째, Enright(2004)는 '용서하는 것'이란 "피해를 준 사람에 대한 부정적인 감정과 판단을 극복하는 것으로 이는 이러한 판단과 감정을 가질 권리를 부인하는 것이 아니라 상대방이 그럴 만한 자격이 없음에도 불구하고 상대를 자비, 동정심, 심지어 사랑으로 대하려고 노력하는 인지, 정의, 행동적 복합체"라고 했다. Enright와 그 그룹들의 용서의 정의에 의하면 타인을 용서한다는 개념에는 상대에 대한 부정적 정서(분노, 미움, 증오 등), 판단(비난, 비판 등), 행동(복수, 처벌 등)이 사라지고 긍정적 정서(동정심, 사랑), 판단(상대가 잘되기를 바람), 행동(도움을 주고자 함, 화해하고자 함)이 나타나는 심리적 반응이 포함된다(Enright, 1991).

둘째, '타인으로부터 용서를 받는 것'은 타인에게 해를 입혔을 때 피해자가 가해자에 대해 자신의 부정적 태도, 생각, 행동 등을 멈추고 긍정적 감정, 생각, 행동 등을 기꺼이 주고자 할 때 가해자가 용서를 받아들이는 것이라 할 수 있다. 용서하는 사람은 부정적인 것들을 멈추는 것으로 나름대로 용서를 하는 것이다. 진정한 적극적 용서를 받았을 때 가해자는 피해자가 해주는 용서를 그저 수동적으로 받는 것이 아니다. 기꺼이 용서를 환영하며, 적극적으로 용서를 요청하고, 용서가 주어질 때까지 용서를 기다리며 바라는 것이다.

셋째, '자신을 용서하는 것'의 일반적 접근은 다음과 같다. 타인을 용서하는 것은 곧 자기 자신을 용서하는 것이다. 자기 용서란 자신의 객관적 잘못에 직면하여 자기에게 분노하는 것을 멈추고 대신 자신에게 연민과 관대함 그리고 사랑을 충만하게 하는 것이다. 대인 간 용서에서처럼, 자기를 용서하는 사람은 자신에게 분개할 만한 권리가 있음에도 불구하고 자신에 대한 분노를 포기하게 된다.

이제까지 심리학자들이 기술한 용서의 의미를 정리하면, 용서를 상처에 대한 직면과 승화라는 관점에서 접근하고 있다는 점과 용서에는 세 가지 요인, 즉 인지, 정서, 행동적 측면을 고려하고 있다는 점을 들 수 있다. 이들의 용서에 대한 의미를 함께 고려하여 용서를 정의해 보면 다음과 같다.

용서란 "개인적으로 깊고, 부당한 상처를 준 사람에 대해 갖는 부정적 판단, 감정, 행동을 극복하고 자신과 상대 그리고 인간에 대한 긍정적 사고, 감정, 행동을 갖게 되는 것이다."라고 정의될 수 있다. 그러나 위에서 언급한 심리학적인 용서는 단지 임상적 기술로서 인간적인 노력만으로 생각하고 종교적 영향력을 고려하지 않음으로써 용서의 본질과 가치를 잃어버릴 수 있다. 따라서 여기에서 필자는 용서에 대한 신학적 의미에 대한 탐색하고자 한다.

2) 용서에 대한 신학적 의미

용서에 대한 신학적인 의미는 성경에 나타난 용서의 의미를 좀 더 확장하고 발전시키는 노력이라 할 수 있다. 용서에 대한 신학자들의 주요 특징은 성경과 예수님의 가르침에서 나타나듯이 대인관계적 용서와 신적인 용서가 상호 밀접하게 관련되어 있어 하나님의 용서라는 맥락을 떠나서는 다른 사람에 대한 용서, 즉 대인용서를 고려할 수 없다는 것이다(Patton, 1985). Prabhu(1986)에 의하면 타인을 용서하는 것은 개인의 성격 특성 또는 타고난 심리적 기질이 아니고 그것은 전적으로 용서하는 하나님에 대한 기독교적 경험에 뿌리를 두는 종교적 태도를 보이고 있다. Rubio(1986)도 하나님은 용서하는 데에 있어서 항상 주도적 역할을 하고 있기 때문에 인간의 모든 용서 경험은 용서의 궁극적인 근원으로서 하나님과의 관계에서만 이해되고 설명될 수 있다고 주장한다. Pingleton(1989)은 타인에게 용서를 베풀 수 있는 능력은 하나님께로부터 용서를 받는 능력과 불가피하게 연결되어 있음을 언급하고 있다. 신학적 의미의 또 다른 특징은 용서를 죄와 악의 맥락에서 이해하는 것이다(Patton, 1985). 죄는 희생자에게는 신체적, 정신적 악이고, 가해자에게는 도덕적 악이라는 것이다. 용서는 이러한 악으로부터 죄인(피해자와 가해자 모두)을 자유롭게 해주며 변화 및 재창조를 하게 한다는 것이다. 죄인에게서 급속한 치료가 발생하도록 하기 위해서는 사랑과 용서의 힘 외에 그밖에 다른 기제가 없다고 본다. 이 외에도 용서에 대하여 다양한 신학적 논의가 있어 왔다. 예컨대, 용서는 과거의 연장이 아닌 새로운 미래를 내다볼 수 있게 해주는 것으로 기술한다. 이는 과거가 새로운 미래에 의해 재구성되고 개인적 삶의 일부로 통합되는 것을 뜻한다. 결국 인간은 용서를 통해 미래에 대한 새로운 관점을 갖게 되면서 더욱 적극적인 희망을 발전시킬 수 있다.

그리고 Patton(1985)은 "용서는 무엇인가를 하는 것이 아니라 무엇인가를 발견하는 것이다. 내가 나에게 해를 끼친 사람과 다르다기보다는 그들과 내가 더 닮은 면이 많다는 점, 내가 용서할 위치에서 있지 않다는 점을 발견할 때 비로서 내가 용서할 수 있다."고 밝히고 있다. 용서에 대한 Patton의 견해에서 중요한 것은 용서란 개인이 발견하는 어떤 것으로 보고 있다는 점인데 이러한 견해는 전통 신학적 이해와 차이를 보이며 동시에 심리학적 이해와도 다르다고 할 수 있다. 전통 신학적 혹은 심리학적 관점은 행동과 태도에 초점을 둠으로써 용서를 신학적으로는 성취하는 일, 심리학적으로는 자기 손상의 고통을 줄이는 행동적 기법으로 보는 경향이 있다. Rowe 등(1989)은 용서 경험이란 대인관계적일 뿐만 아니라 영적 또는 초월적인 측면이 있다고 보고 있다. 그의 견해에 의하면 용서란 용서하는 사람과 용서받는 사람과의 관계를 초월하여 자신과 세계를 새로운 방식으로 바라보는 눈을 열어 주는 특성을 갖고 있기 때문에 용서는 단순히 대인관계적 특성 이상의 의미를 갖고 있다. 이런 점에서, 그는 선물과 은혜라는 관점에서 타인을 용서하는 대인용서 경험을 논한다. 용서가 심리학과 신학 사이의 가교 역할을 하는 것은 용서에 내재해 있는 이러한 은혜의 측면 때문이라 볼 수 있다.

신학적 의미를 종합하자면 용서란 하나님과 인간간의 관계로부터 이해되어야 한다는 것이다. 즉, 관계의 단절(죄)을 하나님의 은총(용서)으로 회복하고 자유롭게 하는 과정으로 용서를 이해하고 이러한 전제하에서 인간 간의 용서의 문제를 다루고자 하는 것이 신학적인 의미의 핵심이다. 지금까지 살펴본 신학적인 관점에서 용서의 의미를 정리하여 보면, 용서란 "인간의 죄에 대한 하나님의 무조건적 탕감 내지는 면제를 의미하며, 이 같은 하나님의 은총을 발견하고 모방하여 한 개인이 대인관계에서 표현하는 행위"라 할 수 있다. 이러한 신학적인 관점의 용서의 의미가 실제적으로 기독교인의 삶에 구체적으로 실현되기 위해서는 용서에 대해 체계적이며 경험적으로 정리한 심리학자들의 용서의 의미를 수용하여 연구할 필요성이 있다고 본다.

5. 용서의 과정

앞에서 분노를 근본적으로 치유하는 가장 효과적인 기제로 용서를 제안하였다. 그러나 용서하는 일은 쉬운 일이 아니다. 그리스도인들이 세상에서 제일하기 어려운 것 두 가지가 있다. 그것은 '죄를 안 짓는 것'과 '네게 상처 준 사람을 용서하는 일'이다. 그런데 죄를 안 짓는 것만큼이나 어려운 것은 용서하는 일이다. 우리 모두는 체험을 통해서 용서한다는 것이 얼마나 어려운 일인지 잘 알고 있다. 그래서 용서란 인간이 하기에 이토록 어려운 것이라는 것을 잘 아신 예수님께서 용서를 강조하시면서 친히 예수님 지상명령으로 말씀하시고 자신이 십자가를 통해서 우리에게 용서의 본(modeling)을 보여주셨다. 또한 사도 바울도 분노를 치유하는 대안으로 하나님의 용서를 제안하였다(엡 4:31-32). 그러나 이러한 용서는 "나는 당신을 용서합니다."라고 간단하게 말하는 것으로 충분하지 않다. Enright는 "용서는 과정이다."라고 하면서 "용서는 결코 쉬운 일이 아니며 짧은 시간에 이루어지는 결단의 과정도 아니다. 오히려 용서는 일생 동안 진행되는 과정이다."라고 한다(Enright, 2004). 그러므로 필자는 분노를 치유하는 기제로서 하나님의 용서를 상정하면서 용서의 과정을 [그림 5-1]과 같이 제시하고자 한다.

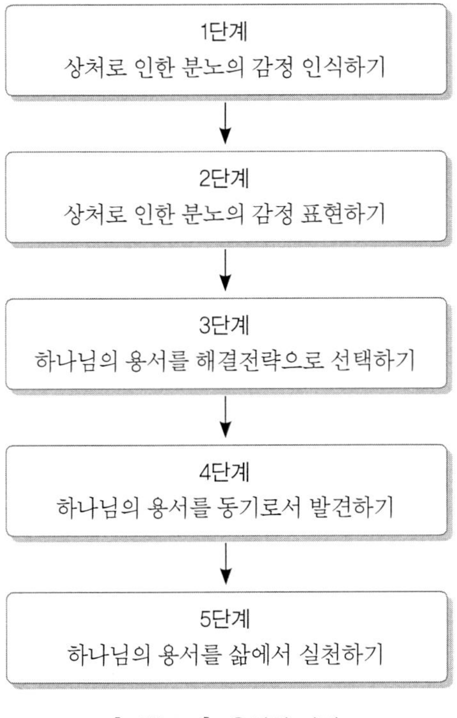

[그림 5-1] 용서의 과정

첫째, 용서의 과정 첫 번째 단계: '상처로 인한 분노의 감정 인식하기'

이 단계는 피해 대상에 대한 상처로 나타나는 치유되지 않은 분노와 원한의 불쾌한 감정을 부인하거나 억압하지 않고 있는 그대로 인식하고 통찰하면서 직면하는 것이다. 대인관계 속에서 상대방의 상처로 인해 경험하는 분노와 고통은 우리 삶의 일부분이며, 우리의 생명을 지켜주는 중요한 안전벨트와 같은 것이다. 가령 내가 다리를 다쳤다면 아픔을 느낌으로써 상처가 났다는 것을 알게 되고 좀 더 주의해야겠다는 생각을 하게 되고 의사에게로 달려가게 한다. 이처럼 가해자에게 상처를 입게 되면 화가 나는 것은 당연하며 사실 그렇게 하는 것은 어떤 면에서 건강한 성격을 가졌다는 것을 의미한다. 그러므로 가해자의 상처로 인한 마음의 아픔과 고통을 무시하거나 억압하면 안 된다.

자기 안에 억압되어 있는 감정을 바르게 파악하고 통찰할 수 있을 때, 그때부터 내면에 변화가 시작되고, 마음에 상처가 치유되기 시작한다. 그러므로 가해자의 상처로 인한 분노의 감정을 치유받는 길은 분노와 같은 부정적인 감정을 부인하거나 억압하지 않고 직면(confrontation)하여 인식하는 것이 용서의 첫 번째 과정이다. 영성신학자인 언더 힐과 주디는 이것을 '자기의 자각(awakening of self)' '영혼의 자각(awakening of soul)'이라고 했다. 기독교상담학자인 폴 투르니에는 "우리 자신의 심리구조에 대한 스스로의 통찰과 인식이 우리를 많은 문제로부터 자유롭게 한다."고 믿는다(Collins, 2001). 따라서 우리는 하루를 살면서 하나님 앞에 나와서 자신의 마음을 투명하게 인식하고, 내 마음 안에 있는 상처로 인한 부정적인 어떠한 감정이 있는지 자신의 감정에 민감해질 때, 그리고 내 안에 있는 부정적인 감정에 대한 민감성을 강화할 때, 분노와 같은 부정적인 감정이 치유되어 참된 마음의 평화가 마음속에 임하기 시작하게 된다.

둘째, 용서의 과정 두 번째 단계: '상처로 인한 분노의 감정 표현하기'

이 단계는 분노와 같은 자신의 감정을 인식하고 통찰했을 때, 그의 감정을 원초적인 언어(primary speech)를 통하여 표출하는 과정이다. 우리는 그동안 감정을 함부로 표현하는 것은 경박하고, 점잖지 못하다는 교육을 받아 왔다. 그래서 가져서는 안 될 감정이 생기면 이러한 감정은 나쁜 감정으로 생각하고 즉시 부인하거나 억압해 버리고 만다. 이러한 제약 때문에 우리의 감정은 자신도 모르게 무뎌간다. 오랫동안 근육을 사용하지 않으면 퇴화하듯이 감정도 표현하지 않으면 퇴화하게 된다. 그러므로 인간은 누구든지 상처받은 부정적인 감정의 사슬에서 풀려나야 한다. 상처로 인하여 내 안에 부정적인 감정이 일어날 때, 때로는 분노의 괴로움을 친구와 함께 나누는 것은 도움이 된다. 그러나 그 감정을 안전하게 표현할 수 있어야 하는데, 그 유일한 방법이 무엇인가?

먼저, 우리의 마음 중심을 아신 하나님이라는 자기대상(selfobject) 앞에 기도를 통하여 고백하고 토설하는 것이다. 내게 상처 준 사람에게 가지고 가기 전에 그 대상에게 상처받은 감정을 가지고 가서 있는 그대로 솔직하게 언어를 통하여 고백하고 토설하는 것이 중요하다.

폴 투르니에는 그의 책 『기독교 심리학』에서 “고백은 강력한 치유의 능력이 있다.”고 언급하면서 “고백은 수많은 문제의 늪에서 사람을 건져 내어 자유롭게 해주고 악의 순환 고리를 끊어 버리는 데 큰 역할을 한다.”고 했다. 또한 “고백은 격리된 어두움에서 우리를 이끌어 내어 빛으로 데려간다.”고 한다(Collins, 2001). 그러나 오랫동안 품고 있는 치유되지 않는 분노는 매우 위험하다. 그래서 성경심리학자는 이렇게 말한다. ‘당신이 상처를 묻어두면 그것은 곧 미움을 묻어두는 것이요, 당신이 상처와 미움을 묻어두면 그것은 곧 치유의 가능성까지 묻어두는 것이다.’

사도 바울은 에베소서 4장 26절을 통하여 “분노하되 죄를 짓지 말며 해가 지도록 품지 말라.”고 하였다. 다윗도 시편 32편 3절에서 “내가 토설치 아니할 때에 종일 심음하므로 내 뼈가 쇠하였도다 주의 손이 주야로 나를 누르오니 내 진액이 화하여 여름 가뭄에 마름같이 되었도다.”라고 말씀하였다. 여기서 다윗은 하나님 앞에 원수에 대한 분노와 보복감정을 고백하거나 토설할 것을 강조하고 있다. 탄식시에 해당하는 시편 10편 7절에 보면 그는 "원수의 팔을 꺾어 악을 제거해 달라."고까지 온갖 분노를 하나님께 토설하면서 고백하고 있다.

이처럼 분노가 해소될 때 진정한 용서가 발생한다고 본다면 무엇보다도 우리의 모든 분노와 같은 부정적인 감정을 하나님 앞에 고백해야 한다. 따라서 이러한 언어석 활동은 분노가 부적설하게 표현되거나 다른 사람들을 위험하게 하거나 관계에 손상을 가져오기 전에 분노를 줄이고 사라지게 하는 새로운 관점으로 이끌어 준다. 이는 시편 73편에 분명하게 나타나 있다. 이 시편 저자는 믿음 깊은 사람들이 고통받는 동안 악한 사람들이 매우 형통하고 성공하는 것처럼 보이기 때문에 분노하고 비통해했다. 이 시편 저자는 분노를 폭발하는 대신 하나님 앞에 나와 세상에 현저한 불공평함에 관한 새롭고 신선한 관점을 가지기 시작한다. 그 결과 그의 분노는 가라앉고 찬양으로 바뀌었다(시 73:1-28; Collins, 2001).

셋째, 용서의 과정 세 번째 단계: '하나님의 용서를 해결전략으로 선택하기'

상처에 대한 해결전략으로서 자신의 대처방법이 각종 방어기제와 복수 그리고 용서가 있다. 여기서 대처방법으로 방어기제를 사용하게 되면 일시적인 도움은 가능하지만 상처로 발생하는 분노를 근본적으로 치유하지 못하게 되고 오히려 상처를 악화시켜 정신적, 신체적, 영적 건강을 해치게 만든다. 따라서 방어기제는 근원적인 해결전략으로 적합하지 않다. 또한 복수는 상처에 대해서 용서보다 더 쉽고 자연스러운 반응일지도 모른다. 하지만 상처로 발생하는 분노를 해결하는 것보다는 상처의 악순환만을 가져올 가능성이 많다. 따라서 복수는 자신과 타인 모두에게 또 다른 상처를 주게 되므로 유익하지 않다. 그러면 깊고 부당한 상처를 해결하기 위한 전략으로 가장 근원적인 방법은 용서로 전환하는 것이다.

넷째, 용서의 과정 네 번째 단계: '하나님의 용서를 동기로서 발견하기'

이 단계는 가해자를 진정으로 용서하기 위해서 먼저 선행되어야 하는 것으로 하나님의 용서를 받은 체험을 발견하는 단계이다. 사소한 상처를 준 사람을 용서하려 해도 '나'라는 자아를 철저히 죽이기 전에는 힘든 일인데, 내게 끊임없이 부당하고 깊은 상처를 주는 사람, 나에게 원수가 된 사람을 용서한다는 것은 결코 쉬운 일이 아니다. 따라서 먼저 나 자신이 하나님께로부터 이미 용서받은 체험을 발견할 때 가해자를 진정으로 용서하는 것이 쉬워진다. Smedes는 다른 사람에게서 용서받은 체험은 자신이 다른 사람을 용서하는데 있어서 결정적인 동기가 된다고 주장한다. 존 패튼(John Patton)이 주장하는 것처럼 하나님의 은혜 경험과 하나님의 용서를 발견하는 것은 용서의 좋은 동기가 된다고 하였다.

대부분 용서에 대한 성경적인 가르침은 하나님으로부터 오는 용서와 관련이 있다. 하나님이 우리를 용서함과 같이 우리가 또한 이웃을 서로 용서하라고 말씀하고 계시다. 예수님은 마태복음 18장 21-35절에서 '용서하지 않은 빚진 동관의 비유'를 통하여 기독교인들은 일만 달란트의 죗값을 탕감 받은 사람들임을 언급하고 있다. 뿐만 아니라 "너희가 예전에는 약속 밖에 있었고, 할례 밖에 있었고, 하나님 밖에 있었지만 이제 내가 값을 다 치렀다."라고 말씀하셨다. 즉, 이 말씀에서 기독교인들은 이미 하나님의 무조건적인 용서를 체험한 사람들임을 밝히고 있다. 그러므로 우리가 이웃에게 받은 부당하고 깊은 상처, 용서할 수 없는 분노 등과 같은 것은 백 데나리온에 불과하다는 것이다. 다시 말하면, 이웃의 어떠한 잘못도 우리가 하나님으로부터 용서받은 잘못에 비하면 보잘것없는 것이다. 이러한 관점에서 이 비유에 나타난 '용서하지 않은 빚진 동관'은 자신이 받은 은혜와 용서에 대한 깨달음이 없었기 때문에 용서에 대한 동기를 가질 수 없었다고 말할 수 있다.

이처럼 오늘날의 기독교인들이 아직도 이웃으로 말미암아 내 안에 상처로 인한 미움과 분노와 증오의 감정이 남아 있어 다른 사람을 용서하지 못한다는 것은 하나님의 용서를 받은 체험을 발견하지 못했기 때문에 나타나는 결과들이라고 볼 수 있다. 용서받은 체험을 발견하지 못하는 사람은 하나님의 용서를 실천할 수가 없다. 따라서 이 비유를 통한 예수님의 가르침은 가해자를 진정으로 용서하기 위해서는 하나님의 용서를 받은 체험을 발견하는 것이 가해자를 용서하는 데 결정적인 동기가 된다는 것이다.

엔나이트와 그의 동료들은 용서의 동기가 되는 것은 통찰이라고 표현한다. 통찰을 통해 자신의 가해자에 대한 새로운 시각이 생기며 긍정적인 변화를 가져온다고 설명한다. 이에 대해 존 패튼과 데이비드 어스버거(David Augusburger)는 이러한 통찰과 새로운 시각의 변화를 가능하게 하는 것은 하나님의 사랑과 자신이 받은 은혜를 깨닫게 될 때 용서의 동기가 된다고 말한다. 따라서 기독교 공동체는 교리적으로 즉각적인 용서의 행위를 강조하기보다는 하나님의 용서를 도울 수 있는 체험을 하는 동기를 갖도록 도와주어야 한다. 그리고 하나님이 용서해 주시며 용서의 삶을 요구하시고 계시다.

다섯째, 용서의 과정 다섯 번째 단계: '하나님의 용서를 삶에서 실천하기'

이 단계는 용서의 과정에서 가장 핵심적인 단계로서 내게 깊고 부당한 상처를 준 사람에 대해 용서를 실천하는 것이다. 여기서 용서를 실천한다는 것은 가해자에 대한 피해자의 인지적, 정서적, 행동적 그리고 영적 변화를 의미하는 데 네 가지를 기술하면 다음과 같다.

첫째, 가해자에 대한 피해자의 인지적 변화란? 가해자의 부당함을 인정하면서도 피해자의 입장에서 가졌던 부정적인 태도가 가해자를 새로운 관점에서 봄으로써 긍정적인 태도로 변화되는 것을 말한다. 이 전략의 핵심은 적절한 사회적 조망 능력을 사용하여 자신에게 상처를 입힌 사람과 상처를 가져온 사건을 맥락 속에서 다시 바라보는 것이다. 이를 통해 상대방의 행동이 여전히 부당하다고 생각하면서도 그 일과 상대방에 대해서 더 깊고 새로운 이해를 하게 되는 것이다. 여기서 가해자에 대해 새로운 관점으로 봄으로써 긍정적인 태도의 변화를 촉진시키는 방법으로는 '가해자의 입장이 되어 새로운 눈으로 보기' '가해자의 입장이 되어서 나에게 보내는 편지 쓰기'를 사용하는 것도 효과적이다.

둘째, 가해자에 대한 피해자의 정서적 변화란? 피해자에게서 가해자에 대한 분노, 복수심, 원한 같은 부정적인 감정들이 극복되어 가해자의 감정에 대해 공감(empathy)하고 긍휼히 여기는 마음(compassion)을 느끼는 긍정적인 감정으로 변화되는 것을 말한다. 여기서 가해자에 대한 공감을 넘어 긍휼히 여기는 마음으로 촉진시키는 방법으로는 '가해자의 입장에서 편지 쓰기' '빈 의자 기법'을 사용하는 것도 효과적이다.

셋째, 가해자에 대한 피해자의 행동적 변화란? 피해자가 가해자에 대해 취했던 자기방어기제나 복수와 같은 부정적인 행동을 극복하고 용서하기를 선택하고, 결단하고, 가해자에 대한 화해를 모색하는 것을 말한다.

넷째, 가해자에 대한 피해자의 영적 변화란? 가해자에 대한 인지적, 정서적, 행동적 변화를 통한 하나님과의 친밀한 관계를 형성하여 영적인 평화를 실현하는 것을 말한다. 이러한 용서의 실천은 결국, 피해자의 분노를 치유하여 가해자와 화해를 이끌어 내는 결정적인 결과를 가져오게 된다. 하지만, 이러한 용서를 실천하는 단계에서 피해자가 가해자에 대한 분노의 감정을 적극적으로 치유하기 위해서는 조건적인 용서가 아닌 하나님의 무조건적인 용서만이 가능하다. 여기서 용서란 조건 없는 무조건적인 용서를 말하고 있다.

베드로가 마태복음 18장 21-35절인 '용서할 줄 모르는 종의 비유'에서 예수님께 "형제가 내게 죄를 범하면 몇 번이나 용서하여 주리이까 일곱 번 하오리까(21)?"라며 질문하였을 때, 예수님은 "일곱 번뿐만 아니라 일흔 번씩 일곱 번이라도 할찌니라(22)."라고 말씀하셨다. 베드로가 언급한 일곱이라는 제한적인 용서는 일흔 번씩 일곱 번이라는 무제한의 용서를 말씀하신 예수님에 의해 단번에 부정되었다.

용서의 한계에 대하여 유대인들이 가지고 있었던 가장 일반적인 기준은 세

번까지 용서해 주는 것이었다. 베드로가 일곱 번 용서하면 되겠느냐고 묻는 것은 유대인의 기준을 많이 넘어서는 것이다. 그러나 이에 대한 예수님의 답변은 유대인의 전통적 행습이나 랍비들의 가르침, 심지어 베드로의 제안까지도 거부하시고 초월적인 권위로 용서에 대한 그리스도인의 자세에 대한 새 지평을 여셨다(강병도, 1990). 진정 예수님의 이 새로운 용서의 방법은 인간의 추악한 본성이 지닌 무제한적인 복수심을 무제한적인 사랑과 용서로 대처시켜 놓으셨다.

분노를 통한 용서 치료를 영화 〈미션(The mission)〉을 중심으로 용서의 한계에 대해 살펴보고자 한다.

영화는 남아메리카의 로드리고 멘도자(Rodrigo Mendoza)라는 노예 상인에 대한 이야기이다. 그는 인디언들을 잡아 노예로 파는 일을 했다. 어느 날, 로드리고는 애인에 대한 문제로 형제와 싸움을 하게 되었고, 칼로 그의 동생을 죽여서 감옥에 들어가게 된다. 인디아 선교를 지휘했던 가브리엘 신부가 로드리고를 방문했다. 로드리고는 그 감옥 안에 낙담한 채 앉아서 죄로 뒤덮여 있었으며, 먹는 것을 거부하고, 그를 방문한 신부님마저 경멸했다. 그는 "어떠한 것도 나를 죄로부터 구할 수 없어."라고 주장했지만 결국 그는 구원을 알리려는 희망과 함께 신부님의 인도를 따르기로 승낙하였다.

이 영화의 가장 감동적인 부분은, 가브리엘 신부와 다른 사람들이 인디언 마을로 가기 위해 가파른 산을 올라가는 것이다. 뒤처진 로드리고는 스페인의 무거운 무기 가방을 끌어올리기 위해 열심히 끌어당겼다. 그 지면은 거칠었고, 큰 바위들과 강, 그 밖의 여러 장애물들이 있었다. 산의 정상 근처에서 인디언 한 그룹이 지켜보고 있었다. 그 아이들이 로드리고를 보고, 어떤 아이들은 부족의 어른들에게 알리기 위해 달리고, 창들을 모으고, 그 사람이 산 정상을 향해 애쓰는 것을 감시하고 있었다. 로드리고가 도착했을 때, 그는 기진맥진해서 땅에 주저앉았고, 그 모든 노력들에도 불구하고 자신의 죄로부터 구하고, 그 죄로부터 자유로워질 수 없다는 것을 분명히 깨달았다. 추장이 고

개를 끄덕였을 때, 한 전사가 로드리고에게로 뛰어와 칼을 그의 목에 겨누었다. 한때 노예상인이었던 로드리고는 이전에 노예로 사로잡으려 했던 몇몇 인디언들에게 죽임을 당할 줄로만 알았다.

하지만 그 추장은 다시 신호를 보냈고, 그 전사는 로드리고의 목을 자르는 대신 그 밧줄을 칼로 잘랐고, 두려움에 떨던 로드리고는 그의 짐들로부터 자유로워졌고, 로드리고는 그 짐들을 절벽으로 걷어찼다. 그 무거운 짐은 물로 떨어졌고, 큰 파동을 일으키며 물속에 가라앉았다. 로드리고는 가브리엘 신부에게 뛰어가 꼭 껴안고 흐느끼기 시작했다. 그 추장이 앞으로 나왔고, 인디언들은 그의 주변에 모였다. 그 순간 로드리고는 그 자신의 노력들에 의해 용서를 얻을 수 있는 것이 아니며, 죗값을 갚기 위해 그가 매우 힘든 일들을 했다는 것도 용서를 얻는 것과는 아무 상관없음을 깨달았다. 죄의 괴로움으로부터 벗어나는 용서와 자유는 조건 없는 하나님의 선물이다. 로드리고의 삶 속에서 인디언들의 용서 또한 그에게 해방감을 더해 주었다.

영화가 제기하는 용서 문제는 다음과 같다.

인간적인 용서는 한계가 있다는 것이다. 노예 상인이었던 로드리고는 자신의 노력들에 의해 용서를 얻을 수 없다는 것을 깨닫게 되었다. 다만 용서는 조건 없이 주는 하나의 하나님의 선물이다. 즉, 조건 없는 하나님의 용서만이 인간의 죄의 문제와 그 죄와 관련된 인간의 모든 정서적인 문제로부터 자유로워질 수 있다는 것이다.

앞에서 언급한 하나님의 용서를 정리하자면, 가해자가 자신의 잘못을 인식하든 안하든 또한 회개와 상관없이 피해자 자신이 입은 피해에 대하여 무조건적인 용서만이 그동안 피해자 자신의 마음에 분노를 치유받고, 더 나아가 가해자와 단절되었던 관계를 회복할 수 있는 통로임을 강조하고 있다. 용서가 화해는 아니지만 통로 역할을 한다는 것이다. 이 말씀은 화해는 반드시 무조건적인 용서를 통해서 만이 가능하다는 것이다.

6. 하나님의 용서를 실천한 사람들

하나님의 용서를 자신의 삶에서 실천한 사람이 있다.

1) 이러한 하나님의 용서를 자신의 삶을 통해 있는 그대로 실천한 사람이 코리텐 붐(Corrie Tem Boom)이다. 그녀는 그의 책『피난처』에서 유태인 학살사건을 통해서 가족을 모두 잃고도 자신에게 상처를 준 사람을 용서한 일에 대해서 다음과 같이 쓰고 있다.

내가 전직 S.S. 요원이었던 그 남자를 처음 본 것은 뮌헨의 한 교회에서 예배를 드리고 있을 때였다. 그는 예배가 끝난 후 웃는 얼굴로 인사를 하며 나에게 다가왔다. 그는 손을 내밀어 나에게 악수를 청하였다. 그러나 언제나 사람들에게 용서의 필요성에 대해서 설교해 왔던 나는 손을 내밀지 않았다. 오히려 분노와 복수심이 끓어오르면서 나는 그들의 죄를 보았다. 나는 웃으려고 노력하였다. 나는 손을 내밀려고 안간힘을 다하였다. 그러나 그렇게 할 수가 없었다. 나는 아무것도 느낄 수가 없었다. 조금의 따뜻함이나 자비심도 느껴지지 않았다.

나는 조용히 기도하였다. "예수님, 저는 이 남자를 용서할 수 없습니다. 당신의 용서를 저에게 주시옵소서." 그 순간 주님의 음성이 들리는 듯했다. "서로 인자하게 하며 불쌍히 여기며 서로 용서하기를 하나님이 그리스도 안에서 너희를 용서하심과 같이 하라(엡 4:32)." 내가 그의 손을 잡았을 때 참으로 믿을 수 없는 일이 일어났다. 나의 어깨로부터 팔과 손을 통하여 어떤 물결이 그에게 흘러들어 가는 듯했다. 그리고 동시에 나의 가슴으로부터 이 낯선 사람에 대한 사랑이 흘러넘쳐서 나를 완전히 압도하고 말았다. 그리고 나는 이 세상이 치유되는 길은 우리의 용서도, 우리의 선함도 아니라 오직 그분에게 달려 있다는 사실을 발견하였다. 그러면서 그녀의 책의 결론은 "용서 후에 오는 대가는 영원한 즐거움이다."

이러한 조건 없는 하나님의 용서를 성서에서 실천한 대표적인 사람들이 있다.

2) 구약을 대표하는 사람이 요셉(Joseph)이다. 그는 형들의 질투와 미움을 받아 어린 나이에 애굽에 팔려갔다(창 37:12-36). 그 후 요셉은 상상할 수 없는 고난과 역경을 겪게 된다. 참으로 마음에 깊은 상처를 받았다. 그러나 하나님의 용서의 성품을 가졌던 요셉은 어디를 가나 하나님을 경외하였고 고통과 역경 속에서도 결국 애굽의 총리 대신까지 되었다. 성경의 예언대로 온 지면에 심한 기근이 칠년 간 계속되었을 때, 요셉을 판 형들이 양식을 구하러 애굽으로 오게 된다. 그리하여 자기들이 팔아 버렸던 동생을 만나게 된다. 형들은 과거의 잘못으로 인해 이제 죽게 되었다고 생각했으나 놀라운 일이 벌어진다. 분노와 복수심에 가득 차 있을 줄 알았던 요셉에게 하나님의 마음, 용서의 성품이 있었던 것이다. 요셉은 형들에 대한 분노와 복수를 극복하고 두려워하는 형들에게 말했다. "당신들이 나를 이곳에 팔았으므로 근심하지 마소서 한탄하지 마소서 하나님이 생명을 구원하시려고 나를 당신들 앞서 보내셨나이다(창 45:5)." 더 나아가 원수를 용서할 뿐만 아니라 그 원수의 자식까지도 책임지고 돕겠다고 하는 것이다(창 50:19-20).

3) 신약에서 이러한 하나님의 용서를 몸으로 체험한 사람이 있는데 스데반(Stephen)이다. 그는 복음을 전했다는 이유로 사람들의 미움을 받아 돌에 맞아 죽는다. 그런데 죽을 때 그의 얼굴은 천사와 같았다고 했다. 우리는 누가 자신을 조금만 욕해도 화가 나고 얼굴이 붉어지기 마련인

데 스데반은 자기를 돌로 치는 사람을 보고 "주여 이 죄를 저들에게 돌리지 마옵소서!"라며 용서의 기도를 하였다.

4) 하나님의 용서를 온전하게 실천한 분은 예수님이시다. 예수님은 십자가에 피 흘려 돌아가시면서 자기에게 침을 뱉고 조롱하고 창으로 찌르는 사람들을 향해 말씀하셨다. "아버지여 저들의 죄를 용서하여 주옵소서 서들은 저들이 하는 것을 일지 못함이니다." 여기서 요셉과 스데반과 예수님의 용서의 행위가 하나님으로부터 왔음을 보여주고 있으며, 성경에서 말하는 하나님의 용서를 증언하고 있다. 또한 분노를 치유하는 비결이 하나님의 용서임을 보여주고 있다. 예수님의 삶은 우리의 죄를 용서하기 위하여 이 땅에 오셨고, 마지막으로 용서를 십자가에서 실천함으로써 생애를 마쳤다.

결론적으로, 코리텐 붐 여사나 성경에서 보여주신 요셉과 스데반, 예수님의 용서의 행위가 분노를 치유하는 비결임을 보여주고 있다.

7. 나오는 말

기독교인의 삶에서 대표적인 표상은 대인관계 속에서 하나님의 용서를 실천하는 것이다. 진정한 기독교인의 삶은 마음으로 하나님의 진정한 용서를 할 수 있는 사람이요, 용서를 받아들일 수 있는 넓은 마음을 가진 사람이다. 우리 모두는 우리의 삶에서 한 번 이상으로 무조건적인 용서를 체험한 사람들이다. 따라서 나도 나에게 상처를 준 사람에게 무조건적인 진정한 용서를 실천해야 한다. 우리가 마음의 평화를 원하고, 나아가 화해를 성취하기를 원한다면 하나님의 용서를 실천해야 한다.

참고문헌

강병도 (1990). 호크마 종합 주석: 마태복음. 서울: 기독지혜사.

김용태 (2001). 분노조절에 대한 기독교의 관점. 한국기독교상담학회지, 3, 1-26.

손운산 (2005). 용서, 우리 민족 그리고 한국교회. 목회와상담, 7, 11-58.

오영희 (1990). 용서의 발달: 친구사이의 용서를 중심으로. 교육심리연구, 4(2), 247-273.

오오현 (2002). 기독교인 용서상담프로그램 개발 및 적용. 한국기독교상담학회지, 4, 117-150.

최화숙 (2004). 아름다운 죽음을 위한 안내서. 서울: 주간조선사.

Augsburger, D. (2000). *The freedom of forgiveness*. Chicago: Moddy Publisher.

Collins, G. R. (2001). 폴 투르니에의 기독교 심리학 (정동섭 역). 서울: IVP.

Collins, G. R. (2007). 뉴 크리스천 카운슬링 (한국기독교상담심리학회 역). 서울: 두란노. 187-190.

DeAngelis, T. (2003). When Anger's a Plus. *Monitor on Psychology, 34*, 44-45.

Enright, R. D. (1992). Interpersonal forgiveness within the helping professions: An attempt to resolve differences of opinion. *Counseling and Values, 36*(2), 84-103.

Enright, R. D. (1995). *The psychology of interpersonal forgiveness.* Paper presented at the national conference on forgiveness. Madison, WI, March.

Enright, R. D. (2004). 용서는 선택이다 (채규만 역). 서울 : 학지사.

Govier, T. (2002). *Forgiveness and Revenge*, London and New York: Routledge.

Kinzer, M. (1988). 죄책감으로부터의 자유 (정옥배 역). 서울: 두란노.

North, J. (1987). Wrongdoing and forgiveness. *Philosophy, 62*, 499-508.

Prabhu, G. (1986). As we forgive: Interhuman forgiveness in the teaching of Jesus. *Conciliu, 184*(4), 57-65.

Pingleton, J. P. (1989). The role and function of forgiveness in the psychotherapeutic process. *Journal of Psychology and Theology, 17*, 27-35.

Patton, J. (1985). *Is human forgiveness possible? A pastoral care perspective.* Nashville: Abingdon Press.

Rowe, J. O., Halling, S., Davies, E., Leifer, M., Powers, D., & Van Bronkhorst, J. (1989). The psychology of forgiving another: A dialogical research approach. In R. S. Valle & S. Halling (Eds.). *Existential-phenomenologi al perspectives in psychology: Exploring the breadth of human experience.* New York: Plenum Press.

Rubio, M. (1986). The christian virtue of forgiveness. *Concilium, 184(8)*, 1-9.

Trainer, M. (1981). *Forgiveness: Intrinsic, role-expected, expedient, in the context of divorce.* Boston University.

White, W. R. (1993). **진짜 이야기를 찾아서** (성찬성 역). 서울: 성바오로출판사.

귀신들림과 축사

하재성
(고려신학대학원 교수)

1. 들어가는 말

2016년도에 제작된 〈23 아이덴티티(원제, Split)〉는 해리성정체감장애(dissociative identity disorder), 즉 한 사람 안에 둘 혹은 그 이상의 정체감이나 인격이 존재하는 정신병적 장애를 주제로 한 영화이다. 이 영화에서 주인공 Kevin에게는 23개의 인격이 공존하고 있었다. 극 중에서 세 명의 여학생들을 납치한 Dennis는 23개 인격 가운데 하나로서, 폭력성과 강박장애를 가지고 있었다.

그 외에도 이 영화에서는 여자 옷을 입고 여성의 정체성을 가진 Patricia, 아홉 살 남자아이인 Hedwig, Fletcher 박사에게 상담을 받는 내담자로 등장하는 Barry 등의 인격이 원래 인격의 주체인 Kevin 한 사람을 통해 등장한다. 그 후 24번째 인격이 등장하는데, 그 이름은 Beast, 곧 야수이다. Beast가

Kevin의 신체를 장악하면서 급격한 신체적 변화를 일으키고, 초인적인 속도로 달리며, 사람을 해치는 잔혹한 행동을 한다.

이 영화의 실제적인 배경은 1977년, 두 차례의 강간과 무장강도 혐의로 체포되었던 Billy Milligan이라는 사람이었다. 그에게는 24개의 인격들이 있었고, 각각의 인격은 분명한 이름과 나이가 있었으며, 서로의 출신도 각기 달랐다. 예를 들어, 22세의 Arthur는 합리적인 성격을 가진 인격, 18세의 Allen은 사기꾼이며, 16세의 Tammy는 탈출기술을 가진 예술가, 23세의 Ragen Vadascovinich 는 혐오를 간직한 유고슬라비아인이다. 결국 Milligan이 병원치료를 조건으로 무죄 석방되었던 것은 그 사람 안에 24개의 인격체가 있음을 법원이 인정하였기 때문이었다.

이 영화가 여러 나라에서 흥행에 성공을 거둠으로써 해리성정체감장애의 증상이 많은 사람들에게 알려지는 효과도 있었다. 하지만 일부 비평가들은 정신적으로 취약한 소수의 사람들을 무시무시한 괴력을 가진 괴물로 착각하게 할 위험에 대해 경고했다. 해리성정체감장애 혹은 다중인격장애(Multiple Personality Disorder-DSM-III)를 가졌다고 해서 반드시 괴력을 가진 인격체로 변하는 것은 아니기 때문이다.

흥미로운 것은 전통적인 기독교의 관점에서 귀신들림이라고도 말할 수 있는 유사 증상들에 대해 현대에 와서는 심리의학적인 진단명을 붙임으로써 종교적인 색채가 거의 사라졌다는 사실이다. 성경과 기독교 역사에 주로 등장하는 귀신들림과 귀신을 쫓아내는 의식으로서의 축사는 심리학 혹은 심리분석학이 등장하면서 '과학적' 연구의 영역으로부터 광범위하게 축출되었다. 현대 심리학에서 정신병(psychosis) 혹은 정신분열증을 비롯한 진단명들의 등장과 함께 귀신들림은 환각의 일종으로 치부되고 있으며, 축사는 '난센스를 쫓아내는 행위'(Nickell, 2001)로 여겨지고 있다. 지금도 일부 사람들에게 제한적으로 여러 인격들이 나타나는 증상들이 있지만, 의학적으로는 더 이상 귀신들림으로 여겨지지 않고, 약물과 수용치료를 통해 치료해야 할 정신증상으로만 여기는 것이다. 결국 귀신들림과 축사라는 종교적 영역은 인간의 개인적 트라우마와 내면적 주관성으로 귀착된 것이다. 이와 같은 심리학적 환원주의는 심리분석학의 창시자인 프로이트(S. Freud)나 융(C. G. Jung)에게서 이미 시작된 현대 심리학의 주류이다. 이후 그들의 주장을 따르지는 않는다 하더라도 그들의 경험론적 전제는 널리 공유되어, 보이지 않는 영적 존재들을 인간 무의식의 산물로 여기는 흐름이 현대 심리학과 정신의학을 차지하고 있는 것이 사실이다.

하지만 기독교의 역사에 있어서 귀신들림과 축사는 예수에 의해 하나님의 나라의 도래를 알리는 중요한 표지였다. 물론 예수 자신은 축사 자체에 절대적인 중요성을 실어준 것은 아니지만, 이후 교회들이 예수의 이름을 의지하여 사탄을 쫓아내고 악령에 매인 사람들을 건져준 것은 교회가 어떤 공동체인지 보여준다. 기독교 역사는 전통적으로 사탄과 귀신들은 죽은 자의 영혼이 아니라 하나님을 불순종하여 타락한 천사들로 받아들인다. 사탄은 한 사람의 몸을 차지하여 병들게 할 뿐만 아니라, 우울하고 파괴적인 생각과 감정을 통해 영혼을 상하게 하기도 한다. 사탄을 이길 수 있는 길은 사탄의 자기우상적 생각과 자기중심적 권력을 이기신 승리자 예수 그리스도를 통하는 것이다. 그의 이름으로 기도하며 말씀의 힘을 의지하여 사로잡힌 사람을 구하는 것이다. 기독교 및 목회상담자들은 현대 정신의학의 도움을 받아들일 뿐만 아니라, 이런 전통적 신앙의 자산과 자원을 통해 사로잡힌 자들과 갇힌 자들을 자유롭게 하고 치료하는 길이 있음을 알아야 한다.

2. 융이 말하는 영적 현상들

1) S.W.의 사례

앞서 말한 해리성정체감장애나 다중인격에 대한 가장 직접적인 연구를 선구적으로 수행한 사람은 심리학자 융(Jung)이다. 그는 1900년도에 쓴 자신의 의학박사 논문에서 S.W.라는 10대 여학생의 경험을 소개, 분석하고 있다. 평범한 학생이었던 S.W.는 평소 마술의 힘으로 탁자돌리기에 깊은 관심을 가지고 있었다. 1899년 여름, S.W.는 자신이 그토록 바라던 대로 탁자돌리기에 성공했으나, 그와 동시에 수많은 인격들이 득실거리는 영매가 되었던 것이다.

융이 관찰한 바에 따르면 S.W. 안에는 상반된 인격들이 자리하고 있었고, "그 인격들은 서로 주도권을 얻기 위해 지속적으로 애쓰고 있었다(Jung, 1977)." S.W.는 그녀의 할아버지를 비롯한 이미 죽은 지인들이나 친척들과 소통하면서 그들 개개인의 인격이나 말, 특성 등을 정확히 재생하였다. 그리고 S.W.안에 있는 인격들은 서로가 S.W.의 목소리를 차지하려고 안간힘을 쓰며 경쟁하였던 것이다.

무엇보다 놀라운 것은 S.W.의 급격한 지적 확장이었다. S.W.는 평소에 학생들 가운데 그렇게 지적으로 뛰어나지 않았지만, 탁자돌리기를 시작하면서부터 급격하게 지식이 확장되었다. 그 시점으로부터 완벽한 문학체의 독일어를 구사하기 시작했고, 일상에서 알기 어려운 많은 지식들을 갑작스레 습득하게 되었다. 말투가 달라졌고, 환상과 생각이 급격히 풍성해졌다. 다만 30일이 지난 후에는 더 이상 큰 확장이나 변화는 일어나지 않았고, 이전에 습득한 지식이 재생되거나 사소한 첨가가 이루어졌다.

S.W.에게 나타난 대표적인 인격체의 이름은 Ivenes였다. Ivenes는 S.W.의 의식에 스며들어 두 번째 인격이 되었다. Ivenes는 S.W.의 모든 지식의 통로였고, 그녀의 "반몽유병적 상태를 직접 통제하는 존재"로서 "모든 분명한 지적 결과물들을 전달하는 통로(Jung, 1977)" 역할을 하였다. 그 후 S.W.는 성격도 변하여 조용하던 아이가 말수가 많아졌고, 눈에 띄게 산만하며, 변덕스럽고 불안정한 모습을 많이 보여 주었다. 융은 Ivenes를 S.W.의 몽유병적 인격이라고 지칭하였다. 그렇지만 S.W.와 Ivenes의 일상과 다른 다양하게 지적인 대화들을 듣고 많이 놀라기도 하였다.

융은 이런 다양한 인격들의 등장에 대해 '귀신들림'이라고 말하지 않는다. 그는 이미 성경의 진리에 대한 많은 회의를 품고 있었던 루터교 목사였던 아버지의 모습을 잘 알고 있었다. S.W. 안에 있는 인격체들이 귀신들이 아니라, 그것은 히스테릭한 성격을 가진 사람들에게 자발적으로 발생하는 꿈의 상태라고 말한다. 왜냐하면, 건강한 사람이라면 그런 것들에 사로잡힐 일이 거의 없기 때문이다. 융은 두 번째 인격이 어떻게 조성되고, 의식 속으로 들어오고, 또 통합되는지 살펴보면서, 어떻게 "한 개인의 자아 속에 낯선 인격체가 침투[하여]…… 개인의 지적 능력까지 지배하게 되는 것(하재성, 2015)"을 살펴볼 수 있었다.

S.W.는 자신에게 현현되고 있는 조상들의 '영'을 마치 현실에서 살아있는 인간을 대하듯 대우하였다. 실제로 S.W.는 그런 존재들을 '영들'이라고 불렀다. 그러면서 자기 자신을 대할 때는 때로 3인칭으로 지칭하는 모습도 보였다. 심지어 융이 아는 친척을 소개하여 대화를 하게 하기도 했다.

S.W.에게 있어서 그 영들은 눈앞에 보이는 실체였다. 그 영들이 스스로 지칭하는 자기 존재들(조상이라 주장하는 것)이 정말 그런 존재인지는 모르지만, 자신에게 찾아온 영들이 존재하는 것은 너무나 분명한 것이었다. 그들은 살아 있었고, 그들은 자신과 대화할 수 있는 존재들이었다.

S.W.에 따르면 그 영들 가운데는 나쁜 영들도 있고, S.W. 자신이 원하지 않음에도 불구하고 S.W.의 몸에 들어오려는 영들도 있다고 말한다. 그래서 S.W.는 "다른 때 오라고 그래. 저들은 마치 내가 자기들만 위해 여기 있는 줄로 착각하는 것 같아."라고 말하기도 했다(Jung, 1977). 융의 관찰에 따르면, S.W.가 더 이상 자기 몸에 부르고 싶지 않은 별도의 독립적 그룹의 영들이 존재하고 있고, 그들 역시 S.W.를 통해 자신들의 목소리와 존재를 드러내고 싶은 욕망을 가지고 있었음을 알 수 있다.

2) 영들과 무의식

융은 애초부터 S.W.의 자기인식과 영들에 대한 지식을 의심하면서 신뢰하지 않았다. S.W.는 그들을 영이라고 불렀지만, 융은 그것을 질병이라고 생각했다. 다만 S.W.는 융과 더불어 심리학적으로 대화하는 데 실패했고, 융은 그 모든 현상들이 질병이란 사실을 설득시키지 못한 것을 후회하였다(Jung, 1977). 융에게 있어서 이 모든 것은 심리적인 현상일 뿐, 종교적이거나 영적인 실체에 관한 것이 아니었다.

물론 융은 S.W. 속에 있는 영적 차원에서 지속적인 변화가 있을 뿐만 아니라, 일정한 상하구조와 힘의 체계가 있다는 것을 알았다. 예를 들어, S.W.를 가장 가까이에서 '사랑'하고 '보호'해 주는 그녀의 할아버지는 그녀와 서로 사랑하면서, 그녀를 다른 '나쁜' 영들로부터 보호해 주는 역할을 했다. 그러나 여전히 융은 그것이 S.W.의 무의식적 인격이 분열한 현상일 뿐, 다른 어떤 영적 실체를 보여주는 것은 아니라고 생각했다.

융의 관점을 지탱하고 있는 것은 그가 가진 과학적, 이성적 사고방식이다. 그 자신은 논리적 연구방법을 통해서 외형상 비논리적인 영적 현상의 패턴을 연구하려 했던 것이다. "융이 근본적으로, 일관성 있게 추구한 목표와 방법은 과학적이었다. 특히 그가 '그런 믿음이 참인가?'라고 묻기보다 '왜 그런 경험들이 지속되는가?'라는 종교적 경험에 관한 과학적 질문에 초점을 맞출 때는 더욱 그렇다(Gay, 1984)."

융이 오컬트와 신비주의를 연구했던 이유는 인간의 무의식이 주로 영들과 죽은 자들의 세계에 대한 내용물들로 구성되어 있다고 믿었기 때문이다. 그는 무의식이 귀신이나 사탄이 아닌 맹목적인 권력의 종류이며, 그 힘이 제대로 억제되지 않으면 인간의 자아는 마치 S.W.의 자아와 같이 심각한 위험에 처하게 된다. 통제되지 않은 무의식이 인간의 목소리를 관장하는 성대에 가까이 자리를 잡게 되면, S.W.와 같이 부분적인 최면상태에서 확장된 지성으로 한 사람의 목소리를 지배하게 된다는 것이다.

S.W.에게는 매우 친근하게 존재하고 있었던 Ivenes 역시, 융의 표현대로라면 하나의 역사적 원형(prototype)인 것은 분명하지만, 그들은 살아있는 인격체가 아니다. 거기서 나오는 목소리나 음의 고저는 S.W.의 자아가 무의식적 물질들을 통제하지 못한 상태에서 스스로 만들어 낸 인격들이 발성기관을 장악했기 때문이다. 새로운 인격들이 등장한 것은 적극적인 상상력 덕분이며, 환상이 가시화된 것도 사고의 과정이 무의식에 침몰되었기 때문이다.

결국 융은 이런 영적 현상이 기독교에서 말하는 악령이 아니라 무의식의 분열에 의한 것일 뿐이라고 말한다. 이것은 전통적 기독교 관점에서의 귀신들림에 대한 주장을 전적으로 배척했음을 말해 주는 것이다. 비록 그 인격체들이 자율성을 갖고 있는 것은 맞지만, 그것은 영적이고 독립된 개체들로서의 귀신들이 아니라, "인간의 의식 안으로 곧장 창출되는 것으로서…… 병든 무의식이 만들어 낸" 산물들이다(하재성, 2015). 무의식의 파괴적인 힘과 공격을 S.W.의 자아가 제대로 방어하지 못함으로 말미암아 신경증이 발생하였고, 따라서 융의 관점에서 S.W.의 질병은 영적이거나 종교적인 문제가 아닌, 심리적인 문제였던 것이다.

3) 융의 존재론적 무의식 체험

융에 따르면, 영적 현상이란 보이지 않는 세계에 존재하는 사탄이 인간의 자아를 장악하는 것이 아니라, 무의식에 속한 물질들이 이에 취약한 환자들의 일상적인 의식을 공격하는 것이다. 그 무의식의 내용에 포함된 "원시적(archaic) 자료들은 결국 여전히 존재하고 있는 유치하고 원초적인 정신상태를 표현하고" 있는 것이다(Jung, 1960). 그런 원시적 내용을 확인할 수 있는 것은 정신분열증과 같은 병리적 현상에서 공통적으로 나타나는 그것은 융 스스로가 실험적으로 탐험할 수 있는 내용이라 믿었다.

아울러 융은 그런 원시적 자료들은 단순히 한 개인에게 속한 것이 아니라, 전우주적으로 범인류가 공통적으로 소유한 집단적 자산이라고 한다(Jung, 1959). 그가 말한 원시원형(archetype)은 경험의 선재적 형태를 지칭하며, 집단무의식이란 아니마, 아니무스, 그림자 등과 같은 다양한 원시원형들을 가리킨다(Satinover, 2002).

그에게 무의식 탐험은 "몸에 비해 분명히 더 복잡하고 접근이 불가능한" 것이었다(Jung, 1989). 그에게 무의식이란 "자신의 판타지 곧 환상의 실험이었으며, 그것은 신비로운 현상과도 크게 다르지 않았다(하재성, 2015)." 그는 반수면상태의 무의식 실험을 통해, 스스로 무의식의 계단을 타고 지하 공간으로 내려가는 경험을 하기도 한다. 내려갈 때마다 거기에서 죽음, 무덤, 시신과 관련된 '원시적 물질'들을 경험하며, 그것들을 목격하고 있을 때 자기 집안의 공기는 "유령과 같은 존재들로 가득 차 있다는 이상한 느낌을 받았다(Jung, 1989)." 그것은 융 자신만의 경험이 아니라, 가족과 식모들까지도 그 이상한 경험을 하게 되었던 것이다. 예를 들면, 첫째 딸은 하얀 옷을 입은 존재가 방을 가로질러 가는 것을 목격하였고, 따로 있었던 둘째 딸은 두 번이나 담요를 빼앗겼으며, 9살 난 아들은 불안한 꿈을 꾸었다. 미친 듯이 초인종이 울렸지만 누르는 사람은 없었으며, 정말 탁한 공기로 가득하여 집 전체가 군중과 영들로 가득 찬 느낌이었다(Jung, 1989).

융이 이와 같은 실험을 단행했던 목적은 무의식과 의식의 관계를 조명하기 위한 것이었다. 그리하여 "인격의 통일성을 가진 전인적 인간의 이미지를 제시"하려 했던 것이다. 그는 자신을 "경험주의적 과학자로 인식하여 현상학적 관찰을 통해 과학적인 가설을 도출하려고 하였으며(하재성, 2015), 무의식의 힘을 벗겨냄으로써 인간이 가진 원시로부터의 초문화적인 집단무의식(collective unconscious)을 이해하고자 했다. 융 자신도 그 무의식이 가진 힘이 강하다는 것을 이해하고, 니체와 같이 무의식의 횡포에 자아를 빼앗겨 광증에 빠지지 않기 위해 무의식을 실험을 위한 자신의 두 가지의 닻을 정한다.

하나는 자신의 직업이었고, 다른 하나는 자신의 가족들이었다.

엄격하게 말하자면 융은 이런 영적인 현상에 대해 심리학적 판단을 하고 있다기보다는 유사 종교적 실험을 하고 있다. 그리고 그의 결론은 과학적이라기보다는 "종교적이고 윤리적인 판단에 빠져들었던 것이다(Browning, 1987)." 그는 자신이 경험한 무의식의 세계가 "죽음과 파괴를 내포하는 여러 가지 상징들로 가득한 권력의 세계"라고 생각하였지만, 결국은 "자신만의 (존재론적이고) 주관적인 실험을 인간의 집단적인 무의식이라고 단정 짓는 오류를 범하였다(하재성 2015)."

융의 가장 큰 약점은 심리학적 진단과 서술이라는 자신의 목적에만 치중하다 보니, 정작 영적 현상들에서 소통되는 '내용'들에 대해서는 거의 관심을 두지 않았다는 것이다. 결과적으로 그의 관점은 새로운 관점에서의 유사 종교적 체계가 되고 말았으며, 기독교가 이야기하는 영적 세계는 과감하게 제거함으로써 자기 자신의 심리학적 '종교체계'를 확고하게 했던 것이다.

안타깝게도 융이 처음부터 관찰해 왔던 S.W.는 결핵에 걸려 10년쯤 후에 사망하게 되었다. 그리고 사망 당시 그녀는 2살 아이의 성숙 상태로 생을 마무리하게 되었다. 융에게 있어서 S.W.는 "무의식이 어떻게 (의식의 통제를 벗어나) 스스로의 (세계를) 건설할 수 있는지" 보여준 대표적인 사례였다(Jung, 1977). 다만, 융은 S.W.에게 '그것은 질병이다.'라고 가르쳐 주지 못한 것을 후회하고 있다. 하지만 그것보다 더 안타까운 것은 그 자신이 악령과 축사에 대한 기독교 세계관을 배척함으로써, 근본적으로 S.W.와 같은 사람들을 도와줄 수 있었던 기회를 상실했다는 것이다. 그는 목회자의 아들로서, 혹은 분석학자로서, S.W.에 대해 베풀었던 돌봄에 대해서는 아무런 기록도 남아 있지 않다.

3. 프로이트와 귀신들림

1) 프로이트와 사탄적 신경증

프로이트의 수없이 많은 논문과 저서들 가운데 귀신들림을 다루고 있는 논문은 유일하게 한 편이다(Freud, 1964). 그것도 융과 같이 프로이트 자신이 직접 만났던 사례가 아니고, 자신보다 300년이나 더 오래된 한 이야기를 설명하고 분석함으로써, 전통적으로 귀신들림이라 했던 문제를 정신분석학적으로 다루고 있는 것이다. 그의 결론은 단순하다. 과거 중세기에 귀신들림이라 했던 그 현상은 결국 프로이트 자신의 시대적 관점에서는 신경증의 한 증상에 불과한 것이며, 그것은 인간의 내면적 갈등에서 비롯된 인간 심리의 산물에 불과하다는 것이었다.

경험주의 철학자이자 회의주의자인 David Hume의 방법을 이어받은 프로이트는 성직자들의 종교적 보고를 신뢰하지 않았다. 비록 많은 사람들이 영적인 존재들을 목격했다고 주장해도, 프로이트는 그것을 "집단적 환각(a collective hallucination)"으로만 치부할 뿐, 융과 마찬가지로 그것이 가진 영적 내용들을 표면 그대로 받아들이지 않았다(Freud, 1964).

프로이트의 이론에서 사탄은 하나님과 동일시된다. 사탄과 하나님은 말 그대로의 서로 다른 존재들이 아니라, 프로이트 자신이 주장한 오이디푸스 콤플렉스를 통해 나타난 아버지 표상에 불과하다. 아버지에 대한 사랑과 아버지에 대한 혐오와 두려움의 양가감정 속에서 하나님의 속성과 사탄의 특징을 구별하게 할 뿐이다. 다만 정령신앙의 특징이 다신주의이므로 종교의 형성 이후 등장하는 하나님보다는 다수의 신적 존재들이 등장하는 사탄과 악령들이 시기적으로는 더 일찍 등장한 것이라고 설명한다. 그러므로 프로이트에게 있어서 하나님을 비롯한 영적인 존재들이 실재하는가 하는 질문은 애초부터 무의미하다. 오이디푸스 갈등을 통해 나타난 좋은 아버지는 하나님으로, 나쁜 아버지는 사탄으로 나타나며, 하나님과 사탄은 동일하게 인간의 심리내적 갈등의 산물이다.

프로이트가 분석한 앞의 오래된 논문의 주인공은 사탄적 신경증을 앓은 화가였다. 그가 우울증과 더불어 사탄과의 거래를 통해 자신의 영혼을 팔아 버리게 된 것은 자신의 아버지를 잃은 지 9년이 지나서였다. 그에게 사탄은 어린 시절 자기 아버지의 모습과 같이 경험되었다. 사탄과의 거래 이후로 거룩한 성인들이 그 화가의 삶에 등장하기 시작했으며, 그와 같은 사탄의 이미지는 결국 발달상에서 드러난 아버지와의 갈등에서 비롯된 것이다. 전통적으로 사탄이 거대한 남성적 이미지를 가진 것에 반해, 이 화가에게 등장한 사탄의 존재는 큰 젖가슴을 가진 사탄의 모습으로 나타났다. 또한 자신이 아버지의 아이를 잉태하는 환상을 경험하기도 하였다. 화가의 이와 같은 전이적 환상은 프로이트로 하여금 귀신들림에 대한 오이디푸스적 관점의 해석을 더욱 강화하는 결과를 가져왔다.

프로이트에 따르면 그 화가의 이런 어려움은 그의 어린 시절의 해결되지 않은 갈등에서 비롯된 것으로서, "아버지에 대한 갈망과 그에 대한 두려움, 그리고 아버지에 대한 아들의 저항"을 말해 주는 것이었다(Freud, 1964). 그리고 그 화가가 사탄으로부터 더불어 약속받은 부와 명예, 성적 쾌락의 보장은 프로이트의 관점에서 신경증적 백일몽에 불과한 것이었다. 그러므로 귀신들림 역시 육신적 아버지의 부정적 속성들을 억누른 결과에서 나온 신경증적 현상이다. 그러므로 프로이트에게 사탄이란 "수용할 수 없어서 억누른, 우리 자신들의 모습들"일 뿐인 것이다(Freud, 1964).

2) 심리학적 인간

종교에 관한 한 프로이트는 철저하게 자연주의적 세계관을 견지하고 있다. 그것은 동시에 환원주의적이어서, 인간의 모든 심리는 결국 화학에 의해 대치될 것이라고 '예언'하기도 했다(Alexander & Selesnick, 1966). 그리고 인간의 심리는 인과론의 사실 관계적 해석을 통해, 초자연적인 존재나 개념이 없이도 얼마든지 설명될 수 있는 것이었다. 심지어 인간에 대한 철학적, 형이상학적 이해까지도 거부하여, 관찰, 실험, 절차의 반복을 통한 경험론적 과학만이 심리학을 연구하는 유일한 길이라고 확신하고 있었다.

프로이트에 있어서 종교는 정신분석학의 '적'이었다. 아무거나 믿기 좋아하는 조상들에 의해 시작된 종교는 심리학적으로 얼마든지 풀 수 있는 문제를 초자연적 존재에 의존하여 풀어가는 무지의 산물이다. 그러므로 그는 "과학적 작업만이 우리 외부의 실체에 대한 지식으로 이끌어 줄 수 있는 유일한 길"이다(Freud, 1961). 그에 비해 종교적 믿음은 그 진실성이 확인되지 않은 지식들로서 과학적 지식과 상반되는 것이다. 결국 그가 종교를 판단한 기준은 이전 시대의 무지와 낮은 문명화이다. 그런 시대에 과학적 방법은 적용되지 않은 채 인류 역사에 너무나 큰 영향을 미쳤다는 것이 프로이트의 주장이다.

귀신들림에 대한 프로이트의 관심은 1885~1886년 사이, 16세기의 신경증적 귀신들림과 마녀 연구에 대한 관심에서 시작되었다. 그때부터 이미 귀신들림은 종교적 체험이 아니라 인간 개인의 심리적 현상으로 치부된다. 사탄은 성장기의 아버지상에서 비롯된 것이며, "억압된 상태의 본능적 충동에서 비롯된 나쁜 소원"이다(Freud, 1964). 귀신들림이란 '정확한 과학'이 없었던 중세 암흑기에나 있었던 정신적 투사, 즉 인간의 주관적 마음을 외적인 형태로 투사한 것으로서, 개인적인 미신이거나 집단적인 환각에 불과한 것이다.

그러므로 귀신을 보았다거나 귀신을 접했다는 말은 자신의 내면을 객관적으로 제대로 성찰하지 못한 사람들의 집단적인 맹신이다. 귀신을 쫓아내는 축사 역시, 실제로 귀신을 쫓아냈다기보다는, 자기 집단의 신앙을 고양시키기 위해 보여주는 일종의 과시에 불과한 것이다. "악한 영들에 대한 심각한 두려움"이 축사라는 행위를 만들어 내었고(Freud, 1964), 그런 마술적 요소들을 뒷받침하는 것은 창세기 1장과 같은 마술적 종교 신앙에서 비롯되었다.

그러므로 사탄은 더 이상 축사를 통해 쫓아내야 할 어떤 존재가 아니다. 오히려 그 내적 실체를 드러내고 스스로 화해해야 할 심리적 산물이다. 프로이트의 후예들 역시 귀신들림을 어린 시절 억압된 근친상간적 성적 욕망이 갑작스러운 종교적 경련 혹은 발작(convulsion)으로 표면화되면서 인간의 의식이 상처를 입은 것으로 보면서, 프로이트의 '과학적 심리분석학'의 전통을 지금껏 이어오고 있다.

4. 문화와 상담에서의 귀신들림과 축사

1) 영화와 축사

귀신들림과 축사는 가끔 영화에서 인기 있는 주제로 등장한다. 그 원조가 되는 영화가 1973년에 나온 〈엑소시스트(The Exorcist)〉이다. 이 영화에 등장하는 Regan MacNeil이라는 여자 청소년은 위자보드라는 영혼 교류의 마술게임을 하면서, Howdy 선장(Captain Howdy)이 자기 안에 들어오기를 요청한다. 그 '초대'의 결과 많은 영들이 그녀의 몸에 들어와 몸을 상하게 하고 학대하였다. 그녀에게 들어온 인격들은 그녀를 등지고 심각한 공격을 가하였기 때문이다. Regan을 구하기 위해 Damien Karras 신부는 귀신을 유인하여 자기 속에 들어오게 하고, 자신의 생명을 대신 대가로 지불한다.

2015년 한국에서 나온 영화 〈검은 사제들〉도 귀신들림과 축사를 주제로 하는 영화이다. 한 여학생 속에 들어온 강력한 귀신을 축출하는 장엄구마예식을 위해 제1구마사와 그를 돕는 보조사제를 통해 마르베스라는 귀신에 들린 영신이라는 여학생을 구출하는 내용으로 구성되어 있다. 제1구마사는 신분이 노출되어 있으므로 그를 돕는 보조사제는 구마사를 대신하여 예식을 준

비하고, 귀신에 사로잡힌 부마자의 언어와 같은 언어로 기도하거나 번역하기 위해 라틴어, 독일어, 중국어에 능통해야 한다. 어두운 영을 접하기 위해 용감하고 대범한 성격에, 영적으로 가장 민감한 기질을 가지고 태어난 호랑이 띠여야 한다. 그는 부마자가 사용하는 언어를 같이 사용하고, 같은 언어로 기도를 반복하고, 자신의 존재를 들키지 않은 상태를 유지해야 한다. 허락 없이 부마자를 쳐다볼 수도, 기도 없이 그의 말을 듣지도 말아야 한다.

앞의 두 대표적인 영화는 비록 관객 동원을 위해 각색된 내용들이지만, 공통점이 있다면 10대 여자 청소년들이, 전설 속에 등장하는 강력한 마귀에게 사로잡힌 것을 로마교의 사제들이 사투를 벌이며 구조한다는 것이다. 축사의 남용을 막기 위해 로마 가톨릭에서는 아직도 일부 훈련된 사제들만이 축사의 사역을 하도록 지정을 하고 있으며, 그들에게는 전통적으로 내려오는 구마의 예식이 별도로 있음을 알 수도 있다.

다만 영화이다 보니 극적인 요소를 가미하기 위해 사탄과 어두움의 세력을 과도하게 강하게 묘사를 하거나, 그 힘을 제압하기 위해 갖추어야 할 요소들이 불필요하게 상세하게 요구하는 것들이 많았다. 특히 구마사의 나이와 띠, 언어 구사 능력, 마귀의 나이와 이름, 마귀의 출처 등은 기독교적인 관점에서 보면 축사에 있어서 아무런 의미가 없는 일이다. 무엇보다도 실제 축사 의식에서 그런 것들이 요구가 된다면, 그것이야말로 사탄에게 불필요한 주목을 주는 행위이다. 그것은 종교개혁자 마틴 루터(M. Luther)나 신학자 칼 바르트(K. Barth)가 공통적으로 경계한 바와 같이, 사탄에게 지나친 주목을 줌으로써 사탄은 힘을 얻고, 우리는 두려움을 키우는 결과를 초래할 것이다.

2) J.W.의 사례

이에 비해 임상사례에서의 귀신 목격, 혹은 귀신들림은 훨씬 현실적이고 덜 극적이다. 하지만 이런 영화의 사례들과 비교해 볼 때 공통점도 적지 않다. 우선 필자가 목회 사역의 현장에서 만난 J.W.의 경우, 중학교 2학년 여학생이면서, 분신사마라는 연필마술을 통해 '영혼 H'와 동거하게 되었다. 과거 일본의 록그룹 X-Japan의 멤버였던 H는 그해 초 자살로 생을 마감했다. 평소 그의 음악을 즐겨듣던 J.W.는 분신사마 주술을 하면서, 자신의 영혼을 줄 테니 H의 영혼을 만나게 해 달라고 요청했던 것이다.

그 후 30일간 J.W.는 자신에게 찾아온 H와 동거하면서 서로 대화하고, 학교에도 같이 가고, 집에도 함께 다녔다. H는 자신의 메시지를 J.W.의 손을 통해 글로 썼고, 내면의 속삭임과 같이 마음 안에서 서로 대화를 하기도 했다. 30일이 지난 후, 더 이상 자신의 기대대로 H가 착한 영혼이 아닐 수 있다는 불안감으로 목사였던 필자를 찾아왔다. 학교를 가야 할 중학교 2학년 여학생이 교복을 입고 아침에 군부대 안에 있었던 교회로 찾아와 목사를 만나기를 청했던 것이었다 (당시는 필자가 상담학 공부를 위해 유학을 떠나기 불과 두 달 전이었다).

J.W.와의 심층대화를 마친 후, 이것을 영적인 존재의 침투라고 판단한 필자는 목회자로서 J.W.의 영혼을 구하고 지키기 위한 위기수습의 사역을 시작하였다. J.W.에게 영적인 지식을 가르쳐 주고, 복음을 소개하고, J.W.를 위해 함께 기도할 기도팀을 모았다. 영적인 위기개입에 따라 H의 반응도 두드러졌다. J.W.를 향해 지금껏 하지 않았던 욕설과 저주를 퍼붓기 시작했고, J.W.가 약해질 때는 언어로 위협을 가하고, J.W.가 믿음으로 강해질 때는 동정심을 유발하며 좀처럼 J.W.를 떠나기를 거부하였다.

하지만 교회의 기도 공동체의 강력하고 지속적인 개입에 따라 H의 외적 반응은 현저하게 감소되기 시작했다. 첫날 저녁 기도 개입 이후 J.W.가 손으로 H의 글을 받아 적던 글쓰기 소통 방식이 없어졌다. 그리고 점차 내면으로 들리던 H의 목소리가 그 힘을 잃게 되었다. 교회 공동체의 기도 덕분에 H의 주장은 점차 약해졌고, 자신이 J.W.의 주인이라고 주장하던 것도, 복음을 영접한 J.W.의 변화와 저항으로 그 힘을 잃게 되었다. J.W.는 더 이상 H가 자신이 원하던 착한 영혼이 아니라는 사실을 받아들였고, 치열한 영적 투쟁의 와중에 자신의 목소리로 H에게 나가라고 외쳤을 때 (그 외침을 주변에 있던 필자와 다른 사람은 듣지 못했다), H는 매우 억울하고 고통스러운 비명을 지르며, J.W.의 성대를 사용했던 자신의 목소리를 점차 상실하게 되었다.

이후 J.W.는 다시는 H와의 소통을 하지 않게 되었다. 그리고 기도와 영적 전투의 와중에 두려워서 집으로 돌아가지도 못한 채 교회에 머물렀었는데 (원래 J.W.의 가정은 조상숭배와 미신숭배가 심했던 가성이었다) 증상이 없어진 다음에는 건강하게 집으로 돌아갔고, 학교생활과 새롭게 시작된 교회생활에서 일상적인 기쁨을 얻기 시작했다.

3) 건강한 정신과 트라우마

심리학자 윌리엄 제임스(W. James)는 융이나 프로이트와 동시대를 살았으면서도 종교적 체험에 관한 환원주의적 입장을 거부하였다. 그는 종교적 진리에 관한 한 철학적 개방성을 가지고 있었고, 종교적 경험의 복합성을 있는 그대로 보존하려는 의도를 가지고 있었다. 종교는 그 자체로 의미 있는 구조이며, 외부인들에게 알려지지 않는 비밀들이 있음도 인정하였다. 그에게 있어서 종교란 "한 개인이 스스로 신이라 여기는 것과 관련하여 홀로 경험할 수 있는 모든 감정, 행동, 경험들을 지칭"하는 것이었다(James, 1985).

물론 제임스의 종교에 대한 개념이 기독교적 경험의 개념을 지지하는 것만은 아니다. 그는 전통적으로 설교되어 온 지옥 불 신학에 대한 깊은 불편함을 토로하였다. 그리고 건강한 정신을 가지고 있다면 그런 "구시대의 섬뜩한 지옥 불 신학을 극복"할 수 있다고 주장하였다. 거꾸로, 기독교의 과거 효용성은 인정한다 하더라도, 그것이 가진 "푸른 하늘과 같은 낙관주의 신학" 역시 배척하였다(James, 1985).

그와 동일한 맥락에서 그는 건강한 정신이라면 외부에서 오는 어떤 참혹한 불행이라도 능히 견딜 수 있다고 말한다(James, 1985). 하지만 건강하지 못한 정신을 가졌다면, 예컨대 우울증으로부터 오는 공격을 견딜 수 없고, 그 마음의 악의 존재들을 제거할 수 없다는 것이다. 그가 말하는 건강하지 못한 정신은 예컨대 종교적 신념을 가지고 초월적인 존재를 믿는 '열성주의자'들을 포함한다. 종교적 경험의 다양성에 대한 제임스의 존중은 그 시대의 인식을 넘는 태도였지만, 결국 그는 자신이 말한 건강한 정신이라는 이상에 제한됨으로써, 우울증이나 성폭력과 같이 초인적인 인내심을 필요로 하는 사람들의 고통을 '연약한 정신'의 탓으로 돌리는 오류를 범하고 있다.

실제 자신이 살인미수와 성폭력의 희생자였던 다트머스(Dartmouth) 대학의 철학교수 Bryson의 진술은 트라우마로 고통당하는 영혼들의 관점에서 더 깊은 통찰력을 준다. "우리 사회는 몸과 마음을 구분해서 보는 이원론에 빠진 채, 트라우마의 피해자들에게 마음을 굳게 다잡아서 기운을 내야만 하고, 과거를 잊고 삶을 계속해야 한다고 충고한다. 하지만 이것은 트라우마 피해자들에게는 불가능한 일이다……오랜 기간 계속해서 자행되는 고문을 견뎌내야만 하는 사람들은 종종 자기 자신을 몸으로부터 분리시키는 방법을 찾곤 한다……극단적인 경우에는 하나 이상의 자아가 그 학대에서 상처 입지 않고 빠져나올 수 있도록 다중인격을 발달시키기도 한다(Bryson, 2003)."

Bryson의 언급과 같이 귀신들림의 증상이나 영적 공포상태에 있는 환자들의 임상사례에 대해 상담가들은 일반적으로는 성폭력과 같은 트라우마를 상상한다. 물론 그것도 일리가 있는 말이지만, 필자의 제한된 임상경험과 인류학적 자료들을 토대로 생각해 볼 때, 귀신들림과 영적 공포는 다양한 가부장적 문화의 환경에서 권한을 박탈당한 여성들, 특히 자신의 존재감을 인정받지 못한 채 자라 온 여자 청소년들에게서 흔히 나타나는 증상이다. 그러므로 귀신들림의 현상은 개인과 가족과 공동체에게 극단적인 고통을 주는 경험임에는 분명하지만, 그것을 일으키는 공포의 요인들은 의외로 일상적이고 흔한 일일 수도 있다.

4) 영적 공포의 요소

예를 들어, 우울증과 공포증의 초기증상을 보이며 귀신들을 목격하는 청소년 여학생은 가정에서 자신에게 음악을 가르쳐 주는 아버지로부터 심하게 맞으며 자라 온 경우가 있었다. 아버지의 권위에 대한 존경심도 있지만, 조금이라도 아버지의 기대에 맞지 않을 때는 영락없이 아버지로부터 손찌검을 당하고는 하였나. 그 굴욕감과 고동을 참는 것이 힘듦에도 불구하고 자신의 미래를 위해 아버지 외에 다른 사람에게는 레슨을 받을 수 없다는 선택의 한계가 있었다. 그 결과, 여중생 당시 성장의 단계에 제한된 시간이었기는 하지만, 다양한 형태의 영적인 존재들을 목격하고, 그것을 보았다는 것을 자랑삼아 이야기를 하기도 하였다. 가정에서 폭력이 줄어들고, 마음이 안정이 되면서 그와 같은 초기 공포증상은 없어졌지만, 자기정체성을 찾아가는 중요한 시기에, 자신을 보호해 주어야 할 가정과 아버지가 자신을 폭력으로 몰아갈 때, 그와 같은 영적인 경험과 목격을 하게 되었던 것이다.

또 다른 여중생의 경우, 꿈에서 마니또 게임에서 받은 때 묻은 곰 인형이 이리저리 춤을 추면서, "네가 미워하는 아이들을 내가 죽여줄까?"라는 말을 듣게 되었다. 너무나 당황해서 "싫어, 싫어!" 하면서 잠을 깼지만, 그때부터 그 아이의 곁에는 위기상황이면 나타나 자신을 도와주는 '책사'가 등장하게 된 것이었다. 아이가 말하는 위기상황이란, 엄마 아빠가 자기 편이 아니거나, 선생님이 당황스러운 심부름을 시킬 때, 친구들이 자신을 욕할 때, 선생님에게 맞아야 하는 상황이 올 때, 그 여성 '책사'는 자신에게 친구가 되어주었고, 힘을 주었고, 자신을 위로해 주었다. 그렇게 1년 이상을 함께 지내면서, 그 젊은 나이의 여성 '책사'는 어김없이 나타나서 자신에게 도움을 준다고 하였다.

그 여학생에 따르면, 그 귀신은 서성거리면서 자신에게 들어오지는 않는다고 하였다. 그렇지만 그 여학생을 떠나려고도 하지 않는다고 했다. 그것이 자신에게 보이는 경우는 자신이 화가 날 때, 긴장이 높아질 때, 위기상황에 다급해질 때라고 하였다.

이와 같은 환시 형태의 공포적 요소는 그 여학생 가정의 갑작스러운 이사와 친구관계의 단절에서 온, 역시 일시적인 현상이었다. 그리고 그 여학생을 그런 영적인 갈등에서 벗어나게 했던 것은 우선 엄마의 긴밀한 돌봄이었다. 엄마는 아이의 손을 잡고, 그 문제를 해결하기 위해 상담자뿐만 아니라, 병원, 교회 등 다방면으로 아이를 돕기 위해 애를 썼다. 무엇보다도 아이 자신이 이 문제의 실체를 이해하고, 더 이상 인간이 아닌 다른 존재에게 도움을 요청하거나 대화를 하지 않기로 결심하고 실천한 것이었다. 상담자는, 만일 당황스러운 상황이 생겼을 때, 그 '책사'에게 손을 내밀거나 도움을 요청하지 말고, 그 대신 엄마나 다른 사람, 친구에게 도움을 요청하고, 영적으로는 하나님께 기도하고 말씀을 통해 그 위기를 극복하도록 지도했다. 특히 교회 가족들의 참여가 그 과정을 이기는 데 큰 도움이 되었다.

그 외에도 엄마 아빠의 별거나 이혼이 중고등학생 자녀들에게 큰 고통을 가져오는데, 그들이 경험하는 증상들 가운데 하나가 이와 같은 영적인 존재들을 목격하는 것이다. 우울증이 심각한 사람들이나 자살충동이 강한 사람들, 그리고 신체적 건강이 극도로 쇠약한 사람들, 주로 여성들에게 이와 같은 영적 공포의 요소는 매우 실제적이다. 인류학적으로는 힘없는 여성들이나 다양한 의무들을 강요당하기만 하고, 누릴 수 있는 특권이나 삶의 의미를 찾기 힘든 사람들에게 다양한 공포가 경험된다. 이와 같은 초문화적 현상으로서의 여성들의 귀신들림을 가리켜 인류학자 Ioan Lewis는 "결핍의 의식(deprivation cult)"이라고 명명하였다(Lewis, 1961).

5. 기독교에서의 귀신들림과 축사

1) 복음서와 축사

신약성경에서 예수는 실제로 귀신들린 사람들로부터 귀신들을 쫓아내었고(막5:1-20; 막9:18-28 [병행. 마 17:16-19; 눅 9:40]; 막 7:24-30), 귀신들림과 연관된 질병의 증세들로부터 사람들을 고쳐 주는 기적을 베풀었다(눅 13:10-17). 그리고 그런 축사의 사건에 관하여 스스로 "만일……하나님의 성령을 힘입어 귀신을 쫓아내는 것이면 하나님의 나라가 이미 너희에게 임하였느니라." 고 해석하며 선포하였다(마 12:28; 눅 11:20). 이처럼 귀신을 쫓아내는 예수의 축사 사역은 이 세상에 대한 하나님의 통치를 가시화하고 하나님 나라의 도래를 알리는 매우 중요한 사건이었다. 축사를 통해 예수는 어두움의 권세에 매인 인간을 치료하고 자유롭게 하였다.

주후 1세기 당시 축사는 유대인들 사이에 이미 널리 알려져 있는 신앙적 행위였다. 당시에는 예수님 외에도 귀신을 쫓아내는 일을 했던 유대인들이 있었음을 성경은 이야기하고 있다(마 12:27; 눅 11:19; cf. 행 19:13-17). 그런 축사 행위들 가운데 예수께서 행하신 축사의 유일성과 독특성은 그가 "하나님의 성령을 힘입어 귀신을 쫓아내는 것"이었다(마 12:28). 베드로의 증언처럼 "하나님이 나사렛 예수에게 성령과 능력을 기름 붓듯" 하셔서, 예수께서 "두루 다니시며 선한 일을 행하시고 마귀에게 눌린 모든 사람을 고치셨"으며, 그것은 곧 "하나님이 [그와] 함께 하셨다"는 증거이기도 하다(행 10:38).

다른 질병의 치료와는 달리 귀신을 쫓아낼 때 예수는 손으로 그들을 만지지 않고, 간단하면서도 강한 명령으로 귀신을 쫓아냈다(막 1:25; 5:8; 9:5 및 병행절). 그리고 귀신들은 그를 두려워하였고, 그의 명령에 끝까지 저항하지 못한 채 즉시 복종하였다. 그것은 악령들에 대해 승리하신 예수 권위의 일방성을 보여주며(막 6:7), 귀신들의 목소리와 주장은 더 이상 들을 가치가 없음을 보여준다. 예수가 그들의 입을 다물게 한 것은(막 1:25-34; 3:11-12) 그들이 '하나님의 아들'을 알아보지 못했기 때문이 아니라 예수께서 악령들의 증거로 높임 받기를 원하지 않았기 때문이다. 아울러 악령들이 비정상적으로 사람의 내면을 차지하고 있는 것이 하나님의 통치하에 있는 사람들에게 허용될 수 없음을 강조한다. 또한 한 사람에게 나온 악령이 다시 그 사람 속에 들어갈 수도 있음을 알고, 예수는 명령으로 그와 같은 행위를 금하고 있다(막 9:25; 마 17:18; 눅 9:42).

더 나아가 예수는 자신뿐만 아니라 제자들에게까지 귀신을 쫓아내는 권능을 주었다(막 3:14이하; 막 6:7 [병행. 마 10:1; 눅 9:1; 눅 10:17-20]; 막 16:17 이하). 그래서 제자들도 귀신을 쫓아내고 사람들을 치료하였다. 복음서의 제자들과 사도행전의 사도들이 귀신을 쫓아낼 수 있었던 것은(행 16:19) 십자가에 달리고 부활하신 예수의 이름을 의지함으로써였다. 그것은 하나님 나라의 권세가 예수에게 의지하고 있지만, 그 권능은 예수 자신에게만 제한되지 않고, 그의 이름과 성령을 통해, 믿는 제자들도 널리 참여할 수 있는 보편성을 가지고 있음을 보여준다.

귀신을 쫓아내는 일이 하나님 나라의 임재와 그 권세를 보여주는 것이지만, 그렇다고 그것이 예수 가르침의 핵심을 차지하는 것은 아니다. 왜냐하면, 예수는 귀신을 쫓아내는 행위 자체에 지나치게 큰 중요성을 두고 있지 않기 때문이다. 72명의 제자들이 돌아왔을 때, 예수는 "사탄이 하늘로부터 번개같이 떨어지는 것을 내가 보았노라."(눅 10:18)고 말씀하였지만, 동시에 "귀신들이 너희에게 항복하는 것으로 기뻐하지 말고 너희 이름이 하늘에 기록된 것으로 기뻐하라."고 하였다(눅 10:20). 사탄의 굴복 자체보다 더 중요한 것은 축사에 참여한 제자들의 이름이 하늘에 기록되었다는 사실 자체이다.

더 충격을 주는 것은, 자기 스스로 예수의 이름으로 귀신을 쫓아낸 선지자였다고 말한 사람들에 대해 예수는 "내가 너희를 도무지 알지 못하니 불법을 행하는 자들아 내게서 떠나가라."는 심판의 말씀을 한 것이다(마 7:22-23). 예수의 이름으로 귀신을 쫓아낸다 하더라도 그 행위가 하나님 아버지의 뜻대로 행한 것이 아니면(마 7:21) 그것은 구원의 조건을 갖춘 것이 아니다. 오히려 그것은 불법이라는 판단을 받고, 심판자의 분노로 천국의 문에서 쫓겨나는 결과를 초래할 뿐이다.

그러므로 귀신을 쫓아내는 축사의 행위를 한다고 해서 그것이 반드시 구원의 충분조건이 되지 않는다. 예수를 믿고, 따르며, 순종하는 자들에게, 예수의 이름으로 귀신을 쫓아내는 축사의 행위는 자연스럽게 뒤따를 수 있지만(막 16:17), 그것이 축사자의 구원과 영광을 보증하지는 않는다는 것이다. 요한복음에서 예수의 하나님 아들 되심에 대한 표적들과 능력들(요 5:36; 10:25)이 나타나지만, 귀신을 쫓아내는 기적이 단 한 번도 등장하지 않는다는 사실도 예수 복음의 우선순위가 무엇인지 단적으로 보여준다.

2) 사도행전과 서신서에서의 축사

예수의 권위를 시위하던 복음서의 축사 이야기와는 달리 사도행전에서는 복음 전도의 목적에 따른 빌립과(행 8:7) 바울의(행 16:16-18; 19:11) 축사가 등장한다. 이에 비해 스게와의 일곱 아들들이 축사행위를 하려고 하다가 오히려 귀신들이 억제하여 이기는 바람에 벌거벗고 도망하는 장면도 흥미롭게 등장한다(행 19:13-16). 이는 축사가 더 이상 마술적인 힘으로 이루어지는 것이 아니라, 복음 전도의 핵심인 예수 그리스도의 이름과 그에 대한 믿음으로 이루어지는 것임을 보여준다.

그 이야기는 사도행전 19장 19절에서 "마술을 행하던 많은 사람이 그 책을 모아 가지고 와서 모든 사람 앞에 와서 불사른" 이야기와 연결됨으로써, 축사에 있어서 예수 그리스도의 이름과 그의 말씀의 능력을 더욱 강조하는 결과를 가져왔다. 그리스-로마의 다신론 문화가 지배하던 시대에, 예수 그리스도의 권위야말로 그와 같은 종교체계와 경쟁하여 이길 수 있는 유일한 대안임을 사도행전은 보여주고 있다. 다만 사도행전에서 등장하는 축사의 실제 사례는 공관복음서에 비해, 그리고 다른 치료행위에 비해 극히 드물게 등장하고 있으므로, 전체적으로 축사에 대한 강조는 상당히 위축되어 있다고 할 수 있다.

예수와는 달리 바울 자신의 축사도 여러 날 지체된 행위였다. 물론 "예수 그리스도의 이름으로 내가 네게 명하노니 그에게서 나오라."고 명령했을 때 귀신은 즉시 나왔다(행 16:18). 하지만 그것 때문에 복음이 증거되거나 확증되는 전도의 효과가 있었다기보다는 오히려 바울 자신이 감옥에 갇히는 투옥의 이유가 되었다. 그리스도의 복음에 비해 축사의 행위는 매우 위축된 형태로 사도행전에서는 표현되고 있다.

아울러 여러 바울서신에서도 귀신들림과 축사는 복음서와 다른 관점에서 서술된다. 복음서에서 귀신들림은 개인의 신체적, 영적 상태에 위기를 불러일으키는 고통으로 기술되었다면, 서신서에서 사탄과 귀신들의 존재는 하나님과의 관계에 위기를 가져오거나 윤리적 선택을 왜곡하는 영적 훼방자로 등장한다. 그러므로 서신서에서 사탄은 축사의 대상이라기보다는 개인적, 공동체적으로 그 시험에 저항함으로써 대적해야 하는 존재이다. 그리고 성령을 통해 나타나는 이적과 표적들의 의미는 오직 예수 그리스도의 복음을 증거하는 일에 수단적으로 사용될 뿐이어서, 어떻게 축사를 해야 하는가와 같은 구체적인 지침들은 전혀 기대할 수가 없다.

그렇다고 해서 인간의 죄와 사탄이 언제나 일치하는 것은 아니다. 바울에 따르면 인간 자신이 타락한 윤리적 존재로서, 사탄을 틈타게 할 수 있는 선택을 하는 것이지, 인간의 죄 자체가 사탄과 직결되거나, 그로 인해 인간의 죄책이 감해지는 것은 아니다. 바울은 "사탄과 같은 악마적 존재와 죄를 혼합시키거나 분명하게 죄 자체를 사탄과 동일시하지 않는다(Sorensen, 2002)." 다만 사탄이 율법을 통해 성도들의 죄와 의심에 대해 정죄할 때, 성령 안에서, 예수 그리스도의 자유하게 하시는 능력이 죄와 사망의 운명으로부터, 그리고 사탄의 얽어맴과 정죄로부터 해방시키실 수 있음을 선언한다(롬 8:1-2). 이처럼 복음서에서 가시적으로 드러난 사탄의 존재와 해악이, 서신서에서는 영적인 것으로 전환되어 설명되며, 축사를 통한 영적 전쟁보다는, 말씀과 성령 안에서 깨어 있는 성도들의 영적 각성에 초점을 맞추고 있다.

물론 바울의 이 같은 관점의 전환의 전제는 사탄과 악령들에 대한 그리스도의 승리이다. 그리스도의 십자가와 부활이 사탄을 결정적으로 이기는 전환점이었다면, 아직 종료된 싸움은 아니라 하더라도, 바울은 하나님으로 말미암아 그 기초 위에서 성도들도 사탄을 속히 이기게 될 것과, 모든 원수들을 발아래 두기까지 예수께서 왕 노릇 하실 것을 선포한다(롬 16:20; 고전 15:20-28; 빌 2:9-11; 골 2:15). 비록 영적 전쟁이 끝난 것은 아니지만, 예수의 제자들과 사도들, 그리고 그의 성도들은 예수의 승리를 공유하며, 수단으로서의 축사의 역사는 이어질 수 있지만, 궁극적인 목적은 예수 그리스도를 통한 복음의 증거임을 신약성경은 강조하고 있다.

3) 기독교 역사에서의 귀신들림과 축사

사도시대 직후 초기 기독교회 역사에서 축사는 매우 활발하게 이루어졌으며, 축사를 위한 다양한 의식들이 많이 사용되었다. 거기에는 "기도, 금식, 안수, 뿌리 태우기, 거룩한 물 뿌리기" 등 다양한 의식들이 포함되었다(McClelland, 1984). 물론 그 가운데 가장 효과적으로 사용된 방법은 예수 그리스도의 이름을 부르며 사탄을 물리치는 것이었다(McClelland, 1984). 특히 이 시기에 사탄에 대한 교리적 연구가 체계화되어 사탄의 존재에 대한 정리가 이루어졌다. 이에 따르면 사탄과 귀신들은 육체가 없는 영적 존재로서, 교부 Tatian에 따르면 그것들은 죽은 사람의 영혼이 아니다. 그들은 타락한 천사들로서, 교부 Origen에 따르면, 애초부터 사탄이었던 것이 아니라, 하나님과 진리로부터 벗어남으로써 악령들이 된 것이었다.

사탄과 악령들은 육체가 없는 존재들이다 보니 인간의 육체, 혹은 인간의 영혼으로 파고들어 감으로써, 그들은 영혼과 육체에 심각한 오염과 고통을 일으킨다. Lactantius에 따르면 "귀신들은 인간의 몸속에서 역사하면서 건강을 해치고, 질병을 일으키고, 악몽으로 영혼들을 공포에 빠뜨리고, 발작으로 영혼을 괴롭힌다"고 지적하였다. 그와 함께 Origen은 사탄이 인간의 마음과 몸을 완전히 사로잡은 귀신들림의 상태와, 인간의 영혼에 악한 생각을 삽입하는 생각의 침투를 구분함으로써 귀신들림의 형태가 천편일률적이지 않음을 가르쳐 주었다. 또한 많은 사람들이 자칫 귀신들이 가진 예언 형태의 가르침이나 위로에 현혹되어 유혹받을 수 있음도 함께 경고하고 있다. 예수 그리스도야말로 모든 어두움의 권세를 이길 수 있는 능력과 권위를 가졌으므로, 주후 1세기의 초대교회에서 축사를 행할 때 구속주이자 승리자이신 예수 그리스도의 승리는 확실한 것으로 전파되었다. 그리고 그 축사의 횟수는 신약성경의 예수님과 사도들에 의한 축사의 숫자를 능가할 정도로, 복음이 전파되던 그리스-로마 문화의 사회를 향한 복음 변증의 필요는 큰 것이었다.

신학자 Augustine에 이르러서는 사뭇 다른 양상의 귀신론이 펼쳐진다. 원래 기독론보다 신론에 더 많은 관심을 가진 Augustine에게 있어서 귀신론은 부차적인 문제였으며, 그는 오히려 인간의 죄와 하나님에 더 큰 강조점을 두었다. 인간이 타락함으로써 하나님께서 떠난 자리에 사탄은 찾아와 인간의 몸과 마음을 지배하게 되었다는 것이 Augustine의 생각이다(Augustine, 2002).

그에 따르면 사탄은 하나님의 허용 아래 활동을 하고 있으며, 그 원인은 아담의 범죄로부터 비롯되었다. 타락 이후 인간은 사탄의 노리개로 전락하였지만, 하나님은 그리스도의 십자가에서 나타내셨듯이, 특히 믿는 자들의 마음에서 사탄은 조금도 힘을 발휘할 수가 없다. 왜냐하면, 믿는 자들의 마음에는 성부 하나님, 구세주 예수 그리스도, 그리고 성령 하나님, 곧 삼위일체 하나님께서 살아 내주하시기 때문이다. 그러므로 사탄이 혹시 외부로부터 유혹으로 공격을 할 수 있을지는 몰라도, 믿는 성도의 내면으로부터 공격을 감행할 수는 없다고 말한다. 특히 사탄은 악한 생각들을 외부로부터 주입함으로써 귀신들림과는 구별되지만, 주체가 되는 인간의 내면적 동의에 의해 시험에 빠질 수도 있다고 경고하였다.

Augustine은 안목의 정욕을 일으키는 기적이나 축사와 같은 공적인 행위들에 대해 많은 경계심을 가지고 있었다. 사람들의 궁금증을 일으키는 마술이나 극상의 쇼, 검투사들의 싸움 등에 대해 거부감이 있었기에, 그는 자연히 축사에 대해 외면할 수밖에 없었다. 하지만 예수 그리스도께서 "첫째는 정의로, 둘째는 권세로" 사탄을 이기셨기 때문에, 믿는 자들에 대한 사탄의 영향력은 극미하며, "우리를 대항하여 노예 삼는 사탄의 속박은 깨졌다"고 말한다(Augustine, 2002).

아마도 교회 역사에서 종교개혁자 루터만큼 사탄에 대해 자주 언급하거나 싸운 사람은 없을 것이다. 그는 심각한 우울증을 앓으면서, 영적으로는 사탄과의 많은 조우를 경험하고, 기도 가운데 치열하게 사탄과 싸웠던 사람이었다. 그만큼 그의 삶과 신학에서 사탄은 실제적인 존재였으며, 그 사탄과 싸워 이기는 길에 대해서도 구체적으로 가르쳐 준다.

놀랍게도 루터는 우리 성도들이 강력한 사탄의 세력을 대적하기 위해 음식을 충분히 섭취하고, 물도 많이 마셔야 한다고 조언한다(Luther, 1955). 지나치게 자주 금식하기보다는, 음식을 잘 먹고, 즐겁게 살아감으로써 사탄에게 약점을 잡히지 않아야 한다는 것이다. 특히 사탄이 어둠과 우울한 생각과 마음으로 믿는 사람들을 공격할 때, 믿는 사람들에게 있는 밝고 즐거운 생각들이 사탄이 주는 생각과 마음을 극복할 수 있게 한다. 그리스도인들은 즐거운 마음을 갖고 사는 것에 대한 죄책감이 없어야 한다.

우울한 남편 때문에 고생하는 여성에게, 루터는 세상의 뉴스와 즐거운 이야기들을 들려주도록 권면하기도 한다. 그래서 그 남편이 즐거움과 웃음을 되찾을 수 있도록 도와야만 사탄을 이길 수 있다는 것이다. 이런 환자들에게 가장 나쁜 것이 고립이며, 자기 혼자만의 우울한 생각에 빠지는 것이다. 그는 우울증이 사탄으로부터 온다고 믿었는데, 이를 극복하기 위해서는, "카드놀이, 음악, 그리고 친구들과 함께 하는 것"이 필요하다고 말한다(Oberman, 1989).

하지만 궁극적으로 사탄이 그리스도인들을 해칠 수 없는 이유는, 그리스도께서 이미 고난과 하나님에 대한 복종으로 사탄을 이기셨기 때문이다. 루터 자신이 몇 차례에 걸쳐 축사를 행한 적은 있었지만, 그는 중세기 로마가톨릭에서 사용한 축사의 예식을 사용하지는 않았다. 로마가톨릭교회에 대한 그의 불신이 전통적인 예식들을 사용하지 않게 한 것이었다. 다만 우리 그리스도인들이 사탄을 이기기 위해 반드시 필요한 것은 열정적이고 쉬지 않는 기도와 사탄에 대항하는 강력한 혐오가 반드시 필요하다. 사탄은 결코 전능한 존재가 아니기 때문에 기껏해야 죄책감이나 우울증 정도의 영향을 미칠 수 있다. 이로 인해 루터 이후의 교회들은 축사의 예식에서 점점 더 멀어지는 결과를 초래하였다.

루터 이후 사탄의 역사에 관심을 가졌던 대표적인 신학자들은 바르트와 틸리히(P. Tillich)이었다. 하지만 이러한 후대 신학자들로 넘어오면서 사탄의 존재에 대한 인식과 축사에 대한 관점은 훨씬 더 희석되고 말았다. 바르트는 전통적인 귀신론과 현대의 은유적 사탄을 이어주는 가교 역할을 하고 있다.

사탄을 이기는 최고의 방법은 곧 사탄에게 무관심한 것이라고 말했던 루터를 가리켜, 바르트는 그가 가장 사탄에게 많은 주목을 한 사람이라고 비판하기도 한다. 왜냐하면, '주목(attention)'이야말로 사탄이 가장 원하는 것이기 때문이다. 그에 따르면 루터는 결국 "자주, 길게, 심각하게, 그리고 조직적으로" 사탄에게 주목하는 우를 범한 것이다(Barth, 1958). 그러므로 그리스도인들은 사탄에게 너무 지나치게 주목함으로써 사탄의 존재를 고양시키지도 말고, 사탄이 없다고 무시함으로써 우리를 속이는 일이 없도록 주의를 당부한다.

틸리히에 이르러서는 이제 더 이상 문자적으로 사탄의 존재에 대해 주목하지 않는다. 틸리히는 이전의 어떤 신학자들보다 실존주의 철학, 심리학, 그리고 역사의 영향을 받아, 사탄의 개념(the demonic)을 "개인적 혹은 사회적 삶의 구조"를 통칭하는 말로 사용하였다(Tillich, 1951). 그가 말하는 사탄은 이제 더 이상 아담을 유혹하고, 예수를 넘어뜨리며, 많은 성도들을 넘어뜨린 영적 존재가 아니라, 인간의 악이 존재하는 사회구조로 변경되었다.

틸리히 자신의 정의에 따르면 사탄이란 "한정된(finite) 어떤 것이 스스로 최종적(final)이라 스스로 주상하는 것"이다(Tillich, 1951). 즉, 사탄이란 단순한 영적인 존재를 말하는 것이 아니라, 어떤 인간 개인이나 그들이 속한 구조가 자기 자신을 최종의 권위를 가진 존재라 주장할 때 사탄이 '되는 것'이란 개념이다. 특히 나치스 독일에 대한 그의 우려와 반감이, 인간 내면과 사회 구조에 상존하고 있는 악마적 요소들에 관심을 돌리게 하였다. 아울러 그리스도는 하나님의 사랑의 힘으로 사탄을 굴복하게 하시고, 세상의 소외(estrangement)를 초래하는 사탄의 우상숭배적 권력을 극복하신 승리자이시다. 하지만 그와 같은 은유적 이해는 성경과 기독교 전통에서 등장한 실제적 존재로서의 사탄에 대한 관심을 잊게 함으로써 오히려 그리스도인들의 신앙과 영적 생활에 다소의 혼란을 주기도 한다.

6. 나오는 말

기독교 정신의학자인 김진은 귀신들림의 절대적 구별점이 초능력을 동반한 것, 영적으로 사람을 알아보는 것, 신앙적인 것에 대한 적대적인 태도, 그리고 내면의 다른 인격체의 존재를 들고 있다(김진, 1997). 이것은 환시, 환청, 망상 등을 동반하는 정신분열증과는 구별된다. 귀신들림은 약물의 복용 없이, 개인과 공동체의 기도와 영적 대화를 통해 호전을 보인다는 점에서 정신병과는 차별을 이룬다. 정신분열증을 비롯한 정신병은 반드시 약물치료와 상담치료를 통해 호전될 수 있는 것이다. 그러므로 환청이 있다고, 환시, 환후가 있다고, 그것을 영적으로 해석하여 두려워하거나 환자를 방치하는 것은 건강하지 못하다.

혹시 환자의 상태가 하나님과 예수님을 발음하지 못하고 주저하는 상태, 즉 귀신들림의 형태를 보인다고 하더라도, 필자의 소견으로는, 우선 하나의 '정신병'의 상태로 이해하고, 약물치료와 상담치료를 받기를 권한다. 왜냐하면, 일반 정신병의 환청, 환시가 종교적 내용을 담고 있기 때문에 보통 이런 증상들에 대해 경험이나 지식이 얕은 일반 목회자들이나 교인들이 이것을 귀신들림이라 착각하여 두려움을 방치하거나, 과도한 목회적 개입으로 '학대' 하는 경우도 적지 않기 때문이다.

신경증과 정신병의 경계선에 있는 사람들은 단순히 경계선적 성격장애자들만이 아니다. 주요우울증의 진단을 받은 사람들 가운데 정신병적 환청, 환시에 시달리는 사람들도 많이 있으며, 만일 이들이 지속적으로 돌봄의 관계에서 소외되거나, 혹은 미신적 주술행위에 접근하게 될 때, 이들 역시 귀신들림의 증상을 보일 수도 있다. 하지만 우선 정신의학적 처방과 상담치료를 통해 몸과 마음의 안정을 얻고 나면, 이런 경계선적 정신병 증상들은 상당 부분 치유될 수 있다. 인간이란 마음과 몸이 하나인 동일체이므로, 몸의 병을 마음의 안정으로, 마음의 병을 몸의 돌봄과 치료로 고칠 수도 있고, 몸과 마음의 치료로 영혼의 치료를 가져올 수도 있다.

정신병과 구별하여 귀신들림을 진단하기 위해서는, 필자의 소견으로는, 다음 몇 가지를 점검해야 할 것이다. 우선, 한 개인의 현재의 증상과 관련하여 마술 혹은 주술적 행위가 있었는지, 환자 자신이 영적 존재들이나 죽은 자들의 이름을 부르며 초청한 적이 있었는지 살펴야 한다. 주요우울증을 앓은 적이 있었는지, 가까운 사람들 가운데 주술을 적극적으로 사용한 사람이 있는지 점검할 필요가 있다. 그 외에도 청소년들의 경우에는 관계에서의 소외나 따돌림, 부모의 이혼이나 성폭행과 같은 충격적인 트라우마, 어린 시절에 조상숭배나

굿과 같은 종교적인 충격에 노출된 적이 있는지도 역시 살펴보아야 한다.

시대는 지났고, 귀신들림에 대한 개념도 변색되었지만 대중문화의 스케치와, 스캇 펙(S. Peck)과 같은 기독교 정신의학자들 덕분에 우리는 귀신의 존재가 단순히 내면적 분열에서 등장하는 시적인 존재가 아니라, 개인과 관계 속에 등장하는 실체라는 것을 알게 된다. 펙에 따르면 귀신들은 심각한 자기애적 성격장애를 가진 존재들로서, 예수 그리스도가 자신보다 탁월하다는 것을 결코 인정하지 못하는 존재이다(Peck, 1997). 그들이 가진 그 간교함과 흉악함은 일반 사람들이 결코 흉내낼 수 없는 그 어떤 것이라고 하였다.

따라서 상담자는 앞서 언급한 무의식에서 쏟아져 나온 원시적 물질, 나쁜 아버지상 등 심리학자들이 말하는 내면의 창조물로서의 낯선 인격, 종교적 주술과 관계적 환경의 결핍에서 오는 트라우마적 공포에서 찾아온 제이, 제삼의 인격들을 두려움 없이 대면할 수 있어야 한다. 그리고 그들의 이야기가 상담자 앞에서 풀어질 수 있도록 일상적인 상담보다 훨씬 깊고 큰 영적 자신감을 소유해야 한다. 그것을 전이라고 부른다면, 그 전이적 공격을 견딜 수 있는 견고한 자아를 가지고 있어야 한다.

동시에 기독교상담자라면, 심리학적인 인간 이해를 숙지하되, 기독교적 자산이 가진, 사탄을 극복하고 이기신 승리의 구속자 예수 그리스도의 이름의 권능을 의지하는 사람이어야 한다. 물론 이때는 상담자 단독의 힘으로 이겨낼 수 있는 시간은 아니다. 그 환자를 둘러싼 가족들과 교회 공동체의 기도와 협력이 이들의 치료에 필수적이다. 정신의학적 통찰력과 견해를 무시하지 말고, 환자의 몸과 마음을 먼저 보양하되, 영적 돌봄이 필요할 때는 담대하고 결단력 있게 그 삶을 기도와 말씀으로 두드리고 개입함으로써, 한 사람의 영혼이 두려움의 대상이 되어 소외되도록 방치하는 것이 아니라, 믿음의 공동체와 힘을 합하여 영적인 전투를 수행해야 한다. 이로써 개인과 가정을 구원하고 치료하며, 믿음의 공동체가 더욱 견고하게 예수 그리스도의 이름의 능력을 지속적으로 유지해 가는 기독교상담자의 사명을 다해야 할 것이다.

참고문헌

김진 (1997). 정신병인가 귀신들림인가? 서울: 생명의 말씀사.

하재성 (2015). Carl G. Jung이 말하는 신비체험과 영적 현상들. 개혁신학과 교회, 제29호. 천안: 고려신학대학원.

Alexander, F. G., & Selesnick, S. T. (1966). *The History of Psychiatry: an evaluation of psychiatric thought and practice from prehistoric times to the present.* Harper & Row: New York.

Augustine (2002). *On the Trinity* (G. B. Matthews, Ed.). Cambridge: Cambridge University Press.

Barth, K. (1958). *Church Dogmatics* (3 vols.). Edinburgh: T.& T. Clark.

Browning, D. S. (1987). *Religious Thought and the Modern Psychology.* Philadelphia: Fortress Press.

Bryson, S. (2003). 이야기해 그리고 다시 살아나 (고픈 역). 서울: 인향.

Freud, S. (1961). *The Future of Illusion.* New York: W. W. Norton & Company.

Freud, S. (1964). *Seventeenth Century Demonological Neurosis: The Standard Edition of the Complete Psychological Works of Sigmund Freud.* Vol. XIX. London: The Hogarth Press.

Freud, S. (1964-2). *The Question of a Weltanshauung: The Standard Edition of the Complete Psychological Works of Sigmund Freud.* Vol. XXII. London: The Hogarth Press.

Gay, V. (1984). *Reading Jung: science, psychology, and religion.* Chico, Calif.: Scholars Press.

James, W. (1984). *The Varieties of Religious Experience.* Cambridge, MA: Harvard University Press.

Jung, C. G. (1959). *The* Archetypes and the Collective Unconscious. *Collected Works.* vol. 9, part1. London: Routledge & Kegan Paul.

Jung, C. G. (1960). *The Psychogenesis of Mental Disease.* New York: Pantheon

Books.

Jung, C. G. (1977). *The Psychiatric Studies.* Princeton, NJ: Princeton University Press.

Jung, C. G. (1989). *Memories, Dreams, Reflections.* New York: Vintage Books.

Lewis, I. M. (1961). *A Pastoral democracy: A study of pastoralism and politics among the northern Somali of the Horn of Africa.* London: Oxford UP.

Luther, M. (1955). *Letters of Spiritual Counsel.* Philadelphia: The Westminster Press.

McClelland, S. E. (1984). Demon, Demon Possession, in *Evangelical Dictionary of Theology* (W. A. Elwell, Ed.). Grand Rapids, MI.: Baker Book House.

Nickell, J. (2001). Exorcism! Driving Out the Nonsense. *Skeptical Inquirer, 25*(1). January / February.

Oberman, H. A. (1989). *Luther: Man between God and the Devil.* New Haven: Yale University Press.

Peck, S. (1997). 거짓의 사람들 (윤종석 역). 서울: 두란노.

Satinover, J. (2002). Jungian Psychotherapy. In *Encyclopedia of Psychotherapy*, vol. 2. (M. Hersen & W. Sledge, Eds.). Amsterdam etc.: Academic Press.

Sorensen, E. (2002). *Possession and Exorcism in the New Testament and Early Christianity*. Tubingen, Germany: Mohr Siebeck.

Tillich, P. (1951). *Systematic Theology,* vol. I. Chicago: University of Chicago Press.

제3부

종교적 경험과 정신병리

종교적 경험과 불안장애: 관계문화이론을 중심으로

유상희
(치유상담대학원대학교 교수)

1. 들어가는 말

현 시대를 불안의 시대라고 말하기도 한다. 지속적인 경제발전에도 불구하고 여전히 의식주에 대해 걱정하고 불안해한다. 청소년들과 그 부모들은 자신이 그리고 자녀가 학교에 잘 적응할지, 왕따를 당하지 않을지, 성적을 잘 받고 대학에 갈 수 있을지, 취업과 결혼은 할 수 있을지 걱정한다. 20~30대에서 회자되었던 연애, 결혼, 출산을 포기하는 3포 세대라는 표현은 이제 대인관계와 집까지도 포기한다는 5포 세대, 무한한 포기를 해야 한다는 n포 세대라는 표현으로 확장되었고 이는 더 이상 20~30대만의 표현이 아니게 되었다. 이러한 현상은 이 시대를 살아가는 이들에게 삶의 희망이나 꿈보다는 절망과 무기력감 등이 있음을 말해 주며, 삶의 매 순간 무엇인가를 걱정하고 염려하는 불안이 생애과정 전반에 확산되고 있음을 보인다고도 하겠다. 불안을 경험할 때 개인과 집단은 불안에 대처하기 위한 방법들을 찾게 되고, 이에 대해 적절히 대처하지 못하고 불안이 가중되고 지속될 때 불안장애에 해당하는 증상들을 보이기도 한다.

2013년 5월 개정된 미국정신의학회(American Psychiatric Association: APA)의 정신질환의 진단 및 통계 편람 제5판(Diagnostic and Statistical Manuel of Mental Disorder: DSM-5)에서 제시된 불안장애의 하위유형은 분리불안장애, 선택적 함구증, 특정공포증, 사회불안장애, 공황장애, 광장공포증, 범불안장애로 선택적 함구증과 아동과 청소년의 분리불안장애를 제외한 유형들은 그 증상이 6개월 이상 지속되어 삶에 심각한 부적응 현상을 경험할 때 진단가능하다. 분리불안장애는 중요한 애착대상과 떨어지는 것에 대한 과도한 불안과 공포, 선택적 함구증은 언어발달이 정상적으로 이루어졌음에도 특정한 상황에서 말을 하지 않는 행동, 특정공포증은 특정한 대상(예: 동물)이나 상황(예: 높은 곳, 물 등)에 대한 공포와 회피행동, 사회불안장애는 다른 사람들로부터 평가받는 사회적 상황에 대한 과도한 불안과 공포, 공황장애는 공황발작을 반복적으로 경험, 광장공포증은 2개 이상의 특정 장소(예: 엘리베이터, 지하철 등)에 대한 공포와 불안 및 회피행동, 범불안장애는 미래에 발생할지 모르는 다양한 위험에 대해 과도한 불안을 보일 때 진단이 가능하다(김청송, 2016, p. 243). 강박 및 관련장애(강박장애, 신체변형장애, 저장장애, 발모광, 피부벗기기장애 등)도 불안을 상쇄하기 위한 노력과 관련이 있다는 점에서 불안장애와 연관성이 있으며, 그 외 우울장애, 외상 및 스트레스 사건 관련 장애 등의 정신장애 또는 정신질환[1]도 불안과 연관이 있다.

불안과 불안장애를 경험할 때의 대처방법은 종교적 경험과도 관계가 있다. 다시 말해, 불안을 어떻게 경험하고 대처하느냐는 자신의 종교, 종교적 신념과 가치, 종교행위(기도, 예배 등)와 연관이 있는 것이다. 종교적 경험과 불안장애에 대한 선행연구들 중 프로이트는 종교가 오이디푸스 콤플렉스, 즉 아버지와의 관계에서 경험되는 갈등의 해소나 완화를 위해 만들어진 것으로, 종교적 행위를 불안에서 벗어나기 위한 강박행동, 즉 강박신경증으로 간주한다(권수영, 2005; 장정은, 2017; Freud, 1907, 1913, 1927). 프로이트처럼 불안장애를 포함한 정신질환과 관련된 종교적 경험이 병리적이 될 수 있음을 논의하는 학자들은 종종 발견된다. 황영훈(2006)은 코헛(H. Kohut)의 자기심리학의 관점에서 한국 여성들의 종교체험과 퇴행적 모습에 대해 연구하고, 최재락은 "인격장애에 나타나는 병리적 종교경험(2004)"과 "교회여성의 종교적 정신병리(2007)"에 대해 논의한다. 불안장애를 비롯한 정신질환을 이해함에 있어 종교적 경험이 긍정적으로 작용할 수 있음을 논의하는 학자들도 있다(장정은, 2017; Erikson, 1962; Jung, 1958; Kohut, 1977; Winnicott, 1971). Winnicott(1971)은 종교가 인간 내적 세계와 외부 세계 사이의 중간대상으로 인간의 현실적응을 돕는 것으로 보고, 코헛(1977)은 종교가 자아의 결핍을 보완하며 자기 응집력 유지 및 향상에 긍정적 역할을 한다고 본다.

종교적 경험과 불안장애에 관한 선행연구들이 종교적 경험이 부정적이냐 긍정적이냐의 논의에 있어 개인내적 요소들과 가족관계 내 어린 시절의 경험들을 바탕으로 종교적 경험이나 역할과 정신병리의 상관관계를 주로 논의하는 반면, 사회문화적 요소에 대한 고찰은 미비함을 발견한다. 따라서 본 연구는 종교적 경험과 불안장애를 개인내적, 가족체제, 사회문화적 요소를 통합적으로 살펴보기 위해 관계문화이론(Relational-Cultural Theory: 이하 RCT)을 사용하며, 이를 바탕으로 기독/목회상담학자의 관점에서 종교적 경험과 불안장애를 고찰해 보고자 한다.

2. 관계문화이론(RCT)

RCT는 1970년대 Miller, Jordan, Stiver, Surrey, Kaplan 등 여성주의 심리학자들에 의해 미 동부지역에서 시작된 이론으로, 심리학의 큰 흐름 중 4번째의 물결로서 여성주의와 다문화적 논의가 확산되는 시점에서 시작되었다(Frew & Spiegler, 2008; Jordan, 2016).[2] 여성주의 상담이론이자 치료모델로 시작된 RCT는 전통 심리학 이론들이 여성의 경험을 대변하고 있지 못함을 비판했고, 여성의 심리를 표현하기 위한 모델로 스톤센터이론(the Stone Center Theory) 또는 관계 속 자기(self-in-relation)이론으로 시작되어 관계문화이론으로 발전되었다(Jordan, Walker, & Hartling, 2004). 더 나아가 남성의 관계를 향한 욕구도 사회문화적 압력에 의해 부인되었고 독립성, 경쟁, 성취를 이루도록 요구되어 온 결과 남성들이 자신의 감정을 인식하거나 표현하지 못하는 특징이 있음을 발견하고, 남녀 구분 없이 모든 인간의 경험을 이해하는 데 적용될 수 있다는 관점으로 전환되어 성장하고 있다(Jordan, 2016).

RCT는 인간이 일생 동안 관계를 통해, 관계를 향해 성장한다는 전제를 가지고 있으며, 독립성, 자율성, 경쟁과 성취 등을 인간의 성숙한 발달의 특징으로 보는 21세기 서양문화 및 심리상담학적 경향성에 도전한다. RCT는 분리(separation)보다는 관계(connection)와 상호연결성(interconnectedness)을 강조하며, 관계 내 진정성(authenticity), 상호 공감(mutual empathy), 상호적 힘 불어넣기(mutual empowerment)를 지향한다(Jordan, 2016). 다시 말해, RCT는 기존 심리상담학의 주류를 이루는 "분리심리학(separation psychology)"에서 "관계심리학(relational psychology)"으로의 본질적인 패러다임의 전환을 위해 노력한다(Jordan, 2016, p. 140; Miller & Stiver, 1997).

관계성을 중요시하는 RCT는 만성적 고립(isolation)이나 단절(disconnection)이 인간의 고통의 원인이라 본다. 고립과 단절의 경험은 개인적 차원뿐만 아니라 사회문화적 차원에서 경험될 수 있으며, 크게 일시적 단절(acute disconnection)과 만성적 단절(chronic disconnection)로 구분되어 설명된다. 일시적 단절은 비교적 짧은 기간 일시적으로 일어나는 단절경험으로, 모든 인간관계에서 일어날 수 있으며 그 자체로 부정적인 것은 아니다. 일시적 단절은 단절경험이 다시 거론되고 상호 존중되는 경험을 하게 된다면 관계에 대한 기대감과 신뢰를 향상시킬 수 있다고 여겨진다. 이에 반해, 만성적 단절은 오랜 기간 지속된 단절의 경험으로 힘의 불균형이 반복되는 경우와 학대나 폭력 같은 트라우마적 단절경험을 포함하며, 병리의 원인으로 간주된다(Jordan, 2016; Jordan, Kaplan, Miller, Stiver, & Surrey, 1991; Miller & Stiver, 1997).

RCT에서 상담치료적 개입을 위해서는 인간 고통의 원인이 되는 만성적 단절 내 관계적 이미지(relational images)와 지배적 이미지(controlling images)의 고찰이 필요하다. 관계적 이미지들은 개인이 관계 속에서 경험을 통해 만들어 낸 내적 구성들이며 기대이다(Jordan, 2016; Miller & Stiver, 1997). 관계적 이미지는 삶의 초기로부터 시작하여 여러 인간관계에 동반되며, 보다 나은 관계를 위해 사용되기도 하며, 관계에 대한 기대를 제한하기도 한다. 이는 정신역동이론의 전이와 유사하게 이해될 수 있으며, 관계 내 전이현상이 과거에 고착되지 않고 유동적이며 현재의 새로운 관계와의 차별성을 인식한다면 문제되지 않는다. 지배적 이미지들은 개인이나 집단이 누구인지, 할 수 있는 것이 무엇인지 등을 규정짓는 틀로 문화 안에 내재하며 고립과 힘의 박탈이라는 패턴을 만든다. RCT는 가정 내 초기양육자에 의해 주로 형성되는 관계적 이미지는 사회적, 정치적, 문화적, 인종적, 성적, 경제적 상황이나 문화가 부여한 지배적 이미지에 의해 영향을 받는다고 주장한다. RCT는 인간과 인간이해의 틀로서 사용되는 이론들을 이해함에 있어 개인이 속한, 이론들이 발전된 사회적 상황(context) 또는 문화(culture)를 이해하는 것이 필수적이라고 여기는 것이다. 특히 사회적 상황과 문화 속 힘의 역학(power dynamics)이 인간과 이론들(theories)의 발달에 어떻게 영향을 주는가에 관심을 갖는다. RCT는 문화와 그 문화의 왜곡된 점을 이해하는 것이 개인을 이해하는 데 필수적이라고 본다(Jordan, 2016).

3. 불안과 종교적 경험

종교적 경험과 불안장애를 RCT관점에서 재조명해 본다면, 불안장애가 발생하게 되는 원인과 대처방법에 대한 관계적 이미지와 지배적 이미지에 대한 고찰이 필요하다. 따라서 개인내적 요소와 이에 영향을 주는 가족체계적 차원에서 고찰되는 관계적 이미지로서의 힘의 역학과 생존 전략을 논의하고, 개인과 가족에 영향을 주는 사회문화적 요소로서의 지배적 이미지인 심리학적 편향, 한국인의 종교성, 존재론적 불안에 대해 논의하고자 한다.

1) 관계적 이미지

(1) 힘의 역학

관계적 이미지는 어린 시절부터 관계 속에서 경험을 통해 만들어 낸 내적 구성들과 기대들로, 아동이 성장과정 중 경험하게 되는 부모의 양육방식과 반응들에 의해 주로 형성된다. RCT는 관계적 이미지를 고찰함에 있어 부모-자녀 등 관계 내의 힘의 역학(power dynamics)을 고찰하도록 이끈다. 아동이 자신의 불안을 부모에게 표현했을 때, 불안을 느끼는 아동에게 경청과 공감으로 부모가 "반응적 함께함(responsive presence)"을 보인다면, 아동은 자신의 불안을 수용 받게 되고 이는 불안을 포함한 다양한 감정을 관계 내에서 진정성을 가지고 표현할 수 있게 된다(Jordan, 2016, p. 52). 이는 또한 관계 내 서로 영향을 주고받을 수 있다는 점에서 부모-자녀 관계 내에 상호성이 존재함을 보이며, 유연하고 건전한 관계적 이미지의 형성을 돕는다(Jordan, 2016; Miller & Stiver, 1997). 하지만 아동이 자신의 불안이 경청되고 수용되지 못하고 비난받는다고 느낀다면 아동은 감정에 혼란을 경험할 뿐만 아니라 부모에게 거절 받지 않고 관계를 유지하고 싶은 욕구를 바탕으로 자신의 불안을 억압하거나 왜곡하게 된다.

인간 병리의 원인으로 이해되는 만성적 단절의 경험은 아이가 부모에게, 여성이 남성에게, 혹은 약자가 강자에게 자신의 감정이나 생각을 표현하였으나 묵살되거나 더 강한 위협을 느끼게 될 때 자신의 관계를 유지하고 싶은 욕구를 바탕으로 감정과 생각을 억압하거나 왜곡시키는 경험을 말한다. 만약 불안을 경험하는 약자로서의 아동이 강자로서의 부모에게 불안이 경청되거나 반응성을 경험하지 못할 때 자기 자신이 본질적으로 잘못되었다고 생각하여 모든 문제의 원인을 자신으로 간주하고 스스로를 비난하는 "자책의 고립(condemned isolation)"을 느끼게 된다(Jordan, 2016, p. 52; Miller, 1989). 자책의 고립 속에서 약자는 수치심을 느끼고 관계 내에서 침묵하는 "심리적 고립(psychological isolation)"을 경험하게 되고 무기력, 무가치함, 절망감과 함께 관계에 대한 열정과 희망을 잃게 된다(Miller & Stiver, 1997, pp. 65-74). 이러한 경험은 불안을 비롯한 다양한 감정을 표현하지 않고 비밀을 유지하게 하고, 부모에게서 접근할 수 없다고 느끼며, 자신이 부모의 역할을 하는 모습들(성인-아이 개념과 유사)이 발전하게 되며, 또한 상호적이지 않은 부모와의 관계를 바탕으로 부정적인 관계적 이미지를 형성하게 된다(Miller & Stiver, 1997).

RCT는 비상호적 관계를 지속적으로 경험하게 될 때 나타나는 일차적 감정은 불안과 두려움이라고 말하며 비상호성으로 형성된 관계적 이미지들은 관계를 향한 바람이 있지만 상처받을 수 있다는 불안과 두려움으로 관계를 멀리하게 되는 현상인 "관계의 모순(relational paradox)"을 가져온다고 말한다(Jordan, 2016, p. 52). 또한 비상호적 관계를 지속적으로 겪게 될 때 분노를 경험하게 될 뿐만 아니라 우울장애, 불안장애, 신체화증상 등의 정신질환들도 나타날 수 있다고 본다(Miller & Stiver, 1997). 따라서 RCT는 불안장애를 이해함에 있어 관계 내 힘의 역학과 상호성의 유무에 주된 관심을 기울인다.

기독/목회상담학 분야에서는 이러한 부모의 양육태도나 부모-자녀의 의사소통방식이 하나님의 이미지와 연관성이 있음을 보인다(반신환, 2000; 황혜리, 김주현, 2007; Rizzuto, 1979). 부모에게 거절 받지 않고 인정받기 위해 노력했던 것처럼 하나님께 거절되지 않고 인정받을 수 있는 방법으로 종교적 행위를(황영훈, 2006)하거나 거짓된 이타주의(이명진, 2015; Bond, Gardner, Christian, & Sigal, 1983)를 보이기도 한다. 종교적 신념과 행위에 집착하거나 강박적으로 반응하기도 하며, 그렇게 하지 않으면 벌을 받을지도 모른다는 지나친 죄책감, 불안, 두려움을 느끼기도 한다(이명진, 2015; 최재락, 2007). 이는 RCT의 부모와 관계에서 형성된 관계적 이미지가 하나님의 이미지에 영향을 미칠 수 있음을 시사한다고 본다. 불안을 수용하지 않고 비난하고 억압하도록 강요했던 부모로부터 형성된 관계적 이미지를 하나님의 이미지에 투사하여 왜곡되고 편향된 하나님 이미지와 종교적 신념을 가지고 종교적 행위를 할 수 있는 것이다. 부모와의 관계처럼 하나님과의 관계 이해는 상호성보다는 위계적인 형태로 형성된다고 하겠다.

(2) 생존 전략

부모-자녀 관계 내 힘의 역학에 의해 비상호적 관계가 지속되고 만성적 단절을 경험할 경우 청소년들은 집을 빨리 떠나고 싶다고 느끼거나, 가출을 하거나, 이성관계에 몰두하기도 하며, 결혼을 서두르기도 한다. 또는 좋은 관계를 맺고 싶은 바람은 있지만 상처받을 수 있다는 생각에 관계를 회피하고 고립된 삶을 살기도 한다. 이러한 삶의 태도나 욕구들은 방어기제로 해석되기도 하나, RCT는 이러한 삶의 모습을 만성적 단절경험이 있는 부모로부터 자신을 보호하기 위한, 상처받지 않기 위한 "단절의 전략(strategies of disconnection)"이라고 설명한다(Jordan, 2016, p. 56). 상처를 주는 관계에서 자신이 더 이상 상처받지 않기 위해 관계의 단절을 선택한 것으로, 이러한 단절은 생존을 위한 "생존 전략(strategies of survival)"으로 간주되며 병리적 관점으로 보기보다는 존중되어야 한다고 말한다(Jordan, 2016, p. 155; Walker & Rosen, 2004).

어린 시절의 관계적 경험이 병리적인 종교적 경험과 연관되어 있음을 연구한 학자들도 종교적 신념이나 행위를 방어기제로 설명한다(이명진, 2015; A. Freud, 1936; S. Freud, 1962). 방어기제의 관점으로 종교경험과 불안장애를 이해한다면, 어린 시절 불안을 수용 받지 못한 단절경험이 새로운 대상 또는 관계 추구를 위해 종교나 종교공동체에 몰두하거나 불안을 상쇄하기 위해 종교가 사용될 수 있는 것이다. RCT는 불안을 상쇄하거나 해소하기 위한 종교적 신념과 행위들이 병리적으로만 인식하는 것이 아닌 생존의 전략들일 수 있음을 제시한다. 불안에 대처하기 위한 종교적 신념과 행위들은 상처받지 않기 위한, 문제해결을 위한, 보다 나은 관계를 향한 이들의 노력으로 간주될 수 있음을 의미한다.

또한 RCT는 아동이 가족 내 상호성의 결여로 심리적 문제들을 발병할 수 있지만 이들은 좀 더 회복탄력적인 성인으로 성장할 수도 있다고 말한다. 심리적 문제를 일으킬 수 있는 가정환경에서 성장한 모든 이들이 병리적일 것이라는 가정을 거부하며, 건전한 성장을 저해하는 어려움들에도 불구하고 적어도 한 명의 중요한 타자를 만나는 경험을 하게 된다면 회복탄력성(resilience)을 가질 수 있다고 본다(Miller & Stiver, 1997, pp. 101-103). 또한 개인의 회복탄력성 중 관계로 돌아올 수 있는 능력과 도움을 구할 수 있는 능력으로서 "관계 회복탄력성(relational resilience)"이 단절경험을 극복하거나 성장지향적 관계를 만들어 가는 데 중요한 요소라고 말한다(Jordan, 2016, p. 57). 따라서 RCT는 어린 시절 부모-자녀 간의 만성적 단절경험이 불안장애의 원인이 될 수 있음을 인정하나 이들의 종교적 경험이 병리적이라고 단정 지을 수는 없으며, 종교적 경험을 개인의 경험에 따라 긍정적이거나 부정적일 수 있다는 다양성을 제시한다. 또한 이들의 종교적 경험이 생존 전략일 수 있으며 더 나아가 회복탄력적으로 사용되고 있는지에 대한 고찰을 하도록 이끈다.

2) 지배적 이미지

(1) 심리학적 편향

종교적 경험과 불안장애를 이해하는 데 있어 관계적 이미지에 대한 고찰과 함께 RCT는 관계에 영향을 주는 상황적이고 구조적 측면의 지배적 이미지에 대한 고찰을 요구한다. 첫 번째 지배적 이미지는, 주류 심리학이론들의 편향된 관점이다. RCT는 모든 이론은 문화 속에 존재하며, 특정 문화 내에서 발전된 이론의 왜곡된 점을 이해하는 것이 다양한 사회적 상황과 문화 속에 살고 있는 개인과 공동체를 이해하는 데 중요하다고 본다. RCT에서 관심을 갖는 첫 번째 편향된 관점은 주된 양육자로 간주되는 모(母)비난의 지배적 이미지이다. RCT를 포함한 대부분의 심리상담학의 이론들은 불안장애와 관련된 종교경험에 있어 엄마와 아동의 관계에 관심을 가지며, 종종 문제의 원인이 "힘들게 만드는 엄마(the enmeshed mother)"에 있다고 말한다(Miller & Stiver, 1997, p. 59). 불안을 느끼고 표현하는 아동을 비난하거나 불안을 표현하지 않도록 억압하게 하는 엄마가 종종 아동 및 성인의 불안장애의 원인으로 지목되는 것이다. 하지만 RCT는 불안과 관련된 병리와 종교경험에 있어 부모-자녀 관계만을 집중적으로 고찰하는 것은 부모의 양육방식과 가족에게 영향을 주는 심리적, 사회적, 정치적 상호작용에 대한 분석을 간과하게 한다고 본다(Miller & Stiver, 1997, pp. 59-62).

아동과 어머니의 관계가 중요한 부분이기는 하나 RCT는 불안장애를 포함한 정신질환의 원인으로 모(母)를 비난하게 하는 주류 심리학이 지배하는(power over) 문화가 있음을 지적한다. 관계 및 양육적 측면에 어머니(여성)으로 하여금 돌봄의 주된 역할을 감당하도록 요구되며, 모의 양육을 위한 노력은 지지받지도 귀하게 여겨지지도 않는 가부장적인 지배적 이미지가 있다는 것이다. 엄마로서 여성들이 자신의 자녀가 아동 및 성장 후 불안장애를 경험하는 것의 책임이 자신에게 귀결된다고 상담사를 포함한 정신건강의 전문가들뿐만 아니라 가족과 사회로부터 지적될 때 이들은 엄마로서 자신이 실패했다고 느끼게 되는 자책의 고립에 빠지게 되는 것이다. 문제의 원인으로 인식됨과 동시에 이들은 수치심, 자기비난, 관계적 무능함, 고립감, 실패감등을 느끼도록 이미지가 부여됨으로써 어머니로서의 여성의 힘을 박탈하고 침묵하도록 만드는 남성중심적인 지배적 문화가 있다고 지적한다. 이는 어머니로서의 여성의 역할뿐만 아니라 관계에 대한 열정과 희망을 잃게 하고 관계에 대한 무력감과 절망으로 발전되기도 한다(Miller & Stiver, 1997, pp. 65-74). RCT는 수치심이 개인이나 약자(아동 및 여성 포함)에게 침묵하게 만들고 고립시키는 강력한 방법으로 이들의 고립과 지배집단에 대한 종속을 강화하기 위해 전략적으로 사용되며, 수치감을 느끼게 하여 이들이 침묵하고 힘을 잃게 만드는 데 큰 역할을 한다고 본다(Jordan, 2016, p. 54). 최근 한국 사회에서 사용되는 김치녀, 된장녀, 김여사, 맘충이라는 여성혐오적 표현들은 여성에게 수치심을 느끼게 하여 힘을 잃게 만드는 한국 여성에게 부여된 지배적 이미지의 예로 볼 수 있다.

심리학적 편향을 보이는 두 번째 지배적 이미지는, 인간발달이나 성숙을 독립적으로 이해하는 주류 심리학적 이해이다. 뉴턴의 물리학처럼 자연과학적 이해를 바탕으로 한 주류 심리학들은 자아를 개별적이고 분리된 독립체들로 이해하며 자율성, 개인주의, 독립성, 분명한 경계, 분리 등을 가질 때 성숙한 발달이 이루어졌다고 간주하는 "분리된 자아의 신화(the myth of the separate self)"를 가지고 있다고 지적한다(Jordan, 2016, p. 2). 따라서 아동의 발달은 의존에서 과도기적 의존을 거쳐 독립으로 향해야 한다고 믿는 심리학적 관점은 인간의 필수불가결한 관계성, 의존성, 상호연결성을 희석시키며, 관계에 대한, 관계를 향한 인간의 기본 욕구를 부인하거나 억압하게 한다고 본다(Jordan, 2016; Jordan et al., 1991).

한국 사회는 가족중심과 집단주의 문화를 가짐으로써 개인정체성보다는 집단정체성을 강조하고 독립적 자기(independent self)보다 상호의존적 자기(interdependent self) 개념이 성숙한 발달로 간주되어 왔다(Baumgardner & Crothers, 2013, p. 188). 개인주의 문화를 바탕으로 발달된 주류 심리학의 관점은 집단주의 문화에서 성장한 이들로 하여금 독립되지 못한 자신에게 불안과 수치심을 느끼고, 의존성을 병리적으로 보는 오류를 가져오기도 한다. 또한 의존성을 주로 보이는 이들로서 아동이나 여성에 대한 편견과 왜곡을 갖게 한다. 독립성에 대한 강조는 개인주의 문화에서 발달한 이론의 영향과 더불어 남성중심의 지배적 이미지와 그 연관성이 있다. Gilligan을 비롯한 여성주의자들은 기존의 발달이론 및 심리학 이론들이 남성중심의 입장과 남아들을 대상으로 한 연구들이 주를 이루므로 여아와 여성들의 발달을 이해하는 데 한계가 있다고 주장한다(Gilligan, 1982; Jordan, 2016). 심리학적 편향에 대한 비판적 성찰을 제시하는 학자들은 부모에 대한 심리학의 비판적 관점이 개인으로 하여금 가족관계 내 피해자나 희생자로서 자신을 보게 하고 반부모적 편견을 갖게 한다고 주장한다. 또한 관계성을 경시하게 만들며, 가족, 교회 등의 공동체에 대한 가치를 간과하고 자기중심적인 나르시스틱한 문화를 양산하는 오류를 범하기도 한다고 지적한다(Browning, Miller-McLemore, Couture, Lyon, & Franklin, 2000; Lasch, 1978; Miller & Stiver, 1997; Vitz, 1977).

따라서 RCT는 종교적 경험과 불안장애를 이해함에 있어 모든 문제의 핵심을 주된 양육자 역할을 하는 여성에게 귀결시키고 관계나 의존을 병리적으로 간주하고 독립을 강조하는 개인주의적이고 남성중심적인 심리학적 이론과 사회문화적 영향을 재조명한다. 더불어 돌봄에 있어 여성에게 부과된 무거운 책임들은 남성 및 사회의 모든 구성원들과 공유되어야 함을 주장하고 종교적 경험과 불안장애뿐만 아니라 인간을 이해함에 있어 주류 심리학적 이론들의 관점과 가치들의 왜곡된 부분을 재고찰하도록 요청한다.

(2) 한국인의 종교성

Miller를 포함한 RCT의 학자들은 기독교 등의 종교를 가진 이들로 종교 자체가 병리적이라고 표현하지 않는다. Ayvazian와 Miller는 자신들이 기독교인, 이성애자, 신체 건강한 중산층 백인여성의 특권층인 지배그룹에 속하지만 자신들도 남성중심적 사회체제에서 소외되고 불이익을 받았음을 표현한다. 하지만 이들은 자신들의 기독교 경험과 사회경험은 흑인여성을 포함한 다른 여성들의 기독교 내 종교경험이나 사회경험과 다르며, 이들이 속한 공동체와 사회문화적 상황에서 강자가 누구냐에 따라 그 경험은 달라질 수 있다고 표현한다(Jordan, Walker, & Hartling, 2004, pp. 147-163). 따라서 불안장애와 관련된 종교적 경험을 이해하는 데 있어 종교적 가르침과 의식(rituals)에 내포된 종교의 지배적 이미지와 어떠한 사회문화적 상황에서 종교적 경험이 이루어지는가에 대한 이해가 필요하다. 심리학적 이론이 문화에 의해 영향을 받는 것처럼 기독교를 포함한 종교들은 문화에 의해 영향을 받기 때문이다.

병리적 종교적 경험에 대한 연구들 중 최재락(2007)은 한국 교회 여성들이 자기부정, 자기억압, 자기학대 등 자신에 대한 왜곡된 태도를 보일 뿐만 아니라 종교적 편견, 과학적 사고와 추상적 사고의 결핍으로 타인과 현실세계에 대한 왜곡된 태도를 보인다고 말한다. 또한 인격장애에 나타나는 병리적 종교경험들은 적대적 태도, 의존성, 절망적 태도, 착취적 태도, 현실도피적 태도 등이 있음을 보인다(최재락, 2004). 이러한 종교적 경험은 여성이나 인격장애를 가진 이들이 보이는 종교적 특성이라고 볼 수 있지만, 최재락이 지적하듯 권위를 강조하는 종교지도자나 종교기관의 영향이나 성차별적 가르침과 경험에 기초한 것일 수 있다. 다시 말해, 병리적인 종교적 경험은 개인의 병리적인 종교적 신념과 행위로만 보는 관점에서 한국 내 종교적 가르침과 의식(rituals)이 이들에게 미치는 영향에 대한 고찰이 필요하다고 하겠다.

불안과 관련된 종교적 경험을 이해함에 있어 첫째로, 기독교를 포함한 종교에서 죄, 벌, 회개에 대한 강조는 불안을 느끼거나 불안장애를 경험하는 이들에게 죄책감을 가중시킬 위험성이 있음을 보인다. 더불어 '공의로운' '벌하시는' '분노하시는' 하나님의 이미지들은 어린 시절 불안을 표현했을 때 비난했던 부모의 이미지와 결합되어 자기부정적이고 자기학대적인 종교적 태도를 갖도록 이끌 수 있는 것이다(반신환, 2000; 최재락, 2007; 황혜리, 김주현, 2007; Rizzuto, 1979).

둘째로, 종교적 가르침은 불안을 상쇄하거나 하나님의 징벌을 벗어나기 위한 강박적 사고와 행위(이명진, 2015; A. Freud, 1936; S. Freud, 1907)나 완벽주의 성향으로 발전될 수 있다. 그 예로, 반복적으로 기도, 성경읽기, 예배참석, 봉사 등의 종교예식과 활동을 참여하도록 요구받는 것은 강박적 행위나 종교적 완벽성과 연관되는 것이다. 부모나 타인으로부터 비난받고 수용 받지 못한 것처럼 종교권위자와 하나님으로부터의 인정과 수용을 받기 위한 노력들은 불안장애를 가진 이들에게 강박적 사고와 행위뿐만 아니라 완벽주의적 삶을 지향하고 높은 평가기준을 갖게 하는 위험이 있다고 본다(James, 1961).

셋째로, 종교의 무조건적 믿음과 순종 및 성직자의 역할에 대한 강조는 인간으로 하여금 종교와 종교적 지도자에 의존적이 되도록 이끈다고 할 수 있다. 인간의 죄성, 유한성, 나약함을 강조하고 하나님 또는 신에 대한 절대적 의존을 강조하는 것은 불안을 느끼는 이들에게 자신의 불안에 대한 해결을 위해 하나님 또는 신을 절대적으로 의존하게 만든다. 특히 가정 및 사회에서 자기주장성보다 의존성을 갖도록 요구되었던 여성의 경우 남성, 종교지도자, 종교기관 등에 종속된 것으로 이들에게 의존하고 순종하도록 지속적으로 요구되어졌다(이명진, 2015; 최재락, 2007). 최재락(2007, p. 220)은 "인류 역사에 있어서 가장 오래된 형태의 억압이라고 볼 수 있는 성차별에는 종교의 역기능이 깊게 관련되어 있음"을 주장하며, 교회 내 가르침은 종교인들이 비종교인들보다, 여성이 남성보다 의존적이고 성차별적인 태도를 가지도록 이끈다고 지적한다. 이러한 의존성은 하나님 및 종교지도자와의 관계를 상호적이 아닌 종속적인 지배적 이미지를 갖게 하는 것이다.

넷째로, 종교와 종교지도자에 대한 의존성은 불안장애의 치료에 있어 미신적이고 기적적 치유를 기대하도록 만들기도 한다. '전지전능하신 하나님'의 지배적 이미지는 종교지도자의 전지전능성과 권위로 이해되어 하나님이나 종교지도자의 능력으로 안수, 신유, 기도 등으로 자신의 불안과 불안장애가 기적적으로 치유되기를 바라게 되기도 한다. 더 나아가 불안으로부터 벗어나기 위해 기도원 등 종교적 활동에 몰두하는 광신주의나 현실도피적 삶의 모습으로 발전되기도 하며, 왜곡된 지도자들에 의해 종교적 참여, 경제적 투자, 성적 관계 등으로 이용되고 착취되기도 한다(목회상담센터, 2003; 최재락, 2004, 2007; 황영훈, 2006). 다섯째로, 불안에 대처하는 데 도움이 되는 강한 종교적 신념과 행위는 이러한 종교적 모습에서 벗어나 있는 이들에게 적대적이고 공격적인 태도를 갖게 만들기도 한다. 자신들의 종교적 신념과 종교적 행위만이 올바른 신앙의 모습이라는 폐쇄적 신앙의 모습을 보이며, 타인을 비판하고 정죄하는 모습을 보이기도 한다(최재락, 2004, 2007).

기독교를 포함한 종교들의 가르침과 의식(rituals)이 양산한 종교의 지배적 이미지들은 기독교라는 특정 종교의 모습이라기보다 한국 역사의 샤머니즘, 불교, 유교, 기독교 등을 바탕으로 한 사회적, 종교적, 문화적 모습들이라고도 할 수 있다. 한국인의 종교와 문화에 대한 연구는 샤머니즘이 한국 종교 및 기독교로 하여금 기복적 신앙과 신에 대한 의존성을 갖는 데 기여하였고, 종교지도자에게 신과 일반인 사이에 중재를 하는 역할과 제사, 치병, 점복, 오락 기능들을 기대하도록 영향을 주고 있다고 말한다. 불교의 경우 인간의 고난에 대한 숙명론적 관점으로 불안장애와 같은 정신질환이나 신체질환을 자신의 업 또는 죄로 인식하고 숙명론적으로 받아들이고 지속적 자기수행을 하도록 인도하기도 한다고 지적한다. 또한 유교의 삼강오륜 등의 가치들은 가부장적이고 위계적인 가정 및 사회구조와 아동 및 여성으로 하여금 남성과 권위에 대한 의존성을 갖도록 영향을 주고 있다고 말한다(목회상담센터, 2003; 한재희, 2011). 따라서 불안을 느끼거나 불안장애를 경험하는 이들의 종교적 경험은 개인적 차원뿐만 아니라 이들에게 요구된 종교적 가르침과 종교적 행위뿐만 아니라 한국인의 종교성을 바탕으로 종교가 갖는 지배적 이미지를 고찰할 필요가 있음을 RCT는 지적하고 있다. 이러한 논의는 종교적 경험의 지배적 이미지들이 모두 부정적이라는 것을 의미하지는 않으며, 앞서 논의되었듯 종교적 신념, 행위, 종교적 경험 등이 개인의 생존 전략과 회복탄력성으로 이해될 수 있으며 불안 및 불안장애와 관련된 회복탄력성과 성숙한 종교적 경험에 대한 논의는 기독/목회상담적 제언에서 다루도록 하겠다.

(3) 존재론적 불안

지배적 이미지에 대한 마지막 논의는 불안에 대한 실존적이고 신학적 이해로 한국 사회 및 종교의 불안에 대한 회피적 태도이다. 얄롬(Yalom)과 메이(May) 등의 실존주의 심리학자뿐만 아니라 키르케고르(Kierkegaard)와 틸리히(Tillich) 등의 신학자에게 있어 불안은 핵심적인 존재론적 현상으로 간주된다, 실존주의 심리학에서 중요한 논의점인 죽음, 자유, 소외, 무의미는 불안과 깊은 연관성을 가지며, 특히 죽음은 불안을 야기하는 핵심주제로 설명된다(임경수, 2010; May, 1986; Tillich, 1952; Yalom, 1980). 인간은 출생 이후부터 전 생애과정에서 불안을 느끼며, 특히 죽음불안과 죽을 수밖에 없는 존재로의 '궁극적 비존재(ultimate nonbeing)'로서의 불안이 억압된다면 불안장애를 포함한 정신병리가 야기된다고 본다(Tillich, 1952; Yalom, 1980). 이대순(2011)은 공황장애의 실존적 불안 분석을 통해 죽음이나 불안 등은 병리적인 관점이 아닌 정상적인 상태로 이해하는 것이 중요하다고 제안한다. 이러한 존재론적인 불안이 보편적이고 정상적인 불안임에도 불구하고 한국 사회, 가정, 교회 등에서 존재론적 불안이 신경증적이고 병리적인 것으로 간주되고 회피하거나 억압하려는 경향이 있음을 본다.

정태기(2010)는 인간이 겪는 위기를 발달적 위기, 우발적(상황적) 위기, 사회문화적 위기로 분류한다. 발달적 위기는 인간 전 생애의 발달과정에서 누구나 느낄 수 있는 전환기적 위기이며, 출생으로 시작되어 아동기, 청소년,

청년, 중년, 노년에 이르기까지 끊임없는 역할과 요구들이 진행될 때 불안과 위기감을 느끼는 것이다. 이러한 위기나 불안감은 인간이 겪을 수밖에 없는 보편적인 불안임에도, 한국 사회에서 각 발달단계에 겪는 위기나 불안은 수용되기보다는 병리적으로 문제시되기도 한다. 유치원과 초등학교를 입학시키는 부모가 아이가 학교에 가기 싫어 울 때 분리불안장애를 겪는 것으로 병리적 관점으로 바라보거나 청소년기와 중년기의 정체성 혼란이 강도의 차이는 있지만 누구나 겪을 수 있는 자연스러운 현상으로서가 아닌 피하고 싶은 위기상황과 병리적 상태로 간주되는 것을 발견한다. 예상치 못한 우발적 위기를 경험하거나 트라우마적인 단절경험에 의한 불안, 두려움, 슬픔 등에 대한 한국 사회의 반응들은 '빠른 회복'이나 '빨리 잊기'를 요구하며 상실감의 표현이나 애도의 과정이 허락되지 않는 것처럼 보인다. 불안과 상실감이 지속될 경우 병리적인 관점으로 바라보거나 종교적으로 미성숙한 태도로 간주하기도 한다. 문제의 원인이 희생자에게 있다고 말하는 "희생자 비난"의 위험성도 보인다(Baumgardner & Crothers, 2013, p. 101).

한국 사회는 오랫동안 불안한 사회, 경제, 정치적 국면을 경험했다. 500년 역사를 언급하지 않더라고 동시대를 살아가는 세대들은 전쟁과 군사정권, IMF와 지속적 경제위기, 정치적 혼란과 분열 등의 불안정성과 트라우마적 경험을 지속적으로 경험했다. 지역감정, 성차별, 전쟁위기 등 사회문화적 위기는 여전히 지속된다. 이러한 사회문화적 위기 속에서 한국인들은 오랫동안 불안의 시대를 경험하고 있으며 심리적, 사회적, 경제적, 정치적 불안감은 수용되지 않았다. 불안한 삶에서 벗어나기 위해 목표지향적이고 성공지향적인 삶에 매진하여 짧은 기간 동안 급진적 경제성장을 이루었지만 여전이 불안을 느낀다. Schwartz(2004)는 이러한 현상이 현대를 살아가는 이들이 "만족(satisficing)"을 지향하기보다 "극대화(maximizing)"을 지향하기 때문이라고 말한다(Baumgardner & Crothers, 2013, p. 161, 165). 또한 불안을 포함한 위기나 문제 상황에 대한 대처방식에서 문제를 해결하기 위한 "문제초점 대처"나

불안한 상황이 일어나지 않게 만들기 위한 "예방적 대처"에만 초점을 맞추어 존재론적 불안을 포함한 다양한 감정을 표현할 수 있는 "정서초점의 대처"가 부족했던 것을 보인다(Baumgardner & Crothers, 2013, p. 73). 한국 사회와 기독교를 포함한 종교들은 존재론적이고 실존적인 불안과 더불어 생애과정 중 겪을 수 있는 발달적, 우발적, 사회문화적 위기상황에서 느끼는 보편적이고 당연한 불안에 대해서도 신경증적이고 병리적 불안으로 간주하거나 회피하거나 억압하도록 하는 경향을 보이는 것이다.

4. 기독/목회상담학적 제언

종교적 경험과 불안장애와 관련된 관계적 이미지와 지배적 이미지들을 탐색하고 고찰하게 하는 RCT의 관점은 기독/목회상담학적 관점과 유사성을 갖는다. 기독/목회상담학의 전성기를 이끈 Clinebell(1995)은 인간에게 있어 전인건강의 중요성을 강조하며, 전인적 해방-성장 모델(holistic liberation-growth model)을 제시한다. 영성을 중심으로 한 몸, 마음, 놀이, 관계, 조직사회, 자연과의 상호관계 속에서의 전인건강을 추구하는 Clinebell의 접근은 종교경험과 불안장애를 이해함에 있어 관계적 이미지 내에 신체적, 정신적, 놀이적, 대인관계적 요소를 고찰하고 지배적 이미지 내에 조직사회, 환경, 자연과의 관계성을 고찰하게 한다. 또한 Clinebell의 관점은 남녀, 빈부, 인종 등 인간의 모든 측면에서 상호성과 해방적 관점을 강조한다는 점에서 RCT의 여성주의적이고 해방적 관점과의 유사성이 있다. 이는 인간을 이해하기 위해서는 개인내적 요인뿐만 아니라 개인을 둘러싼 상황 또는 체제로서의 "살아있는 인간 웹(the living human web)"을 고찰해야 한다고 주장하는 여성주의 목회신학자인 Miller-McLemore(1999)의 관점과도 유사하다. 관계적 이미지와 지배적 이미지의 고찰을 바탕으로 한 RCT의 상담치료적 제안은 상담기술이나 기법보다 상담자와 내담자의 상호관계의 질과 태도를 중시하며, 내담자의 고통과 이들이 발전시킨 생존 전략에 대해 존중을 바탕으로 한다(Jordan, 2016, p. 61). 따라서 RCT가 제시하는 관계적 마음다함, 회복탄력성, 관계적 용기, 해방적 저항의 개념과 기독/목회상담학적 관점을 통합한 실천신학적 고찰(practical theological reflection)을 바탕으로 기독/목회상담학적 돌봄과 상담의 방법을 제안하고자 한다.

1) 관계적 마음다함

RCT는 개인이 관계 내 자신을 표현할 수 없을 때, 그들의 경험이 타인에게 경청되거나 반응되지 못할 때, 인간은 자신을 변형시키거나 분리하거나 자신의 반응을 억압한다고 말한다(Jordan, Walker, & Hartling, 2004, p. 11). 불안을 느끼는 개인이 자신의 불안을 표현하게 하는 것, 다시 말해 '침묵으로 부터의 탈출(moving out of silence)'을 하여 자신의 불안감정을 비난받을 두려움 없이 표현하게 하는 것이 상담을 위한 첫 번째 단계라고 본다. 여성주의 목회신학자인 Cooper-White(2010, p.13)는 인간은 자신의 감정이나 생각을 표현할 수 없을 때 또는 자신이 그 누군가로부터 진심으로 경청된다고 느끼지 못할 때 고통을 경험하며, 따라서 "목소리가 없었던 이들에게 목소리를 내도록 하는 것(voice to the voiceless)"이 기독/목회상담의 시작점이며 근본적 요소라고 주장한다. 따라서 삶에서 경험될 수 있는 다양한 불안들은 표현하도록 격려 받는 것이 그 무엇보다 중요하다고 본다. 자신의 불안이 타인(상담자)으로부터 공감됨으로 "보이고, 알려지고, 이해된다."는 경험을 통해 고립감, 자책, 무기력감에서 벗어날 수 있도록 돕는다(Jordan, 2016, p. 141).

상담현장에서 불안을 표현하게 하는 것은 자신이 불안한 상태, 불안을 가중시키는 요소 등 불안으로 인해 자신이나 관계에서 일어나는 일들을 충분히 알아차리도록 돕는다. 특히 불안과 관련된 자신의 과거와 현재의 상태,

관계적 이미지와 지배적 이미지, 불안으로 인해 발생하는 증상과 현상들, 불안을 억압하거나 상쇄하기 위한 자신의 대처방법, 회복을 위한 노력들을 알아차리고 상담자로부터 경청되고 존중받게 된다. 특히 부정적 관계 이미지나 지배적 이미지들에 대한 고찰은 불안, 수치감, 자기비난으로부터 벗어나 자기공감뿐만 아니라 타인관의 관계에 대한 희망을 갖도록 도울 수 있으며, RCT는 이를 "관계적 마음다함(relational mindfulness; Jordan, 2016, p. 52; Surrey, 2005)" 또는 "관계적 인식(relational awareness; Jordan, 2016, p. 52; Jordan, Walker, & Hartling, 2004, pp. 47-63)"이라고 말한다. 상담자는 내담자가 어린 시절 자신의 부모나 중요한 타자로부터 분리되었을 때, 부모나 타인으로부터 지나친 비난과 공격을 받았을 때, 발달적 위기, 우발적 위기, 사회문화적 위기, 또는 존재론적 불안을 경험할 때 불안이나 공포를 느끼고 이러한 감정을 표현하지 못하거나 경청되고 수용 받지 못한 만성적 단절의 결과로 불안장애가 발전될 수 있음을 알아차리게 된다. 더불어 자신의 불안, 공포, 두려움과 관련된 자신의 종교적 신념, 의식(rituals), 경험들을 표현하고 탐색할 수 있는 기회를 갖게 되며, 상담자로부터의 '그럴 수 있음'의 수용과 존중을 통해 불안을 느끼는 자신을 비난하는 자책의 고립에서 벗어날 수 있게 된다.

2) 회복탄력성과 종교적 성숙

불안을 느끼는 이들의 관계적 이미지에서 발견된 단절의 전략이나 지배적 이미지에서 발견된 종교적 신념과 행위들을 방어기제나 병리적인 것으로 이해하는 것을 거부하는 RCT는 이들의 삶의 태도와 방식을 만성적 단절경험 속에서 살아남기 위한 생존 전략으로 간주하며 "급진적 존중(radical respect)"이 이루어져야 한다고 말한다(Jordan, 2016, p. 61, 154; Walker & Rosen, 2004, p. 9). 또한 생존의 전략은 이들의 회복탄력성일 수 있음을 지적한다. RCT는 상담에서 회복탄력성을 인식하고 활용하는 것은 중요한 요소로서, 특히 단절

이후에 관계로 돌아올 수 있는 능력과 도움을 구할 수 있는 능력으로 정의되는 "관계 회복탄력성(relational resilience)"을 갖는 것이 핵심적이라고 말한다(Jordan, 2016, p. 57). 불안장애에도 불구하고 자신의 삶을 유지하고, 도움을 구하며, 관계로 돌아올 수 있는 능력은 종교적 믿음과 종교적 행위와도 깊은 연관이 있다. 불안장애와 관련된 종교적 신념과 행위가 병리적 관점에서 주로 논의된 것과 달리, 회복탄력성은 종교가 갖는 보호요인에 대해 관심을 이끈다.

회복탄력성은 탄력성, 회복력, 적응력, 적응유연성 등으로 번역되기도 하며 긍정적 대처, 지속성 등으로 이해되기도 한다. 어려움, 도전, 스트레스에도 자신을 회복하게 하고 유연하게 적응하고 대처하게 하는 힘으로 잠재력, 저항력, 면역력, 내・외적 자원을 활용할 수 있는 능력 등 포괄적인 의미도 갖는다(김주환, 2011; Baumgardner & Crothers, 2013, pp. 95-96; Seligman, 2002). 회복탄력성에 대한 초기 연구는 개인 회복탄력성에 초점을 두었으나 현재는 개인 회복탄력성(성별, 건강, 감정조절능력, 신념체제, 자기효능감, 효과적인 대처방법, 교육 등), 가족 회복탄력성(가족구조, 친밀성, 응집력, 지지적 부모-자녀관계, 경제력 등), 공동체 회복탄력성(동료, 이웃, 공동체 소속, 의료시스템 등) 등으로 확장되어 논의된다(Benzies & Mychasiuk, 2009, p. 105). 이와 더불어 종교나 영성과 관련된 회복탄력성의 연구들이 심리학 분야뿐만 아니라 기독/목회상담학 영역에서 발견되며, 이들은 위기와 어려움의 시기에 종교나 영성, 종교적 신념과 행위, 종교지도자와 공동체 등이 삶에 회복탄력적인 역할을 했음을 보인다(Baumgardner & Crothers, 2013, pp. 352-375; Fowler & Hill, 2006; Seligman, 2002). 결국 회복탄력성은 생물, 심리, 사회적, 영적 현상으로 간주되며, 생애과정을 통해 지속적으로 발전된다고 본다(Greene, 2009, p. 62).

Palmer(1997)는 회복탄력성의 종류에 지속된 혼란 상황 속에 있는 이들의 아노미적 생존(anomic survival), 건설적인 대처방법을 발달시키기 위한 불완전한 시도들로서의 재생적 회복탄력성(regenerative resilience), 대처전략을 상대적으로 긴 시간 동안 활용하는 적응적 회복탄력성(adaptive resilience), 효과적인 행동과 대처전략을 광범위하게 활용하는 번영적 회복탄력성(flourishing resilience)으로 구분하여 설명한다. 불안을 경험하는 이들의 삶의 태도나 종교적 모습은 번영적 회복탄력성이 아닌 아노미적 생존이나 재생적 또는 적응적 회복탄력성으로 보일 수 있다. 하지만 이 또한 회복탄력적 역할을 하며 번영적 회복탄력성을 갖기 위한 과정으로 간주될 수 있다는 것이다.

불안장애를 경험하는 이들의 불안 대처방법이나 종교적 신념과 행위가 생존 전략과 회복탄력적 관점에서 존중된다면, 수용되고 공감적 분위기에서 삶의 전략들과 종교적 경험은 탐색될 수 있을 것이다. 예로, 완벽주의적인 삶의 전략을 가진 이들이 병리적 관점이 아닌 존중되는 분위기에서 자신의 완벽주의가 무엇으로부터 기인하고 무엇을 향해 가는지를 알아차리는 기회를 갖게 될 것이다. 실패를 피하기 위한 강한 기준들 또는 규칙들에 의한 자기지향적(self-oriented) 완벽주의인지, 부모, 배우자 등의 중요한 타인의 기대에 부응하기 위한 비현실적 기준들에 의한 타인지향적(other-oriented) 완벽주의인지, 종교, 종교지도자, 하나님 등의 자신에 대한 기대와 평가를 강하게 인식하는 사회적으로 부과된(socially-prescribed) 완벽주의인지 탐색할 수 있을 것이다. 자신의 종교적 신념, 행위, 경험 등도 방어기제나 병리적 관점이 아닌 수용되고 존중되는 분위기에서 자신의 하나님의 이미지, 관계적 이미지, 지배적 이미지들을 탐색하고 재고찰하여 성숙한 종교적 신념과 행위들로 성장할 수 있는 기회를 갖게 된다. Fowler(1981)이나 Westerhoff(1980)가 제시한 것처럼 자신의 종교경험을 바탕으로 한 경험적 신앙단계나 개인이 속한 종교지도자나 종교공동체의 귀속적 신앙단계에서 비판적 사고와 다양성을 시험하는 탐구적 신앙단계를 거쳐 성숙한 고백적 신앙단계로 성장하는 기회를 갖게 될 것이다. 제임스(1961)가 『종교적 경험의 다양성(The varieties of neligious experience)』에서 논의한 것처럼 RCT는 개인과 공동체의 종교적 경험이 다양할 수 있음을 말한다. 따라서 불안장애와 관련된 종교적 경험이 병리적으로 보일 수 있지만 이는 개인에게 요구되는 종교적 가르침과 행위, 한국인의 종교성 등 지배적 이미지들에 대한 고찰과 더불어 생존 전략이나 회복탄력성으로 인식될 수 있음을 보인다. 또한 이들의 종교적 경험에 대한 경청과 존중은 자신의 종교적 신념, 행위, 경험들을 고찰하게 하여 건강한 종교성 또는 종교적 성장으로의 발판이 될 수 있음을 보인다.

3) 관계적 용기와 해방적 저항

단절을 경험하는 것은 새로운, 그리고 보다 나은 관계로 재연결(reconnection)될 수 있는 가능성을 내포한다. RCT에서 단절의 경험은 관계 내 또는 상담현장에서 논의되고 관계적 이미지를 수리(repair)할 수 있는 기회로 사용된다면 이는 성장지향적 관계(growth-fostering relationship)에 대한 기대를 증진한다고 본다. 상담과정 중 상담자와 내담자의 관계에서도 단절경험은 언제나 일어날 수 있으며, 이러한 단절이 진정성과 상호성을 가지고 논의되고 관계가 다시 연결된다면 관계에 대한 희망을 갖게 한다는 것이다(Jordan, 2016; Lawler, 2004). 관계를 다시 연결되도록 하는 데 있어 두 가지의 핵심적 요소는 관계 내에서 자신의 경험이 알려지도록 일련의 행동을 취할 수 있어야 하며, 관계에서 타인과 보다 나은 관계를 이끌 수 있어야 한다(Miller & Stiver, 1997, pp. 65-66). 내담자는 상담현장에서 자신의 불안이 수용 받지 못했을 때 느껴지는 거절감, 수치심, 고립감 등을 상담자에게 표현하고 상담자와의 관계에서 상호 공감을 경험함으로써 "관계교정 경험(corrective relational experiences)"을 하게 된다(Jordan, 2016, p. 68). 이를 바탕으로 자신의 삶에서 단절된 경험을 재연결하는 시도를 할 수 있게 된다. RCT는 단절 이후 관계로 돌아올 수 있는 능력과 도움을 구할 수 있는 능력을 "관계 회복탄력성(relational resilience)"으로 지칭하며, 이는 "관계적 용기(relational courage)"와 관련이 있다(Jordan, 2016, pp. 57-58). 관계적 용기는 불안, 두려움, 공포 등을 느끼지 않는 일반적 용기를 의미하는 것이 아니라, 자신의 관계나 상황에서 불안, 두려움, 공포를 느낄 수 있음에 대한 수용뿐만 아니라 이를 극복하기 위해 도움을 구하는 것을 포함한다(Jordan, 2016). 다시 말해, 관계적 용기는 관계회복 시도에서 두려움을 느끼지 않는 것을 말하는 것이 아닌 두려움을 느낌에도 관계의 회복을 위한 시도를 하는 것과 이를 위해 도움을 구하는 것을 포함한 "관계 속의 행동(action-in-relationship)"을 말한다(Jordan, 2016, pp. 55-59). 하지만 RCT는 상담자가 내담자에게 관계적 용기를 갖도록 강요하는 것은 주의해야 하며, 더불어 과거의 관계적 이미지들로부터 현재의 관계 가능성을 구별하도록 도와야 한다. 만약 파괴적이고 학대적인 관계에서는 관계를 회복하려는 용기보다는 자신을 보호하고, 더 나아가 관계를 떠나 새로운 관계에서 성장지향적 관계를 추구하는 용기에 대해서도 논의한다(Jordan, 2016, pp. 144-145).

더불어 RCT는 개인이 불안을 표현하지 못하게 하고 왜곡하게 만드는 지배적 이미지를 고찰하고 이러한 고통에 영향을 준 사회적 상황의 변화에 참여하는 것을 독려한다. RCT는 가족을 비롯한 사회 내 힘의 역학에 관심을 가지며, 특권과 소외는 문화 안에서 차이점들이 계층화됨으로써 나타난다고 본다. 특권과 기득권을 가진 강자들보다 만성적으로 소외를 경험하는 약자에게 불안은 좀 더 경험된다고 본다. 현 한국 사회에서 약자의 분류에는 아동, 여성, 노인, 신체질환자, 정신질환자, 이혼 및 재혼가정들과 자녀들, 다문화가족과 자녀들, 성소수자 등 다양한 계층이 포함될 수 있다. 가족 내 단절경험뿐만 아니라 직장, 교회, 공동체 등의 사회생활 속 지배집단이 소수집단을 침묵하게 하는 힘의 전략을 사용할 때, RCT는 소수집단 및 약자집단이 집단 수치심에서 벗어나 자신들의 가치를 되찾기 위한 "응집적 집단 자긍심(cohesive group pride)"의 형성이 필요하다고 말한다(Jordan, 2016, pp. 54-55). 공동체의 형성과 참여는 소외감과 고립감에서 벗어나 개인뿐만 아니라 소수 및 약자집단이 상호적 힘불어넣기(mutual empowerment)를 경험하게 함으로써 자신들의 존엄성과 권리를 주장하게 한다. RCT는 이를 비평적 사고, 문제점의 명명, 대안 제시의 세 가지 요소를 바탕으로 한 "건전한 저항(healthy resistance)" 또는 "해방적 저항(liberation resistance)"으로 명명된다(Jordan, 2016, pp. 54-55; Ward, 2000). 따라서 불안, 공포, 두려움 등의 감정을 부정적으로 이해하고 억압하게 하는 부정적 관계 이미지에 대한 해방적 저항뿐만 아니라 불안장애의 원인을 어머니(여성)에게만 책임을 부과하는 가부장적 가치, 독립을 강조하는 주류 심리학의 관점, 가부장적이고 병리적인 종교적 가르침과 행위, 발달적, 우발적, 사회문화적, 존재론적 불안에 대한 회피와 억압을 요구하는 관점 등에 대한 건전한, 해방적 저항이 필요하다고 볼 수 있다.

RCT의 관계 및 사회문화 속의 힘의 역학에 대한 고찰은 목회신학자 Poling의 관점과 유사성을 갖는다. Poling(1991)은 가족 및 사회 내 불평등이 힘을 악용하게 한다는 관점으로 개인적 차원과 사회적 차원의 불평등과 힘의 역학을 고찰하도록 요구한다. RCT의 해방적 저항과 힘불어넣기에 대한 강조는 Miller-McLemore(1999)가 제시하는 기독/목회상담에 있어 저항(resistance), 힘불어넣기(empowerment), 양육(nurturing), 그리고 해방(liberating)과도 유사하다. 이는 기독/목회상담의 패러다임의 변화과정 중 사회변화의 중요성을 강조하는 여성주의와 해방신학 등을 포함한 해방 패러다임(liberation paradigm)과 각각의 공동체나 상황 내 사회, 문화, 정치 등의 이해와 변화를 강조하는 공동체적-상황적 패러다임(communal-contextual paradigm)으로 이해될 수 있으며, 더불어 가족과 사회 내 힘의 불균형을 변화시키기 위한 노력으로서의 공공신학(public theology)과도 연관성을 갖는다(Ramsay, 2012, pp. 23-35).

5. 나오는 말

RCT를 중심으로 한 종교적 경험과 불안장애에 대한 고찰은 불안을 경험하는 개인의 내적 요소들과 어린 시절 부모 및 중요한 타자로부터 경험되는 가족체계적 차원에 대한 관계적 이미지의 고찰을 요구하며, 특히 부모-자녀 관계 내의 힘의 역학과 생존 전략에 대한 이해가 필요함을 보인다. 더불어 개인과 가족에 영향을 주는 사회문화적 요소로서의 사회적 상황과 문화 안에서 지배적 이미지들이 고찰되어야 함을 지적한다. 모(母)를 비판하고 독립을 강조하는 주된 심리학의 편향, 한국인의 종교성을 기반으로 한 종교적 경험들, 인간이기에 겪을 수밖에 없는 존재론적 불안과 더불어 발달적, 우발적, 사회문화적 위기상황에서 겪게 되는 보편적이고 정상적인 불안들을 회피하거나 억압하여 만성적 단절경험으로 인한 불안장애를 야기하는 한국 가정, 사회, 문화 내의 지배적 이미지에 주의를 기울이게 한다. 따라서 RCT를 통합한 기독/목회상담학적 제언은 개인으로 하여금 자신의 관계적 이미지와 지배적 이미지에 대한 고찰을 바탕으로 한 관계적 마음다함(relational mindfulness)을 통해 자신의 종교적 경험과 불안장애를 이해하고 표현하도록 이끈다. 또한 이들의 단절의 전략과 불안과 관련된 종교적 신념과 행위들이 병리적인 것으로만 이해하는 것이 아닌 생존 전략이나 회복탄력성으로 이해될 수 있으며 한국인의 종교성이나 종교적 가르침 등에 대한 지배적 이미지의 재고찰을 하도록 요구한다. 이들의 종교적 경험에 대한 수용과 존중적 태도는 내담자 자신의 종교적 신념, 행위, 경험들을 고찰하여 종교적 성숙을 가능하게 할 수 있음도 시사한다. 마지막으로 부정적인 관계적 이미지와 지배적 이미지를 관계적 용기와 해방적 저항을 통해 개인적 차원과 사회적 차원의 변화를 이끌어 내야 함을 제시한다.

이러한 논의는 불안 자체에 대한, 인간관계에 대한, 종교적 경험과 불안장애에 대한 논의를 복잡하거나 광범위하게 만드는 것으로 보이기도 한다. 하지만 이는 인간 삶과 삶의 살아가는 방법이 단순하지 않음을 대변하는 것이기도 하다. 불안은 불안을 바라보는 관점들에 의해 정상적인 것으로 인식될 수도, 병리적인 것으로 인식될 수 있음을 말한다. 불안에 대한 대처방법이나 종교적 경험이 관점들에 따라 부정적으로나 긍정적으로 인식될 수 있음을 말한다. 따라서 RCT는 종교적 경험과 불안장애를 이해함에 있어 정상적인가, 병리적인가의 이분법적 사고(either-or)가 아닌 개인의 삶과 종교적 경험은 둘 모두가 동시에 관찰될 수 있음(both-and)을 보이며, 불안장애와 관련된 내담자의 삶과 종교적 경험에 대한 존중을 요구한다. 더불어 불안장애의 원인 이해와 상담치료적 접근을 위해 관계적 이미지와 지배적 이미지들을 다차원적으로 고찰해야 함을 요구한다. 결국 RCT의 Jordan(2016)이나 목회신학자인 Graham(2002)이 말하듯 상담자는 확실성보다는 상대성과 불확실성을 수용하고 머무름으로써 내담자의 종교적 경험과 불안장애를 다각도에서 이해하며 돌봄과 상담을 제공해야 한다.

후주

1) DSM-5 한국어판은 'mental disorder'의 번역에 있어 '정신장애'라는 용어가 정신능력의 결함 등의 오해와 편견의 우려가 있다는 점을 감안하여 '정신질환'으로 번역하며, 이러한 이유로 본 연구에서도 '정신질환'으로 표기한다.
2) Frew & Spiegler은 심리치료이론의 큰 물결로 첫째, 정신역동이론들, 둘째, 인지행동이론 등을 포함한 학습이론들, 셋째, 인간중심, 게슈탈트, 실존주의를 포함한 인본주의이론들, 넷째, 여성주의와 다문화이론들, 다섯째, 포스트모던과 구성주의이론들을 제시한다(Jordan, 2016).

참고문헌

권수영 (2005). 프로이트와 종교. 경기: 살림출판사.

김주환 (2011). 회복탄력성. 경기: 위즈덤하우스.

김청송 (2016), 사례중심의 이상심리학. 경기: 싸이북스.

목회상담센터 (2003). 한국문화와 목회상담. 서울: 목회상담

반신환 (2000). 신형상에 대한 Rizzuto의 대상관계적 이해와 그 비판. 종교연구, 3, 213-218.

이대순 (2011). 공황장애의 실존적 불안 분석과 기독교상담의 가능성 연구. 한국기독교상담학회지, 22, 179-216.

이명진 (2015). 종교적 방어기제에 대한 기독상담적 대응. 한국기독교상담학회지, 26(1), 113-140.

임경수 (2010). 신학자 폴 틸리히(Paul Tillich)의 '죽음불안개념'에 대한 기독교 상담 신학적 통찰. 한국기독교상담학회지, 19, 237-256.

장정은 (2017). 정신분석적 네 심리학의 관점에서 바라본 종교와 정신건강. 한국기독교상담학회지, 28(1), 159-182.

정태기 (2010). 위기와 상담 (제6판). 서울: 상담과 치유.

최재락 (2004). 인격장애에 나타나는 병리적인 종교경험. 한국기독교상담학회지, 8, 1-12.

최재락 (2007). 교회 여성의 종교적 정신병리에 대한 고찰. 한국기독교상담학회지, 13, 212-233.

한재희 (2011). 한국적 다문화상담. 서울: 학지사.

황영훈 (2006). Heinz Kohut의 자기심리학의 관점에서 본 종교체험과 퇴행: 한국 여성들을 중심으로. 한국기독교상담학회지, 12, 180-198.

황혜리, 김주현 (2007). 기독대학 신입생의 부모양육태도와 부모-자녀 의사소통에 따른 대인관계 문제 및 하나님 이미지와 연관성 연구. 한국기독교상담학회지, 14, 312-313.

Baumgardner, S. R. & Crothers, M. K. (2013). 긍정심리학 (안신호 외 역). 서울: 시그마프레스. (원저 2009년 출판).

Benzies, K., & Mychasiuk, R. (2009). Fostering family resiliency: A review of the key protective factors. *Child and Family Social Work*. 14. 103-104.

Bond, M., Gardner, S. T., Christian, J., & Sigal, J. J. (1983). Empirical study of self-rated defense styles. *Archives of General Psychology*, 46, 669-674.

Browning, D., Millier-McLemore, B. J., Couture, P. D., Lyon, K. P., and Franklin, R. M.(2000). *From culture wars to common ground: Religion and the American family debate*. 2nd ed. Louisville, KY: Westminster John Knox Press.

Clinebell, H.(1995). 전인건강 (이종헌, 오성춘 역). 서울: 성장상담연구소. (원저 1992년 출판).

Cooper-White, P.(2010). Complicated woman: Multiplicity and relationality across gender and culture. In J. Stevenson-Moessener & T. Snorton (Ed.). *Women out of order: Risking change and creating care in a multicultural world* (pp. 7-21). Minneapolis: Fortress Press.

Erikson, E. (1962). *Young man Luther*. New York: W. W. Noton.

Fowler, D. N., & Hill, H. M. (2006). Social support and spirituality as culturally relevant factors in coping among African American women survivors of partner abuse. *Violence against women: An international and interdisciplinary journal* 10, no. 11. pp. 1267-1282.

Fowler, J. W. (1981). *Stages of faith: The psychological of human development and the quest for meaning*. New York: Harper One.

Freud, A. (1936). *The ego and the mechanism of defense*. New York: International Universities Press.

Freud, S. (1907). Obsessive actions and religious practices. In J. Strachey (Tr. & Ed.). *The standard edition of the complete psychological works of Sigmund Freud* (Vol. 9, pp. 117-129). London: The Hogarth Press.

Freud, S. (1913). Totem and taboo. In J. Strachey (Tr. & Ed.). *The standard edition of the complete psychological works of Sigmund Freud* (Vol. 13, pp. 1-161). London: The Hogarth Press.

Freud, S. (1927). The future of an illusion. In J. Strachey (Tr. & Ed.). *The standard edition of the complete psychological works of Sigmund Freud* (Vol. 21, pp. 3-56). London: The Hogarth Press.

Freud, S. (1962). The neuro-psychoses of defense. In J. Strachey (Tr. and Ed.). *The standard edition of the complete psychological works of Sigmund Freud* (Vol. 3, pp. 45-61). London: The Hogarth Press.

Frew, J., & Spiegler, M. (2008). *Contemporary Psychotherapies for a diverse world.* Boston: Lahaska Press.

Graham, E. L. (2002). *Transforming practice: Pastoral theology in an age of uncertainty.* Eugene, OR: Wipf and Stock.

Greene, R. R. (Ed.) (2009). **사회복지와 탄력성** (양옥경 외 역). 서울: 나눔의 집. (원저 2002년 출판).

Gilligan, C. (1982). *In a different vioce*. Cambridge, MA: Harvard University Press.

James, W. (1961). *The varieties of religious experience.* New York: Mckay Press.

Jordan, J. V. (2016). **관계문화치료 입문** (정푸름, 유상희 역). 서울: 학지사. (원저 2010년 출판).

Jordan, J. V. Ed. (1997). *Women's growth in diversity.* New York: Guilford Press.

Jordan, J. V. Kaplan, A. G., Miller, J. B., Stiver, I. P., & Surrey, J. L.(1991). *Women's growth in connection*. New York: Guilford Press.

Jordan, J. V., Walker, M., & Hartling, L. M.(2004). *The complexity of connection*. New York: Guilford Press.

Jung, C. G. (1958). *Psychology and Religion*. CW, Vol. XI.

Kohut, H. (1977). *The restoration of the self.* Chicago: University of Chicago Press.

Lasch, C. (1978). *The culture of narcissism: American life in an age of diminishing expectations*. New York: Norton.

Lawler, A. C. (2004). Caring, but fallible: A story of repairing disconnection. In M. Walker & W. B. Rosen (Eds.). *How connections heal: Stories from relational-cultural therapy* (p. 66-82). New York: The Guilford Press.

May, R. (1986). **존재의 발견** (정성호 역). 서울: 갑인출판사. (원저 1983년 출판).

Miller, J. B. (1989). Connections, disconnections and violations. *Work in Progress*,

No. 33. Wellesley, MA: Stone Center Working Paper series.

Miller, J. B., & Stiver, I. P. (1997). *The healing connection: How women form relationships in therapy and in life*. Boston: Beacon Press.

Miller-McLemore, B. (1999). The living human web: Pastoral theology at the turn of the century, In J. Stevenson-Moessener (Ed.). *Through the eyes of women: Insights for pastoral care* (pp. 9-26). Minneapolis: Fortress Press.

Myers, D. G. (2000). *The American paradox: Spiritual hunger in an age of plenty*. New York: Yale University Press.

Palmer, N. (1997). Resilience in adult children of alcoholic: A nonpathological approach to social work practice. *Health and Social Work*, 22, 201-209.

Poling, J. N. (1991). *The abuse of power: A theological problem*. New York: Abingdon press.

Ramsay, N. (2012). **목회상담의 최근 동향** (문희경 역). 서울: 그리심. (원저 2004년 출판).

Rizzuto, A. M. (1979). *The birth of the living God.* Chicago: University of Chicago.

Schwartz, B. (2004). *The paradox of choice: Why more in less*. New York: Ecco Press.

Tillich, P. (1952). *Courage to be*. New Haven: Yale University Press.

Seligman, M. E. P. (2002). Positive psychology, positive prevention, and positive therapy. In C. R. Snyder & S. J. Lopez (Eds.). *Handbook of positive psychology* (pp. 515-527). New York: Oxford University Press.

Surrey, J. (2005). Relational psychotherapy, relational mindfulness. In C. Germer, R. Siegel & P. Fulton (Eds.). *Mindfulness and psychotherapy* (pp. 91-110). New York: Guilford Press.

Ulanov, A. (2005). **영성과 심리치료** (이재훈 역). 서울: 한국심리치료연구소. (원저 2005년 출판).

Vitz, P. C. (1977). *Psychology as religion: The cult of self-worship.* Grand Rapids, MI: William B. Eerdmans Publishing,

Ward, J. V. (2000). *The skin we're in: Teaching out children to be emotionally strong, socially smart, spiritually connected*. New York: Free Press.

Walker, M., & Rosen, W. B. (2004). *How connections heal*. New York: The Guilford Press.

Westerhoff, J. H. (1980). *Bringing up children in the christian faith*. Minneapolis: Winston Press.

Winnicott, D. W. (1971). Transitional objects and transitional phenomena. In *Playing and Reality* (pp. 1-34). London: Tavistock.

Yalom, I. (1980). *Existential Psychotherapy*. New York: Basic Books.

종교적 경험과 기분장애*

최지영
(나사렛대학교 교수)

1. 들어가는 말

기분장애에 대한 연구는 그동안 정신의학계와 일반상담 분야뿐만 아니라 기독교상담 분야에서도 가장 많이 이루어졌다고 할 수 있다. 그동안 기분장애라 함은 이전의 진단기준이었던 DSM-IV에서 기분장애라는 분류 안에 우울장애와 양극성장애로 분류되었으며, 우울장애는 다시 주요우울장애, 기분부전장애, 달리 분류되지 않는 우울장애로, 양극성장애는 다시 제I형 양극성장애, 제II형 양극성장애, 순환성장애, 달리 분류되지 않는 양극성장애, (일반적 의학적 상태를 기재한) 기분장애, 달리 분류되지 않는 기분장애로 세분되었

* 이 장은 '한국기독교상담학회지'에 게재된 다음의 논문을 수정 · 편집했다.
  최지영 (2018). 종교적 경험과 기분장애. 한국기독교상담학회지, 29(1), 209-248.

다. 그러나 DSM-5에서는 기분장애라는 분류 대신 양극성 및 관련장애와 우울장애로 변경되었으며, 양극성 및 관련장애는 제I형 양극성장애, 제II형 양극성장애, 순환성장애, 물질/약물치료로 유발된 양극성 및 관련장애, 다른 의학적 상태로 인한 양극성 및 관련장애, 달리 명시된 양극성 및 관련장애, 명시되지 않는 양극성 및 관련장애로 구분되고, 우울장애는 파괴적 기분조절부전장애, 주요우울장애, 지속성우울장애(기분저하증), 월경전불쾌감장애, 물질/약물치료로 유발된 우울장애, 다른 의학적 상태로 인한 우울장애, 달리 명시된 우울장애, 명시되지 않는 우울장애로 구분되었다

그러나 DSM-5의 이러한 진단기준에 대한 비판도 이어지고 있는데, DSM-Ⅲ에 저자로 참여한 이후 DSM의 개정작업에 줄곧 참여한 바 있어 DSM의 산증인이라 할 수 있는 Frances(2014)는 애도반응이 심할 경우 주요우울장애로 진단할 수 있게 한 것이라든지, 혹은 한 연구집단에 의해 단 6년 동안 연구된 결과임에도 불구하고 빈번한 분노발작과 그 분노발작 사이에 만성적이고 지속적으로 과민하거나 화가 난 기분을 느끼는 증상(APA, 2015)을 가진 것으로 보고된 파괴적 기분조절부전장애가 포함된 것 등은 과잉진단 및 낙인, 그리고 과도한 약물복용의 가능성을 유발한다고 주장하고 있다.

우울증은 대개 상실과 실패를 의미하는 부정적인 생활사건에 의해 촉발된다(Kessler, Gillis-Light, Magee, Kendler, & Eaves, 1997; Mazure, 1998). 이러한 생활사건에는 가족의 사망, 자신이나 가족의 심각한 질병, 사업실패, 가정파탄 등과 같이 커다란 충격과 좌절감을 주는 중요한 생활사건(major life events)과 가족이나 친구들과의 사소한 말다툼, 사소한 물건의 분실 등과 같이 크게 중요하지 않은 부정적인 사건들에 의해 스트레스를 유발하는 소소한 생활사건(minor life events)이 있다. 소소한 생활사건들도 부정적인 사건들이 누적되면 우울증을 유발할 수 있다. 뿐만 아니라 가족과 오래 떨어져 있다거나 어려운 일이 발생했을 때 상의할 사람이 없는 등 사회적 지지의 결여나 부족 역시 우울증을 유발할 수 있다. 그러나 우울증은 이와 같은 환경적 요인

들에 의해서만 촉발되는 것이 아니며 개인의 심리적 요인과 생물학적 요인에 의해서도 크게 영향을 받는다.

한편, 종교적 경험에 대하여 신학적으로는 다양한 설명이 있을 수 있지만 많은 기독교인들은 방언이나 신유의 은사와 같은 신비적 체험이나 현상을 먼저 떠올리는 경향이 있다. 그러나 종교적 경험은 성경말씀이 진리임을 입증하는 기능적 역할을 수행한다는 것을 인식하는 것이 중요하다. 즉, 하나님께서 우리와 함께 하시고 우리를 도우신다는 것을 드러내는 것이다. 우리의 구체적인 삶의 현장에서 그리스도의 현존이 경험되어야 하며, 예수님이 그리스도이심을 고백하는 신앙고백이 우리의 경험 속에서 구체화되어야 한다. 이를 통해 우리의 경험이 그리스도에 대한 인식을 증명할 수 있어야 한다(장호광, 2014). 이 장에서는 고통스러운 삶의 현장에서 우울장애나 양극성장애로 어려움을 경험하는 사람들이 기독교상담이나 기독교 공동체를 통해 회복되는 과정을 삶의 구체적 자리에서 그리스도의 현존을 체험하는 종교적 경험으로 보고자 한다.

우울장애나 양극성장애로 고통을 겪는 사람들에게 예수님께서 우리 인간들을 위해 자신을 내어주신 것과 같이 자신을 내어주는 기독교상담자와의 상담관계 안에서 종교적 경험을 할 수 있도록 기독교상담으로서의 방법들을 제안하고자 한다. 이를 위해 먼저 양극성 및 관련장애와 우울장애에 대한 DSM-5의 진단기준을 살펴보고, 이에 대해 정신분석, 인지행동치료, 대인관계치료에서 보는 원인과 치료, 그리고 종교의 역할에 대하여 문헌연구를 통한 비교분석적 방법론을 사용하여 알아보고자 한다. 또한 자살위기개입과 관련하여 개입방법을 살펴보고 이를 신학적으로 조망하고자 한다.

2. DSM-5의 진단기준

진단기준은 상담자로서 내담자에게 가장 최선의 조력을 하기 위해서는 필수적으로 숙지하고 있어야 할 전문가로서의 지식이다. 이를 통해 내담자에게 가장 효과적인 치료방법을 안내하고 상담에 임할 수 있으며, 내담자나 그 가족 역시 문제적 증상이나 질환에 대한 이해를 통해 상담이나 의학적 치료에 대해 마음의 준비를 하고 더 적극적인 치료를 받을 수 있을 것이다.

상담자는 내담자와의 첫 면담에서 많은 정보를 얻게 된다. 물론 이를 위해서는 우선적으로 내담자의 이야기를 적극적으로 경청하며 공감하고 이를 통해 치료적 관계를 형성하는 것이 중요하다. 어떤 상담자는 지나치게 조급하게 내담자를 평가하려 하는 반면, 또 어떤 상담자는 너무 느리게 평가하여 내담자로부터 얻은 많은 정보들을 활용하지 못하는 경우도 있다. 공감과 탐색의 균형을 통해 내담자의 문제를 정확히 알고 내담자에게 가장 효과적인 조력을 하는 것이 상담자의 역할이라 할 것이다.

특히 본 장에서 다루고자 하는 양극성 및 관련장애와 우울장애에 대해서는 약물치료의 중요성이 이미 알려져 있으므로 상담자가 이에 대한 정확한 진단기준을 아는 것이 필수적이라 하겠다. 정신건강의학과 병원에 가기를 꺼려하는 내담자에게 약물치료의 필요성을 인식할 수 있도록 돕는 것도 상담자의 역할이라 할 수 있기 때문이다. 본 장에서는 DSM-5의 상세한 진단기준을 나열하는 대신 핵심사항들 중심으로 간략하게 기술하고자 한다. 상담현장에서 일하는 상담자들이 반드시 알아야 할 내용을 중심으로 기술하는 것이 좀 더 효과적인 도움이 될 것이라 여겨지기 때문이다.

1) 양극성 및 관련장애(Bipolar and Related Disorders)

DSM-5에서는 양극성 및 관련장애를 조현병 스펙트럼 및 기타 정신병적 장애와 우울장애 간의 증상, 가족력, 그리고 유전적인 측면을 재평가하여 우울장애로부터 분리하여 조현병 스펙트럼 및 기타 정신병적 장애와 우울장애 사이로 배치하였다. 양극성 및 관련장애에는 제I형 양극성장애, 제II형 양극성장애, 순환성장애, 물질/약물치료로 유발된 양극성 및 관련장애, 다른 의학적 상태로 인한 양극성 및 관련장애, 달리 명시된 양극성 및 관련장애, 명시되지 않는 양극성 및 관련장애가 포함된다(APA, 2015).

제I형 양극성장애를 선별하기 위해서는 "당신은 때로는 상승하고 다른 때는 하강하는 기분 변화를 겪는가?"라는 질문을 던질 수 있다(Frances, 2014). 조증삽화의 경우 행복감에 차 있고 정상에 올라간 느낌, 고양되고 즐거운 상태로 기술되며, 그러한 기분은 대인관계, 성적, 직업적 상호관계에서도 지속적이고 과도한 의욕으로 나타날 수 있다. 그래서 자신이 제대로 알지도 못하는 새로운 사업에 동시에 참여하기도 하고 자존감이 증가하여 무비판적인 자신감과 과대감이 나타나거나 때로는 망상적인 부분이 존재할 수도 있다. 수면욕구가 감소하고 평소보다 말이 많아지고 끊기 어려울 정도로 계속 말을 하기도 하며 사고의 흐름은 마치 질주하듯 빠르게 진행되어 말의 표현보다 사고가 더 빠르게 떠오르기도 하고 빈번하게 사고비약이 나타나며 주의도 산만해진다(APA, 2015). 또한 목표지향적 활동이 증가하여 과도한 여러 가지 활동계획을 세우고 성적, 직업적, 정치적, 종교적으로 다양한 활동에 참여하게 된다. 아동의 경우에는 활동의 증가를 확인하기 어려울 수 있으나 아동이 동시에 여러 가지 과제를 진행하고 과제수행을 위한 비현실적인 계획을 세우거나 과거에는 보이지 않았던 성에 대한 집착을 보이며 그것이 발달상 부적절한지를 보고 평가할 수 있다. 그러나 고양된 기분에서 비롯된 다행감은 결국에는 자신을 참을 수 없도록 예민하게 만들고 증가된 에너지로 쉼 없이 동요하게 되어 완전한 소진상태가 된다. 조증삽화는 결국에는 불가피하게 고통스러운 우울증으로 추락하게 된다. 혼재성삽화의 경우 일부는 매우 빠르고 빈번하게 조증과 우울증상을 오가게 된다. 조증의 경우 응급한 상황일 때가 있다. 판단장애와 대인관계, 재정적, 법적, 성적 문제가 과대감, 충동성, 망상, 고양된 에너지와 결합할 때 자동차 사고나 높은 곳에서의 투신, 위험한 약물의 과다복용 등으로 이어질 수 있는데, 그들은 자신을 잡아두는 것에 분개하며 비협조적이다. 그러므로 필요한 경우 안전을 위해 입원시키는 것이 필수적이다(Frances, 2014).

제II형 양극성장애를 선별하기 위한 질문은 제I형과 마찬가지로 "당신은 때로는 상승하고 다른 때는 하강하는 기분 변화를 겪는가?"이다. 하지만 1회 이상의 주요우울삽화와 1회 이상의 경조증삽화를 가지고 있으며 절대 완전한 조증삽화를 경험하지 않아야 이러한 진단을 내릴 수 있다. 경조증이라는 의미는 조증보다 덜하다는 뜻이긴 하지만 제II형 양극성장애가 제I형 양극성장애보다 결코 보다 경미한 상태로 간주되어서는 안 된다. 왜냐하면, 제II형은 더욱 만성적이며 평균적으로 우울삽화 기간이 길기 때문에 더 심각하고 많은 장애가 발생할 수 있기 때문이다(APA, 2015).

순환성장애를 선별하기 위해서는 "당신은 기분의 고조와 저하를 오가는 지속적인 기분의 변동이 있는가?"라는 질문을 던질 수 있다. 순환성장애는 경조증과 우울증상을 오가는 기분의 변화로 인해 심각한 고통과 장애를 유발하지만 제I형 및 제II형 양극성장애를 만족하지는 않는 수준일 경우이다. 기분이 상승된 시기와 저하된 시기의 변화로 인해 괴팍하고 변덕스럽고 예측할 수 없는 사람으로 느껴진다(Frances, 2014).

또한 물질/약물치료로 유발된 양극성 및 관련장애를 선별하기 위한 질문은 "당신은 약물, 알코올, 커피, 약물복용 혹은 약물 금단 증상에 의한 상당한 기분 변화를 경험한 적이 있는가?"이며, 약물이나 다른 물질의 복용이나 금단에 의해 기분이 고조되거나 저하될 수 있다. 또한 다른 의학적 상태로 인한 양극성 및 관련장애를 선별하기 위한 질문은 "당신은 갑상선기능 항진증과 같은 의학적 상황에 의해 기분의 변동을 겪은 적이 있는가?"이며, 의학적 질환의 결과로 인해 현저한 기분의 변동이 있는 경우에 진단을 내린다. 그리고 명시되지 않는 양극성 및 관련장애는 양극성장애가 있지만 그것이 제I형, 제II형 양극성장애, 순환성장애 혹은 물질/약물치료로 유발되었거나 일반적인 의학적 상태로 인한 양극성장애인지 불분명할 때 내리는 진단이다(Frances, 2014).

2) 우울장애(Depressive Disorders)

DSM-5에서는 파괴적 기분조절부전장애, 주요우울장애, 지속성우울장애(기분저하증), 월경전불쾌감장애, 물질/약물치료로 유발된 우울장애, 다른 의학적 상태로 인한 우울장애, 달리 명시된 우울장애, 명시되지 않는 우울장애로 구분하였다. 이들의 공통점은 슬프고, 공허하거나 과민한 기분이 있고, 개인의 기능 수행능력에 영향을 주는 신체적, 인지적 변화가 동반되는 것이다. 이들의 차이점은 기간, 시점, 그리고 추정되는 원인에 있다(APA, 2015).

주요우울장애 여부를 알아보기 위해 던질 수 있는 선별질문으로는 "너무 우울해서 할 일을 제대로 할 수 없었던 적이 있는가?(Frances, 2014)"이다. 주요우울장애 상태인 사람은 적어도 2주 동안 우울한 기분이 들고 거의 모든 활동이 재미없게 느껴지는데, 아동과 청소년의 경우 슬픈 기분보다는 과민한 기분일 수 있다. 식욕이나 체중, 잠자는 시간이 늘기도 하고 줄기도 하며, 안절부절못하고 초조해하기도 하고 말이나 생각, 행동이 느려지기도 한다. 에너지가 저하되어 피곤하고 나른해지며 심한 절망감, 죄책감, 무가치감에 시달리고, 생각하고 집중하고 사소한 결정을 내리는 것도 힘들어한다. 또한 자살 사고나 시도를 하는 경우도 있다(APA, 2015). 우울장애에서 보이는 집착은 망상적 확신으로 변하거나 때로는 환청도 생기는 정신병적 양상을 보이기도 하는데, 이러한 정신병적 양상은 우울한 기분과 일치하는 경우도 있고 일치하지 않는 경우도 있다. 한편 정신병적 증상이 없는 우울장애 중 가장 심한 양상은 멜랑콜리아인데 어떤 것으로도 최악의 기분에서 빠져나올 수가 없다. 과거에 쾌감을 느꼈던 것에도 흥미를 느끼지 못하고 잠도 잘 자지 못하며 식욕도 없어서 최소한의 수분 및 영양공급을 유지하도록 해야 한다. 어떤 사람은 초조해하고 어떤 사람은 전혀 움직이지 않으며, 또 어떤 사람은 두 가지 모습이 교대로 나타난다. 또한 스트레스나 상실에 대한 정상적 반응과 구별하기가 힘든 반응성우울증과 계절성 패턴도 볼 수 있다(Frances, 2014).

지속성우울장애(기분저하증)를 선별하기 위해서는 "거의 항상 우울한가?"라는 질문을 던질 수 있다. 가볍지만 끊임없이 지속되는 우울증으로, 거의 매일이 암울하고 절망, 죄책감, 무가치감, 수면, 식욕의 어려움과 무기력감과 같은 우울증상을 보이긴 하나 그 정도가 주요우울장애보다 훨씬 덜하다. 때로는 적절히 기능하기도 하고 우울증을 숨길 수도 있지만 인생에 대한 부담을 지속적으로 느낀다(Frances, 2014).

월경전불쾌감장애를 선별하기 위해서는 "생리기간을 전후로 나타나는 여러 가지 정신적 증상과 신체적 증상이 있는가?"라는 질문을 던질 수 있다. 생리기간 전에 항상 우울, 자극과민성, 갑자기 변하는 반응성 기분, 불안이 먼저 나타난다. 다양한 신체증상뿐만 아니라 에너지와 흥미의 감소, 수면이나 식욕의 변화, 집중력 저하, 수행능력 저하도 나타난다. 그러나 월경전불쾌감은 흔히 볼 수 있으므로 정신장애로 진단되기 위해서는 신체증상뿐만 아니라 뚜렷한 심리적 증상이 있고 이로 인해 심각한 고통이나 장애가 야기되어야만 한다(Frances, 2014).

물질/약물치료로 유발된 우울장애를 선별하기 위해서는 "우울증이 알코올, 마약, 또는 복용 중인 약과 관련이 있어 보이는가?"라는 질문을 던질 수 있다. 이는 우울증상이 남용 물질, 처방약, 또는 독소에 의해 나타나는 경우이다. 다른 의학적 상태로 인한 우울장애를 선별하기 위한 질문은 "신체 질환과 그 치료에 대해 이야기해 달라."이며, 이 경우는 우울증상이 의학적 상태의 직접적인 생리적 효과에 의해 야기된 것이다. 그 외에도 우울장애가 있으나 어느 우울장애에 해당하는지 구별할 수 있을 만큼 충분한 정보를 가지고 있지 않을 때에는 명시되지 않는 우울장애로 진단한다(Frances, 2014).

3. 정신분석적 접근과 종교

양극성장애 및 우울장애에 대한 진단기준을 살펴본 데에 이어 양극성장애 및 우울장애와 관련한 정신분석 학자들의 다양한 이론들을 제시하고 그에 대한 치료적 접근 및 기독교상담적 제안을 하고자 한다.

정신분석은 인간의 무의식적 동기와 갈등으로 인해 여러 가지 심리적인 문제들이 야기된다고 보았다. 우울증과 관련하여 프로이트(1917)는 어린 시절의 조기상실이 성인기의 우울에 대한 취약성을 야기한다고 보았으며, 우울증 환자에게서 나타나는 심각한 자기비하는 내부로 향한 분노의 결과라고 보았다. 우울증 환자의 자기(self)가 상실된 대상을 동일시하기 때문에 분노가 내부로 향하게 된다는 것이다. 프로이트(1923)는 우울증 환자는 엄격한 초자아를 가지고 있으며 자기를 사랑해 주던 대상을 공격했다는 것에 대한 죄책감을 갖게 된다고 보았다.

Abraham(1924)은 현재의 상실이 어린 시절 자존심에 이미 심각한 손상을 입힌 기억을 떠올리게 하여 실제에서든 상상 속에서든 사랑을 철수시킴으로써, 자기에게 상처를 준 과거와 현재의 중요한 사람들에 대해 부정적인 감정을 강하게 불러일으키기 때문에 우울해진다고 하였으며, Klein은 우울적 자리에 대한 설명을 통해, 죄책감은 사랑하는 대상을 손상시킬 수 있다는 불안에 기인하며, 유아가 과도한 좌절을 경험하게 되면 자신이 실제로 사랑하는 대상을 파괴시켰다고 믿게 되어 견디기 힘든 죄책감을 느끼게 된다고 하였다

(Summers, 2004).

또한 Winnicott(2000)은 죄책감이 자아가 초자아와의 관계에서 느끼는 불안을 의미한다고 보고 이 불안이 성숙하여 죄책감이 된다고 하였다. 즉, 자신이 사랑하고 의존하는 대상에 대한 증오와 분노가 그 대상을 손상시켰다는 불안을 생성하고, 그러한 불안이 죄책감을 유발한다는 것이다. Winnicott에 의하면 우울증 환자는 공격성에 대한 과도한 불안으로 인해 공격성을 건설적으로 사용하지 못하고 죄책감으로 인해 손상을 입게 되어 공격성을 자기 자신에게로 돌린다고 하였다. 그는 Klein과 마찬가지로 우울증 환자들이 자기-증오와 자기-비난에 빠지는 것은 사랑하는 대상을 손상시키려는 무의식적 의도에 대한 죄책감 때문이라고 보았다. 극단적으로 이러한 역동은 사랑하는 대상을 보호하기 위해 통제되지 않는 분노를 자신에게 돌리는 내파(implosion)를 가져오게 되며(Summers, 2004; Winnicott, 1950), 이런 환자들은 자살이라는 최대의 위험에 직면하게 된다고 하였다(Summers, 2004).

한편 Bibring(1953)은 자기애적 취약성으로 우울증을 이해하였는데, 우울한 사람은 자신이 가치 있고 사랑받는 사람, 강하고 우월한 사람, 선하고 사랑을 베푸는 사람이 되고자 하지만, 결코 이러한 기준을 만족시키는 사람이 될 수 없다는 사실을 인식하면서 자존심에 상처를 입어 우울해진다고 하였다. 또한 Jacobson(1971a)은 우울증 환자들은 마치 사랑의 대상을 상실한 것처럼 행동하며 자신들이 무가치하다고 생각한다고 하였다. 결국 나쁜 내적 대상 혹은 상실된 외적 사랑의 대상이 가학적인 초자아로 변형되고, 이로 인해 우울증 환자는 가학적 초자아의 희생물이 되어 잔인하고 힘센 어머니에게 고통당하는 작은 아이처럼 무기력해진다고 하였다.

그리고 Arieti(1977)는 우울증 환자는 자기 자신의 삶을 사는 것이 아닌 다른 누군가의 삶을 사는 것으로 보일 때가 있다고 하면서, 그러한 다른 사람을 지배적 타인(dominant other)이라고 불렀다. 때로는 그것이 사람이 아닐 수도 있는데, 그들은 그러한 삶이 자기 자신을 위해 사는 것이 아니라고 느끼면서도 그 삶을 변화시킬 수는 없다고 생각한다는 것이다. 그래서 지배적 타인들에게 원하는 반응을 얻지 못하거나 달성 불가능한 목표가 설정되어 이룩할 수 없게 되면 자신의 삶을 무가치하게 생각한다는 것이다. 한국의 경우 부모의 지나친 기대로 인해 자녀가 부모의 삶을 대신 살아가는 경우도 종종 보게 된다. 자기 자신은 어떤 고생을 하더라도 자식만큼은 성공시키겠다는 생각으로 살았다는 메시지를 보내는 부모 때문에, 그 부모가 소원하는 삶을 살아가는 자녀들이 있다. 때로는 부모가 원하는 성공을 이룬 자녀가 그 이후의 삶을 포기한 듯 살아가는 경우도 보게 되는데, 이는 무의식적 차원에서 부모에 대한 보복이 실행되는 경우라고 볼 수 있다.

한편 Busch, Rudden, Shapiro(2004)는 거의 대부분의 정신분석이론들이 우울증 환자들의 자기애적 취약성이나 유약한 자존심, 분노와 공격성, 죄의식과 자기폄하를 강조하고 있으며, 자기를 돌보아 줄 완벽한 사람을 찾고 있다고 하였다. 그러나 이러한 완벽한 사람을 찾는 것은 불가능하다. 따라서 너무나 많은 것을 요구하는 완벽한 초자아가 중심역할을 수행하면서 환자에게 너무 많은 것을 요구하면서 환자를 고통스럽게 만든다. 우울증 환자들은 자신이나 자신에게 중요한 타인을 이상화하여 보상하고자 하지만 결과적으로는 실망하게 되고, 이로 인해 더욱더 우울해지며 자신을 평가절하하게 되고 자신을 향한 분노도 커지게 된다(Gabbard, 2008).

또한 Blatt(1998, 2004)는 우울의 정신역동을 두 가지 형태로 구분하였는데, 의존형(anaclitic type)은 유기, 상실, 외로움, 무기력감 등을 특징으로 하며 사랑받고 보호받고 싶은 갈망과 대인관계 붕괴에 대한 취약성을 가지고 있는 반면, 함입형(introjective type)은 죄책감, 무가치감, 이루지 못한 지나친 완벽주의적 목표에 대한 실패감 등을 가지고 있다고 보았다. 그러므로 의존형 우울증의 경우에는 교회 공동체를 활용하여 대인관계의 붕괴를 미연에 방지하고, 함입형 우울증의 경우에는 하나님의 구원의 은혜와 죄인인 인간에 대한 고백과 성찰을 통해 혹독한 자기비판과 완벽주의의 굴레에서 벗어날 수 있도록 돕는 것이 필요할 것이다.

한편, Bibring(1953)은 우울증 환자가 타인에 대한 가학적이고 파괴적인 충동의 감춰진 표현을 정당화하기 위해 자신의 병을 이용하기도 한다고 하였으며, Jacobson(1971b) 역시 우울증 환자의 숨겨진 가학증과 관련하여 우울증 환자는 자신의 배우자, 주변 환경, 특히 자녀들이 심각한 죄책감을 느끼게 만들어 그들을 점점 더 우울하게 만든다고 하였다. 그 결과 배우자나 가족들은 환자가 가장 힘든 시기에 환자에게 상처를 입히게 된다고 하였다. 그리고 치료자 역시 환자가 자신의 도움을 반복적으로 거절하는 것으로 인해 환자에게 냉정해질 수도 있다고 보았다. 그러므로 심한 우울증 환자를 치료할 때에는 가족도 포함시키는 것이 중요하며, 우울증 환자가 자신의 가족들에게 적개심과 가학증을 유발하는 경우가 많기 때문에, 상담자는 가족들이 죄책감을 극복하고 자신들의 그러한 반응에 대한 이해를 높일 수 있도록 도와야 할 것이다.

조증적 방어에 대해서 Klein(1940)은 상실한 사랑의 대상에 몰두하기 때문에 생기는 고통스러운 감정에 대한 반응으로, 전능감을 느끼거나 부정하거나 경멸하거나 이상화를 하는 것이라고 하였다. 이러한 방어기제들은 첫째, 상실한 사랑의 대상을 구조하고 되찾기 위해서, 둘째, 나쁜 내적 대상을 부인하기 위해서, 셋째, 사랑의 대상에 대한 자신의 지나친 의존심을 부정하기 위해서 사용된다(Gabbard, 2008). 조증 상태의 환자들은 타인에 대한 공격성이나 파괴성을 부인하고 자신의 실제 삶과는 반대되는 다행감을 느끼며 타인을 이상화하고 관계형성의 필요성을 거부하게 하는 사람들을 향하여 비웃고 경멸하는 태도를 보인다. 때로는 부모에 대해 승리를 쟁취하고 소아와 부모의 관계를 역전시키고자 하는 바람을 나타내기도 한다. 그러나 승리에 대한 욕구는 죄책감과 우울증으로 이어진다(Gabbard, 2008).

Klein학파는 양극성장애 환자들에게 애도작업을 촉진시키는 것이 중요하다고 보았고, Mortensen, Pedersen, Melbye(2003)는 조기 부모상실이 양극성장애와 연관이 있다고 보면서 유아의 어린 시절 경험이 공격성을 부인하도록 만든다고 하였다. 즉, 공격하고 박해하려고 하는 감정이 나오려 할 때 이를 부인하기 위해 조증적 방어를 사용하게 된다는 것이다. 조증삽화가 끝나면 환자들은 자신이 다른 사람들에게 해악을 끼쳤던 것에 대해 후회하는 마음을 갖게 된다. 이때 상담자는 적절한 시기에 자기표상과 대상표상의 사랑하는 측면과 공격하는 측면을 통합시키도록 도와주어야 한다. Klein(1940)은 공격하고 박해하는 감정이 감소하게 되면 조증적 방어의 필요성도 감소한다고 하였다. 또한 선한 것이 악한 것보다 우세하고 사랑이 미움보다 우세한 관계를 환자들이 내재화할 수 있도록 도와주어야 한다고 하였는데, Klein의 이러한 상담 목적은 '네 이웃을 네 자신과 같이 사랑하라(마 22:39)'고 하신 기독교정신과도 일치한다.

한편 Jacobson(1971a)은 조증에 대하여 자기와 가혹한 초자아상이 마술적으로 재결합하는 것으로 설명하며, 이로 인해 초자아상이 처벌을 가하는 박해자로부터 사랑스럽고 선하며 관대한 이미지로 바뀌게 된다고 하였다. 이처럼 이상화된 대상은 외부로 투사되어 다른 사람들과 지극히 이상화된 관계를 형성하면서 공격성과 파괴성을 부정하게 된다고 하였다.

또한 Ghaemi, Stoll, Pope(1995)는 양극성장애 환자들이 통찰이 결여된 것으로 보았으며, 분열(splitting) 방어기제를 사용함으로써 조증삽화에서의 자기표상과 그렇지 않을 때의 자기표상이 단절된 것으로 보았다. 따라서 상담을 통해 내담자의 자기파편들을 모아서 내담자의 생활이 연속성을 회복할 수 있도록 하고, 지속적인 약물치료의 필요성을 인식할 수 있도록 도와야 한다고 하였다. 때로는 내담자의 동의하에 조증일 때의 상태를 녹화하여 정상적 상태로 돌아왔을 때 보여줌으로써 정상적 자기와 조증적 자기를 연결시킬 수 있도록 돕는 것도 하나의 방법이 될 것이다.

많은 학자들이 연구와 실험을 통해 양극성장애 환자의 치료를 위해서는 약물치료와 상담을 병행하는 것이 효과적이라고 주장해 왔다. 기독교상담자도 양극성장애의 경우 약물치료가 매우 중요하다는 것(Wenar, & Kerig, 2011)을 잊어서는 안 될 것이다. 또한 우울증의 경우 이를 유발시킨 스트레스의 성질이 어떤 것인지를 유의하며 평가하는 것이 필요하다. 스트레스가 상실로 인한 것인지, 그 상실이 유아기의 외상이나 조기상실을 다시 일깨웠는지, 자존감과 관련되어 있는지, 대인관계는 어떠한지, 내담자의 분노가 자기 자신을 향하고 있는지, 자신의 공격성으로 인하여 사랑하는 대상이 상처를 입었을 것이라 염려하며 죄의식을 느끼는지, 결코 이룰 수 없는 완벽주의를 자신에게 요구하는지, 무자비한 초자아에 의해 고통당하는지, 우월적 타인을 위해 살아왔는지, 자신의 무능력으로 인해 괴로워하는지, 대상에게 갈망했던 반응이 없어서 좌절했는지 등을 분석함으로써 상담의 방향을 설정할 수 있게 될 것이다.

우울증 환자에 대한 정신분석적 접근의 중요한 지점은 우울증의 대인관계적 의미와 그 맥락을 알게 해 주는 것이다. 그러나 대부분의 내담자들은 이러한 대인관계적 의미에 대해 완강히 저항하는 경우가 많다(Betcher, 1983). 왜냐하면, 자신의 우울감과 죽고 싶은 감정은 다른 사람 때문이 아니라 바로 자기 자신 때문이라고 여기기 때문이다. 상담자는 전이-역전이 관계에 주의를 기울임으로써 이러한 저항을 깨뜨릴 수 있다. 내담자는 자신의 외부 사람들과의 관계는 물론 내부 대상관계 역시 치료 중에 드러내게 되는데, 이 과정에서 상담자는 절망, 분노, 내담자를 포기하고 싶은 소망, 구원에 대한 환상 등 수많은 감정을 느끼게 된다. 이러한 감정들은 그동안 내담자 주위의 사람들이 느껴왔던 감정들을 반영하는 것이며, 내담자의 이러한 대인관계 양상이 우울증을 지속, 심화시켜 왔을 것이라는 것을 알 수 있게 될 것이다. 상담자는 자신이 내담자에게 느끼는 감정들을 치료를 위해 건설적으로 사용할 수 있어야 한다(Gabbard, 2008).

어린 시절의 외상경험은 자신을 학대하고 유기하는 나쁜 대상표상과 함께 학대받아 마땅한 나쁜 자기표상을 발달시키게 되고, 성인이 되었을 때 상실과 관련된 스트레스를 받으면 다시 활성화된다. 어린 시절의 부모나 중요한 타인과의 관계는 성인이 되었을 때의 대인관계에 영향을 미치게 되어 이러한 상실의 경험을 가진 사람들은 사람들과의 관계를 형성하고 유지하는 데 어려움을 느끼게 된다. 그러므로 왜곡된 내적 대상관계를 건강한 내적 대상관계로 변화키는 것이 대상관계적 관점에서의 치료라고 할 수 있다. 본 장에서 이후에 다루게 될 대인관계치료는 어린 시절의 내적 대상관계 문제를 다루는 것이 아니라 현실세계의 대인관계를 중점적으로 다룬다는 점에서 차이가 있다.

기독교인들 중에는 하나님을 찾고 만나며 자신을 돌보아 줄 완벽한 분으로 믿고 감격을 누리다가, 삶 속에서 어려운 일이 닥쳤을 때 하나님의 함께하심에 대한 의심과 더불어 자신의 초자아의 근간을 이루고 있는 기독교의 교리대로 살아가지 못하는 스스로의 모습을 깨달으며 죄책감을 느끼게 되는 경우도 있음을 우리는 보게 된다. 때로는 목회자를 이상화하며 자신을 돌보아 줄 완벽한 사람으로 의지하고자 하지만, 결국 그 목회자에게 실망하게 될 때 더욱 우울해지고 급기야 교회를 떠나며 신앙생활을 포기하는 경우도 우리는 종종 볼 수 있는데, 이러한 일들로 인해 자신을 평가절하하게 되고 자신에 대한 분노도 더욱 커지게 된다.

상담은 언젠가 종결의 시점을 맞이하게 된다. 그러므로 내담자의 궁극적 대상이 하나님이 될 수 있도록 신앙적 자원을 충분히 활용하며, 상담자는 중간대상으로서의 역할을 충실히 하는 것이 필요하다 하겠다. 그러나 교회에서 어떤 사람들은 자신의 관심과 이익에 따라 하나님을 모든 소망을 들어주는 존재로 여기며, 자신의 소망을 들어주면 자신을 사랑하는 대상으로, 자신의 소망을 들어주지 않으면 자신을 심판하는 대상으로 하나님에 대한 분열방어를 하게 될 것이다. 이상화-평가절하 기제를 사용하여 사랑의 하나님으로 인식했다가 곧 심판의 하나님으로 인식이 바뀌는 등 대상항상성이 생성되지 않을 것이다. 이처럼 분열방어를 사용하게 된다면 하나님에 대해 징벌적 이미지를 극대화하게 되고, 이로 인해 더욱 우울불안이 증가할 것이다. 그러므로 기독교상담자는 우울증 환자의 치료과정에 있어서 심리적 접근뿐만 아니라 종교적 경험에 있어서도 분열로부터 통합으로 갈 수 있도록 신앙발달적 측면에 대한 조력을 제공해야 할 것이다.

신앙적 측면에서 Mahler, Pine, Bergman(1975)이 말한 대상항상성은 중요하다. 대상항상성을 습득하는 것은 안정된 대상관계 경험뿐만 아니라 하나님과의 친밀한 관계 경험의 기초가 된다. 성숙한 대상항상성이 형성될 때 자기항상성도 동반될 수 있게 되며, 이를 통해 대상과 자기를 분리된 존재로 인식할 수 있을 때, 인생의 전환기마다 요구되는 대상항상성과 자기항상성의 재설정을 용이하게 할 수 있다(Hamilton, 2007). 대상항상성 확립에 대한 문제가 있는 어떤 내담자의 경우에는 상담자에 의한 상담 시간의 변경이나 상담 장소의 변경 등이 대상항상성을 생성하는 데에 방해가 되기도 한다. 이러한 내담자에게 대상관계적 접근을 하는 상담자의 경우에는 상담 내용 자체보다 내담자에 대한 상담자의 태도가 더욱 중요하다는 것을 인식해야 한다. 상담자의 이러한 태도를 내면화하여 긍정적 대상표상과 긍정적 자기표상으로 형성하는 내담자는 하나님에 대한 긍정적 이미지를 갖게 될 것이다. 또한 고통받는 내담자가 그들의 고통에 동참하는 상담자의 조력을 경험하게 될 때, 그들의 구체적 삶 속에서 그리스도의 현존을 체험하는 종교적 경험을 할 수 있을 것이다.

4. 인지행동치료적 접근과 종교

인지행동치료는 유사한 시각의 심리치료들을 하나로 묶어 부르는 포괄적인 접근방법이다. 인지행동치료는 사고가 감정과 행동에 영향을 미치며 행동양식이 사고패턴과 감정에 영향을 미친다는 두 가지 핵심 개념에 기초하고 있다(Wright, Basco, & Thase, 2006). 이러한 관점은 이미 그리스 스토아학파에 의해 소개되었는데, Epictetus는 "사람은 일어나는 사건보다 사건에 대한 사고에 의해 영향을 받는다."고 말한 바 있다(Ellis, 2001). 대표적인 인지행동치료로는 Ellis의 합리정서행동치료(REBT), Beck의 인지치료(CT), Meichenbaum의 인지행동수정(CBM) 등이 있다.

합리정서행동치료는 성격의 A－B－C 이론을 주장하면서 A(활성화시키는 사건: Activating event)가 C(정서적 결과: Consequence)를 직접적으로 야기하는 것이 아니라 B(신념: Belief)가 개입하여 결국 그 사람의 신념인 B로 인해 정서적 반응인 C를 야기한다고 하였다. 합리정서행동치료에서는 이 이론을 확장시켜 A－B－C－D－E－F 이론을 제안하였는데, 이는 D(논박: Disputing)를 통해 그 사람의 비합리적인 신념에 도전하여 E(효과: Effect)에 이르게 되면 F(새로운 감정: Feeling)를 생성하게 된다는 이론이다. 인지치료는 우울증 환자를 대상으로 정신분석적 가정을 입증하기 위한 연구를 진행하던 중 정신분석적 설명에 회의를 느끼게 되어 그들을 우울하게 만든 것은 그들의 자동적 사고, 인지적 왜곡, 역기능적 신념 등의 부정적인 사고과정이라고 설명한 이론이다. 따라서 인지치료에서는 비현실적이고 부정적인 역기능적 사고를 수정하는 인지적 기법과 실천을 위한 행동적 기법을 병용한다. 인지행동수정은 자기－대화를 스스로 인식하도록 돕고 자기지시를 수정하는 훈련을 통해 자기－언어화를 변화시키는 것을 중요하게 생각한다. 인지행동치료자들의 대부분은 인지적 기법과 행동적 기법이 상호 간에 효과적인 영향을 미친다는 데 동의한다. 본 장에서는 이러한 인지행동치료들의 전반적인 관점에서 우울증에 관한 원인과 치료에 대해 살펴보고자 한다.

Beck(1963, 1964)은 우울증상이 세 영역의 부정적 사고방식과 연관되어 있다고 하였다. 그는 이를 부정적 인지삼제(negative cognitive triad)라고 하였는데, 우울한 사람들은 자기, 세계, 미래에 대한 부정적인 생각을 지니고 있다는 것이다. 즉, '나는 무가치한 사람이다.' '세상은 나를 비난하고 이해해

주지 않는다.' '앞으로 나의 미래는 암담할 것이다.'와 같은 부정적인 생각을 한다는 것이다. 이들이 이러한 부정적인 생각을 하는 것은 자동적 사고(automatic thoughts)와 스키마(schemas) 수준에서 역기능적 사고과정을 거치기 때문이라고 보았는데, 이들은 자동적 사고와 스키마(인지도식)를 의식(consciousness)에 비해 자율적인 정보처리과정이라고 보았다(Beck et al., 1979; Clark et al., 1999; Wright et al., 2003).

자동적 사고는 우리에게 잘 자각되지 않는데, 그 이유는 자동적 사고는 마치 번개가 치듯 순식간에 스쳐 지나가고 그 결과로 남는 우울한 감정만이 느껴지기 때문이다. 많은 연구들(Blackburn et al., 1986; Haaga et al., 1991; Wright et al., 2003)에 의하면 우울증이 있는 사람들은 왜곡된 자동적 사고가 높은 빈도로 나타나는 것으로 확인되었다. 인지적 왜곡은 병리적인 정보처리에 의해 일어난다고 보았는데, Beck 등(1979)은 여섯 개의 주요 인지적 왜곡에 대해 다음과 같이 설명하였다. 선택적 사고(selective abstraction)는 증거 무시하기(ignoring the evidence), 정신적 여과(mental filter)라고도 하는데, 이는 일부 정보들만 본 후 결론을 내리는 것이며, 임의적 추론(arbitrary inference)은 증거가 없거나 정반대의 증거가 있음에도 불구하고 어떤 결론을 내리는 것이다. 과잉일반화(overgeneralization)는 하나의 사건이나 하나 이상의 별개의 사건들을 가지고 결론을 내리고 이를 비논리적으로 확장시켜 적용하는 것이며, 과장과 축소(magnification & minimization)는 어떤 사건이나 속성, 느낌의 의미가 과장되거나 축소되는 것을 말한다. 개인화(personalization)는 합당한 근거가 없는데도 어떤 사건을 자신과 연관시킴으로써 스스로 과도한 책임과 비난을 감수하는 것이고, 절대적(흑백논리적) 사고(absolutistic, dichotomous of all-or-nothing thinking)는 자기 자신이나 개인의 경험, 타인에 대한 판단 등을 나쁘거나 좋거나, 실패하거나 성공하거나 등 둘 중 하나로 귀결시키는 것을 말한다. 따라서 인지행동치료에서는 인지적 왜곡을 깨달아 수정할 수 있도록 돕는다.

한편 자동적 사고의 기초가 되는 정보처리의 기본 틀이나 규칙을 스키마라고 한다(Wright et al., 2003). 모든 사람들은 적응적인 스키마와 부적응적인 스키마를 가지고 있음을 교육하고, 내담자의 부적응적 스키마의 영향을 줄이거나 수정하고 적응적인 스키마를 찾도록 돕는다. Beck 등(Beck et al., 1979; Clark et al., 1999)은 우울증을 가진 사람들의 경우, 부정적인 스키마가 평소에는 잠재되어 있다가 생활 스트레스 사건이 일어나면 그 스키마가 강화되어 부정적인 자동적 사고가 활성화된다고 하였다.

또한 Abramson, Seligman, Teasdale(1978)은 우울증에 취약한 사람들이 생활사건에 왜곡된 부정적 의미를 부여하게 되는 세 가지 귀인양식을 제시하였다. 즉, 우울한 사람들은 실패경험에 대해서는 내적, 일반적, 고정적 귀인을 하는 반면, 성공경험에 대해서는 외적, 구체적, 가변적 귀인을 하는 우울유발적 귀인(depressogenic attribution) 경향이 있다고 하였다. 예를 들면, 내적 귀인은 부정적 사건에 대해 자신의 능력이나 노력이 부족했다고 보는 반면, 외적 귀인은 운이 안 좋았다거나 다른 사람이 잘못했다고 생각한다. 일반적 귀인은 부정적 사건이 쉽게 변할 수 없는 지속적인 요인, 즉 자신의 성격적 결함 등에 의해 일어났다고 생각하는 반면, 구체적 귀인은 일시적이고 제한적인 것, 예를 들면, 노력이 부족해서 그렇다는 생각 등에 의미를 둔다. 고정적 귀인은 부정적 사건이 미래에도 결코 나아지지 않을 것으로 보는 반면, 가변적 귀인은 시간이 지남에 따라 나아질 것이라고 생각하는 것이다. 이외에도 우울한 사람은 자신에게 주어진 긍정적 피드백은 과소평가하고, 부정적 피드백을 받은 후에는 과제에 대해 노력을 하지 않는 것으로 나타났으며(Clark et al., 1999; Wright et al., 2006), 학습 및 기억 등 인지적 수행능력에도 결함이 있는 것으로 나타났다(Weingartner et al., 1981).

한편 인지행동치료에서는 조증을 보이는 사람도 우울증상을 보이는 사람과 마찬가지로 현실해석에 대한 인지적 왜곡이 있다고 보는데, 우울한 사람의 자동적 사고가 상실 및 실패와 연관이 있다고 본다면, 조증인 사람들은 획득 및 성공과 관련되어 있다고 본다. 조증인 사람들이 보이는 인지적 왜곡으로는 사소한 한두 번의 성공을 근거로 장차 자기가 하는 모든 일이 성공적일 것이라고 생각하는 과잉일반화, 자신이 계획하는 일의 단점은 보지 못하고 장점만 보는 선택적 추상화, 일상생활에서 일어나는 일들이 자신의 특별한 능력 때문에 일어난 것이라고 생각하는 개인화 등을 들 수 있다(권석만, 2013). 이러한 인지적 왜곡에 의해 조증인 사람들은 자신의 획득과 성공에 엄청나게 긍정적인 의미와 가치를 부여하며 자신의 능력을 과대하게 생각하고 비현실적으로 긍정적인 결과를 기대하면서 행복감을 느끼고 더욱 많은 활동을 시도하게 된다는 것이다.

우울증의 치료를 위해 인지행동치료에서 사용하는 핵심기법들이 있다. 그러나 상담자는 기법을 선택하고 적용하기 전에 내담자의 문제에 대한 사례개념화(case conceptualization)를 하는 것이 필수적이다. 인지행동치료는 문제중심(problem-oriented)의 단기치료이다. 문제중심적 접근은 문제에 주의를 기울이므로 절망, 무기력, 회피 같은 증상들에 대항하는 활동 계획을 세울 수 있고, 먼 과거의 사건보다 최근 사건에 대한 반응을 다루므로 보다 더 쉽게 접근할 수 있으며, 치료적 관계에서의 의존이나 퇴행을 감소시킬 수 있다. 우울장애의 경우 5~20회기로 이루어지며, 양극성장애의 경우에는 20회기 이상 늘어나기도 한다. 재발된 우울장애나 양극성장애의 경우에는 수개월의 집중적 치료기간 이후 간헐적 지지회기를 지속하기도 하며 약물치료와 함께 병행하기도 한다. 인지행동치료에서 상담자-내담자의 치료적 관계는 협력적 경험주의(collaborative empiricism)로 표현된다(Beck et al., 1979). 상담자와 내담자는 한 팀으로서 다양한 인지와 행동의 적응적 가치에 대한 가설을 함께 세우고 건강한 사고방식, 대처기술, 행동패턴을 만들기 위해 협력한다. 상담자는 인지행동치료의 기법을 사용하는 방법 등을 가르치고 피드백을 주며, 내담자 또한 상담자에게 피드백을 주고 상담자와 함께 회기에서 다룰 문제를 정하며 과제를 연습한다(Wright et al., 2006).

또한 내담자의 부정적 사고를 인식시키고 변화시키기 위해 그의 역기능적 사고방식이나 행동패턴을 드러내기 위한 일련의 귀납적 질문을 던지는 방식인 소크라테스식 질문을 사용한다. 또한 회기의 효율성을 극대화하기 위해 문제(agenda) 정하기와 피드백과 같은 구조화기법을 사용하며 심리교육(psychoeducation)을 통해 내담자를 학습과정에 참여시킨다. 심리교육을 위한 도구로는 셀프 헬프 워크북, 핸드아웃 자료, 평가척도, 컴퓨터 프로그램 등이 있다.

이 외에도 내담자의 부정적인 자동적 사고들과 스키마들을 찾아 수정하여 인지적 재구조화를 가져오기 위해서는 사고기록지(thought records), 인지적 왜곡 찾아내기, 재귀인, 증거 검토하기, 하향화살표법, 합리적인 대안 나열하기, 인지적 예행연습 등 다양한 기법을 사용한다. 이처럼 내담자의 자동적 사고와 스키마를 찾아내고 내담자에게 인지를 변화시키기 위한 기술을 가르친 후, 자기생활관찰표 만들기, 대처기술 훈련하기, 의사소통기술 훈련하기, 사회적 기술 훈련하기, 자기주장 훈련하기 등의 과제를 통해 이를 실제 상황에서 반복적으로 연습하게 한다(Wright et al., 2006).

한편 양극성장애의 치료를 위해서는 약물치료가 최우선적으로 고려되어야 한다. 특히 조증일 때에는 입원치료가 고려되어야 한다. 양극성장애는 만성적인 경과를 보이며 재발하는 경우가 많기 때문에 환자가 자신의 증상을 인식하고 생활을 조절할 수 있도록 돕는 것이 중요하다. 조증과 우울증의 증상이 주기적으로 나타나며 반복되는 경우가 많으므로 증세가 시작될 때의 변화를 감지하고 증세가 악화되지 않도록 조절하는 것이 필요하다(권석만, 2013). 자신의 주기를 인식할 수 있다면 조증이 시작될 때 휴가를 받는 등의 대처를 통해 입원치료를 받는 등 조절을 위한 최선의 치료를 해야 할 것이다. 이러한 조절을 위해서는 인지행동치료의 기법들이 도움이 될 수 있다. 가족이나 교회의 구성원들도 양극성장애의 증상이나 특징에 대한 이해를 통해 그들이 현실에 잘 적응할 수 있도록 지지하며 약물치료나 인지행동치료 등의 효과적인 치료를 받을 수 있도록 권유하는 자세를 갖는 것이 필요하다.

우울증은 믿음이 부족한 결과로 생긴 것이라는 기독교인들을 많이 보게 된다. 자신이 마음먹기에 따라 얼마든지 극복할 수 있다고 생각하며 치료를 미루는 경우들이 있다. 그러나 심각한 우울장애나 양극성장애의 경우에는 약물복용이 필요함을 설명하고 설득하는 일도 기독교상담자가 반드시 해야 할 일이다. 약물치료에 대해 거부감을 보이는 기독교인들에게 신경전달물질의 이상에 대한 객관적인 설명을 제공할 경우 치료에 대한 거부반응이 현저히 감소하는 경우를 필자는 많이 경험하였다.

사람들은 하나님과 종교에 대해 비합리적인 사고를 갖고 있는 경우도 많다. 신앙이 있다면 우울증 같은 병에는 걸리지 않는다는 생각을 하는 기독교인들도 있는데 이러한 비합리적인 사고로 인해 점차 하나님으로부터 멀어지는 경우도 보게 된다. 또한 자신이 고통에 처해 있을 때 하나님에 대한 의구심을 갖는 기독교인 내담자들도 보게 된다. 하나님이 계시다면 어떻게 자신이 이런 고통에 처할 수 있느냐는 의문을 갖는 경우도 있다. 반면에 사소한 실수를 했음에도 불구하고 하나님의 징벌을 두려워하며 과도한 죄책감으로 고통스러워하는 경우도 있다. 리주토(Rizzuto, 1979)는 어린 시절 부모와의 관계 경험으로 인해 형성된 하나님에 대한 표상은 개인마다 다를 수 있다고 하였다. 상담자는 내담자의 어린 시절 경험에 의해 만들어진 하나님 표상이 일반적으로 교회에서 이야기하는 하나님 개념과 다를 수 있다는 것을 인식하도록 돕는 것이 필요하다. 인지행동치료를 통해 왜곡된 하나님 표상을 건강하게 수정함으로써 신앙생활과 삶의 태도가 성장할 수 있을 것이다.

기독교인들은 어떤 면에서는 선과 악, 영혼과 육체, 영적인 것과 세상적인 것 등을 구분하는 것과 같이 이분법적인 사고가 강하다고 할 수 있다. 그러나 '너는 이것도 잡으며 저것에서도 네 손을 놓지 아니하는 것이 좋으니 하나님을 경외하는 자는 이 모든 일에서 벗어날 것임이라.'(전 7:18)는 성경말씀은 지나치게 극단적인 사고로 인해 전체적인 관점에서 객관성을 잃고 올바른 판단을 하지 못할 수 있다는 교훈을 우리에게 주고 있다(Wenham, & Motyer, 2005). 하나님의 절대적이고 무조건적 사랑을 믿는 믿음은 거의 대부분의 내담자들이 겪을 수 있는 거부, 버려짐, 사랑받지 못함에 대한 뿌리 깊은 두려움으로부터 오는 핵심신념을 반박할 수 있는 근거를 제공한다(McMinn, 1995).

인지행동치료는 내담자에게 일어난 사건 자체보다는 그 사건을 내담자들이 어떻게 해석하고 반응하는지를 더 중요하게 생각한다. 따라서 사건에 대한 해석에 기독교 신앙이 긍정적 영향을 미칠 수 있을 것이다. 그러나 기독교 상담자가 내담자에게 심리교육을 할 때 성경적 권위로 내담자를 비판하면서 자신의 권위를 내세운다면 치료적 효과를 보기는 어려울 것이다. 특히 상담자가 논박을 하거나 소크라테스식 질문을 한다면서 기독교 교리를 잣대로 사용하며 내담자에게 논박과 질문을 한다면 협력적 경험주의라는 치료적 관계는 깨어지며 내담자는 압박감을 느끼게 될 것임을 유의해야 할 것이다.

5. 대인관계치료적 접근과 종교

대인관계 학파는 1930~40년대 Sullivan으로부터 시작되었으며 Fromm, Honey, Cohen, Bemporad, Becker, Chodoff 등이 포함된다. Henderson은 우울증이 있는 사람들은 자신의 우울한 정서와 부정적 생각으로 인해 그들의 대인관계를 더욱 왜곡시키고 문제를 더욱 악화시킨다고 생각하였다. 우울증의 증상들은 자신과 밀접한 관계에 있는 주위 사람들에게 나쁜 영향을 주게 되어 밀접한 관계를 유지하거나 만족스럽게 이끌어가는 것을 어렵게 만들고 또한 대인관계에서 생기는 문제가 기분을 우울하게 만들기도 한다(Klerman, Weissmann, Rounsaville, & Chevron, 2002).

우울증에 관한 대인관계치료는 우울한 사람들에게 반드시 필요한 요소들로만 구성된 정신치료이다(Klerman et al., 2002). 정신분석적 접근이 내담자의 무의식적 과정과 어린 시절 이루지 못한 소망, 환상, 갈등에 초점을 맞추고 인간의 상호작용에 있어서는 대상관계에 중점을 두는 반면, 대인관계치료는 내담자가 현재 겪고 있는 대인관계상의 문제에 초점을 맞춘 단기 한시적 집중치료로서 사회적 역할에 초점을 맞추어 치료해 나간다. 즉, 장기치료가 아닌 단기치료이며, 다양한 문제영역이 아닌 몇 가지 문제에 초점이 맞추어진 치료이고, 과거의 대인관계가 아닌 현재의 대인관계에 국한되며, 정신 내적인 문제보다는 대인관계에 초점을 맞춘 치료이다. 따라서 성격적인 문제는 치료의 초점이 되지 않는다(Klerman et al., 2002).

대인관계치료에서는 정신분석적 접근이 우울증의 중요 삽화를 간과하고 과도하게 갈등이나 아동기의 선행사건, 영구적인 성격특성에 초점을 맞춘다는 점을 지적하며 우울증상에 대한 의학적 모델의 광범위한 정의 안에서 다원론적인 시각을 가지고 유전, 아동기 경험, 환경적 스트레스, 성격 등의 원인을 인정하면서도 일차적 사회군(primary social group)인 내담자와 그에게 중요한 한 사람, 혹은 몇몇 사람과 이루어지는 즉각적인 관계에 관심을 가진다. 개인의 가까운 관계, 특히 가족관계에 관심을 두며 가족 내 출산 및 양육, 이성 및 동성 간의 사랑, 청소년기와 성인기의 친구관계, 일 관계, 이웃이나 지역관계 등에 관심을 둔다. 대인관계적 문제에 대해서 핵가족, 확대된 관계로서 친구집단, 직업적 상황으로는 지도자, 수련생, 동료, 그리고 이웃과 공동체 등에 관심을 두고 그 안에서의 대인관계 및 사회적 역할을 중요하게 생각한다. 따라서 이러한 대인관계적 측면에서 어려움이 생긴 것을 우울증의 중요한 원인으로 보고 대인관계 문제를 해결해 나가는 것을 우울증의 치료과정으로 본다.

대인관계치료는 앞에서 살펴본 정신분석이나 인지행동치료와 비교해 볼 때 치료의 과정과 방법에 대한 가이드가 비교적 명확하게 제시되어 있는 치료이다. 따라서 여기에서도 치료과정을 좀 더 상세히 설명하고자 한다. 대인관계치료는 크게 세 단계로 이루어진다. 치료 초기에는 우울증을 의학적 틀 안에서 진단하고 내담자에게 설명해 주며 우울증이 생기게 된 주요문제들을 확인하고 치료적 관계를 맺는다. 치료 중기에는 중요한 현재의 대인관계 문제에 초점을 맞추어 다룬다. 종결 단계에서는 치료를 종결하는 것에 대한 감정을 다루고 향상된 점을 정리하며 남아있는 과정에 대해 대략적인 윤곽을 잡는다. 이러한 치료과정을 좀 더 구체적으로 설명하면 다음과 같다.

1) 치료 초기

치료 초기에는 우울증 및 대인관계에 대한 문제가 진단되고 평가되어야 한다. 이를 위해 치료계약을 맺고 우울증상을 다루며 문제영역을 구분하는 데 중점을 둔다. 평가 시 자살위험성에 대한 평가도 면밀히 이루어져야 한다.

(1) 우울증 다루기

① 우울증상에 대한 평가

우울증상에 대한 평가를 하는 이유는 상담자가 진단을 확인함으로써, 내담자로 하여금 자신의 고통이 이미 상담자가 예상하고 있는 것이며, 임상적 증후군으로서 치료가 가능하다는 안도감을 느끼게 하기 위해서이다. 또한 특정 기간 동안의 대인관계에 있어서의 증상을 치료의 중심으로 정한다. 이러한 증상에 대한 평가를 위해 우울한 기분, 죄책감, 자살생각, 불면, 일과 활동, 생각이나 말, 행동의 지연, 운동성 초조증, 정신적 및 신체적 불안감, 위장관계 증상들, 일반적 신체 증상들, 성적 증상들, 체중감소 여부 등에 관한 질문을 던진다.

② 증상에 이름 부여하기

우울증에 따른 다양한 증상들에 대하여 명확하게 우울증이라는 한 가지 이름을 부여하고 그러한 증상들이 우울증의 임상적 양상이라는 설명을 해준다. 즉, 그들이 심각한 신체적 질환을 가진 것이 아니며, 죽음에 대한 생각이나 무기력, 피로, 공허함, 무가치감 등은 우울증 환자들에게 흔한 증상이라는 것을 전달해 준다.

③ 우울증과 치료에 대한 설명

우울증이라는 이름을 부여한 후에는 내담자에게 우울증에 대한 일반적인 정보를 알려주고 치료에 대한 기대감을 갖게 해준다. 내담자에게 현재는 우울증으로 인해 고통스럽지만 우울증은 치료될 수 있으며 회복에 대한 전망도 밝다는 것을 이야기해 주고, 다양한 치료방법이 있으므로 한 가지 치료방법이 효과가 없다 하더라도 희망을 잃을 필요가 없으며, 앞으로 함께 해나가게 될 치료는 많은 연구들을 통해 효과가 입증된 치료라는 것을 설명해 준다.

④ 내담자에게 환자역할 부여하기

증상의 평가와 치료과정에 대한 설명을 통해 내담자에게 환자역할을 부여한다. 이를 통해 제한된 기간이라 할지라도 그동안 다른 사람들로부터 충분히 받지 못했던 관심과 보살핌을 보상적으로 받을 수 있도록 한다. Parsons는 내담자가 환자역할을 함으로써 사회적 의무에서 면제가 고려될 뿐만 아니라 일정한 유형의 책임으로부터 면제되고, 환자는 가능한 한 빨리 벗어나야 하는 사회적으로 바람직하지 못한 상태에 있는 것으로 여겨지기 때문에 도움이 필요한 상태에 있다고 간주되므로 회복과정에서 상담자와 협력할 수 있도록 한다고 하였다(Klerman et al., 2002).

⑤ 약물치료 필요성에 대한 평가

약물치료의 필요성은 증상의 정도, 내담자의 선호도, 약물치료에 대한 이전의 경험, 의학적 금기여부 등에 달려 있다. 일반적으로 심한 수면장애나 식욕장애, 불안, 초조, 지연, 흥미 및 활동의 결핍 등을 보이는 내담자는 약물치료를 병행하는 것이 더 효과적이라고 알려져 있다. 심한 우울증상을 보이는 내담자가 정신건강의학과 병원에 가기를 꺼린다면 가장 효과적인 치료를 위해 병원에서 우울증 진단을 받고 약물치료를 병행하는 것이 좋다는 점을 내담자에게 알리고 설득하는 것도 필요하다.

(2) 우울증을 대인관계적 관점으로 연결시키기

① 대인관계 평가

일단 우울증에 대한 평가가 이루어지고 나면 증상이 시작된 원인으로 관심을 돌리게 되는데, 증상의 시작과 관련된 내담자의 대인관계적, 사회적인 일이 무엇인지, 내담자와 중요한 사람과의 관계에서 어려운 점은 무엇인지 대인관계를 평가하는 것이 유용하다. 내담자의 현재와 과거의 대인관계에 대한 평가는 중요한 사람들과의 상호작용, 서로의 기대에 대한 충족여부, 대인관계에서의 만족적인 면과 불만족적인 면, 대인관계에 있어서 변화하기를 바라는 부분 등에 대한 정보를 수집함으로써 이루어진다.

② 주요 문제영역에 대한 확인

내담자의 우울증에 어떤 대인관계가 가장 중심이 되는지를 파악한다. 문제영역을 정의하는 것은 상담자가 내담자와 함께 치료 전략을 세우는 데 도움이 되기 때문에 중요하다. 대인관계치료는 단기치료이기 때문에 우울증 환자에게 흔히 나타나는 네 가지 문제 영역 중 한두 가지의 영역에만 집중한다. 네 가지 문제 영역은 애도, 대인관계 갈등, 역할 전환, 대인관계 결핍이다.

③ 대인관계치료의 개념을 설명하고 치료계약 맺기

많은 우울증 환자들은 다른 사람과의 문제가 그들의 상황에서 중요한 역할을 한다는 것을 알고는 있지만 자신의 문제들을 전적으로 개인 내적인 문제로 생각하기 때문에 대인관계 문제가 우울증에 대한 취약성을 증가시킨다는 것을 인식하지 못한다. 그러므로 상담자는 내담자가 사회적 관계에서 가지고 있는 문제에 대해 상담자가 이해한 것을 그에게 대략적으로 설명해 주고 대인관계치료 기법에 대해 설명해 주어야 한다. 사회적 기능에 대해 '지금-여기'를 강조한다는 점도 명확히 전달한다.

(3) 치료 계약 설정하기

치료 목표는 두세 가지로 설정하며 치료과정 내에 달성해야 하므로 일생의 문제를 해결한다기보다는 현재의 문제를 해결하는 것임을 강조한다.

① 대인관계치료에 있어서 환자역할에 대한 교육

처음 몇 회기에서는 상담자가 내담자의 증상을 조사하고 내담자가 치료 목표를 설정하도록 돕기 때문에 상담자의 역할이 치료 후기보다는 더 지시적이고 적극적이다. 그러나 이후 회기에서는 주제를 선택해야 할 책임이 내담자에게 있으며 상담자는 덜 적극적이어야 한다는 것을 내담자에게 알린다.

2) 치료 중기

치료 중기는 치료 계약이 맺어지고 문제영역이 정의된 후 시작된다. 다음의 네 가지 문제영역 중 가능한 한두 가지 영역에 초점을 맞추고 내담자가 주도적인 역할을 하도록 격려한다.

(1) 애도

사랑하는 사람과 사별한 후 느끼는 정상적인 애도경험도 흔히 우울증상을 동반하기는 하지만 일반적으로 시간이 지남에 따라 사라진다. 그러나 사별에 대한 부적절한 애도반응은 우울증을 가져올 수 있으며, 비정상적인 애도과정은 지연된 애도반응과 왜곡된 애도반응으로 구분된다. 지연된 애도반응은 더 최근에 생긴 원래 상실(original loss)보다는 중요하지 않은 상실에 의해 촉발될 수 있다. 즉, 지금의 상실보다는 이전의 상실에 대해 애도반응을 보이는 경우이다. 왜곡된 애도반응은 상실 직후나 몇 년 후에 발생하는데 슬프거나 우울함(dysphoric)으로 나타나는 것이 아니라 감응이 없고 정서적으로 무딘(nonaffective) 증상으로 나타난다. 치료 목표는 지연된 애도과정을 촉진하고 내담자가 다시 흥미를 가질 수 있도록 도와주며 상실한 대상을 대신할 수 있는 대체적 관계를 가질 수 있도록 돕는 것이다.

(2) 대인관계 갈등

대인관계에서의 갈등은 내담자와 그에게 중요한 다른 사람들이 서로에 대하여 비상호적인 기대를 가지는 상황에서 발생한다. 이로 인한 우울증은 갈등이 해결될 기미가 없이 정체되거나 반복되는 경우에 발생하며, 내담자는 갈등을 조절할 수 없다는 무기력감과 그 관계를 통해 얻었던 것들을 잃게 될 것이라는 위협감, 자신에 대한 무가치감 등을 느끼게 된다. 포기하는 마음, 미숙한 의사소통 방법, 노력해도 조절되지 않는 차이점 등이 갈등을 지속시키는 요소들이다. 치료 목표는 대인관계상의 갈등을 파악하고 행동 계획을 세우며, 좀 더 만족스러운 해결을 가져올 수 있도록 과도한 기대나 잘못된 의사소통 방식을 변화시키는 것이다.

(3) 역할 전환

역할 전환은 대학입학, 결혼, 이혼, 은퇴, 출산, 이사, 이직, 경제적 변화, 질병 등 생활 변화에 따른 자신의 역할 변화 과정에서 어려움을 겪을 때 우울증상이 나타나는 경우를 말한다. 역할 전환을 경험하는 모든 사람이 상실을 겪지는 않지만 임상적으로 우울한 사람의 경우에는 역할 전환을 상실로 경험하는 경우가 많다. 우리는 인생의 주기마다 역할 전환을 경험하게 되는데, 이때 새로운 역할을 맡는 데 실패하거나 자신의 지위에 만족하지 못하면 우울해질 수 있으며, 요구되는 변화를 감당할 수 없다고 느낄 때에도 무기력감과 실패감을 느끼게 된다.

치료 목표는 이전의 역할 상실에 대해 애도하고 수용하며, 내담자가 새로운 역할을 좀 더 긍정적으로 수용할 수 있도록 돕고, 새로운 역할에서 요구되는 것들을 잘 수행할 수 있도록 도와 내담자가 자신감을 회복할 수 있도록 돕는 것이다.

(4) 대인관계 결핍

대인관계가 부적절하거나 지속적이지 못하고 과거 사회적 관계가 빈곤했던 내담자는 대인관계 결핍에 초점을 맞춘다. 이러한 내담자는 지속적이고 친밀한 인간관계 경험 자체가 없으며, 일반적으로 사회적 고립이 심한 내담자는 다른 문제를 가진 내담자보다 더 심한 장애를 보이는 경향이 있다. 치료 목표는 내담자의 사회적 고립을 감소시키고 새로운 관계 형성을 격려하는 것이다. 사회적으로 고립되어 있는 내담자의 경우에는 특히 상담자-내담자의 관계에 더욱 주의를 기울이는 것이 중요하다. 치료 과정을 통해 내담자가 장차 다른 대인관계에서 친밀감을 형성해 나가는 데 하나의 모델을 제공해 줄 수 있기 때문이다. 대인관계 결핍에 대한 단기치료는 특히 어렵다는 것을 내담자에게 분명히 밝히고 치료 목표 설정은 문제의 해결이 아닌 문제해결을 위한 시작임을 설명해 준다.

3) 치료 종결

종결은 상담을 끝내기 전 마지막 2~4회기 전에 구체적으로 논의해야 한다. 내담자는 상담을 종결한다는 것을 직면하고 상담자의 도움이 없이도 어려운 문제들을 처리할 수 있다는 자신감을 가져야 한다. 그렇지 않을 경우 내담자는 상담을 종결할 무렵 혹은 종결한 직후 또다시 우울증상을 경험하게 될 수 있다. 그러므로 상담 종결에 대해 명백히 논의하고 종결을 가능한 애도로 받아들이고 독립적인 자신감에 대한 내담자 자신의 인식이 증가하도록 해야 한다.

이상으로 대인관계치료의 목표 및 과정과 치료방법을 살펴보았다. 교회는 대인관계치료 관점에서 볼 때 많은 강점들을 가지고 있다. 비슷한 시기의 인생과업을 경험하고 있는 사람들끼리의 모임을 활성화시킬 좋은 여건이 마련되어 있기 때문이다. 따라서 유아에서부터 노년에 이르기까지 모든 연령대의 사람들을 위한 생애주기별 프로그램을 실시하기가 용이하다. 구역모임, 전도대회, 성경공부, 봉사활동뿐만 아니라 다양한 취미활동 등을 통해 대인관계 문제를 해결하며 대체적인 인간관계를 맺을 수 있는 기회가 열려있다. 최근에는 노년의 상실감을 보완할 수 있는 다양한 시니어 프로그램을 진행하는 교회들도 많이 볼 수 있다. 특히 교회는 구역장, 목자 등과 같이 먼저 다가오는 사람들이 있어 새로운 관계를 맺기가 수월하며, 이러한 교회의 강점을 활용하여 구성원들은 신앙의 향상뿐만 아니라 성취감, 소속감, 자존감등을 향상시킬 수 있다. 이처럼 우울증을 치료하고 예방하기 위한 좋은 자원이 이미 교회 안에 있으므로 이를 인식하고 효과적으로 활용하는 것이 필요하다.

6. 위기개입과 종교

앞에서 양극성장애 및 우울장애에 대한 정신분석적, 인지행동치료적, 대인관계치료적 접근을 살펴보았다. 양극성장애 및 우울장애와 관련하여 우리는 자살에까지 이르는 사례들을 접하곤 한다. 본 장에서는 자살의 정신역동과 자살고위험자에 대한 위기개입방법 및 유의점에 대해 살펴보고 위기개입과 관련한 신학적 조망을 하고자 한다.

프로이트(1957)는 자신을 하나의 대상으로 취급할 때 자신을 죽일 수 있다고 보고 자살은 전치된 살해충동의 결과, 즉 내재화된 대상을 향한 파괴적 소망이 자기를 향한 것이라고 설명하였다. 또한 Menninger(1956)는 죽이고 싶은 소망(the wish to kill), 죽임을 당하고 싶은 소망(the wish to be killed), 죽고 싶은 소망(the wish to die) 등이 자살행동을 하게 한다고 하였다. 이처럼 자살의 동기가 공격성에 있다고 본 학자들이 있는 반면, Fenichel(1945)은 상실한 대상에 대한 재결합의 희망으로 보기도 하였고, Arieti(1977)는 지배적 타인이나 지배적 이상주의의 기대를 변화시키지 못하여 절망감을 느끼기 때문이라고 보기도 하였다. 또한 Goldsteine 등(1991)은 1,906명의 정동장애 환자들을 대상으로 자살의 위험인자를 조사하였으나 연구결과 자살위험이 매우 높은 환자들에게서조차 자살예측이 불가능함을 알게 되었다. 따라서 자살의 위험도를 측정하는 일차적 방법은 환자 스스로 자살의도를 말로 표현하거나 행동을 통해서 보여주는 경우일 뿐이라고 하였다. 그러므로 우리는 상담현장에서 자살고위험자를 만나게 되었을 때 어떻게 알아차리고 대처해야 하는지를 숙지하고 있어야 한다.

상담자는 접수면접을 받을 때부터 내담자가 위기상황에 처해 있는지를 확인하는 것이 필요하다. 상담자가 내담자를 평가할 때 주의해야 할 점은 자살에 대한 내담자의 생각이 막연히 생각 차원에 머물러 있는 단계인지 아니면 실행에 옮길 계획을 이미 세운 단계인지를 구분하는 것이다. 이를 위해 상담자는 내담자에게 자살하려는 이유, 방법, 시기, 과거의 자살시도력, 지지체계, 유서는 썼는지, 지금 당장 실행하지 않는 이유는 무엇인지 등에 대해 질문함으로써 위험 정도를 평가할 수 있다. 질문을 할 때에는 존중하는 태도가 중요하며, 문제해결이 목표가 아니라 문제에 대해 이야기하도록 하는 것이 목표가 되어야 한다. 또한 논리적으로 설득하려 하거나 비난하거나 자극적인 언행을 삼가야 하며 결정적인 묘수가 있는 것처럼 이야기해서도 안 된다. 내담자가 자살에 대하여 막연히 생각만 하고 있는 단계라면 상담자는 주의 깊게 관찰하며 상담을 진행해도 되지만, 이미 구체적인 계획을 세우고 실행하려는 단계라면 즉각적으로 위기개입을 해야 한다(최지영, 2014).

자살을 생각하는 사람을 자살로부터 구할 수 있다는 착각에 사로잡혀 있는 상담자는 실제로는 그를 구출할 기회를 감소시킬 수도 있다(Hendin, 1982; Meissner, 1986). 왜냐하면, 사랑하는 어머니로부터 무조건적인 보호를 받고 싶어 하는 그의 모든 요구를 상담자가 충족시켜 주고자 함으로써 그의 이러한 환상을 만족시키려는 오류를 범할 수 있기 때문이다. 즉, 무조건적으로 자신을 사랑해 주는 어머니가 이 세상 어딘가에 실제로 존재할 것이라고 믿는 그의 환상과 결탁하게 되는 것이며, 결국에는 엄청난 실망을 하게 되어 자살의 위험성은 더 높아지게 된다. 그러므로 자살의 위기에 개입하는 상담자는 개입의 목표가 먼저 자살고위험자가 손상을 입지 않고 위기를 넘길 수 있도록 하며, 희망이 존재한다는 것과 자살이 유일한 해결방법이 아니라 다른 방법도 있다는 것을 알도록 시야를 넓혀주고, 위기에 처한 그를 도와줄 자원이 있다는 것과 이 자원들을 동원하는 방법을 알게 해주는 것이라는 것을 알아야 한다.

자살위기에 있는 사람들을 위한 시스템을 만들기 위해 최초로 적극적인 대처를 한 사람은 Warren 목사였다. 그는 자살을 결심한 한 여인이 죽기 전 마지막으로 목사인 자신을 만나려다 만나지 못하고 결국 자살을 실행한 사건에 큰 충격을 받고 최초로 자살방지 전화 시스템을 만들었으며, 1906년에는 'National Save-A-Life League'를 설립했다. 같은 해 영국에서도 구세군이 'London Anti-Suicide Bureau'를 만들어 활동하였으며, 베를린, 뉴욕, 시카고, 멜버른 및 유럽 여러 나라에 자살예방을 위한 단체들이 설립되었다(안석모, 2003; 최지영, 2014). 또한 성공회 신부였던 Chad Varah는 초경이 무서워 자살을 한 소녀의 이야기에 자극을 받아 1935년에 'The Samaritans'를 설립하여 세계적인 자살방지 전화 운동을 이끌었고, 호주의 Walker 목사에 의해 시작된 생명의 전화(Life-line) 역시 국제적인 활동을 펼치고 있다. 여기서 우리가 주목해야 할 것은 이러한 자살예방 노력들이 목회자들에 의해 주도되었다는 사실이다(안석모, 2003; 최지영, 2014). 이처럼 자살예방을 위한 세계적인 운동을 이끈 사람들이 대부분 목회자였다는 사실은 오늘날 자살시도 등의 위기에 처한 사람들을 위해 기독교와 기독교상담자들이 감당해야 할 분명한 사명이 있음을 뒷받침해 준다.

그동안 자살에 대한 신학적, 철학적 관점이 기독교의 역사 속에서 다양하게 제시되었다. 많은 기독교인들이 자살은 죄이며, 따라서 자살하면 지옥에 간다는 인식을 가지고 있다. 이러한 인식이 자살을 예방하는 데에는 어느 정도 기여하는 측면이 있다고도 볼 수는 있지만, 이러한 인식이 자살이 완결된 이후 자살생존자들에 대한 개입이나 자살시도자에 대한 개입에 있어서는 오히려 많은 어려움을 야기하고 있다. 그러므로 기독교상담자는 자살에 대해 성경에서 어떻게 말하고 있는지, 그리고 그동안 기독교의 역사에서 자살문제를 어떻게 다루어왔는지를 알고 자살 문제에 대해 기독교상담자로서의 정체성을 갖는 것이 필요하다(최지영, 2014). 역사는 기독교에서 자살을 수용했던 시기와 더불어 자살을 죄악으로 여겼던 시기도 있었음을 보여준다. 이는 성경에서 자살에 대한 명확한 가르침을 주고 있지 않은 것과도 관계가 있는 것으로 보인다. 따라서 기독교상담자로서 자살에 대한 신학적 입장과 정체성을 갖는 것도 중요하지만 그보다 더욱 중요한 것은 상담현장에서 자살고위험자를 만났을 때, 실제로 그들에게 어떤 도움을 주고 무엇을 우선순위로 해야 하는지를 숙지하고 있어야 한다는 것이다. 또한 기독교상담자뿐만 아니라 교회 공동체 역시 자살예방 및 생명사랑 실천을 위한 다양한 교육 및 나눔 프로그램을 실시하는 데 동참해야 할 것이다.

박원빈(2009)은 생명을 존중하고 사랑하는 기독교인들이라면 자살 문제에 대한 관심과 열정을 가져야 하며, 자살을 단지 한 사람의 개인적 차원의 문제라기보다는 사람과 사람 사이의 문제로 바라보는 태도의 변화가 필요하고, 더 나아가 생명 자체가 신이 주신 거룩한 선물이라는 깊이 있는 신학적 성찰이 병행되어야 한다고 하였다. 또한 최지영(2014)은 자살위기 상황의 내담자를 만났을 때 기독교상담자가 그 위기에 개입하고 대처하면서 가져야 할 신학적 정체성과 관련하여 '타자신학적 돌봄'과 '희망의 신학'을 제안한 바 있다.

Levinas(1978)는 주체가 누리는 자유만을 생각했을 때 망각하기 쉬운 타인에 대한 책임을 강조하면서, 우리의 삶 속에서 만나는 사회적 약자가 바로 타자이며 타자는 주체인 나를 구성하는 결정적인 계기로서 주체보다 더 우선시되는 존재라고 보았다. 성경에서 일꾼을 부르시는 하나님의 음성에 응답하여 선지자가 "내가 여기 있나이다."라고 말하는 것과 같이 이웃의 고통과 아픔을 보고 "내가 여기 있습니다."라고 결단하고 나서는 것이 '타자윤리'라고 하였다. 나라는 주체는 내가 타자에게 무한한 책임이 있는 존재임을 깨닫게 됨으로써 온전해지며, 주체의 온전한 정체성은 타자에 대한 책임으로부터 벗어나는 것이 불가능하다는 것을 깨닫는 데서 시작된다고 하였다. 나는 타자의 고통을 대신 짊어질 책임이 있는 사람인 것이다. 타자윤리의 입장에서는 자살에 처한 사람에게 "내가 여기 있습니다. 나의 책임은 당신이 죽음을 혼자 맞이하지 않도록 끝까지 옆에서 돌보는 것입니다."라고 말할 수 있어야 한다는 것이다(박원빈, 2009). Purcell(2006)은 Levinas의 타자윤리를 타자신학이라고 명명하였다. Levinas(1998)는 나에게 주어진 생명은 하나님으로부터 값

없이 받은 선물이므로, 이에 대한 응답으로 우리는 이웃을 향한 책임을 져야 한다고 하면서, 자살을 선택하는 행동은 가장 비윤리적이고 무책임한 행동으로서 내게 주어진 타인에 대한 책임을 저버리는 행위라고 하였다. 그러므로 타자에 대한 책임을 지닌 인간에 대한 새로운 이해와 실제로 타자에 대한 책임을 지는 일은 단순히 윤리적 의무의 차원이 아닌 이 땅에서 하나님의 신성을 체험하는 길이라는 신학적인 성찰이 필요하다고 하였다.

생명에 대한 예수님의 관심과 생명 나눔은 궁극적으로 우리의 생명을 살리는 구체적인 행동이었다. 우리는 십자가에 달리신 예수 그리스도를 바라볼 때, 인간의 아픔과 고통에 동참하여 투쟁하시는 하나님을 볼 수 있다. 그러므로 십자가는 참다운 희망의 근거이다(이병진, 2002). 십자가는 주어진 현실 앞에 그대로 순종하며 고난을 당하는 것을 의미하는 것이 아니라, 하나님의 약속이 이루어지는 그때까지 불안한 현실 속에서도 미래에 대한 희망을 갖게 하는 것이다(황윤철, 1999). 기독교는 희망공동체이다. Clinebell(1987)은 목회와 상담은 복음을 관계의 언어로 바꿔주는 언어라고 하였다. 기독교상담자는 자살을 생각하는 내담자를 기독교 희망공동체에 연결시켜야 하며 기독교 희망공동체는 이들에게 새로운 삶의 의미와 희망을 주기 위해 먼저 이들과의 관계를 회복하는 일을 해야 한다(최지영, 2014). 기독교상담자는 예수 그리스도께서 우리 인간들을 위해 자신을 내어주신 것과 같이, 내담자에게 자신을 내어줌으로써 상담관계 안에서 내담자에게 희망의 근거가 되어야 한다.

기독교적 희망은 그리스도의 다시 오심을 고대하며 지금의 고통스러운 상황을 극복해 나가는 것을 의미하므로 기독교적 종말론은 본질적으로 희망론이라 할 수 있다(이병진, 2002). 그러므로 기독교상담자는 이러한 희망의 신학을 의지하여 자신뿐만 아니라 자살위기의 내담자 역시 초월적 희망에 동참할 수 있도록 인도해야 할 것이다(최지영, 2014).

7. 나오는 말

양극성장애와 우울장애는 우리 주변에서 드물지 않게 보는 정신질환이다. 특히 우울장애로 고통받는 사람들은 손쉽게 찾아볼 수 있을 정도이며, 신앙생활을 열심히 하는 사람들 중에서도 우울장애로 힘들어하는 경우를 많이 보게 된다. 본 장에서는 양극성장애와 우울장애에 대한 진단기준과 함께 정신분석, 인지행동치료, 대인관계치료 관점에서의 원인과 치료 및 종교의 역할에 대해 살펴보았다. 또한 자살위기개입에 대해서도 개입방법 및 유의점에 대해 살펴보고 신학적 조망을 제시하였다. 인지행동치료와 대인관계치료는 우울증에 대한 치료효과가 검증된 치료방법들이며, 정신분석은 우울증이 생기게 된 원인을 분석하기에 좋은 도구라고 할 수 있다. 뿐만 아니라 기독교상담이 고통스러운 삶의 현장에서 우울장애나 양극성장애로 어려움을 경험하는 사람들에게 삶의 구체적 자리에서 그리스도의 현존을 체험하며 회복되어 가는 종교적 경험이 될 수 있도록 기독교상담으로서의 방법들을 제안하였다.

양극성장애나 우울장애는 심할 경우 자살의 위험성에 대해서도 유의해야 한다. 교회는 자살을 예방하는 사회안전망의 역할을 할 수 있는데(한승진, 2010), 생명존중사상을 가르치는 설교뿐만 아니라 다양한 소그룹 공동체에 속할 수 있는 기회가 많기 때문이다. 소그룹 활동에 적극적인 사람들은 소극적인 사람들에 비해 외로움이나 우울증의 문제로부터 자유로운 것으로 나타났는데(정재영, 2002), 교회에는 예배와 섬김, 나눔의 공동체들이 형성되어 있다. 영유아부, 유초등부, 학생부, 청년부, 장년부, 노년부에 이르기까지 다양한 공동체가 구성되어 있으며, 구역예배나 소그룹 모임 등은 서로의 삶을 나누고 서로의 상황과 마음의 상태를 점검할 수 있는 좋은 장이 되고 있다. 목회자나 교회학교 교사, 각 그룹의 리더들에게 생애주기별 발달과정과 성취해야 할 과업, 흔히 접하는 고민 등에 대한 심리발달단계 및 심리적 문제에 관한 교육을 실시함으로써, 그들이 교회 구성원들을 주기적으로 만나는 기회를 활용하여 구성원에 대한 신앙적 인도뿐만 아니라 심리적 돌봄도 함께 제공할 수 있도록 한다면 바람직할 것이다. 그들이 심리적 고통으로 혼자 괴로워하는 사람들을 전문가에게로 인도하는 게이트키퍼의 역할을 수행할 수 있다면 교회는 좀 더 사랑과 희망을 이야기할 수 있을 것이다.

참고문헌

권석만 (2013). 현대이상심리학. 서울: 학지사.

박원빈 (2009). 자살에 대한 타자신학적 성찰. 한국기독교신학논총, 65, 205-225.

안석모 (2003). 자살의 이해와 목회적 대응. 신학과 세계, 50-76.

이병진 (2002). 몰트만의 신학에서 희망의 근거와 '오시는 하나님'에서의 종말론. 한일장신대학교 한일신학대학원. 석사학위 논문.

장호광 (2014). 종교적 경험과 믿음의 관계성에 관한 연구–존 칼빈과 마르틴 켈러를 중심으로–. 한국개혁신학, 44, 256-277.

정재영 (2002). 한국 교회 소집단의 공동체성에 대한 연구. 연세대학교 대학원 박사학위 논문.

최지영 (2014). 자살예방 상담 전략: 대학생 사례 적용. 한국기독교상담학회지, 25(3), 305-345.

한승진 (2010). 자살을 부추기는 사회와 기독교 생명윤리. 인문학연구, 18, 201-238.

황윤철 (1999). 레스터(Andrew D. Lester)의 희망의 목회상담 연구. 감리교 신학대학교 대학원 석사학위 논문.

Abraham, K. (1924). A short study of the development of the libido, viewed in light of mental disorders, in *Selected papers on psychoanalysis*. London: Hogarth, 1927, 418-501.

Abramson, L. Y., Seligman, M. E. P., & Teasdale, J. (1978). Learned helplessness in humans: critique and reformulation. *J Abnorm Psychology, 87*, 49-74.

American Psychiatric Association(APA) (2015). 정신질환의 진단 및 통계 편람, 제5판 (DSM-5) (권준수 외 역). 서울: 학지사.

Arieti, S. (1977). Psychotherapy of severe depression. *Am J Psychiatry, 134*, 864-868.

Beck, A. T. (1963). Thinking and depression. *Arch Gen Psychiatry, 9,* 324-333.

Beck, A. T. (1964). Thinking and depression II: theory and therapy. *Arch Gen Psychiatry, 10,* 561-571.

Beck, A. T., Rush, A. J., Shaw B. F., et al. (1979). *Cognitive therapy of depression*. New York: Guilford.

Betcher, R. W. (1983). The treatment of depression in brief inpatient group psychotherapy. *Int J Group Psychother, 33*, 365-385.

Bibring, E. (1953). The mechanism of depression, in *Affective disorders: Psychoanalytic contributions to their study*. Edited by Greenacre P. New York: International Universities Press, 13-48.

Blackburn, I. M., Jones, S., & Lewin R. J. P. (1986). Cognitive style in depression. *Br J Clin Psychol, 25,* 241-251.

Blatt, S. J. (1998). Contributions of psychoanalysis to the understanding and treatment of depression. *J Am Psychoanal Assoc, 46*, 723-752.

Blatt, S. J. (2004). *Experiences of depression: Theoretical, clinical and research perspectives*. Washington, DC: American Psychological Association.

Busch, F. N., Rudden, M., & Shapiro, T. (2004). *Psychodynamic treatment of depression*. Washington, DC: American Psychiatric Publishing.

Clark, D. A., Beck, A. T., & Alford, B. A. (1999). *Scientific foundation of cognitive theory and therapy of depression*. New York: Wiley.

Clinebell, H. (1987). 목회상담 신론 (박근원 역). 서울: 한국장로교출판사.

Ellis, A. (2001). *Feeling better, getting better, and staying better*. Atascadero. CA: Impact.

Fenichel, O. (1945). *The psychoanalytic theory of neurosis*. New York: WW Norton.

Frances, A. (2014). 정신의학적 진단의 핵심: DSM-5의 변화와 쟁점에 대한 대응 (박원명 외 역). 서울: (주)시그마프레스.

Freud, S. (1917). "Mourning and melancholia" in *The standard edition of the complete psychological works of Sigmund Freud. vol 14*. Translated and edited by Strachey J. London: Hogarth Press. 1963, 237-260.

Freud, S. (1923). "The ego and id" in *The standard edition of the complete psychological works of Sigmund Freud. vol 19*. Translated and edited by Strachey J. London: Hogarth Press. 1961, 1-66.

Freud, S. (1957). "Mourning and Melancholia(1917)" in *The standard edition of the complete psychological works of Sigmund Freud. vol 14*. Translated and edited by Strachey J. London: Hogarth Press.

Gabbard, G. O. (2008). **역동정신의학(제4판)** (이정태, 채영래 역). 서울: 도서출판 하나의학사.

Ghaemi, S. N., Stoll, S. L., & Pope, H. G. (1995). Lack of insight in bipolar disorder: the acute manic episode. *J Nerv Ment Dis, 183*, 464-467.

Goldsteine, R. B., Black, D. W., Nasrallah, A., et al. (1991). The prediction of suicide: sensitivity, specificity, and predictive value of a multimyriadmodel applied to suicide among 1,906 patients with affective disorders. *Arch Gen Psychiatry, 48*, 418-422.

Haaga, D. A., Dyck, M. J., & Ernst, D. (1991). Empirical status of cognitive theory of depression. *Psycho Bull, 110,* 215-236.

Hamilton, G. (2007). **대상관계이론과 실제: 자기와 타자** (김진숙 외 역). 서울: 학지사.

Hendin, H. (1982). Psychotherapy and suicide, in *Suicide in America*. New York: WW Norton, 160-174.

Jacobson, E. (1971a). Psychotic identifications, in *Depression: comparative studies of normal, neurotic, and psychotic conditions*. Edited by Jacobson E. New York: International Universities Press, 242-263.

Jacobson, E. (1971b). Transference problems in depressives, in *Depression: comparative studies of normal, neurotic, and psychotic conditions*. Edited by Jacobson E. New York: International Universities Press, 284-301.

Kessler, R. C., Gillis-Light, J., Magee, W. J., Kendler, K. S., & Eaves, L. J. (1997). Childhood adversity and adult pathology. In I. H. Gotlib & B. Wheaton (Eds.), *Stress and adversity over the life courses: Trajectories and turning points*. New York: Cambridge University Press.

Klein, M. (1940). Mourning and its relation to manic-depressive states, in *Love, guilt and reparation and other works 1921-1945*. New York: Free Press. 1975, 344-369.

Klerman, G. L., Weissmann, M. M., Rounsaville, B. J., & Chevron, E. S. (2002). 대인관계치료 (이영호 외 역). 서울: 학지사.

Levinas, E. (1978). *Otherwise than Being,* trans. by Alphonso Lingis. The Hague: Martinus Nifjohff.

Levinas, E. (1998). *Of God Who Comes to Mind*, trans. by Bettina Bergo. Stanford: Stanford University Press.

Mahler, M., Pine, F., & Bergman, A. (1975). *The psychological birth of the human infant*. New York: Basic Books.

Mazure, C. M. (1998). Life stressors as risk factors in depression. *Clinical Psychology: Science and Practice, 5*(3), 291-313.

McMinn, M. R. (1995). 기독교상담과 인지요법 (정동섭 역). 서울: 두란노.

Meissner, W. W. (1986). *Psychotherapy and the paranoid process*. Northvale, NJ: Jason Aronson.

Menninger, K. A. (1956). *A Guide to Psychiatric Books: With Some Suggested Reading Lists*. New York: Grune.

Mortensen, P. B., Pedersen, C. B., Melbye, M., et al. (2003). Individual and familial risk factors for bipolar affective disorders in Denmark. *Arch Gen Psychiatry, 60*, 1209-1215.

Purcell, M. (2006). *Levinas and Theology*. Cambridge: Cambridge University Press.

Rizzuto, A.-M. (1979). *The birth of living God: a psychoanalytic study*. Chicago: Chicago University.

Summers, F. (2004). 대상관계이론과 정신병리학 (이재훈 역). 서울: 한국심리치료연구소.

Weingartner, H., Cohen, R. M., Murphy, D. L., et al. (1981). Cognitive processes in depression. *Arch Gen Psychiatry, 38,* 42-47.

Wenar, C., & Kerig, P. (2011). 발달정신병리학-영아기부터 청소년기까지(제5판). (이춘재 외 역). 서울: 박학사.

Wenham, G. J., & Motyer, J. A. (2005). IVP 성경주석-구약 (한국기독학생회출판부 역). 서울: 한국기독교학생회.

Winnicott, D. (1950). Aggression in relation to emotional development. in *Through paediatrics to psychoanalysis.* New York: Basic Books, 1975.

Winnicott, D. (2000). 성숙과정과 촉진적 환경: 정서발달 이론에 대한 연구 (이재훈 역). 서울: 한국심리치료연구소.

Wright, J. H., Basco, M. R., & Thase, M. E. (2006). *Learning cognitive-behavior therapy.* Washington, DC and London, UK : American Psychiatric Publishing, Inc.

Wright, J. H., Beck, A. T., & Thase, M. (2003). Cognitive therapy, in *The American psychiatric publishing textbook of clinical psychiatry, 4th edition.* Edited by Hales R. E. Yudofsky S. C. Washington, DC: American psychiatric publishing.

종교적 경험과 성격장애

유영권
(연세대학교 신과대학/연합신학대학원 상담코칭학과 교수)

1. 들어가는 말

'정신장애와 종교는 어떤 관계가 있을까?'에 대한 논의들이 있어 왔다. 종교가 정신건강에 긍정적인 영향을 줄 수도 있다는 논의와 부정적인 영향을 준다는 논의가 계속 진행되어 왔다. 정신장애와 종교의 관계에 대한 연구를 바탕으로 어떤 관계가 있으며 정신장애 증상별로 종교적 경험이 어떻게 관여되고 있는지 살펴보고자 한다. 더 나아가서 정신장애 더 상세하게는 성격장애를 경험하는 내담자에게 상담할 때 사용할 수 있는 기법과 상담하는 과정 중에 주의할 부분에 대하여 탐색할 것이다.

2. 정신건강과 종교의 관계에 관한 연구

정신장애와 종교 및 신앙에 관한 국내 선행연구들은 기독교인들의 정신장애의 양상을 기술하는 연구들(박성자, 1993; 최재락, 2004, 2007)과 개별 정신장애의 이해를 통해 교회와 목회상담현장에서 어떠한 돌봄을 제공해야 하는지 방법을 제시하는 연구들(강수현, 2005; 김한나, 2017; 박상희, 2001; 안석, 2011, 2014; 안성원, 2009; 오오현, 안석, 2011; 유영권, 2008; 유은정, 2006; 이해리, 2012; 최주혜, 2015), 정신장애와 종교의 관계를 밝히는 연구들(김석선, 2000; 이만홍, 김동화, 최낙경; 2000; 이준석, 김광일, 이종일; 1998)이 주를 이루고 있다.

정신장애와 종교가 어떻게 연관되어 있는지에 관해서는 객관적 자료를 바탕으로 한 실증적 연구가 많이 이루어졌다. 김석선(2000)은 정신질환자의 종교적 대처를 회피적 · 의존적 대처로 보는 부정적 견해와 정신질환의 평가 및 치료과정에서 종교를 하나의 증상으로 취급하기 때문에 만성정신질환자를 대상으로 하는 종교적 대처양식에 대한 연구가 없다는 것에 주목하여 만성정신질환자의 스트레스원을 파악하고, 그 스트레스를 종교적 대처양식을 중심으로 어떻게 대처하는지 알아보고자 하였다. 그 결과 만성정신질환자의 스트레스원으로는 장래영역, 성취영역, 편견영역, 질병상태영역, 대인관계영역 순으로 높게 나타났고, 종교적 대처양식으로는 협력적 대처양식이 가장 높게 나타났으며, 스트레스원과 협력적 대처양식 간에 유의미한 상관관계가 있었다. 이를 통해 만성정신질환자는 장래와 성취에 대해 스트레스를 많이 받고 있었고, 스스로 문제의 책임을 느끼고 종교를 통해 적극적이고 효율적으로 대처해 나간다고 결론을 내렸다.

정신장애와 종교 및 신앙에 관한 최근 10년간의 국외 선행연구들은 정신장애와 종교의 연관성을 밝히는 데 집중되어 있었다. 연구들은 다시 크게 세 부분으로 나눌 수 있는데, 그동안의 관련 선행연구들의 결과를 메타 분석한 연구들과 종교나 영적 믿음이 정신장애 증상을 감소시키는 데 긍정적 영향을 미친다는 연구, 그리고 부정적 영향을 미쳐서 증상을 더욱 악화시키거나 연관성이 전혀 없다고 보고하는 연구들도 있다.

우선 메타 연구를 진행한 선행연구들을 살펴보면, Bonelli와 Koening(2013)은 1990년에서 2010년까지 종교, 종교성, 영성과 정신의학, 신경학 등과 관련된 논문들 43편을 분석하여 72.1%가 종교/영성의 개입 수준이 높을수록 정신장애 비율이 낮다는 결과를 나타냈고, 18.6%는 정적 상관 혹은 부적 상관의 결과가 혼합되어 있으며, 4.7%는 종교/영성 관여 수준이 높을수록 정신장애를 더 많이 앓고 있다는 결과를 도출하기도 하였다. 구체적으로 치매, 자살, 스트레스와 관련된 장애와 우울 및 물질남용에 관해서는 종교가 긍정적 영향을 미쳤지만, 정신분열증에 대해서는 그 연관성이 엇갈렸고, 양극성장애의 경우 연관성이 아예 없거나 부정적 영향을 미친다는 연구도 있었다. Khalaf 등(2015)의 연구에서는 1970년에서 2012년 사이에 출간된 논문을 대상으로 분석하여 종교성과 특정한 종교적 개입이 대체적으로 일반적 불안장애에 보호적 영향을 미쳤고, 외상후 스트레스장애와 종교성에는 서로 연관이 없으며, 공황장애나 공포장애에 대해서는 엇갈리는 결과가 존재한다는 점을 밝혔다. Pesut 등(2011)은 양극성장애 환자들의 종교/영성을 탐색한 실증적 연구들을 고찰하고, 생물정신사회모델 안에서 종교와 영성은 환자들을 치유하고 안녕을 증진시키는 데 효과가 있다고 결론을 내렸다.

종교나 영적 믿음이 정신장애를 회복시키거나 예방하는 데 효과가 있다는 연구들을 살펴보면, Ouwehand 등(2014)은 양극성장애 환자들의 관점에서 조증과 우울증, 그리고 회복의 기간 동안 종교적/영적 경험의 해석을 탐색하였는데, 이를 위해 네덜란드 정신건강기관의 외래 환자 10명을 대상으로 질적 연구를 실시하였으며, 그 결과 우울증을 앓는 동안 종교적/영적 지지의 일시적 결핍을 경험했고, 치료를 받는 동안 종교적/영적 경험에 더 많은 주의를 기울이고 치료기관의 상담자들과 다른 전문가들이 더욱 협력하는 것이 바람직하다고 보고하였다. 이러한 결과를 바탕으로 양극성장애 치료에 있어서 종교적 경험에 대한 실존적이고 해석학적 접근이 효과적일 수 있다고 제안하였다. Rasic 등(2011)의 연구에 따르면 종교적 예배에 참여하는 것과 주요우울과 불안장애, 자살생각/시도에 있어서 영적 위안을 구하는 것 간의 종단적 관계에 대해 1년에 적어도 한 번 종교적 행사에 참여하는 응답자들이 그렇지 않은 사람들에 비해 자살시도 가능성이 낮았고, 영적 위안을 구하는 것은 자살사고의 가능성을 낮추는 것과 연관이 있었으므로 종교적 참여가 자살시도를 막는 독립적 보호요인이라는 것을 알 수 있었다.

반면에 종교나 영적 믿음이 정신장애를 회복시키거나 예방하는 데 효과가 없거나 오히려 부정적 영향을 미치고 있다는 연구들이 있다. Park 등(2012)은 모든 유형의 믿음 체계에 걸쳐 한국 사람들의 영적 가치들과 정신장애들 간의 연관성을 조사하기 위해 한국형 종합국제진단면접 2.1을 사용하여 6,275명을 대상으로 면담을 실시하였는데, 강한 영적 가치는 우울장애 비율을 증가시키고, 알코올사용장애의 비율을 감소시키며, 종교가 없는 사람들과 비교하면 개신교 신자들이 평생 불안장애를 겪을 가능성이 더 높고, 알코올사용장애를 겪을 가능성이 더 낮은 것에 비해 가톨릭 신자들은 우울증을 경험할 가능성이 더 높았다. 이를 통해 우울삽화가 영성을 구하도록 이끌기 때문에 종교가 없는 사람들에 비해 우울장애를 경험할 가능성이 높으나 알코올사용장애를 치료하는 데 도움이 된다는 것을 알 수 있다.

King 등(2006)은 영국의 주요한 민족 집단들을 대표하는 사례를 통해 정신장애의 유병률과 삶에 대한 종교적/영적 관점의 특징을 비교하고, 이러한 관점들과 일반적 정신장애 간의 연관성을 검토하였다. 그 결과 종교적인 사람들과 그렇지 않은 사람들 간의 일반적 정신장애의 유병률이 서로 다르지 않았으나, 관련 있는 혼재변수를 조정하면 영적인 삶의 관점을 견지하고 있지만 종교적 실천을 하지 않는 사람들이 종교적인 삶의 관점을 가지고 있는 사람들에 비해 일반적 정신장애를 가지기 더 쉽다는 것을 알 수 있었다. King이 포함된 Leurent 등(2013)의 연구에서는 주요우울의 발병과 종교적/영적 믿음의 관계를 탐색하기 위하여 7개국 출신의 일반 진료 성인 참여자 8,318명의 전향코호트연구를 통해 자료를 수집하여 로지스틱 회귀분석을 실시하였는데, 그 결과 일반인들에 비해 종교적/영적 믿음이 있다고 언급한 영국인 참여자들이 거의 세 배 더 우울을 경험하고 있었으며, 강한 믿음을 가지고 있는 참여자들이 약한 믿음을 갖고 있는 참여자들보다 두 배 더 우울증을 경험할 위험이 높았다. 이는 삶에서 심각한 사건을 겪은 후에 우울증을 예방하는 데 종교가 완충제로 작용한다는 다른 선행연구의 결과를 뒷받침할 만한 증거가 되지 않는다.

이외에도 하나님과의 애착이나 하나님의 이미지와 정신장애의 관련성을 밝힌 연구들(Ellison et al., 2014; Silton et al., 2014)과 교회 내 정신장애를 갖고 있는 사람들이 어떤 상호작용을 하는지 언급하는 연구(Stanford, 2007)도 있다. Ellison 등(2014)은 미국의 성인 중에서 불안장애의 증상과 기도하는 횟수가 연관이 있는지, 하나님과 개인의 애착 양상이 불안장애의 증상과 어떻게 관련되어 있는지 알아보고자 하였다. 불안장애의 증상과 기도의 횟수 간에 직접적인 유의미한 상관이 드러나지 않았고, 하나님에 대한 불안정 애착은 정신질환증상과 정적 상관을 나타내었으며, 하나님에 대한 안정 애착이 정신질환 증상과 약간의 부적 상관이 있었으며, 하나님에 대한 안정 애착을 가지고 있는 사람들은 기도를 많이 할수록 불안장애 증상이 완화되었지만 하나님에 대한 불안정 애착이나 회피 애착을 가지고 있는 사람들은 기도를 하면 할수록 증상이 악화되었다.

Silton 등(2014)의 연구에서는 미국 성인 1,426명을 대상으로 하나님에 대한 세 가지 믿음과 다섯 가지의 정신질환 증상(일반적 불안, 사회적 불안, 편집증, 강박, 충동)을 예측하고자 하였는데, 정죄하는 하나님에 대한 믿음은 사회적 불안, 편집증, 강박, 충동 증상과 정적 상관을 보였고, 자비로운 하나님에 대한 믿음은 사회적 불안, 편집증, 강박, 충동 증상과 부적 상관을 나타냈으며, 이신론적 하나님이나 하나님에 대한 종합적 믿음은 어떤 정신질환 증상과도 유의미한 관계를 보이지 않았다. Stanford(2007)는 정신적으로 아픈 기독교인들이 교회에서 조언이나 도움을 구하고자 할 때 맞닥뜨리게 되는 태도와 믿음을 측정하였는데, 연구참여자들 중에서 정신적 문제를 겪고 있는 기독교인의 30%가 교회로부터의 버려짐, 정신적 질환을 악마의 소행으로 보는 것, 정신장애가 개인의 죄의 결과라고 보는 것 등의 부정적 상호작용을 경험했다고 응답하였다. 또한 여성이 남성보다 더 그들의 정신질환을 묵살당하거나 약물치료를 받으라는 조언을 듣지 못하였다. 종교적 지지 시스템이 심각한 정신장애로부터 회복되는데 필수적인 역할을 할 수 있다는 점을 고려해 볼 때 기독교인들과 정신건강공동체들이 함께 하는 지속적 교육이 필요함을 시사하는 것이다.

이와 같은 선행연구들을 종합해 보면 기독교인들에게서 주로 나타나는 정신장애 증상을 밝히거나, 정신장애별로 어떠한 목회적 돌봄이나 상담을 제공해야 하는지 구체적인 방법을 제시하거나 종교와 정신장애와의 연관성을 확인하여 향후 정신장애 치료에 어떤 접근이 필요한지 제안하는 내용이 대다수를 이루었다. 특히 국내 연구들은 문헌고찰이나 사례연구에 머무르고 있어 객관적인 자료를 바탕으로 한 실증적 연구가 부족하므로 여러 연구에서 제시하는 방법의 효과성이나 한국인들의 종교 및 신앙과 정신장애 간의 관계를 밝히는 근거 기반의 실증적 연구가 진행되어야 할 것이다. 또한 정신장애 전반을 종교와 신앙의 차원에서 어떻게 이해하고 그들을 돕기 위해 목회와 상담의 현장에서 적용할 수 있는 구체적이고 실제적인 방법에는 무엇이 있는지 포괄적으로 접근하는 연구도 필요할 것이다.

3. 성격장애별 특성과 종교적 경험

정신장애 중 구체적으로 성격장애와 관련하여 종교적 경험이 어떻게 연관을 맺고 있으며 각 증상에 대한 사례를 들어 어떻게 성격장애를 겪고 있는 기독교인 내담자를 돕기 위한 방법을 제안하고자 한다.

성격장애는 증상과 유사성에 의하여 세 가지 군으로 분류한다. A군은 괴상한 생각과 특성을 가지고 있고 편집성 성격장애, 조현성 성격장애를 포함한다. B군은 감정적이고 변덕스러운 특성을 보이며 반사회성 성격장애, 경계성 성격장애, 연극성 성격장애, 자기애성 성격장애를 포함한다. C군은 겁이 많고 변덕스러운 특성을 가지고 있으며 회피성 성격장애, 의존성 성격장애, 강박성 성격장애가 속한다.

1) 자기애성 성격장애(narcissistic personality disorder)

〈진단 기준〉

『정신질환의 진단 및 통계 편람』에서는 자기애성 성격장애의 진단기준을 다음과 같이 제시한다.

과대성(공상 또는 행동상) 숭배에의 요구, 감정이입의 부족이 광범위한 양상으로 있고, 이는 청년기에 시작되며 여러 상황에서 나타나고, 다음 중 다섯 가지 (또는 그 이상)로 나타난다.

① 자신의 중요성에 대한 과대한 느낌을 가짐(예: 성취와 능력에 대해서 과장함, 적절한 성취 없이 특별대우를 받기를 기대함)
② 무한한 성공, 권력, 명석함, 아름다움, 이상적인 사랑과 같은 공상에 몰두함
③ 자신의 문제는 특별하고 특이해서 다른 특별한 높은 지위의 사람(또는 기관)만이 그것을 이해할 수 있고 또는 관련해야 한다는 믿음
④ 과도한 숭배를 요구함

⑤ 특별한 자격이 있는 것 같은 느낌을 가짐(즉, 특별히 호의적인 대우를 받기를, 자신의 기대에 대해 자동적으로 순응하기를 불합리하게 기대함)
⑥ 대인관계에서 착취적임(즉, 자신의 목적을 달성하기 위해서 타인을 이용함)
⑦ 감정이입의 결여: 타인의 느낌이나 요구를 인식하거나 확인하려 하지 않음
⑧ 다른 사람을 자주 부러워하거나 다른 사람이 자신을 시기하고 있다는 믿음
⑨ 오만하고 건방진 행동이나 태도(APA, 2015, p. 730)

〈자기애성 성격장애 사례〉

K씨(가명)는 48세 여성으로 미국에서 박사학위를 받고 대학에서 교수로 재직하고 있다. 남편과 미국에서 유학 중인 고2 아들, 초등학교 6학년 딸, 가정부와 함께 살고 있다. 현재 치질 수술 후 신체적 회복이 덜된 상태에서 과중한 업무로 탈진한 상태이다. 교회 직분은 집사이며 영적 비전을 실현하며 통합을 이루려는 열망이 있지만 전문직 여성으로서 비교적 높은 이상의 실현에도 불구하고 자기대상 상실로 말미암아 자기애성 성격장애의 특성을 드러내며 대인관계 전반에서 갈등을 겪고 있다.

K씨의 아버지는 엄격했지만 남을 잘 배려하는 분이었고, 부부관계에서도 충실하고 안정되어 보였다고 한다. 그러나 아버지의 엄격함이 자신에게 전수되어 자신의 부부관계에서 정서적인 교류를 나눌 수 없는 원인 중 큰 비중을 차지한다고 여기고 있다. 그녀는 남편과 더 이상 남편의 자존감 결핍과 열등감 문제로 갈등하고 싶지 않아서 이번에 담판을 짓겠다고 했고, 그 외에도 집에서 살림을 해주는 아주머니가 고분고분 하지 않으며 자주 거짓말을 해서 내보내려고 인력회사에 다른 분을 소개해 달라고 요청했다고 하였다. 또한 학과 교수들에 대한 원한도 깊고 특히 여성이기 때문에 당했던 불이익에 대해 분노가 많다고 직접적으로 표현했다.

교회에서 목장으로 헌신하고 있지만 역할을 감당하기 부담스러워하며 목장모임 인도를 위한 목자 훈련에 참여하지 못한 것이나 기도를 준비하지 못했다는 것에 자책감과 불안감 같은 것을 느끼고 있다(유은정, 2006).

〈상담적 개입과 기술〉

교회에서 자기애성 성격특성을 가진 사람들은 능력있고 진취력을 가지고 여러 부서에서 효과적으로 활동을 하는 부류의 사람들이다. K씨의 사례에서 보듯이 유능하여 사회에서도 성공하고 자신의 경험을 미화하여 사람들이 추종하도록 유도하는 경향을 보인다. 자기대상을 추구하는 측면에서는 하나님을 자기대상으로 느끼고 신적 존재에서 자신의 모습을 투영하여 보려 한다. 다른 사람을 무시하고 자신의 신앙만이 정당하고 다른 사람의 신앙을 정죄하는 경향을 보인다. 하지만 이런 강한 면 뒤에는 내면화된 분노와 수치심이 자리를 잡고 있어서 내담자 안에 있는 숨겨진 분노의 감정과 수치심을 탐색하도록 드러내어 건강하게 처리하도록 도울 필요가 있다.

다른 사람에 대한 공감 능력을 증진시키는 것이 자기애성 성격장애를 가진 내담자들에게 주요한 목표가 되는데, 상담자가 느끼는 감정에 대해 내담자로 하여금 느낄 수 있도록 돕는 과정이 필요하다. 내담자에게 상담자가 느끼는 감정을 공감하여 반영하도록 하는 훈련을 통해 다른 사람에 대한 공감 능력을 점진적으로 증진시킬 수 있다.

이만홍과 김동화, 최낙경(2000)의 연구는 종교적 회심경험을 자기심리학의 관점에서 자기애성 성격장애를 가진 사람들이 자기대상을 추구하는 방법이라고 이해한다. 또한 종교적 회심경험과 특성이 자기애성 성격장애와 어떤 연관이 있는지 밝히고자 하였는데, 위기형 회심군이 점진형 회심군이나 비회심군에 비해 자기애성 성격장애의 성향을 더 많이 보인다고 한다. 즉, 갑자기 회심하는 경우 자기애성 욕구가 강하여 자기대상을 찾고자 하는 욕구가 더 많음을 알 수 있다.

K씨 같은 자기애성 성격장애 성향을 가진 내담자에게는 상담자가 자기대상욕구를 충족시키는 역할을 해야 한다. 이상화 전이나 쌍둥이 전이를 보이는 경우 어느 정도는 이상화된 대상이 되어서 그 역할을 수행해 줄 필요가 있으며 쌍둥이 전이를 보이는 경우 내담자가 슬퍼할 때 슬퍼하고 내담자가 기뻐할 때 기뻐하는 모습을 보일 필요가 있다. 이런 Mirroring을 통해 자기대상을 추구하는 욕구를 만족시킴으로써 안정감을 느끼고 자기로부터 나와 다른 사람에 대한 관심을 가지게 된다. 또한 타자와의 공감능력 증진이 상담목표가 되어야 하는데 상담자가 현재 무슨 느낌으로 있을지 물어보아 상담자의 감정을 반영하는 훈련을 실시하는 것도 중요하다.

박상희(2001)는 교회 내 자기애성 성격장애를 가진 사람들을 돕기 위해 자기심리학이론과 목회상담적 방법의 통합을 제안하였는데, 첫째, 자기애적 성격장애를 정확하게 이해하는 목회자가 자기대상이 되어 교인의 자기애적 욕구를 충족시켜 주는 공감적 목회를 해야 하고, 둘째, 자기대상의 장으로서의 교회 공동체가 치유의 사건이 일어나는 공감적 관계의 모체가 되도록 삶의 전환이 일어날 수 있는 예배를 제공하고, 지지적 공간으로서의 이야기함이 있는 공동체를 형성해야 하며, 셋째, 개인의 차원에서 자기대상으로서의 하나님과 관계 회복을 통해 파편화된 자기를 극복하고 응집적 자기, 즉 구원에 이르러 자기치유가 가능하도록 도와야 한다고 제시한다.

2) 경계성 성격장애(borderline personality disorder)

〈진단 기준〉

대인관계, 자아상 및 정동의 불안정과 현저한 충동성의 광범위한 형태로 성인기 초기에 시작되며 여러 상황에서 나타나고, 다음 중 다섯 가지(또는 그 이상)를 충족한다.

① 실제적 혹은 상상 속에서 버림받지 않기 위해 미친 듯이 노력함
② 과대이상화와 과소평가의 극단 사이를 반복하는 것을 특징으로 하는 불안정하고 격렬한 대인관계의 양상
③ 정체성 장애: 자기 이미지 또는 자신에 대한 느낌의 현저하고 지속적인 불안정성
④ 자신을 손상할 가능성이 있는 최소한 두 가지 이상의 경우에서의 충동성(예: 소비, 물질남용, 좀도둑질, 부주의한 운전, 과식 등)
⑤ 반복적 자살행동, 제스처, 위협 혹은 자해행동
⑥ 현저한 기분의 반응성으로 인한 정동의 불안장애(예: 강렬한 삽화적 불쾌감, 과민성 또는 불안이 보통 수 시간 동안 지속되며 아주 드물게 수일간 지속됨)
⑦ 만성적인 공허감
⑧ 부적절하고 심하게 화를 내거나 화를 조절하지 못함(예: 자주 울화통을 터뜨리거나 늘 화를 내거나, 자주 신체적 싸움을 함)
⑨ 일시적이고 스트레스와 연관된 피해적 사고 혹은 심한 해리증상(APA, 2015, p. 723)

〈경계성 성격장애 사례〉

내담자 L씨는 미술을 전공하였고 한 교회에 소속되어 있으며 성가대 찬양도 하고 미혼이며 경계선 인격장애를 가지고 있다고 진단을 받았다. 그가 소속한 공동체 속에서도 불안정한 인간관계를 맺고 있으며 다른 사람과의 관계를 조정(manipulation)하려는 성향을 가지고 있다. 상담자를 만날 때쯤 되면 일부러 약속을 늦추거나 오지 않는 행동을 통해 상대편을 조정하려 든다. 이러한 행동은 유기불안으로 인해 생긴 것이라고 볼 수 있는데, 이 불안으로 인해서 다른 사람과의 관계가 심한 정도의 불안정한 모습을 보여주고 있다. 그녀의 그림에서 “어두움의 틀 속에 눈치를 보면서, 항상 촉각의 신경을 곤두세우는 나도 모르는 나의 모습을, 어느 순간에 발견하게 되었다. 긴장 속에서

사람들로 인해 조마조마하며 공중의 줄을 걷는 곡예사와도 같은 심경이다." 라고 그의 불안한 심정을 잘 표현하고 있다.

그의 어머니는 우울증적인 증상을 보이고 있으며 어렸을 때부터 오빠와 아버지로부터 매를 맞고 자랐다고 주장한다. 이 오빠는 아버지가 없을 때 아버지의 역할을 하면서 때렸다고 한다. 그래서 남자만 보면 극도의 공포심을 느낀다(유영권, 2008).

〈상담적 개입과 기술〉

경계성 성격장애는 충동성을 조절할 필요가 있다. 내담자 L씨 안에 있는 충동성을 적절히 표출할 수 있도록 도우며 L씨 안에 있는 발달상의 실패나 트라우마에 대한 작업이 필요하다. L씨는 유기불안으로 인해 다른 사람을 조정하고 친밀감을 느끼기 시작하면 헤어질 것에 대한 두려움으로 인해 관계를 철수하거나 다른 사람과의 관계를 끊어버리려 하는 경향을 보인다. L씨는 끊임없이 성직자를 이상화하고 그럼으로써 과대평가를 한다. 하지만 자신의 욕구가 충족이 안 되면 하루 아침에 이상화했던 대상을 평가절하하는 경향을 가지고 있다.

안성원(2009)은 어린 시절 만성적 좌절 경험과 충분한 돌봄의 부족으로 부정적 대상표상과 하나님 표상이 형성되어 어려움을 겪는 경계성 성격장애 내담자에게 적절한 목회상담적 돌봄을 제공하기 위해 부정적 하나님 표상의 재구성이 필요하다고 보고, 이를 위해서 위니컷의 '안아주기' '충분히 좋은 어머니 되기', 비온의 '담아주기', 컨버그의 '직면, 명료화, 해석'의 방법을 목회상담에 적용하도록 제안하였다. 이해리(2012)는 상담사례를 통해 경계선적 성격에서의 대상관계가 하나님 표상과 신앙에 어떻게 영향을 미치는지 연구하였다. 내담자의 신 표상이 일차 대상들에 대한 경험과 감당할 수 없었던 대상들의 특성에 의해 깊이 영향을 받았다는 것을 확인하였다. 이를 통해 목회상담 현장에서 경계성 성격장애를 가진 내담자로부터 그의 믿음과 무의식적 대상들과의 관계, 그 관계에 내재된 핵심정서를 확인하는 것이 치료에서 매우 중요하며, 상담자가 내담자의 왜곡된 하나님 표상을 정상적인 것으로 변화시키려고 무리하게 시도하는 것을 경계하면서 내담자의 적응적 혹은 방어적 반응들을 존중해 주어야 하고, 내담자의 이상화된 대상이 되어 상담자의 자기애적 욕구를 만족시키려는 것을 조심하면서 내담자의 이상화나 융합에의 유혹, 비난과 평가절하에의 욕구를 견디고 버텨주는 것이 필수적이라고 제안한다. 경계성 성격장애자들의 하나님 이미지는 아주 좋거나 아주 나쁘거나 둘 중에 하나이다. 사랑하고 용서하시는 하나님의 이미지와 심판하는 하나님의 이미지는 양분화되어서 같이 공존하지 못한다. 'All good or All bad'의 양극화된 이미지가 공존하는데 이 양극화된 이미지를 통합하는 작업이 필요하다. 경계성 성격장애자들의 신관을 살펴보면 자신을 학대한 학대자의 모습과 닮은 모습을 가지고 있다. 이들에게 학대자와 연장된 하나님 이미지가 아니라 상담자의 안아주는 모습을 경험함으로써 새로운 하나님의 이미지를 가질 수 있도록 돕는 과정이 필요하다.

상담 초기에는 자신의 마음 상태를 진단하도록 도울 필요가 있다. 지금까지의 대응방식이 효과적이지 않았다는 인식과 아울러 새로운 대응방식을 가지도록 동기화할 필요가 있고 상담이 진행됨에 따라 고통을 참아 나아가며 애매모호성을 참아가는 훈련을 할 필요가 있다. 충동성을 줄이기 위해 충동적인 감정이 나올 때 그 충동을 통제하는 기술을 습득할 필요가 있다. 경계성 성격장애자들의 정신증적 양상은 종교적 경험으로 예언과 꿈 해석 등으로 나타날 수 있는데 상담자는 이런 부분들을 잘 분별하여 경계성 성격자들의 망상과 현실을 분리하여 망상 속에 들어 있는 내담자들의 불안을 드러내어 상담한다.

경계성 성격장애자들은 혼돈된 자기감을 가지고 낮은 자존감을 가져서 상담자에게 의존하다가도 자신을 도와주지 못하는 부분이 드러나거나 의존하는 욕구가 충족이 안될 때 화를 내거나 상담자에 대한 안 좋은 소문을 퍼뜨리는 경우도 볼 수 있다. 이런 경우 상담자는 일관성 있게 내담자를 포기하지 않고 수용하며 심리적으로 포용하는 자세가 필요하다. 일찍 종결하거나 다른 사람에게 리퍼를 하는 경우 유기불안을 더 자극시키고 자신은 버림받는 존재라는 인지도식을 공고하게 굳히는 경험이 된다. 항상 그 자리에 감정의 요동이 없이 안정되게 관계하는 상담자의 모습을 학습하고 모델링 함으로써 수정된 대상관계를 경험하게 된다.

3) 강박성 성격장애(obsessive-compulsive personality disorder)

〈진단 기준〉

융통성, 개방성, 효율성을 희생시키더라도 정돈, 완벽, 정신적 통제 및 대인관계의 통제에 지나치게 집착하는 광범위한 양상으로, 이는 청년기에 시작되며 여러 상황에서 나타나고 다음 중 네 가지(또는 그 이상)로 나타난다.

① 내용의 세부, 규칙, 목록, 순서, 조직 혹은 스케줄에 집착되어 있어 활동의 중요한 부분을 놓침
② 완벽함을 보이나 이것이 일의 완수를 방해함(자신의 완벽한 기준을 만족하지 못해 계획을 완수할 수 없음)
③ 여가 활동이나 친구 교제를 마다하고 일이나 성과에 지나치게 열중함(경제적으로 필요한 것이 명백히 아님)
④ 지나치게 양심적임, 소심함 그리고 도덕 윤리 또는 가치관에 관하여 융통성이 없음(문화적 혹은 종교적 정체성으로 설명되지 않음)
⑤ 감정적인 가치가 없는데도 낡고 가치 없는 물건을 버리지 못함
⑥ 자신의 일하는 방법에 대해 정확하게 복종적이지 않으며 일을 위임하거나 함께 일하지 않으려 함
⑦ 자신과 타인에 대해 돈 쓰는 데 인색함, 돈을 미래의 재난에 대비하는

것으로 인식함

⑧ 경직되고 완강함을 보임(APA, 2015, p. 741)

〈강박성 성격장애 사례〉

A씨는 20대 초반의 남성으로 모태신앙으로 자라왔고, 신학대학교에 재학 중이며, 교회에서 사역 및 봉사를 담당하고 있다. 그는 위안을 얻고 두려움을 해소하기 위하여 신앙생활을 한다. 하지만 늘 자신은 죄악을 저지를 수밖에 없는 존재라고 말한다. 종교행위를 아무리 해도 자신은 죄악에서 자유로울 수 없을 것이라는 두려움과 불안감을 느낀다. A는 종교 안에서마저도 자신의 죄악과 불안함, 두려움이 해소되지 못함을 경험할 때 더없는 절망을 느낀다고 고백했다. 종교행위가 자신이 죄인이라는 것을 확인시켜 준다고 하였다. 문제는 자신의 죄인됨의 괴로움 앞에 멈춰 있기 때문에 절망뿐이라는 것이다. 종교 안에서 오히려 자신의 두려움과 불안이 증폭되지만 종교행위를 그만둘 수 없다고 하였다. A가 선택한 해결방법은 오히려 종교행위를 더욱 바쁘게, 열심히 하는 것이었다. 예를 들어, 죽고 싶은 충동이 솟아오를 때 이것을 생각할 수 없도록 더 많은 종교행위와 신앙적인 일에 몰두한다. 왜냐하면, "모든 고통이 하나님이 주신 것"이므로 그럴 때 고통에 직면하지 않아도 되고, 왜 그런 일이 일어났는지 알지 않아도 되기 때문이다. 하나님이 고통을 주셨으므로 A는 그에 상응하는 종교행위를 하는 것으로 보상할 뿐이다. A에게 하나님은 나와 멀리 계시는 전능자의 이미지이며, "버려둔 분, 관람하시는 분"이라고 표현하였다. 사랑받고 싶은 욕구와 자신을 위협하는 마음의 충동, 어느 것 하나도 해결해 주지 않으신다고 말하였다. 그가 가지고 있는 하나님의 이미지는 많은 부분 자신의 부모와 닮아 있었다. A가 실제로 사랑받고 싶은 욕구를 제대로 충족해 보고 받아들여진 경험이 없었다. 그가 사랑받을 때는 부모의 기준에 부합할 때였고, 존재 자체로 긍정되는 경험을 하지 못한 것이다(김한나, 2017).

〈상담적 개입 및 기술〉

김한나(2017)는 자아가 미숙하거나 마음의 충동을 해결하기 위해서, 또는 두려움을 유발하는 전능자라는 하나님의 이미지 때문에 도덕적 자학을 필요로 하게 되고 이는 강박적 종교행위로 이어진다고 하였다. 강박성 성격장애자의 기저심리는 불안이다. 불안하기 때문에 그 불안을 극복하기 위한 반복적 행동이나 습관을 가지게 되고 완벽함을 추구한다. A씨의 사례에서도 종교안에서 자신의 불안이 증폭되어도 종교행위를 그만둘 수 없는 모습을 보이는 이유도 마찬가지이다.

강박성 성격장애를 가진 내담자들 안에는 응징하고 심판하는 하나님에 대한 이미지가 많은 경우가 있다. 이들의 하나님 이미지를 살피고 왜곡된 하나님 이미지를 가지고 오게 한 심층적 원인을 탐색하는 것이 중요하다. 왜곡된 하나님 이미지는 발달과정에서 초기대상, 즉 주요 양육자와의 관계에서 버림받은 경험, 학대받은 경험, 방치당한 경험 등이 작용할 수 있고 학창시절 왕따 경험이나 성폭행 등의 트라우마를 경험한 경우 발생할 수 있다. 이러한 왜곡된 하나님 이미지를 발견하여 통합되고 수정한 하나님에 대한 인식을 가지게 도와줄 필요가 있다.

두려움을 해소하지 못하여 절망을 느낀다고 호소하는 내담자의 불안에 집중하여 상담을 진행할 필요가 있다. 이들은 불안을 극복하기 위해 더욱 종교행위에 몰두하게 되며 모든 고통도 하나님이 주신 것이라는 합리화를 통해 자신의 불안을 극복하려 한다. 이러한 불안은 '자신이 완벽하지 않아도, 어떤 성과를 보여주지 않아도 사랑받을 수 있다.'라는 확신과 신뢰가 없기 때문이다.

4) 조현형 성격장애(schizotypal personality disorder)

〈진단 기준〉

친분관계를 급작스럽게 불편해하고 그럴 능력의 감퇴 및 인지 및 지각의 왜곡, 행동의 괴이성으로 구별되는 사회적 및 대인관계의 결함의 광범위한 형태로, 이는 성인기 초기에 시작되며 여러 상황에서 나타나고 다음 중 다섯 가지(또는 그 이상)로 나타난다.

① 관계사고(심한 망상적인 관계망상은 제외)
② 행동에 영향을 주며, 소문화권의 기준에 맞지 않는 이상한 믿음이나 마술적인 사고를 갖고 있음(예: 미신, 천리안, 텔레파시 또는 육감 등에 대한 믿음, 다른 사람들이 내 느낌을 알 수 있다고 함. 아동이나 청소년에서는 기이한 공상이나 생각에 몰두하는 것)
③ 신체적 착각을 포함한 이상한 지각 경험
④ 이상한 생각이나 말을 함(예: 모호하고, 우회적, 은유적, 과장적으로 수식된, 또는 상동적인)
⑤ 의심하거나 편집성 사고
⑥ 부적절하고 제한된 정동
⑦ 기이하거나 편향되거나 괴이한 행동이나 외모
⑧ 일차 친족 이외에 친한 친구나 측근이 없음
⑨ 친하다고 해서 불안이 감소하지 않으며 자신에 대한 긍정적인 판단보다는 극적인 공포와 관련되어 있는 과도한 사회적 불안(APA, 2015, p. 715)

〈조현형 성격장애 사례〉

G씨는 몇 차례의 결혼에 실패하고 남자에 대한 증오심을 가지고 있는 60대 중반의 여성이다. G씨는 자신의 재산을 탐내서 남자들이 자신에게 접근했다고 굳게 믿고 있다. 남성에 대한 미움을 가지고 있으며 자신이 새로운 교리를 개발하여 신흥종교를 만들 수 있다는 꿈을 가지고 여러 가지 종교의 경전에 빠져들어 경전과 관련된 서적들과 용품을 사들이는 데 집착하고 있다. 집 안에는 이전 결혼생활에서 사용했던 온갖 물품들을 쌓아놓고 버리지 않는 습관

을 가지고 있다. 교회나 사찰 등에 다니면서 각 종교기관의 남성지도자들에 대한 혐오를 노골적으로 드러내고 안 좋은 소문들을 퍼뜨리는 역할을 한다. 조울증적인 반응을 보이며 조증일 때는 종교경전과 관련되어 자신의 경전을 만든다고 컴퓨터 앞에서 며칠씩 밤을 새며 새로운 경전 집필에 몰두한다. 그러나 쓴 글들은 논리적으로 맞지 않고 와해된 사고를 적은 글을 나열해 놓을 뿐이다. 대인관계는 별로 없고 고립되어서 살고 있으며 관심을 가지고 접근하면 경계심을 가지고 멀리하려 한다.

〈상담적 개입 및 기술〉

G씨의 경우 몇 차례의 결혼생활에서 가져온 고통과 어려움에 대한 탐색이 우선이다. 과거 결혼생활에서 전남편들과의 관계에서 폭력적인 경험이나 고통스러운 경험이 있었는가 확인할 필요가 있고 심리적으로 이러한 고통으로부터 벗어나기 위해서 자신만의 세계를 구축하려는 작동기제를 형성할 수 있다. 조현형 성격장애를 가진 내담자들에게는 G씨처럼 신흥종교에 빠지거나 자신을 메시아나, 교주로 착각하기도 하고 현실에서 실패한 모습을 극복하기 위해 위대한 자기를 만들어 믿음을 가지는 경우가 많다. G씨는 새로운 경전을 만들어 신흥종교를 만들어야 한다는 기괴한 생각을 하는데 이러한 심리 안에는 실패한 결혼 경험을 극복하고 자신을 회복하려는 무의식적 욕망이 자리 잡고 있다. 상담자는 조현형 성격장애의 기괴한 믿음들을 없애려고 섣불리 직면하고 도전하지 말고 우선 수용적으로 내담자의 기괴한 믿음을 잘 듣고 그 세계 안에 들어가서 기괴한 믿음을 통해 내담자가 얻고자 하는 것이 무엇인지 파악하고 공감해 줄 필요가 있다. G씨의 경우 실패한 경험에 대해 경청하고 전남편들과의 관계에서 무엇을 원했고 무엇을 얻지 못했는지 탐색하여서 현실에서 얻지 못한 것을 다른 방법으로 어떻게 얻을 수 있는지 그리고 현실 속에서 어떻게 실패한 경험들을 극복할 수 있는지 방법을 모색하는 상담적 접근이 필요하다.

이준석과 김광일, 이종일(1998)의 연구는 종교가 정신분열병 환자의 치료나 예후에 어떠한 영향을 미치는지에 대한 자료의 필요성을 인식하고 정신분열병 환자의 종교나 종교성향이 피해망상 속 박해자나 박해양상에 미치는 영향을 구명하고자 하였다. 그 결과 신-귀신-초자연적 존재를 박해자로 지목한 종교망상 집단은 정신분열병 발병 이전부터 종교를 갖고 있었으며, 내재적 성향이 우세했고, 기독교 신자가 많았으며, 주 2회 이상 종교활동에 참여하는 경우가 많았다. 종교지도자-무당 등을 박해자로 보는 종교망상 집단은 발병 이후 종교를 가진 경우가 많았고, 내재적 성향이 다수이며, 종교생활에 전혀 참여하지 않는 경우가 우세했다. 가족-친척 등이 박해자로 나타나는 집단에서는 외현적 성향이 두드러졌고, 불교나 기타 종교를 믿으며, 발병 후 종교를 가진 경우가 많았다고 한다. G씨의 사례에서 종교기관의 남성지도자에 대한 혐오를 노골적으로 드러내고 헛소문을 퍼뜨리는 모습을 보이고 있는데 이준석의 연구에서처럼 종교망상을 보이는 양상이다. 이러한 경우도 조현형 성격장애를 가지는 내담자 안에 핍박받은 경험, 고통스러운 경험들을 상담자가 심리적으로 안아주는 환경에서 다시 재경험하여 그 고통으로부터 심리적으로 해방되는 작업을 해야 한다.

안석(2014)의 연구에서는 유사신앙 형태를 띄는 신앙인들, 특히 신경증의 형태로 나타나는 신앙인의 심리를 이해하는 바탕에서 그들을 어떻게 치료해야 할 것인가를 논의하고 있다. 그는 어린 시절의 부정적 경험, 성인기의 충격적 경험이나 잘못된 교육, 경험한 것에 대한 내면적 태도에 따라 신경증이 유발될 수 있다고 보고, 신경증적 형태를 띠는 유사신앙인을 치유하기 위해 불안을 일으키는 원인을 파악하도록 돕고, 그들을 지지하면서 고통을 인내하고 극복할 수 있는 희망과 용기를 북돋아줘야 하며, 건강한 기독교 신앙과 기독교적 돌봄이 필요하다고 하였다.

4. 종교와 관련된 성격장애 상담방법

1) 초월점 제공

자기애성 성격장애를 지니고 있는 내담자에게는 자신의 자기애적 상처에 매몰되어 자신 안에만 갇혀 있고 몰입되어 있기 쉽다. 경계성 성격의 내담자들도 혼돈된 정체성을 가지고 양분화된 자기감을 가질 수 있는데, 이런 유형의 내담자들에게는 자신에게서 나와서 타자를 느끼고 공감할 수 있는 경험을 제공해 주는 것이 필요하다. 자기 자신의 심리적 상처에 머물러 있기 때문에 충동성을 가지고 자기에게 매몰되어 분노를 참아내는 능력이 부족하다. 그래서 자기 자신으로부터 나올 수 있는 초월점(leap of existence)을 제공해 주면 자신의 심리적 몰입에서 벗어나 객관적 성찰을 할 수 있고 충동성을 참아내고 애매모호함을 이겨나갈 수 있는 힘을 제공받을 수 있다. 틸리히는 궁극적 관심이 존재로의 용기를 제공해 준다고 하였는데 이러한 초월점을 발견하면 감정적 고립감을 벗어나 다른 사람과 연결되고 하나님과 연결되어 있다는 충만감을 제공할 수 있다.

2) 의미 추구

성격장애가 종교적 경험과 연결되어 있을 경우, 특별히 조현형 성격장애의 경우 종교망상을 보일 때 망상을 깨뜨리거나 현실적이지 않다는 반박, 직면을 하면서 근본주의에 입각하여 내담자를 신앙적 교리에 맞게 교화 및 수정하려는 방향은 맞지 않다. 오히려 내담자의 불안을 증가시켜 방어기제를 더 강화하는 부작용이 있고 종교망상을 더욱 공고하게 강화시킬 수 있다. 망상적 사고 자체가 내담자가 살아갈 수 있는 기능을 하고 있기 때문에 상응하는 안전기제를 확보하기 전까지는 안전의 도구로 사용한 망상을 버리기 쉽지 않다. 수용적인 분위기에서 자기성찰을 도우며 삶의 의미를 긍정적으로 생각할 수 있도록 돕는 방법이 효과적이다. 종교적 교리나 신념이 분명한 신적 이미지보다 영성에 초점을 두는 개입이 효과적이다.

3) 영적 진단의 필요성

『정신질환의 진단 및 통계 편람』을 통해 정신장애 진단 기준은 과학적 근거를 가지고 정확하게 판단할 수 있다. 그러나 영적 진단에 대한 통계 편람이 있거나 명확한 근거를 제시하는 작업은 그동안 되지 않았다. 조지 피체트(George Fitchett)는 7×7 모델로 다음과 같은 요소들을 제시한다. 각 요소들과 관련된 주제를 종교적 경험과 연관을 가지고 있는 성격장애 내담자들에게 질문하며 자신의 영적 상태를 점검하도록 하면 심리적 진단과 함께 사례개념화를 더 구체적으로 작업할 수 있을 것이다.

〈표 9-1〉 영적 평가를 위한 7×7 모델(Fitchette, 1993, p. 42)

전인적 차원	영적 차원
의학적 차원	신념과 의미
심리학적 차원	소명의 결과
심리사회적 차원	경험과 감정
가족체계 차원	의식과 습관
윤리적 · 문화적 차원	용기와 성장
사회적 문제의 차원	공동체
영적 차원	권위와 지도

폴 푸르져(Paul Pruyser)의 영적 진단요소는 성격장애자들과 상담을 할 때 의미 있는 질문들을 제시해 준다. 먼저, 내담자에게 거룩함에 대한 인식을 물을 필요가 있다. 내담자가 어떤 것을 거룩하게 여기고 경외심을 가지는가에

대한 질문이다. 다음은, 섭리(providence)에 대한 질문인데 나를 향한 하나님의 목적과 의도, 약속은 무엇인가에 대해 물어보는 것이다. 세 번째는, 신앙적인 측면으로 자신의 삶에 대해 얼마나 헌신할 수 있는지 그리고 자신의 삶에 대해 얼마나 공감하고 동정하는지 물어본다. 네 번째는, 은혜에 관한 질문이다. 얼마나 삶에 감사하고 만족하는지에 대한 질문이고, 다섯 번째는, 회개에 관한 요소로 자신에 대해 얼마나 정직하고 후회나 뉘우침에 대한 내용이다. 여섯 번째는, 친교(communion)로서 다른 타자와 어떻게 연결되어 있고 자연과 사람, 하나님과 얼마나 친밀감을 가지고 있느냐의 문제이다. 자기 자신으로부터 나와서 타인, 환경 그리고 하나님과 연결을 돕는 질문이 될 수 있다.

4) 신앙자원의 활용

앞에 제시한 초월점을 발견하고 의미를 추구하고 영적 진단을 한 후 다음과 같은 신앙적인 자원들을 사용할 수 있다.

① 문장완성 검사를 통한 하나님 표상 탐색

내담자가 가지고 있는 신앙적인 자원을 발견해서 그 자원을 상담치료적인 방법에 활용할 수 있다. 우선 내담자의 신 표상, 하나님 표상은 어떤지 파악하기 위하여 문장완성 검사처럼 아래와 같은 질문에 답하는 내용을 가지고 상담을 진행할 수 있다.

나에게 하나님은 ______________________________.
나의 종교적 경험은 ____________________________.
내가 가장 많이 하는 기도는 ______________________.
성경에서 나와 같은 삶을 산 인물은 ________________. 등

② 내담자의 신의 이미지

내담자의 신 표상은 아동의 부모 표상, 자기 표상과 관련되어 있다. 리주토(2000)는 왜곡된 신의 네 가지 표상을 제시한다. 그 네 가지 유형을 수염이 없는 신, 거울 속에 신, 불가사의한 신, 나의 적으로 신으로 분류하였다. 리주토는 아동들에게 그림을 그리게 하였는데 자신의 신 표상을 여러 가지 매체(시, 그림, 조각, 설치미술, 드라마 등)를 통해 신적 표상을 드러낼 수 있다.

③ 종교적 경험과 관련된 자동적 사고 기록지

다음과 같은 도표를 활용하여 내담자의 종교적 경험과 관련된 비합리적 사고를 파악하고 새로운 합리적 사고를 도출하여 긍정적이고 건강한 감정을 도출할 수 있도록 도울 수 있다.

〈표 9-2〉 종교적 경험과 관련된 비합리적 사고의 합리적 사고화

종교생활에서 생긴 사건	정서	비합리적 사고	비합리적 사고를 지지하는 증거	비합리적 사고를 지지하지 않는 증거	새로운 합리적 사고	새로운 정서

④ God Talk

종교적 경험과 관련된 이슈가 있는 성격장애자에게 본인이 하나님 앞에서 내담자가 되고 하나님이 상담자가 되어서 상담을 한다면 어떻게 대화가 진행될지 상상해서 축어록을 작성하도록 하는 방법도 효과적이다.

〈예시〉

하나님1: 영수야, 요새 어떻게 지내니? 그동안 많이 소원했네.

영 수 1: 요새 많이 힘들어요. 제가 말 안 해도 아시잖아요?

하나님2: 그럼 알지. 그래도 나는 네가 너의 목소리로 나에게 직접 말해 주기를 바란다. 그래야 더 똑똑히 너의 고민이 무엇이고, 어떤 생각을 하는지 알 수 있거든.

영 수2: 저는 하나님이 다 알아서 해줄 줄 알았어요. 아시잖아요. 제 앞길이 무엇인지 모를 때 하나님은 왜 침묵하셨나요?

이런 형식으로 자신과 하나님과의 대화를 적다 보면 잘못된 생각, 그리고 하나님에게 하고 싶은 이야기를 저항 없이 할 수 있기 때문에 감정적 정화 작용의 치료효과도 있다.

5. 나오는 말

성격장애를 가진 내담자들이 종교적 경험과 관련되어 호소하는 문제들에 대해 설교적으로, 교육적으로 다루어 왔던 부분들이 있지만 이 장을 통해 제시된 상담의 방법들을 사용하면 효과적으로 성격장애자들을 상담할 수 있을 것이다. 또한 여러 모습의 성격장애자들에 대한 사례개념화가 분명히 되어 종교적 경험의 부분과 심리적 고통의 부분을 분리하여 다룰 수 있을 것이다. 하나님 표상과 관련된 이미지도 초기대상과의 관계의 질이 연장되어 나타날 수 있는 부분이기 때문에 근본적인 문제를 파악하여 효율적인 상담을 진행할 수 있을 것이다. 이 장에서는 몇 가지 성격장애만 제시되었지만 앞으로 그 외 여러 가지 성격장애에 대한 상담치료적 방법들이 제시되어 더욱더 효과적인 상담이 진행되기를 바란다.

참고문헌

강수현 (2005). 기독교인의 의존성 성격장애 연구: 의존성 성격장애로서의 중독에 대한 목회적 돌봄과 회복. 한세대학교 영산신학대학원 석사학위논문.

김한나 (2017). 강박적 종교행위에 대한 연구: 도덕적 자학을 중심으로. 감리교신학대학교 대학원 석사학위논문.

김석선 (2000). 만성정신질환자의 스트레스원과 종교적 대처양식에 관한 연구: 지역정신사회재활치료를 받고 있는 환자를 중심으로. 이화여자대학교 대학원 석사학위논문.

박상희 (2001). 나르시시즘과 목회상담: 자기대상 재경험을 통한 치유. 이화여자대학교 대학원 석사학위논문.

박성자 (1993). 한국교회 여성의 신앙형태에 대한 여성신학적 연구: 종교적 정신병리현상을 중심으로. 이화여자대학교 대학원 박사학위논문.

안석 (2011). 귀신들림인가 정신장애인가?: 목회적 돌봄의 대상으로서 귀신들림 현상에 대한 고찰. 신학논단, 63, 121-150.

안석 (2014). 신앙인가 아니면 병리인가?: 유사신앙에 관한 기독교상담심리학적 연구. 신학과 실천, 42, 257-286.

안성원 (2009) 하나님 표상의 재구성을 통한 경계선 장애 내담자의 치료: 컨버그와 리주토의 이론을 중심으로. 이화여자대학교 대학원 석사학위논문.

오오현, 안석 (2011). 히스테리에 관한 치유상담적 고찰-정신분석 및 기독교상담적 관점-. 신학과 실천, 28, 511-542.

유영권 (2008). 기독(목회)상담학: 영역 및 증상별 접근. 서울: 학지사.

유은정 (2006). 자기애성 성격장애자를 위한 목회적 돌봄-초기대상경험이 하나님 이미지 및 관계형성에 미치는 영향-. 한세대학교 영산신학대학원 석사학위논문.

이만홍, 김동화, 최낙경 (2000). 종교적 회심(回心) 경험과 자기애성 인격성향 사이의 상관관계. 신경정신의학, 39(5), 825-837.

이준석, 김광일, 이종일 (1998). 정신분열병 환자의 종교성향과 망상에 나타난 박해자. 신경정신의학, 37(6), 1034-1043.

이해리 (2012). 경계선 성격구조의 대상관계와 종교경험: 사례연구. 목회와 상담, 18, 181-210.

최재락 (2004). 인격장애에서 나타나는 병리적인 종교경험. 한국기독교상담학회지, 8, 301-322.

최재락 (2007). 교회 여성의 종교적 정신병리에 대한 고찰. 한국기독교상담학회지, 13, 212-234.

최주혜 (2015). 중독과 영성. 신학과 실천, 47, 349-372.

American Psychiatric Association(APA) (2015). 정신질환의 진단 및 통계편람. 제5판(DSM-5) (권준수 외 역). 서울: 학지사.

Bonelli, R. M., & Koenig, H. G. (2013). Mental disdorders, religion and spirituality 1990 to 2010: A systematic evidence-based review. *Journal of Religion and Health*, *52*(2), 657-673.

Ellison, C. G., Bradshaw, M., Flannelly, K. J., & Galek, K. C. (2014). Prayer, attachment to God, and symptoms of anxiety-related disdorders among U.S. adults. *Sociology of Religion*, *75*(2), 208-233.

Fitchett, G. (1993). *Assessing Spiritual Needs: A Guide for Caregivers*. Minneapolis: Ausburg Press.

Khalaf, D. R., Hebborn, L. F., Dal, S. J., & Naja, W. J. (2015). A critical comprehensive review of religiosity and anxiety disorders in adults. *Journal of Religion and Health*, *54*(4), 1438-1450.

King, M., Weich, S., Nazroo, J., Blizard, B., & On behalf of the Empiric Team. (2006). Religion, mental health and ethnicity. EMPIRIC-A national survey of England. *Journal of Mental Health*, *15*(2), 153-162.

Leurent, B., Nazareth, I., Bellon-Saameno, J., Geerlings, M. I., Maaroos, H., Saldivia, S., Svab, I., Torres-Gonzalez, F., Xavier, M., & King, M. (2013) Spiritual and religious beliefs as risk factors for the onset of major depression: An international cohort study. *Psychological Medicine*, *43*, 2109-2120.

Ouwehand, E., Wong, K., Boeije, H., & Braam, A. (2014). Revelation, delusion or disillusion: Subjective interpretation of religious and spiritual experiences in bipolar disorder. *Mental Health, Religion & Culture*, *17*(6), 615-628.

Park, J. I., Hong, J. P., Park, S., & Cho, M. J. (2012). The relationship between religion and mental disorders in a Korean population. *Psychiatry Investigation*, *9*(1), 29-35.

Pesut, B., Clark, N., Maxwell, V., & Michalak, E. E. (2011). Religion and spirituality in the context of bipolar disorder: A literature review. *Mental Health, Religion & Culture*

Rasic, D., Robinson, J. A., Bolton, J., Bienvenu, O. J., & Sareen, J. (2011). Longitudinal relationships of religious worship attendance and spirituality with major depression, anxiety disorders, and suicidal ideation and attempts: Findings from the Baltimore epidemiologic catchment area study. *Journal of psychiatric Research*, *45*(6), 848-854.

Rizzutto, A.-M. (2000). 살아있는 신의 탄생 (이재훈 외 역). 서울: 한국심리치료연구소.

Silton, N. R., Flannelly, K. J., Galek, K., & Ellison, C. G. (2014). Beliefs about God and mental health among American adults. *Journal of Religion and Health*, *53*(5), 1285-1296.

Stanford, M. S. (2007). Demon or disorder: A survey of attitudes toward mental illness in the Christian church. *Mental Health, Religion & Culture*, *10*(5), 445-449.

제 10 장

종교지도자의 정신병리와 대처방안

이상억
(장로회신학대학교 실천신학 목회상담학 교수)

1. 종교지도자와 자기분석의 필요성

"상처 입은 치유자(the wounded healer)"라는 개념은 융(C. G. Jung)의 언급 이래로 많은 심리학자와 철학자 사이에서 사용되었다(Jung, 1966, p. 442). "어떤 일에 집중하는 이유는 무엇인가?" "살아남기 위해 어떤 일을 반드시 해야 한다는 강박증의 이유는 무엇인가?" "왜 치유에 집착하며, 어떤 특정한 치유 경험을 위해 몸부림치는가?" "누군가의 상처를 그냥 지나칠 수 없는 이유는 무엇인가?" 등 인간 심리 내부의 움직임에 대한 좋은 답변으로도 이 개념은 사용되어 왔다. Adler가 주장한 '열등감이 우월감 추구의 근원(Adler, 2010)'이라는 논리처럼, "상처 입은 치유자"는 인간의 삶의 전 영역에 걸친 활동(praxis)의 이유를 가능하게도 하였던 것이다. 더 나아가 정신분석학의 관점에서 종교에 귀의하고 신적 영역에 대한 필요성을 절대적으로 느끼는 것을 인간 실존에 대한 절망의 반영이라고 보는 것 역시 이러한 논지와 잇대어 있기도 하다.

그렇다면 종교인, 특히 종교지도자가 되겠다는 결단을 내린 사람의 경우, 상처와 열등감, 혹은 실존적 절망이 선험 되어야 한다는 생각은 자연스러운 것이 아닐까. 물론 모든 종교인이나 모든 종교지도자가 그렇지는 않을 것이다. 종교가 삶이나 문화의 일부가 되어버려, 혹은 종교교육을 통해 종교와 동질화되었기에 종교인이 되거나 종교지도자가 될 수도 있을 것이다. 혹은 단순히 처세와 직업활동의 방편으로 종교인이 되거나 종교지도자가 되려고 선택할 수도 있다. 그러나 자신은 물론 누군가의 삶에 영향을 미칠 정도의 신념과 확신을 가지려면 어떤 "깨달음"이 필요하고 그 깨달음의 계기가 되는 "경험"은 필수불가결한 것은 아닐까. 때문에 종교지도자에게 상처경험으로 대변되는 다양한 실존의 한계경험과, 이를 극복하거나 승화 혹은 정화시킬 수 있었던 종교적 신비경험은 대단히 필수적인 것으로 생각할 수 있다. 필자는 바로 이 부분에서 정신병리학적인 관점의 논의가 가능하다고 생각한다.

상처경험과 이를 해소하기 위한 신비경험은 개인의 인지 혹은 의식 영역은 물론, 무의식 영역에서도 중요한 힘과 에너지로 작용한다. 이로 인해 개인의 개성과 성품이 만들어지며, 자아, 초자아, 혹은 원초아에 이르는 자기 개념을 형성하기 때문이다. 그러므로 이에 대한 분석은 필요불가결하다. 이를 좀 더 깊게 생각해 보자. 흔들리지 않는 어떤 믿음과 신념을 가졌다는 것은 종교적 관점에서 대단히 중요하다. 그러나 이러한 종교적 신념이 삶의 전 영역에서 누군가를 상처받게 하는 병리적 현상으로 나타나서는 안 될 것이다. 때문에 흔들리지 않는 믿음과 신념을 수호한다는 이유로 종교전쟁을 일으키거나, 신비적이며 폐쇄적 분파를 야기하여 절대 권력을 휘둘러 폭력을 행사하거나, 혹은 저마다의 가치를 지닌 대상을 타자화(otherization)하여 소외시키려는 모든 시도는 거절되어야 한다. 그렇기 때문에 종교지도자는 자신의 상처경험과 신비경험을 분석해 자신의 심리 내부에 형성된 에너지가 느닷없이 혹은 부지불식간에 병리적으로 드러나는 일이 없도록 자신을 살펴야 하는 것이다. 그래서 흔들리지 않는 믿음과 신념이 폐쇄성이나 은둔성, 분파주의나 신비주의적 독단성에 함몰되는 일이 없도록 해야 할 것이다. 이는 곧 병리적이기 때문이다.

건강한 믿음과 신념은 창의성과 유동성, 생명지향과 가치존중, 포용성과 자유로움에 언제나 잇대어 있다. 때문에 비록 종교지도자의 상처경험이 대단히 크다 할지라도 그의 종교적 신념과 믿음은 건강하게 승화되거나 정화되어 자신은 물론 누군가의 치유 그 자체로 나타나는 것이다. 그래서 그를 "상처 입은 치유자"로 지칭하는 것이다. 그러므로 종교지도자는 자신의 경험을 전 방위에 걸쳐 살펴보고 분석할 필요가 있다. 자기관리가 필요하다는 말이다. 특히 스트레스와 탈진의 상황에서 더욱 그렇게 해야 한다. 왜냐하면, 외부의 자극에 심리 내부의 역학은 더욱 요동쳐 자신이 경험한 상처가 쓴 뿌리처럼 외부로 표현될 수도 있고, 자신의 종교경험이 마치 유일한 대안인 것처럼 누군가에게 폭력적으로 나타날 수도 있기 때문이다.

2. 심리의 형성과 변화의 가능성

지도자는 누구를 막론하고 책임 있는 위치에 있는 사람을 일컫는다. 때문에 내색하지는 않지만 신체적, 영적, 정신적인 탈진을 경험할 수밖에 없다. 특히 종교지도자들은 말과 행동에 대한 일치를 엄중히 요구받기에 스트레스와 탈진에 좀 더 쉽게 노출된다. 이때 필요한 것은 정신건강과 관련한 자기관리의 대안이다. 종교지도자들을 위한 자기관리를 논할 때, 다분히 영적인 훈련과 연관된 어떤 수행을 떠올리고는 한다. 그럴 수밖에 없는 것이 종교지도자들은 대개 신적 존재와의 관계 회복을 세상 모든 것과의 관계 회복과 연관을 짓기 때문이다. 그러나 신적 존재와 관계 회복이 꼭 영적인 건강함에만 국한된 것일까. 만약 그렇게 생각한다면 지나친 환원주의(reductionism)이다. 더구나 대다수의 영성신학자들 역시 영성수련을 논할 때 영적인 건강만을 말하는 것이 아니라, 보다 전인적이며 전인격적 차원에서 영(spirit)과 몸(body)과 정서(soul, emotion)에 대한 돌봄을 주장하고 있다는 것을 생각해 본다면, 종교지도자를 위한 자기관리는 보다 넓은 스펙트럼으로 이해되어야 한다.

그렇다면 기독교상담학의 관점에서 종교지도자의 자기관리는 어떻게 이해되어야 할 것인가? 이 질문에 답하기 위해 먼저 전제조건 하나를 언급하고자 한다. 인간은 영과 몸과 정서라는 구조가 신비한 조화를 이루는 존재이다. 즉, 인간을 이루는 영과 몸과 정서 가운데 어느 하나가, 다른 하나보다 더 우월하거나 혹은 더 열등할 수 없는 것이다. 그렇다면 영적 수행과 정서적 돌봄, 육체적 관리가 어우러진 자기관리 방안이 필요한 것이다(이상억, 2011).

이러한 과제를 안고, 먼저 생각하고 싶은 것은 인간 심리의 형성 과정이다. 왜냐하면, 스트레스나 탈진의 상황에 개인적인 편차가 크기 때문이다. 분명 견디기 힘든 상황이라 할지라도 그 상황에 대해 모든 사람들이 다 스트레스를 받거나 탈진하는 것은 아니다. 그렇다면 스트레스와 탈진이 상황의 문제보다 개인의 심리 문제에 더 큰 요인이 있는 것은 아닐까. 쉽게 말하자면, 어떤 개인은 그 개인이 탈진할 수밖에 없는 상황이 오면 탈진한다는 말이다. 그러므로 스트레스와 탈진의 원인이 단지 상황만이 아니라, 개인의 심리적 역학의 구조에 문제의 핵심이 존재하는 것은 아닌가 생각할 수 있다.

인간은 경험하는 존재이다. 경험 없는 인간은 존재하지 않기 때문이다. 어쩌면 경험의 집약체가 인간이며, 경험에 인간의 존재론적 실체가 있는 것은 아닐까. 이제 그 이유를 좀 더 살펴보자. 경험은 인간에게 흔적(stigma)을 남긴다. 이 흔적을 긍정적으로 표현하면 내적 동기(inner motivation)라 하고, 부정적으로 나타내면 상처 혹은 외상(trauma)이라고 한다. 내적 동기라 불리건 외상이라 불리건 간에 형성된 흔적이 추후에 경험되는 것들과 일정한 패턴을 형성하게 되면 개인화(individualization)가 이루어진다. 개인화가 심리 내부의 역동을 형성하면 개성(personality/sexuality)이라고 말하고, 개성이 습관적이나 반복적으로 외부에 표출이 되면 그것을 성격(character)이라고 한다.

때문에 성격은 아주 오랜 세월에 걸쳐, 즉 경험 위에 경험이 누적되어 인간 심리 내부에 형성된 욕동 프레임(drive frame)의 외적 표현이라고 할 수 있다. 더 나아가 이 프레임은 개개인에게 독특한 관점(perspective)을 갖게 하는데, 이것은 각 사람이 자신의 방식으로 세상을 만나게 하는 일종의 선입견, 즉 개성이나 성격으로 작용한다. 이러한 선입견은 개인의 지성과 만나 신념체계(belief system)를 형성하기도 하고, 좀 더 형이상학적 차원에서 정교하게 종교적 믿음이나 철학 혹은 어떤 세계관을 형성한다.

이 선입견은 종교심리에도 큰 영향을 미친다. 하나님을 믿는다고 하지만, 보다 엄밀하게는 성경이 말하는 하나님을 믿기보다는 자신의 관점에서 조명되고 해석되고 재해석된 하나님을 믿는다. 하나님께서 무엇을 원하시는지, 하나님께서 내게 무엇을 말씀하시는지에 대해서 깨닫기보다는 선입견에 의해 형성된 관점으로 하나님을, 또 성경을 해석하는 것이다. 소위 "내가복음"의 출현이 이루어지는 것이다.

그렇다면 인간의 선(先)이해, 혹은 선(先)경험의 축적으로 만들어진 선입견, 즉 관점을 우리는 과연 변화시킬 수 있을까? 선입견의 철학자 가다머(H. G. Gagamer)는 선입견 위에 선입견을 쌓는 "적용"을 통해서 가능하다고 보았다(Gadamer,1997). 더 나아가 리쾨르(P. Ricoeur)는 "자기화(appropriation)"를 통해 가능하다고 보았다(Simms, 2009). 그에게 자기화는 비판적 거리두기와 또 거리두기를 극복하는 역설적 과정으로 건강한 해석학적 순환이다. 이때 "미메시스(mimesis)"의 순환이 일어나며, 해석의 주체인 자기(self)와 해석의 대상인 본문이 함몰되지 않는 가운데 관점의 변화가 가능하다고 본 것이다(정기철, 2006). 그러나 적용과 자기화는 이루기 쉬운 것이 아니다. 때문에 적용과 자기화의 가능성에 긍정적인 무게를 두고 있기는 하지만, 사실 적용과 자기화의 개념이 품은 중요한 전제는 인간 관점의 완고함이다.

철학에서와 마찬가지로 심리학에서도 이미 형성된 인간 심리의 변화가 용이하지 않음을 분명하게 말하고 있다. 물론 전통적인 행동주의 심리학자들이나 인지주의 심리학자, 해결중심이론을 확신하는 사람들은 인간의 심리에 대한 변화를 다분히 긍정적으로 바라보지만, 많은 상담심리학자들은 이미 형성된 인간 심리의 체계가 비록 후천적임에도 이미 선천적 기질처럼 변형되었기에 이를 수정하거나 변화시킨다는 것에 대해 낙관하지 않는다. 따라서 인간 심리, 즉 관점의 변화를 오류 수정의 개념으로 이해하기보다는, 한 개인이 가진 심리 조직체계에 대한 재해석(예: 콤플렉스의 재해석)이나, 원인에 대한 탐구를 통한 정화(catharsis)경험, 혹은 상처의 보다 건강한 활용(예: 분노와 공격성의 승화)을 통해 상처 입은 인간 심리를 재구조화해야 한다고 이해한다. 물론 기질화된 심리체계를 조정하기 위해 기질형성 시간 그 이상의 시간과 열정을 쏟아 붓는다면 인간 심리의 점진적이고 단계적인 변화는 분명히 가능할 것이다. 그러나 인간 심리구조의 변화가 쉽다고 생각하는 심리학자들은 많지 않다.

3. 심리변화를 위한 성경적 답변

그렇다면 성경은 심리변화에 대해 어떻게 이해하고 있는가. 성경은 인간의 심리변화를 기독교적 회심경험과 잇대어 생각한다. 이제 신약성경 누가복음 18장 9-14절에 등장하는 기도하는 바리새인과 세리의 비유를 분석함으로써 이를 좀 더 연구하고자 한다. 예수님 당시 바리새파 사람들의 신앙의 모범을 따라 비유에 등장하는 바리새인은 기도하였다. “나는 이레에 두 번씩 금식했습니다. 십일조도 했습니다. 불의, 토색, 간음하는 저 세리와 같지 아니함을 감사합니다(11-12절).” 하지만 세리는 이렇게 탄원했다. “하나님, 저는 죄인입니다. 저를 불쌍히 여기십시오(13절).”

바리새인의 기도를 한마디로 표현하자면 "to have"의 기도라고 할 수 있다. "저는 금식하는 믿음도 십일조 하는 헌신도 갖고 있습니다. 불의하지 않는 정직과 토색하지 않는 진실함, 간음하지 않는 순결함을 갖고 있습니다." 그의 기도에는 자신이 얼마나 거룩하고 온전한 존재인가에 대한 자부심이 담겨 있다. 구별된 삶을 살고자 했던 바리새파 사람들은 하나님께서 거룩하라고(레 11:45), 또 완전하라고 하셨으니(신 18:13), 613가지의 율법을 모두 지키기면 인간의 유한함을 극복하거나 넘어설 수 있다고 생각했다. 그래서 그들은 율법을 지켰다. 또 율법을 지키지 않는 사람들을 무시하거나 멸시했던 것이다.

반면 세리의 기도는 "to be"의 기도였다. 자신의 존재를 하나님 앞에서 가감 없이 솔직하게 드러냈다. "주님, 제가 여기에 있습니다. 죄인입니다. 저를 불쌍히 여기십시오." 가슴을 치며 통곡했다. 물론 세리는 죄인이었다. 바리새인의 기도로 유추하건데, 그는 불의, 토색, 간음한 사람이었다. 따라서 스스로를 죄인이라 고백하는 것은 어찌 보면 당연한 것이다. 그런데 예수님은 "저 바리새인이 아니고 이 사람(세리)이 의롭다 하심을 받고 그의 집으로 내려갔다."라고 선언했다. 도대체 왜 예수께서는 바리새인이 아닌 세리를 의롭다고 하셨던 것일까? 이를 이해하기 위해 하나님께서 자신의 이름을 무엇이라 말씀하셨는지를 살펴볼 필요가 있다.

불붙은 떨기나무 가운데 하나님은 모세를 만났고 자신의 이름을 가르쳐 주셨다(출 3:4). "나는 스스로 있는 자(I am who I am)"라고 말씀하셨다(출 3:14). 이를 원문의 뜻을 담아 의역하자면, "나는 여기에 있다."이다. 고대 히브리인들은 하나님을 죽어서 만날 것이라고 생각했다. 그래서 하나님을 만나면 곧 죽은 목숨이라고 생각하였다. 그랬기에 모세 역시 두려워하며 얼굴을 가렸다(출 3:6). 게다가 모세는 자기 혼자 절대 권력인 파라오에게 가서 자기 백성을 구해야 하는 줄 알았다. 그래서 모세는 대언자(출 4:10-14)도, 하나님의 능력(출 4:1-9)도, 하나님의 이름(출 3:13)도 구하고 요청했던 것이다.

이름을 구하는 모세의 불안에 대해 하나님께서는 이렇게 대답하신 것이다. "너는 너 혼자 간다고 생각하지? 나는 여기 '있다' 여기에 '존재'하는 하나님이야! 네가 거기 가면 나도 거기 가겠고, 네가 여기에 있으면 나도 여기에 있겠다. 네가 어디를 가건 그곳에 있겠다의 하나님이야!" 더 나아가 하나님께서는 모세에게 "나는 아브라함의 하나님, 이삭의 하나님, 야곱의 하나님이다."라고 말씀하셨다(출 3:15). 이것은 모세의 생각을 뒤집는 하나님의 답변이었다. 죽어서 만날 하나님만을 생각하지 말고 살아서 만나는 하나님, 즉 언제나 우리와 함께 하시는 하나님이심을 알라는 것이었다.

그렇다면 하나님 앞에 서있는 우리는 언제나 "I am!" "저도 여기에 있습니다."라고 고백해야 한다. 이것을 기독교신학에서는 자기발견이라고 말한다. 진리 앞에서 자신의 모든 것이 투명하게 드러나는 경험을 한다는 것이다. 하나님 앞에서 이루어지는 자기발견의 순간에서 예수님은 세리를 의롭다고 하셨다. 의롭다는 단어의 헬라어 원문 표기는 디카이오쉬네(δικαιοσύνη)이다. 성서적으로 살펴볼 때, 이 단어는 거룩과 완전이라는 개념과 혼용되어 사용되거나, 짝을 이루며 동격으로 표현될 때가 많았다. 먼저 의로움과 거룩함이 동격으로 또 혼용되는 본문은 눅 1:75; 엡 4:24; 롬 3:25, 6:13, 16:18-20; 고전 1:30; 고후 6:14; 엡 5:9; 딤후 2:22, 4:8; 벧후 2:5, 21절 등 다양하며, 의로움과 완전함이 동격으로 혼용되어 나타나는 본문은 요 16:8-10; 롬 3:5; 갈 5:4; 히 11:7 등이다.

따라서 예수께서 세리에게 의롭다고 말씀하신 것은 그를 거룩하거나 완전한 존재라고 인정하셨다는 것으로 이해할 수 있는 것이다. 이것은 일반상식을 뒤집는 것이다. 다시 말해, 흠과 결격 사유가 없어야 거룩해지고 완전해지는 것이 아니라, 인간의 유한함에 대한 진실한 고백이 우리를 의롭게, 거룩하고 완전하게 한다는 것을 말하기 때문이다. 유한한 인간이 절대자인 하나님 앞에서 자신의 유한함을 깨닫지 못하는 것은 교만이며 곧 죄이다. 그것은 의로운 모습도, 거룩하고 완전한 모습도 아니다. 그러므로 우리는 하나님 앞에서는 언제나 스스로의 한계와 유한함을 뼈저린 고통으로 자각해야 하는 것이다.

이때 "세리가 의롭다."라는 선언은 세리가 경험한 은혜의 경험이었다. 하나님 앞에서 아무것도 아닌 존재임을 깨닫는 것만으로도 의롭다 칭해주시는 칭의(稱義)의 은총을 경험했다는 것은 신학적으로 "신적 수용"의 경험이다. 이 신적 수용의 경험이 자신에 대한 수용의 경험으로 환원된다는 것이다. 이것을 기독교에서는 신비라고 말한다. 이 기독교적 신비는 도저히 받아들일 수 없는 자신을 주님의 사랑과 은혜로 받아들이는 경험과 잇대어 있다. 안으로(en-) 빛이(light) 들어와(-en), 밝혀진 자신의 실체를 "주님이 수용하셨다."는 기쁨으로 자신을 받아들이게 된다는 것이다.

자기를 받아들이는 순간 우리는 자신을 개발할 수 있다. 성경 사도행전 2장에서 사도들, 특별히 베드로의 설교를 들은 사람들은 마음이 찔렸다. 자신의 실체를 경험했다. 그리고 자신의 위치를 받아들인 사람들은 "어떻게 해야 하겠습니까?(행 2:37)"라고 물었다. 이를 기독교신학에서는 자기개발이라고 말한다(마 25:14-30).

앞서 언급했지만, 인간 심리의 변화에 대한 기독교신학적 표현은 회개이다(사 55:7; 렘 25:5; 욥 42:6; 겔 18:30; 마 3:6-9; 눅 5:31-32). 앞에서 밝힌 바와 같이 회개에는 세 요소가 있다. 자기발견, 신적 수용을 통한 자기수용, 그리고 자기개발이다. 그러므로 기독교에서 말하는 심리변화는 하나님의 사랑과 수용에 의한 인간 심리 변화를 뜻한다. 철학자들과 상담심리학자들이 생각하는 것처럼 인간 자체로는 쉽지 않은 인간의 심리적 관점의 변화를 하나님과의 만남을 통해 가능하다고 본 것이다. 그러나 이는 역설적이 아닐 수 없다. 종교지도자가 가진 상처경험을 통해 하나님을 만나는 신비경험이 주관적일 수밖에 없는데 어떻게 자신의 심리변화를 이룰 수 있다는 말인가 하는 의문이 들기 때문이다. 즉, 자의적 해석에 또 다른 자의적 해석이 덧입혀져 더욱 신비주의적이며 폐쇄적인 병리성이 확고해지는 것은 아닌가 하는 의문이 들기 때문이다. 그래서 기독교신학은 말씀이라는 거울 앞에 자신을 반복적으로 세워야 한다고 본다. 물론 진리라는 거울 앞에 자신을 세워도, 비쳐진 자신의 모습 속에서 자신이 보고 싶은 것만 볼 수 있을 것이다. 그러나 자발적 우울과 슬픔(약 4:9)이 전제된 회개의 순간은 보고 싶지 않은 부분을 바라보는 순간이기에 우리의 주관성이 객관화되는 것이 가능하다고 보는 것이다. 더 나아가 오류 수정의 차원에서 상처를 바라보는 것이 아닌 하나님 사랑의 경험이라는 수용과 포용의 경험에서 자신의 상처를 바라보기에 인간 심리의 변화가 가능하다고 보는 것이다. 이제 기독교신학에서 말하는 인간 심리의 변화에 기초하여 종교지도자의 정신병리적 가능성에 대한 대안으로서 자기관리의 방안을 생각해 보고자 한다. 이를 통해 종교지도자의 병리적 표현들이 보다 건강하게 표현되어 많은 사람들이 기독교가 바라는 자유와 치유, 사랑과 은총을 경험하기를 소망한다.

4. 종교지도자를 위한 자기관리 방안으로서 내관

내관(Introspection)은 그 역사가 오랜 기독 전통 안에 있는 것으로 자기성찰(self-exami-nation) 혹은 내적 성찰(內的省察)이라고 불리기도 하는 일종의 자기이해의 한 방법론이다(이상억, 2009). 또한 내관이라는 말이 의미하는 바와 같이 자신의 내부를 솔직하게 분석하는 기독교상담의 자기관리 방법이다. 내관은 인간 감정을 세속적으로 생각하여 터부시하거나 외면하지 않고 오히려 인간이기에 느끼는 감정들을 통해 심리구조의 심연에 접근하고자 하는 것이다. 이러한 점은 기독교 영성훈련 가운데 널리 알려진 향심기도나 관상기도의 접근 방식과 흡사하다. 그러나 그러한 영성훈련이 인간의 감정과 경험, 느낌에 대해 중요하게 접근하고 있다 할지라도 인간의 감정에 대한 인식에는 차이가 있다. 인간의 경험과 감정을 인간 이해를 위해 중요한 것이라고 인정은 하지만 결국 흘려보내야 할 것으로 생각하기 때문이다. 모든 것을 흘려보낼 때 하나님께 집중하고 하나님께 이를 수 있다고 믿기 때문이다. 하지만 내관은, 우리라는 실존이 자신의 감정과 느낌, 경험과 정서를 아무리 떠나보내려 애쓰고 노력한다 할지라도, 그럴 수 없다는 인간의 실존적 한계를 부정하지 않는다. 아무리 대단한 수행과 훈련을 거듭한다 할지라도, 적어도 그가 사람인 이상 기쁘고 즐겁고, 혹은 화가 나고, 슬프고, 답답함을 느끼는 감정을 완전히 통제할 수 없다는 한계를 인정하는 것이다. 바로 이러한 실존적 인식에서 내관은 우리 스스로가 경험하는 인간 감정을 붙잡는 것을 말한다.

행복하고 즐거운 감정이라면 또 다시 떠올리는 것은 어려운 일이 아니다. 하지만 끓어오르는 분노와 참을 수 없는 슬픔의 감정이라면 차라리 단기기억상실증에라도 걸려 다 잊어버리고 싶은 것이 인지상정이다. 그러나 그 감정이 무엇이든 실존의 세상을 살아가는 우리의 마음에 가득한 감정들에 집중해 보는 것이다. 그리고 끊임없는 질문으로 자신에게 있는 감정의 심층적 기원을 찾아보는 것이다. 이것이 내관이다.

예를 들어, 부부싸움으로 화가 난 상태를 생각해 보자. 분노가 가득한 상태에서 내관을 한다는 것은 거의 불가능하다. 하지만 분노가 어느 정도 가라앉으려 할 때, 분노를 흘려보내는 것이 아니라 분노라는 감정을 붙잡고 들여다보는 것이다. '왜 화가 나는 것일까?' '배우자의 행동과 말 때문에 화가 났는데, 왜 그의 행동과 말에 화가 나는 것일까?' '그의 행동과 말에 무시당했다고 생각이 들었다. 왜 나는 그런 행동과 말을 들었을 때 무시당했다고 생각하는 것일까?' '무시당하면 안 되는가? 왜 나는 무시당하면 기분이 나쁜가?' '내가 좀 더 어렸을 때, 무시당했다고 느꼈던 적이 없었는가?' '왜 그 사람이 생각이 날까?' '그 사람은 내게 어떤 존재일까?' '그에게 하고 싶은 말이 있었는데, 왜 하지 못했던 것일까? 왜 나는 억울하게 맞기만 했을까?' '배우자가 나를 무시했다는 생각에 왜 그 사람이 생각이 날까?'

보다 원활한 내관을 위해 위에서 예로 적은 앞의 질문들을 적어 내려가는 것은 중요하다. 내관 글쓰기(introspective journal)는 첫째, 분석의 흐름을 분명하게 하기 위함이며, 둘째, 지나치게 산만한 생각으로부터 자신을 지킬 수 있으며, 셋째, 자신의 감정의 모호한 근원을 구체화하기 위함이다. 40~60분 정도의 내관을 진행하다 보면 더 이상 하고 싶지 않을 것이다. 왜냐하면, 방어기제의 활동이 분명히 거세질 것이기 때문이다. 그때에는 내관을 굳이 이어갈 필요가 없다. 나중에 그와 같은 감정이 또 생겨날 것이기 때문이다. 이미 써 놓은 내관 글쓰기에 이어서 작성할 수도 있고 새롭게 시작할 수도 있다. 하지만 이미 내관 글쓰기를 통해 자신의 감정이 어느 정도 구체적으로 분석되었기에, 해당 감정은 더 이상 모호함의 안개에 덮여 있는 것이 아니다. 따라서 이후에 이어지는 비슷한 감정에 대한 내관은 또 다른 분석의 여정으로 자신을 이끌게 할 것이다.

내관을 통해 침묵 가운데 자신을 점유하고 있는 감정을 심층적으로 분석하면, 그것이 자신의 전(全) 생애의 경험에서 기인한 것이나, 혹은 의식하지 못하고 살았던 무의식의 영역까지 이어져 있는 것임을 알게 될 것이다. 심리학적으로 말하자면 이런 경험을 일종의 "정화(catharsis)"라고 한다. 이는 자연스러운 심리적 해소를 의미하는데, 예를 들어, 화가 난다는 것은 분노와 관계된 심리적 파편들이 하나의 응집체로 모이게 되었다는 말이지만 이 응집체를 분석을 통해 분리 혹은 재파편화시킨다면 감정의 해소가 일어나 분노가 정화되게 된다. 이러한 해소를 내관이 야기하는 것이다.

기독교상담 측면에서 내관은 자신을 수용하도록 이끈다. 다시 말해, 하나님 앞에서 하는 실존적인 자기발견은, 이를 통해 그럼에도 불구하고 자신을 사랑하는 하나님의 은총을 경험하게 되기 때문이다. 물론 이러한 내관의 효과는 쉽게 이룰 수 있는 것은 아니다. 융(C. G. Jung)이 말하는 "밤의 항해(Voyage in Night)"처럼(Winckel, 1997), 내관은 내관을 행하는 사람을 아픔과, 슬픔, 실패와 절망으로 인도하여 결국 깊은 무기력과 실망에 이르게 할 수도 있기 때문이다. 내관을 하는 자신이 무익하며 내관 자체에 대한 혐오감으로 내관을 그만두고 싶다는 충동에 빠지게 될 것이다. 그러나 이런 충동은 내관에 있어 지극히 자연스러운 경험이다. 프로이트(S. Freud)가 자신의 억압이론에 밝혔듯, 억압된 것들을 재생하려 한다면 반드시 방해의 역동인 방어기제가 작용할 것이기 때문이다. 그러나 앞서 밝혔듯 만약 내관을 하다 거절이나 거부의 심리가 작용한다면 바른 방향으로 내관을 하고 있음을 알아야 한다. "밤의 항해"에 나침반이 필수적이듯, 괴로움의 경험이 내관에서는 나침반의 역할을 하는 것이기 때문이다. 그러므로 내관은 자기의 내적 분석 혹은 내적 성찰을 통해 마음의 평정을 찾고자 함이 아니다. 오히려 고통을 찾는 몸부림이다. 사막 교부들이 생명을 찾기 위해 죽음의 땅인 사막으로 향했던 것처럼 고통과 한숨을 찾아 가는 것이다.

지금까지 언급한 내관을 간단히 정리해 본다면, 내관은 조용한 가운데 침묵 속에 행해지는 자기성찰이며 자기분석이다. 끊임없는 질문으로 이루어져 있는 내관은 자신을 괴롭히는 감정에 대한 집중적 분석이다. 어린 시절, 혹은 의식의 하층부에 있는 무의식에 내재한 자신의 모습을 만나고자 하는 일종의 수행이다. 원활한 내관을 위해 내관 글쓰기(introspective journal)는 필수적이다. 그런데 내관 글쓰기는 일기가 아니다. 그렇기에 상황설명은 필요하지 않다. "앞으로 ~하겠다."는 다짐이나 결단도 필요하지 않다. 내관 글쓰기는 생각의 산발적인 흐름에 어떤 일정한 방향성만 유지하면 되기에 끊임없는 질문들을 적어 내려가면 된다. 질문들을 쓰고 그것에 대한 답변은 적지 않아도 된다. 자신이 그 답변을 머릿속으로 생각하면 되기 때문이다.

내관을 이어가다 보면, 어떤 "절망의 시점"에 이를 것이다. 너무 힘들다는 생각에 괴로울 것이다. 도대체 어떻게 해야 하는지에 대한 막막함을 느낄 것이다. 이때 짧은 내관기도는 필수적이다. "주님, 저를 불쌍히 여기십시오." "주님, 저는 죄인입니다." "주님, 저를 도와주세요." "저를 살려주세요." 너무 쉽게 내관기도를 하기보다는 고통과 아픔 속에 자신을 머물게 하는 것도 필요하다. 하나님의 은혜를 애통함 가운데 기다려 보는 것이다. 즉, 창조주 하나님의 창조성이 일어날 여건과 환경을 조성하는 것이다. 바로 혼돈과 어두움이다. 그때, 즉 혼돈과 어두움이라는 애통과 절망의 순간에 하나님께서 위로하실 것이다. 세리에게 예수님께서 선언하셨듯이, 그 모습이 거룩한 모습이라고, 온전하고 의로운 모습이라고 위로하실 것이다.

지금까지 연구자는 종교지도자의 자기관리 방안으로서 내관을 잠시 살펴보았다. 예수님 역시 자기관리를 위한 한적함에 자신을 세워 두는 것에 힘을 쏟으셨다. 마가복음 1장에는 예수의 한적함에 대한 지향이 나타난다. "새벽 미명 아직도 밝기 전에 예수께서 일어나 한적한 곳으로 가서 거기서 기도하시더니(35절)." "한적한 곳으로"라는 말은 헬라어로 "에이스 에레몬 토폰(εἰς ερημον τοπον)"이다. 마가복음 1:12-13에는 "성령이 곧 예수를 광야로 몰아내신지라. 광야에서 사십 일을 계시면서 사탄에게 시험을 받으시며 들짐승과 함께 계시니 천사들이 수종들더라."라고 말한다. 여기에는 "에레몬(ερημον)"이라는 단어가 우리말로 "광야"로 번역되어 있다. 1:12-13에 나오는 "에레몬"은 광야로 번역되고, 35절과 45절에 나오는 같은 단어는 "한적한 곳"으로 번역되어 있는 것이다. 왜냐하면, 예수님의 사역지인 가버나움 인근에는 광야가 존재하지 않았기 때문이다. 어찌되었건 예수님은 마가복음 1:12-13의 "광야"에서 도대체 무엇을 경험했기에 시간이 날 때마다 "한적한 곳(막 1:35, 45)"을 찾아가셨을까?

본문은 "성령이 곧 예수를 광야로 몰아내신지라"로 기록하고 있다. 이는 예수께서 성령께 이끌리신바 되어 광야로 가셨고 그곳에서 마귀에게 시험을 받으셨다는 말이다. 그러나 예수님은 하나님의 말씀(신 8:3, 6:16, 6:13)으로 마귀의 유혹과 시험을 이기셨다. 이는 성령님과 함께하신 예수님께서 말씀에 대한 깊은 묵상으로 사탄의 시험을 이겨낼 수 있으셨다는 말과 다름 아니다. 그런데 예수님께서 마귀의 시험을 이겨내신 직후, 극적인 상황이 연출되었다. "들짐승과 함께 계시니 천사들이 수종들더라." 광야는 비옥함과 풍요로움보다는 빈곤과 메마름이 먼저 떠오르는 장소이다. 죽음의 땅이기 때문이다. 그 광야의 들짐승들은 온순했을까? 광야의 들짐승들은 분명 잔인함과 맹렬함 그리고 날카로운 이빨과 발톱을 가지고 있었을 것이다. 생존을 위해 싸워야 했기 때문이다. 그런데 성경은 그 들짐승들이 예수님과 함께 있으며 천사들이 수종을 들었다고 기록하고 있다. 이 분위기는 마치 이사야 11:6-9에서 묘사된 새 하늘과 새 땅의 느낌처럼 여겨진다. 예수께서 행하신 깊은 묵상이 마귀의 시험을 이기는 능력으로 작용했으며, 더 나아가 확장적으로 비참한 죽음의 광야를 천국으로 바꾸셨다는 말이다.

물론 예수님이 내관을 통해 이 일을 이루셨다는 주장은 아니다. 그러나 예수님의 묵상은 단지 영적인 차원만이 아니었다. 예수님의 겟세마네에서의 묵상을 생각해 보라. 그에게 묵상은 실존의 고통과 아픔을 포함하는 것이었다. 때문에 내관을 종교지도자가 지속해야 할 훈련으로 소개하고자 한다. 이는 단지 영성훈련이 아니며, 신체와 감성에 대한 돌봄을 포함하고 있기 때문에 영과 혼과 몸의 돌봄이 가능한 종교지도자를 위한 자기관리의 방안이라 주장하고자 하는 것이다. 이렇게 말씀이라는 진리 앞에 자신을 세우며, 자신의 상처를 객관화하여 들여다볼 수 있는 용기를 통해 하나님의 사랑을 경험하는 회개가 내관을 통해 이루어진다면 종교지도자의 정신병리적 표출이 줄어들고 건강한 상처 입은 치유자로서 설 수 있을 것이라고 생각한다.

5. 종교지도자를 위한 자기관리 방안의 실제

심리역동이론에서는 자기에 대한 탐색의 대부분을 무의식에 대한 탐색으로 정의하지만, 그것은 전문적인 지식과 긴 시간의 임상 과정이 필요하기에 우리들의 논외로 하자. 그렇다면 어떻게 자기직면이 가능할까? 제안하고자 하는 것은 초심리학의 의식구조 관점에서 의식은 물론, 전의식과 무의식구조 모두에 영향을 줄 수 있는, 상처경험 탐색을 통한 자기직면이다. 여기에서 말하는 상처경험은 일종의 콤플렉스의 역학이 밀집된 심리적 욕동 구조이며, 이는 반드시 아프거나 슬픈 경험(기억)만을 말하는 것이 아니다. 아주 기뻐했거나 정말 행복했던 것들도 포함될 수 있다. 어떤 경험이 되었건 자신에게 강렬한 인상을 갖게 한 경험들을 일컫는 것이다.

이제 기억하고 있는 여러 가지 기억의 장면(trauma) 가운데 발달단계의 시기 구분에 따라, 또 각 시기의 가장 강렬한 기억의 장면 한 가지를 선택하여, 그것을 〈표 10-1〉에 자세하게 또 구체적으로 적어 보자(이상억 외, 2009). 이러한 "장면탐색"은 나의 "신념(belief system)"을 이해하는 근거가 될 것이다. 보통 신념이라 말하면, 어떤 결심이나 다짐을 뜻하지만 상담심리학에서 신념은 개인에게 있는 일종의 자동화 사고이며, 상처와 기억으로 이루어진 사고체계의 코드를 일컫는다. 따라서 이 세상의 모든 사람은 각자가 형성한 자동화 사고와 심리적 코드로 이루어진 신념으로 이 세상을 제 각기 자기 식으로 살아가는 것이다. 그래서 저마다의 세계관과 철학으로, 또 제 각각의 색깔로 인생의 여정을 걸어가게 되는 것이다.

스스로가 살아온 지난날들을 연령대별로 살펴보며 자신의 기억에 남아있는 장면을 떠올려 보자. 객관적인 판단이 아니라 스스로가 긍정적인 장면이라고 여긴다면 긍정적인 방향에서, 부정적이라고 여긴다면 부정적인 방향에서 적어 보자. 같은 연령대에 긍정적이고 부정적인 여러 개의 장면이 있다고 생각된다 할지라도 그 가운데 자신의 인생에서 더욱 중요하고 가장 선명한 장면 한 가지를 골라 긍정적인 방향에 하나, 부정적인 방향에 하나를 적어 보자. 부정적인 방향에 기록할 것이 더 많다고 속상해하지 않아야 한다. 우리가 가진 대부분의 장면은 부정적인 방향으로 더 많이 흐르기 때문이다.

"장면탐색"에 대한 기록을 마쳤다면, 이제 자신이 작성하고 기록한 표를 훑어 본 후, 자신이 기술한 것들 가운데에서 스스로가 생각하기에 자신의 인생을 가장 잘 반영하고 있거나, 가장 중요하다고 생각되는 단어를 골라 모두 동그라미 표시하자. 형용사이건, 명사이건, 동사이건 상관없다. 단 부사어만

〈표 10-1〉 연령대별 기억장면

<table>
<tr><td rowspan="5">긍정적 방향</td><td colspan="2">장면에 대한 나의 느낌</td><td></td><td></td><td></td><td></td><td></td><td></td><td></td><td></td><td></td></tr>
<tr><td colspan="2">장면 참여인물</td><td></td><td></td><td></td><td></td><td></td><td></td><td></td><td></td><td></td></tr>
<tr><td colspan="2">기억에 남는 장면 내용</td><td></td><td></td><td></td><td></td><td></td><td></td><td></td><td></td><td></td></tr>
<tr><td rowspan="2">환경</td><td>가정 환경</td><td></td><td></td><td></td><td></td><td></td><td></td><td></td><td></td><td></td></tr>
<tr><td>사회 환경</td><td></td><td></td><td></td><td></td><td></td><td></td><td></td><td></td><td></td></tr>
<tr><td colspan="3">발달단계</td><td>영 · 유아기 (0~3세)</td><td>아동기 (4~10세)</td><td>청소년기 (11~17세)</td><td>청년기 (18~26세)</td><td>성인초기 (27~35세)</td><td>성인중기 (36~44세)</td><td>성인후기 (45~53세)</td><td>장년초기 (54~62세)</td><td>장년중기 이후(63세~)</td></tr>
<tr><td rowspan="5">부정적 방향</td><td rowspan="2">환경</td><td>사회 환경</td><td></td><td></td><td></td><td></td><td></td><td></td><td></td><td></td><td></td></tr>
<tr><td>가정 환경</td><td></td><td></td><td></td><td></td><td></td><td></td><td></td><td></td><td></td></tr>
<tr><td colspan="2">기억에 남는 장면 내용</td><td></td><td></td><td></td><td></td><td></td><td></td><td></td><td></td><td></td></tr>
<tr><td colspan="2">장면 참여인물</td><td></td><td></td><td></td><td></td><td></td><td></td><td></td><td></td><td></td></tr>
<tr><td colspan="2">장면에 대한 나의 느낌</td><td></td><td></td><td></td><td></td><td></td><td></td><td></td><td></td><td></td></tr>
</table>

제외한다. 그리고 동그라미 표시한 단어들 가운데 세 단어만 선택하자. 그 세 단어를 이용하여 한 문장을 만드는 것이다. 각 단어로 한 문장씩 세 문장을 만드는 것이 아니라, 세 개의 단어로 가급적 하나의 문장을 만들라는 것이다. 그 문장을 "신념"이라 말하고, 이를 자동화 사고 혹은 자신의 심리코드라고 말하는 것이다. 그리고 그 문장이 자신에게 어떻게 긍정적으로 느껴지는지, 혹은 부정적으로는 어떻게 반영이 되는지 〈표 10-2〉에 솔직하게 적어 본다.

〈표 10-1〉 가운데 장면탐색의 표는 홀로 쓰고 홀로 폐기하면 된다. 하지

〈표 10-2〉 기억장면을 통해 살펴본 개인신념

세 개의 단어	하나의 문장을 만들어 봅시다. (나의 신념)	왼쪽에 기록한 '신념'에 대한 느낌이 자신에게 어떻게 반영되는가?	
		긍정적인 측면	부정적인 측면
1.			
2.			
3.			

만 신념은 함께 나눌 수 있다. 단, 서로의 다름을 이해하는 차원이지 어떤 편견과 차이를 통한 갈등을 부추기기 위함이 아님을 분명히 해야 할 것이다. 이 작업은 3개월이 유효기간이다. 기간이 지나고 나서, 다시 하게 되면 다른 내용을 적게 될 것이다.

이제 또 다른 작업 하나를 더 제안하고자 하는데, 인간이 경험하는 기본적인 감정들 가운데 네 가지를 택하여 종이에 적어 보는 것이다. 그리고 언제 그런 감정을 느끼는지 20가지 상황을 적어 보는 것이다. 적기가 쉽지 않다면 자신을 방치하고 살았다고 생각하면 된다. 배우자나 자녀가 무엇을 좋아하는지, 무엇에 화를 내는지는 알면서 자신에 대해서는 소홀했던 것이다. 20가지를 다 적어 보면 그 안에 어떤 패턴이 보일 것이다. 그 패턴을 바라보며 자신이 어떤 존재인지를 파악해 보자. 언제 기쁜지, 언제 슬픈지, 언제 화가 나는지 살펴보자. 자신을 조명해 보자.

① 기쁘다, 즐겁다, 행복하다
② 슬프다, 우울하다
③ 화가 난다, 속상하다
④ 근심스럽다, 불안하다, 걱정된다

이러한 자기직면의 방법에서, 또 현재 자신이 경험하고 있는 어떤 스트레스와 탈진에서 내관을 시행하는 것이다. 이러한 종교지도자의 자기관리 방안은 구체적이거나 세분화된 방법론은 아니지만 종교지도자의 자기관리라는 여정에 큰 방향을 제안하는 것이다. 그러므로 종교지도자는 제안한 과정을 스스로의 삶에 창조적으로 접목하려는 시도가 필요하다. 왜냐하면, 개인의 삶이 저마다 다르기에 세부적이고 구체적인 길을 제안한다는 것은 어불성설이기 때문이다. 그러므로 앞에서 제안한 회개의 단계와 내관을 자신의 삶에 필요한 자기관리의 여정이라 여기고 순환적인 단계로 유지하는 것이 필요하다.

이는 자기관리의 과정이 열매를 거두는 과수농사와 흡사하기 때문이다. 농부가 씨를 뿌리고 가꾸면 싹이 나고 줄기가 자라고 가지도 난다. 몇 해를 거름도 주고 북도 올려 주어 잘 가꾸면 줄기가 굵어지고 튼튼해져 잎사귀가 무성해지고 꽃도 핀다. 몇 해가 더 지나면 과일을 맺기 시작해 드디어 상품으로 내놓을 수 있는 단계까지 이르게 된다. 나무가 자라 열매를 맺기까지 오랜 시간이 걸리는데, 이처럼 자기관리 역시 단 번에 이루는 일회적인 개념이 아니다. 때문에 자기관리는 삶의 여정에서 이루어 내는 열매와 같은 것이다.

참고문헌

이상억 (2009). 목회상담 세계관에 기초한 멘토링 방법론 연구. 목회와 상담, 13, 34-70.

이상억 (2011). 성령 하나님과 인간 감정의 상관관계에 대한 상담미학적 연구. 장신논총, 3, 302-334.

이상억 외 (2009). 화풀이 신앙여정. 서울: 기독교교육교역연구원.

정기철 (2006). 리쾨르의 철학적 신학. 기독교 철학, 2, 131-132.

Adler, A. (2010). *Understanding human nature.* Eastford, CT: Martino Fine Books.

Gadamer, H. (1997). *Truth and method.* New York, NY: The Crossroad Publishing Corporation.

Jung, C. G. (1966). *The practice of psychotherapy*. Princeton, NJ: Princeton University Press.

Simms, K. (2009). **해석의 영혼 폴 리쾨르** (김창환 역). 서울: 앨피. (원저 2003년 출판).

van de Winckel, E. (1997). **융의 심리학과 기독교 영성** (김성민 역). 서울: 다산글방. (원저 1975년 출판).

제4부

기독(목회)상담을 위한 종교와 심리학의 대화

종교적 경험과 기독(목회)상담:
종교와 심리학의 비판적 대화

권수영
(연세대학교 신과대학/연합신학대학원 목회신학 교수)

1. 들어가는 말

종교를 연구하는 학자들은 종교적 체계나 신념, 혹은 종교적 경험을 자신의 방식으로 정의하고 해석하여 왔다. 어느 명망 있는 종교사학자나 종교현상학자라 할지라도 이러한 자신의 정의와 해석이 보편적이라고 주장하는 것은 결코 쉬운 일이 아니다. 종교는 분명히 인류 역사를 통해 특별한 역할을 해왔고, 단순하게 한 가지 방식으로 이해할 수 없는 복잡성과 다양성을 동시에 지니고 있기 때문이다.

일단 종교를 중점적으로 연구하는 학문 영역을 짐작해 보자면, 주로 종교학, 신학, 문헌학, 역사학과 같은 인문학(humanities)일 것이라고 단정하기 쉽다. 그렇다면, 종교라는 연구 영역을 심리학의 중심 주제로 연결시키는 일은 어떠한가? 최근 심리학은 인지생물학이나 생리학에 비견할 만큼 과학적인 면모를 갖추고 있어 종교현상을 중심적인 연구주제로 삼는 일은 지극히 비상식적인 일처럼 보인다. 하지만 19세기 말부터 시작된 독립된 심리학 분야의 연구주제를 살펴보면 이런 비상식이 상식으로 통했던 점을 발견할 수 있다.

1873년 하버드대학교에서 해부학, 생리학을 처음 강의했던 미국의 대표적인 철학자 윌리엄 제임스는 1875년 돌연 심리학을 강의하면서 『심리학의 원리(Principles of Psychology)』를 집필하기 시작했다. 장장 1,400페이지에 달하는 이 책은 12년이 걸려서야 1890년에 출간되었다. 다시 1880년 하버드대학의 철학과 교수로 자리 잡은 제임스는 1907년 은퇴할 때까지 미국의 실용주의 철학의 창시자로 명성을 떨쳤다. 그가 1902년에 완성한 『종교적 경험의 다양성(The Varieties of Religious Experience)』은 종교심리학 분야의 필수적인 교과서가 되었다.

제임스가 하버드대학교에서 심리학과 철학을 가르칠 때, 그에게 사사한 학자들 중에는 종교심리학 분야의 초창기 개척자들이 즐비하다. 제임스의 지도하에 하버드대학교에서 심리학 전공자 최초로 철학박사(Ph.D.)를 취득한 G. Stanley Hall이 대표적인 인물이다. Hall은 미국심리학회(American Psychological Assoication)를 창시하고, 초대회장을 지낸 인물로 심리학이 미국 내 독립적인 학문체계를 갖추도록 하는 데 결정적인 역할을 하였다. 뿐만 아니라, 미국 매사추세츠주 클라크대학교(Clark University)의 초대총장으로 클라크 종교심리학 대학원을 만들고, 1909년 프로이트를 개교 20주년 기념 강좌에 초청하여 정신분석학을 미국 내에 소개하는 데 기여하기도 했다.

20세기 이후 여러 사회과학자들은 종교의 범주를 인간의 심리-사회적 관점으로 분석한 연구를 적극적으로 개진했다. 예컨대, 하버드대학교의 심리학자 Gordon W. Allport가 1960년에 출간한 연구서, 개인과 그의 종교(The individual and his religion)를 비롯하여, 신학과 심리학을 동시에 전공한 연구자 C. Daniel Bateson과 Patricia Schoenrade, W. Larry Ventis 등은 1993년 유사한 제목(Religion and the individual)으로 『사회심리학적 관점(social-psychological perspective)』의 연구서를 출간하기도 했다.

Bateson, Schoenrade와 Ventis(1993)는 종교의 보편적인 특징을 특이성(uniqueness), 복잡성(complexity), 다양성(diversity)으로 설명한다. 종교적 관심은 누구에게나 여느 일상적인 관심과는 달리 매우 포괄적이고 삶의 중심이 되는 의미와 목적성을 띠고 있기에 특별하게 구분할 수 있는 경험이고, 이는 당연히 심리적으로 복잡할 수밖에 없다는 것이다. 인간의 심리적 범주인 감정, 신념, 태도, 가치관, 행위 등이 종교적 관심과 연결되어 종교적 감정, 종교적 신념, 종교적 태도, 종교적인 행위 등을 만들어 내기 때문이다. 종교는 이러한 개인의 심리적 범주들을 일관성 있게 통일하는 기능을 하기도 하지만, 때로는 복잡하게 변형시키는 역할을 하기도 한다.

종교현상을 연구하는 여러 사회과학자들은 지구상에 존재하는 다양한 고등종교의 숫자뿐만 아니라, 한 개인이 경험하는 종교적 경험의 다양성 때문에 누구라도 종교의 하나의 특징이 보편적인 종교경험을 가능하게 한다고 이야기하는 것은 현실적으로 불가능하다고 주장한다(Bateson, Schoenrade, & Ventis, 1993, pp. 6-7).

이 장에서는 먼저 종교와 심리학의 대화를 중심으로 발전한 목회신학 방법론을 살펴보면서, 기독(목회)상담이 태동하게 된 배경과 일반적인 심리치료와 어떠한 차별적인 구조를 가질 수 있을지 검토하고자 한다. 종교와 심리학의 대화에 물꼬를 텄던 신학자 폴 틸리히(Paul Tillich)의 상관관계 방법론을 초기 목회신학자, 혹은 실천신학자들이 어떻게 변용하고 발전시켰는지를 탐색하는 일은 기독(목회)상담이 한 개인의 종교적 경험을 어떻게 통합적으로 다루고, 보다 정제된 종교적 신앙의 단계로 고양시킬 수 있을지를 살펴보는 데도 도움이 될 것이다.

북미 기독(목회)상담의 발전사에 나타난 종교와 심리학의 대화는 틸리히가 제시한 상관관계를 보다 상호적인 대화로 수정하여 발전시킨 신학자 David Tracy의 방법론에 영향을 받아 왔다. 심리학이나 심리치료, 혹은 정신분석학의 방법은 단순히 신학적인 해답을 제공하기 위한 문제제기에 그치지 않고 적극적으로 심리학이 해답을 제시하고, 그러한 심리적인 해답과 신학은 대화하도록 재구성하는 해석학적 시도가 기독(목회)상담 분야의 다학제간 대화의 기틀을 마련해 온 것이다. 이 장의 마지막 부분에서는 하나의 상담사례를 제공하여 개인의 종교적 경험을 종교와 심리학의 통합적인 대화의 틀로 재구성하는 방식을 설명하고자 한다.

2. 목회신학의 상관관계 방법론: 종교와 심리학의 대화

1) 뉴욕심리학 그룹과 신학자 틸리히의 만남

현대 신학 분야에서 종교와 심리학의 대화에 가장 먼저 개방적인 시각을 가진 신학자는 틸리히였다. 1886년 독일 태생인 그는 나치 정권을 피해 1933년 미국으로 망명하여 뉴욕에서 유니온 신학교 조직신학 교수직을 시작하였다. 그의 신학방법론은 이전의 전통적인 방법과는 달리 새로운 틀을 가지고 있었다. 이는 망명 직후, 당시 미국에 불어닥친 심리치료 문화와 함께 등장한 여러 심리학자들과의 깊은 대화의 산물이라고 볼 수 있다.

신학자 틸리히는 1940년대 당대 최고의 심리학의 거장들과 뉴욕심리학그룹(New York Psychology Group)에서 함께 활동했다. 그와 함께 학문적 교류를 했던 심리학자들은 에리히 프롬(Erich Fromm),[1] 롤로 메이(Rollo May),[2] 칼 로저스(Carl Rogers)[3] 등을 들 수 있다. 또한 이 그룹에서 중요하게 활동한 또 다른 신학자가 바로 목회상담학의 창시자라고 불리는 시워드 힐트너(Seward Hiltner)이다. 힐트너는 1950년부터 시카고대학교 신학부에서 목회신학 교수로 봉직하면서 목회상담학을 태동시켰다. 당시 로저스는 시카고대학교 심리학과의 교수로 재직하였다.

틸리히는 심리학 동료들과의 교류를 바탕으로 종교와 심리학의 연결점에 대한 깊은 관심을 갖게 되었다. 특히 당시 미국사회에 불고 있던 심리치료 운동으로부터 받은 통찰은 그로 하여금 자연스럽게 신학과의 연결점에 주목하도록 이끌었다. 예컨대, 죄의식, 카타르시스, 억압, 수용 등과 같은 정신분석의 개념들이 신학의 전통적 개념인 죄, 용서, 용납, 은혜 등과 상관관계가 있다는 데에 주목한 것이다.

특히 현대 심리학이 진단한 인간의 내면적인 문제들인 강박, 억압, 소외 등에 대하여 기독교적인 재해석을 시도하고, 기독교전통이 주는 해답이 유효하다는 결론에 이르게 되었다. 틸리히가 주창한 '상관관계(correlation)'의 방법은 바로 이런 배경에서 탄생하였다. 틸리히는 1951년 출간한 조직신학 제1권(Systematic Theology I)에서 상관관계의 방법은 "실존적인 질문과 신학적 해답의 상호의존적 연관을 통하여 기독교 신앙의 내용을 설명하는 것"으로 정의한 바 있다(Tillich, 1951, p. 60). 이는 1940년대 심리학으로부터 깊은 영향을 받은 틸리히의 상호 학문적인 소산이라 해석할 수 있다. 여기서 그 구체적인 예를 살펴본다.

틸리히는 1947년 발간한 그의 설교집, 『흔들리는 터전(The shaking of the foundation)』에서 가장 기본적인 신학개념인 죄와 은혜를 심리학적인 개념과 연결하면서 상관관계적인 이해를 도모하고 있다. 틸리히는 죄와 은혜가 신앙인은 물론 모든 현대인들에게 불가해한 말이라고 지적하고, 보다 실제적인 이해를 위하여 죄와 은혜에 대한 새로운 해석을 시도한다.

틸리히는 '죄(sin)'라는 단어에 액면 그대로 대응할 수는 없으나, 그 말의 이해를 돕는 대체어로 '분리(separation)'라는 용어를 제시한다. 그는 죄의 상태에 있다는 것은 분리 상태에 있다는 말이고, 분리의 의미를 세 가지로 나누어 설명한다. 첫째는, 개별적인 생명 간에 있는 분리이고, 둘째는, 자기로부터의 분리이며, 셋째는, '존재의 근원'으로부터의 인간 전체의 분리라는 것이다

(Tillich, 1959, p. 199).

분리에 대한 삼중이해는 파편화된 인격의 심층심리적인 이해를 반영한다. 즉, 분리된 현실은 "우리들이 적극적으로 참여하는 경험, 전인격적 관계를 가지는 하나의 경험이요, 그것이 숙명인 것과 마찬가지로 또한 죄과(guilt)이기도 함"을 설명한다(Tillich, 1959, p. 200). 이는 강박증환자에게서 발견한 공포불안이 고스란히 종교인들의 '무의식적인 죄의식(unconscious sense of guilt)'에 나타난다고 지적한 프로이트의 설명과 맥을 같이 하는 것처럼 보인다(Freud, 1997a, p. 197).

프로이트는 종교인들의 강박적 종교행동은 불안하고 무력했던 어린 시절 경험한 전지전능한 아버지의 모습으로 투사해 낸 신과의 관계적 경험의 문제라고 보았다. 종교인들은 이러한 공포의 대상인 신으로부터 처벌을 피하기 위해 줄곧 의례적 행위에 집착하게 마련이다. 프로이트는 이를 자신이 신경증 환자들이 잠자리와 밤의 공포에서 벗어나기 위해 침실 의례(bed ceremonial)를 만들어 내는 것과 동일한 것으로 인식했다(Freud, 1997a, p. 191). 당연히 프로이트에게 이러한 종교경험은 곧 병리적인 강박행동으로 이해되었고, 종교는 집단적인 강박증에 불과하다고 결론을 짓게 된 것이다(Freud, 1997b, p. 223).

프로이트가 종교를 버려야 할 신경증으로 본 반면, 틸리히는 인간 실존 그 자체가 분리라는 재해석을 시도한다. 틸리히는 정신분석학에 등장하는 인간심리의 딜레마에 기독교복음이 명확한 해답을 줄 수 있다고 믿었고, 심리치료의 언어와 신앙의 언어 사이에는 연속성이 있고 통합의 방향으로 수렴될 수 있다고 신학적이고 해석학적인 대화를 진행하였다.

기독교적인 진리인 은혜(grace)에 대한 해답을 제공할 때도 심리학과 신학을 수렴하는 상관관계적인 통찰을 눈여겨보아야 한다. 틸리히는 은혜에 대한 개념 이해에 있어서 왕이요 아버지인 하나님의 일방적인 용서의 과정으로 보는 일반적인 시각은 배격해야 한다고 보았다. 심층심리학적 인간 현실(인격적인 분열, 강박적인 충동 등)에 대한 새로운 해답을 제시하고자 하였다. 사도 바울의 심리 이해를 설명한 틸리히의 설교를 들어보라.

> (사도 바울은) 모든 심층심리학의 표어라고도 할 수 있는 말을 하였습니다. "만일에 내가 원치 않는 것을 내가 행한다면, 이를 행하는 것은 내가 아니고 내 속에 있는 악이다." 그 사도는…… 자기 자신과 자기 안에서 자기에게 반항하는 이상한 그 무엇과의 사이에 있는 분열을 지각하였던 것입니다. 그는 자기 자신으로부터 이탈하고 있었습니다. 그리고 그는 이 이탈을 죄라고 불렀습니다. 그는 또 그것을 '내 지체 속의 다른 법' 하나의 저항하기 어려운 충동이라고 불렀습니다(Tillich, 1959, p. 205).

틸리히는 "율법이 들어온 것은 범죄를 더하게 하려 함이라. 그러나 죄가 더한 곳에 은혜가 더욱 넘쳤나니"라는 로마서 5장 20절 말씀을 가지고 심층심리학적 딜레마에 대한 해답을 제시한다. 은혜는 하나님의 일방적인 용서나 선한 일을 할 수 있는 신적 권능이나 능력도 아니라고 전제하고, 은혜는 생명과 생명과의 재결합이며 자기가 자신과 더불어 화해하는 것이라고 주장한다. 다분히 심리학의 자기 수용(self acceptance)의 개념과 맞닿아 보인다.

더 나아가 틸리히는 억압된 욕구로 인해 죄의식과 공포불안에 싸인 강박적

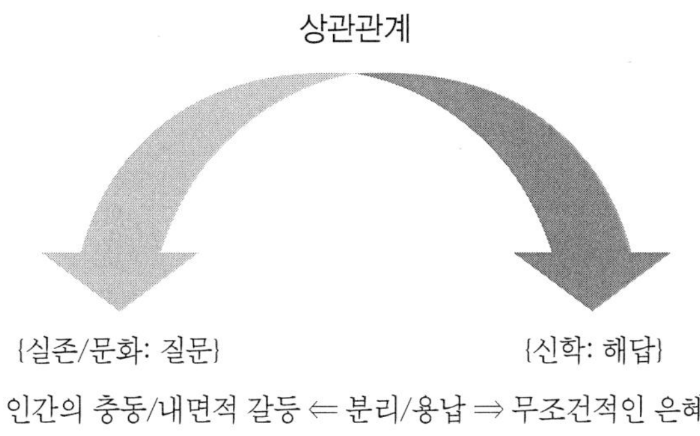

[그림 11-1] 틸리히의 상관관계의 방법

인 현대인들에게 기독교 복음의 진수인 은혜(grace)를 용납(acceptance)으로 설명한다. 현대인이 분리를 극복하는 유일한 길이 누군가 자신을 용납하신다는 사실, 즉 자신보다 위대한 자가 용납하신다는 사실이 은혜임을 강조한다. "아무 것도 구하지 말아라. 아무 것도 행하지 말아라. 아무 것도 의도하지 말아라. 다만 너를 용납하신다는 사실을 용납하여라."고 결론 내린다(Tillich, 1959, p. 209). 이를 요약하여 도식화한다면 [그림 11-1]과 같다(권수영, 2012).

당대의 최고의 심리학자들과 교류했던 신학자 틸리히는 심리치료의 핵심적인 원리나 임상적인 가능성에 대하여 충분히 긍정하면서, 이러한 가능성이 인간 경험에 대한 신학적인 이해에 보다 설득력 있는 설명을 제공한다고 믿었다. 그러나 틸리히는 심리치료가 제공하는 심리학적 수용(psychological acceptance)이 결코 신학적 진리에 대한 대치물이 될 수 있다고는 믿지 않았다. 즉, 심리학이 설명한 수용이 심오한 기독교적 진리, 즉 은혜로 인한 무조건적인 용납에 대하여 부분적인 설명은 될 수 있겠지만, 결코 대용물이 되거나 전적으로 대체될 수는 없다고 본 것이다. 결국 신학자 틸리히에게 심리학적 도구는 신학적 진리와 절대성으로 이르기 위한 일종의 '전주(a sort of prelude)'로서 기능한다고 볼 수 있다(Graham, Walton, & Ward, 2005, p. 256).

2) 목회상담운동의 선구자 힐트너와 상관관계 방법론 비판

현대사회가 가진 인간 실존의 질문을 통해서 기독교 신앙의 내용을 설명하고 상호 연관을 통해서 신학적으로 응답하는 틸리히의 '상관관계'의 방법은 종교와 심리학의 대화를 넘어서, 현대 예술, 철학과 문학 등 당대 여러 학문의 작업들과 연계하여 진행되었다. 그러나 심리학과 종교와의 상관관계의 방법은 무엇보다 교회에서 목회적 돌봄을 실천하는 이들과 초기 목회상담 분야의 개척자들에게 신학적 통찰을 주기에 충분했다.

초기 목회상담운동의 선구적 역할을 하고, 뉴욕심리학그룹에서 틸리히에게 직간접적으로 영향을 받은 힐트너는 '상관관계'의 신학방법을 비판적으로 수용하였던 대표적인 인물이다. 힐트너는 '문화'가 질문을 제공하고, '신학'이 응답한다는 구조가 지극히 단순하다는 지적과 함께 틸리히의 상관관계가 일방통행이 아니라, 적어도 양방향통행(two-way street)이 가능해야 한다고 주장했다(Hiltner, 1968, p. 305).

틸리히의 신학방법이 신학자들에게 문화와 인간의 삶의 문제가 결코 무시되어서는 안 된다는 점을 잘 보여주고, 일반인들에게는 신앙이 인간의 각종 문제에 궁극적인 해답을 제공한다는 점이 강조되지만 쌍방이 영향을 주고받을 수는 없냐고 반문한다. 즉, 틸리히의 방법이 기독교의 계시나 진리 선포뿐만 아니라, 심리학, 예술, 문학, 신학 이외의 인접학문들과의 대화에 있어서도 신학 분야 나름대로의 통찰과 해법을 내포하고 있으나 충분한 상관관계가 진행되지 못했다는 것이다.

힐트너는 틸리히의 일방통행적인 방법을 다음과 같이 조심스럽게 비판한다. "만일에 신학이 늘 신앙의 적응이요 그 수용과는 무관한 추상적 이념이 아니라고 한다면 문화는 신앙에서 제기된 문제에 해답을 주고, 또 신앙은 문화에서 제기된 문제에 해답을 준다고 말할 필요가 있을 것이다. 폴 틸리히는 확실히 이런 식으로 말을 해 놓기를 주저한 것 같다(Hiltner, 1968, p. 306)." 이

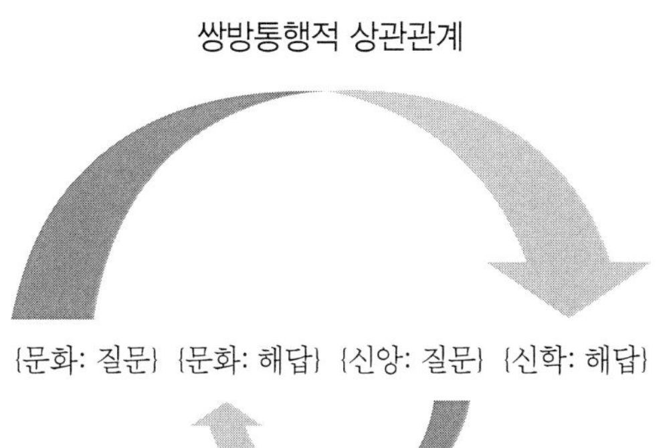

[그림 11-2] 힐트너의 상관관계의 방법 비판

에 힐트너가 제시한 상관관계의 구조를 도식화해 본다면 [그림 11-2]와 같다 (권수영, 2012).

힐트너는 자신의 상관관계 비판을 하나의 새로운 방법으로 충분히 개진하지는 않았다. 그는 목회신학자로 목회신학이 신학적 사상에 대한 학문적 연구로부터 나온 이론을 실천하는 데 있어서 적용 그 이상의 것이라고 주장하면서, 신학적 사상과 현 시대의 문화가 제공하는 다양한 지식과 경험들이 만나는 공간은 둘 다 공히 변화하는 그런 방식이어야 한다고만 부가적으로 설명하고 있다.

그러나 그의 비판적 시도는 현대 목회신학과 실천신학의 발전에 초석이 되었다는 점은 의심의 여지가 없다(Woodward & Pattison, 2007, p. 51). 후대 학자들도 틸리히의 상관관계가 우리의 심리적 혹은 문화적인 경험과 기독교 전통과의 관계에 있어서 서로 공평하게 주고받기(give-and-take)를 허용하고 쌍방향으로 통찰을 얻는 것이 불가능하다면, 이러한 신학방법은 지루하고(boring), 지극히 현학적인(pedantic) 방법으로 전락한다고 지적하고 있다 (Stone & Duke, 1996, pp. 127-128).

3. 수정된 비판적 상관관계의 방법: 종교와 심리학의 통합적 만남

1) 종교와 심리학의 비판적 대화: 해답과 해답 사이의 상관관계

훗날 목회신학자 힐트너의 지적과 같이 문화의 '해답'과 신앙의 '해답' 사이의 상관관계를 보다 적극적으로 추구했던 수정된 상관관계의 방법이 신학자 David Tracy에 의하여 소개되었다. 시카고대학교 신학부에 틸리히의 후임 조직신학교수로 임용된 Tracy는 상관관계방법의 살아있는 후계자라고 자임

[그림 11-3] Tracy의 수정된 상관관계의 방법

하면서 수정된 비판적 상관관계(revised critical correlation)를 역설하였다.

이러한 방법은 "우리의 공통된 인간 경험에 드러난 의미와 기독교전통의 일차적 텍스트에 드러난 의미를 모두 해석학적으로 성찰할 때" 가능하다고 보았다(Tracy, 1975, p. 237). 다시 말해, 문화적 문제와 해답들, 그리고 신앙적 질문과 해답들 사이의 상관관계가 중요하게 다루어져야 한다는 것이다. 도식화하여 보면 [그림 11-3]과 같다(권수영, 2012).

이때 문화적 표현(예컨대, 심리치료적인 수용)과 신학적 주장(예컨대, 그리스도의 무조건적인 용납)이 정확하게 일치(identity)하거나 유비성(analogy)이 있을 수 있다. 그러나 문화의 가치와 해답들이 기독교적인 관점과 대치하면서 불일치(non-identity)를 나타낼 수도 있다. 이럴 경우, 우리는 이러한 양자에서 어느 편을 선택해야 하는가? 이러한 경우 어떻게 상관관계를 추진해야 하는가?

Tracy는 인간의 상황(situation)의 측면에서 종교가 언급하는 가장 근본적인 질문이 공적인 성격을 가지고 있다고 해도, 혹은 전통(tradition)의 측면에서 어떠한 종교적인 전통이 주장하는 해답이 지극히 공적인 성격을 가지고 있다고 해도 모두 상황과 전통이 가진 질문과 해답을 함께 철저히 성찰할 것을 요청한다(Tracy, 1981, p. 64). 이에 실천신학자 Don Browning(1991)은 Tracy의 수정된 상관관계 방법론을 바탕으로 교회 공동체 내에서 신학적 성찰과 실천의 순환적인 과정을 추진하는 해석학적 접근을 제안하였다.

Browning이 추진한 종교와 심리학의 통합적인 대화를 이해하기 위해서는 해석학(hermeneutics)에 대한 기본적인 이해가 필요하다. 일찍이 인간과 문화를 연구대상으로 삼는 비과학적인 방법이 제안되고 심화되어 왔다. 자연과학이 가장 보편적인 힘을 가지던 19세기 말에 이르러서는 학문세계는 인간까지도 연구대상으로 삼기 시작했다. '생(生)철학자'라고 불리던 독일의 Wilhelm Dilthey(1833~1911)는 과학적인 분석으로는 포착할 수 없는 삶의 전체적 밑그림에 대해 이의를 제기한다. 과학이 가지고 있는 인과법칙에 의거한 '설명'의 방법으로는 개별적이며 일회적인 인간의 '삶'을 완전하게 파악할 수 없다고 보고, 삶은 '직접경험'을 통해 인류의 체험을 집적한 '역사'를 통해 이해될 수 있다고 보았다.

이후 독일의 철학자 Hans-Georg Gadamer(1900-2002)는 인간이 판단에 앞서 가지고 있는 선이해(先理解)를 보다 적극적으로 인식의 기초로 설정하는 해석학을 구축한다. 타인의 삶과 역사를 이해한다는 것은 현재 우리의 인식의 지평과 과거의 지평이 서로 대화를 통해 통합되는 과정이라는 것이다. 이를 그는 '지평융합(fusion of horizons)'이라고 불렀다. 현재의 지평과 과거의 지평은 서로를 향해 열려 있고 서로 통합되면서 역동적으로 움직인다.

본 장에서도 해석학의 방법을 따라 종교와 심리학의 대화를 일방적인 만남이 아니라 서로 융합되어야 할 의미체계로서 해석적으로 되짚어 보고, 우리가 사는 이 시대에 기독교의 목회적인 비전과 기독(목회)상담 임상현장에서 종교성을 새롭게 이해할 수 있는 틀로 제시하려고 한다. 해석학의 눈으로 볼 때, 종교를 적대시하는 것처럼 보이는 프로이트의 정신분석도 기독교의 신앙을 해체하는 것이 아니라 오히려 재통합(reintegration)해 낼 수 있는 의미 있는 해석적 틀로 볼 수 있기 때문이다(권수영, 2005, 2006).

2) 프로이트의 병리적 종교 이해의 지평과 만나는 일, 가능할까?

여기서 잠시 종교를 병리적 현상으로 치부했던 프로이트의 사상과의 해석학적인 지평융합을 시도해 보자. 과연 신앙인 자신이 조금 더 깊은 신앙을 위해서 프로이트의 질문과 해답을 하나의 비판적 상대로 상호 대화에 초대할 수 있겠는가? 사실 이 질문은 필자가 처음 묻는 질문이 아니다. 21세기의 대표적 불란서 사상가로 손꼽히는 철학자 Paul Ricoeur가 먼저 이 질문을 던진 바 있다. 그는 현대 지성사에 기록될 만한 의심의 대가들, 마르크스, 니체 그리고 프로이트를 지적하면서, 그중 프로이트에 집중하여 장장 551쪽에 달하는 해석학적 접근을 시도하고 있다.

그의 책, 『프로이트와 철학(Freud and philosophy)』에서 그는 의미 있는 질문을 던진다. 대체 정신분석학의 질문과 해답이 종교인들의 신앙을 순화(purify)시킬 수 있는가? 그의 대답은 놀랍게도 긍정적이다 못해 거의 필수적인 수용에 가깝다. 종교적 신앙인들은 프로이트와의 대화를 필연적으로 해야만 한다는 철학적 인식에 근거한 주장이다. 즉, 종교인은 모두 그 자신이 가지고 있는 종교적 신앙을 프로이트가 제공하고 있는 '의심의 해석학(hermeneutics of suspicion)'에 드러내는 것이 중요하다고 본다. 종교에 대해 우호적인 융의 긍정(affirmation)의 해석학보다 오히려 독설에 가까운 프로이트의 인간 본성과 종교성에 대한 해석학이 종교적 신앙을 연구하는 데 더 의미 있는 도전을 주는 작업일 수 있다는 것이다. 아예 Ricoeur는 해석이란 "의심의 훈련(excercise of suspicion)"이라고 정의한다(Ricoeur, 1970, pp. 32-36).

Ricoeur는 종교적 죄책감의 역동을 "주도면밀성(scrupulosity)"의 역동과 연결시킨다(Ricoeur, 1974, p. 430). 즉, 종교인의 주도면밀한 양심은 나날이 증가하는 완벽주의로 치달으면서 모든 계명을 지키려 노심초사하고 매사의 율법을 따르려 하는 의식이라고 설명한다. Ricoeur는 신앙인의 주도면밀성에서 양심과 의무의 병리적 측면을 발견한다. 이러한 신앙인에게 하나님은 보호하고 위로를 주시는 분이실 뿐만 아니라 책망하고 징계하는 신이다. "무릇 내가 사랑하는 자를 책망하여 징계하노니 그러므로 네가 열심을 내라(요한계시록 3:19)."

Ricoeur에게 이러한 기독교인은 완벽한 종교인으로 보이지 않는다. 오히려 Ricoeur는 보호받지 못하고 위로받지 못하는 존재의 탄식보다는 도덕적 비난을 선호하는 것처럼 보이는 신앙인을 안타깝게 지적한다(Ricoeur, 1974, p. 339). 이들의 종교는 어쩌면 전혀 시험해 보지 않은(unexamined) 종교에 불과하다. 그래서 Ricoeur는 이를 "천진난만한 종교(naive religion)" 혹은 "첫 번째 천진난만성의 종교(religion of the first naivet?)"라고 진단한다. 물론 Ricoeur에게 이 첫 번째 천진난만성에 대한 해석은 "두 번째 단계(the second naivet?)"의 해석으로의 이행이 필수적이다(Ricoeur, 1967, p. 349).

천진난만한 기독교인은 자신이 이미(already) 믿고 있는 것만을 지키기 위하여 수구적인 보증을 요구한다. 자신의 기존의 신앙을 흔들 수 있는 어떠한 도전에도 귀를 기울이지 않는다. 그래서 이러한 기독교신학의 자리에서 보면 프로이트는 얼마든지 기존의 신앙 수호에 해를 끼칠 위험한 사상가로 기능할 수 있다고 여길 수 있다. Ricoeur의 관점에서 프로이트를 두려워하는 종교는 어쩌면 매우 천진난만한 종교일 수 있지 않을까? 그래서 심리학과의 더욱 비판적인 대화가 필요하다. 아니 Ricoeur에게는 필수적인 단계이다.

종교가 환상(illusion)이라는 프로이트의 정의는 많은 신학자들이나 종교인들에게 쉽게 받아들여질 수 없는 정의로 인식되는데, 그 이유는 종교가 환상이라는 단어의 의미를 종교는 없는 것이요, 잘못된 것이라는 개념으로 받아들여지기 때문일 것이다. 하지만, 이는 종교가 환상이라고 한 프로이트의 개념과 꼭 들어맞는 이해는 아니다. 의미 해석부터 잘못되어 있어서 의미의 지평이 융합되는 것은 아주 먼 나라 이야기가 되고 만다. 프로이트는 그가 정의한 환상이 오류(error)와는 다르다고 강조한다(Freud, 1997b, p. 205).

프로이트는 종교가 어딘가가 잘못되어 있다고 말하지 않는다. 오류(error)는 인간의 원망(wish)과는 무관한 개념인 반면에, 그가 제시하는 환상이라는 개념은 인간의 간절한 원망에서 유래된 심리적 구조와 깊은 관련이 있다. 또한 프로이트가 제시하는 환상은 망상(delusion)과도 상이한 개념이다. 망상은 현실과 모순되는 생각이요, 실현 불가능한 실재를 의미한다. 그러나 프로이트는 종교를 그저 꿈꾸는 무의식의 역동처럼 여겼지만, 실재하지 않는 것이라고 말한 바 없다. 프로이트조차도 종교적 믿음을 환상으로 볼 것인지 혹은 망상으로 볼 것인지는 개인적 견해이지 결코 객관적으로 결론 낼 일이 아니라고 단정한다(Freud, 1997b, pp. 211-213).

그렇다면, 프로이트가 환상이라고 본 종교는 무엇인가? 그는 종교를 언급할 때, 종교적 교리가 내포하고 있는 내용의 옳고 그름을 떠나서, 그 교리가 구성된 과정적인 측면을 보고자 했다. 그가 개인의 종교적 경험의 형성 과정에서 본 심리적 속성은 바로 인간의 간절한 원망을 동반한 환상에 불과함을 주장했던 것이다. 프로이트는 그의 책, 『환상의 미래(The future of an illusion)』에서 종교의 운명을 어린아이의 신경증 극복 사례에 비견하여 설명하고 있다. 그의 오랜 임상경험을 통하여 어린아이가 꼭 유아기를 통하여 모두가 신경증 단계를 거친다는 사실을 발견했기 때문이다(Freud, 1997b, p. 222).

3) 종교적 경험이 동반하는 환상을 넘어 성숙한 종교로 가는 길

유아기 아이들은 본능적 욕구와 억압을 동시에 경험하기 마련이다. 자신의 욕구를 억압하고 행동하는 법을 배우고, 그 배후에 불안을 불러일으키는 무의식적 동기를 가지게 된다. 이후 지성의 합리적 작용에 의하여 무의식적 불안을 일으키는 부모의 이미지에서 선과 악을 분리하며 불안의 기원을 인식한다. 건강한 아이는 부모가 전적으로 억압적인 악마의 모습도, 혹은 전적으로 모든 것을 용서하는 천사의 모습도 아니라는 점을 분별할 수 있는 능력을 가진다.

어린아이가 어릴 적에는 부모에게 혼날 것 같아 했던 행동들이 나이가 들어가면서는 불안 때문이 아닌, 보다 성숙한 동기들을 가지고 행동한다는 것이다. 프로이트의 도덕심리학을 연구하는 철학자들은 도덕적 동기를 부모로부터 생성되는 권위적 동기(authoritative motivation)와 스스로의 자발적인 욕구

중심의 동기(desire-based motivation)로 구별하고는 한다(Scheffler, 1992, p. 86).

유아신경증은 대부분 성장과정에서 저절로 극복된다. 프로이트는 이러한 유아의 성장과정에서 신경증의 불가피한 운명처럼 인류가 신경증적인 종교를 떠나는 것도 필연적이라고 본 것이다. 그는 지금이 바로 인류가 종교를 버려야 할 그 발달단계라고 천명한다. 프로이트는 본능을 다스릴 수 있는 유일한 수단은 종교가 아닌, 오직 지성(intellect) 뿐이라는 대안을 제시한다. 이것이 바로 그가 제시하는 정신분석의 해답이다. 그의 해답을 어떻게 비판적 상관관계의 방법으로 재해석할 수 있을까?

한 개인의 신경증치료에 온 열정을 바쳐 온 프로이트가 진단한 인류의 상태는 다음과 같다. "지성이 (본능보다) 우위를 차지하는 날은 머나먼 미래일게 분명하지만 끝없이 먼 미래는 아닐 것이다. 지성은 인간이 서로 사랑하고 삶의 고통이 줄어드는 것을 목표로 설정할 것이다(Freud, 1997b, p. 234)." 프로이트가 가진 그의 윤리관과 종교적 관심을 극명하게 드러내는 대목이다. 그는 도덕과 종교를 깡그리 철폐하고자 하는 종교의 공공의 적도 아니요, 윤리에 무관심한 학자도 아니다. 그 역시, 어느 종교학자나 신학자 못지않게 "인간이 서로 사랑하고 삶의 고통이 줄어드는 것을 목표"로 학문과 임상의 방향키를 잡고 있었던 연구자였다.

어쩌면 그의 정신분석은 그의 환자와의 임상적인 관심과 같은 정도로 종교인들이 가진 병리적인 종교경험을 향해서도 진단과 개입을 서슴지 않는다. 이는 정신분석을 누구에게나 보편적으로 적용하고자 했던 그의 윤리적인 태도라고 해석할 수 있다(Kwon, 2004). 그는 종교인들에게 자신이 세운 윤리적인 비전에 따라 미래의 행동지침을 조언한다. "그 먼 목표를 향해 가는 도중에 당신의 종교적 교리는 버림받을 운명이다(Freud, 1997b, p. 235)."

프로이트는 종교인들에게 종교적 환상을 버리고, 자신의 환상을 가지라고 준엄하게 권면한다. 종교는 유아적 원망(infantile wish)이므로, 좀 더 성숙한 원망을 가진 그 무엇이 필요하다는 것이다. 그의 결론은 종교가 아닌 과학적 사고였다. 그는 너무나도 자신 있게 결론을 내린다. "우리의 과학은 결코 환상이 아니다. 그러나 과학이 우리에게 줄 수 없는 것을 다른 데서 얻을 수 있으리라고 생각하는 것은 환상이다(Freud, 1997b, p. 238)."

종교와 심리학의 비판적 상관관계를 위해 과학으로 대치하려고 한 프로이트의 종교 이해에 초점을 둘 필요가 있다. 과연 프로이트가 버리라고 한 것은 종교 그 자체인가? 그의 방대한 저술의 흐름 가운데서 그가 인류에게 떠나라고 종용한 것은 기독교와 같은 개별 종교 그 자체가 아니다. 모든 종교적 경험 가운데 공통적으로 발견된다고 보았던 유아적 원망으로서의 종교적 속성이 바로 프로이트가 치료하고픈 바로 그것이다.

사실 그것은 유아적 원망 형태의 개인의 종교적 경험(religious experience)에 가까운 개념이다. 오히려 프로이트는 종교학자나 신학자가 관심을 가지는 개별 종교 자체가 지닌 역사와 신학의 내용적 측면에 대해서는 상대적으로 미약한 강조점을 가지고 있었다. 결국 프로이트는 임상현장에서 신경증을 가지고 종교를 믿는 개개인을 만나면서 그의 정신분석을 발전시킬 수밖에 없었다. 그의 경험의 한계 안에서 유아기적 원망 형태의 종교성이 만드는 개인의 종교는 하나의 환상일수 밖에 없다고 보았던 것이다. 이 환상으로는 종교의 교리와 내용적 측면, 즉 서로 사랑하는 일이나 삶의 평안은 이룰 수 없다고 보았기 때문이다.

이에 Ricoeur는 "초월적인 환상(transcendental illusion)의 하나님" "교리적인 신화의 하나님(the god of dogmatic mythology)"은 비판받아야 할 하나님이라고 천명한다(Ricoeur, 1980, p. 28). Ricoeur는 프로이트와의 대화에 입각한 비판적 해석학을 통하여 종교가 보호와 위안, 혹은 징계만을 추구하는 천진난만성을 넘어서, 하나님은 개인을 보호하지 못할 지라도, 한 개인을 인격의 전체성(totality)에로 인도하여야 한다고 주장한다. 이는 기독(목회)상담가가 임상현장에서 한 개인의 온전한 인격의 전체성을 추구하는 데 적절하게 필요한 해석학적 만남이다.

프로이트의 의심의 해석학은 의식(consciousness) 그 자체를 의심하고 제거하라고 요구하지 않는다. 오히려 의식이 가지고 있는 허식(pretension)을 바로 보기를 촉구한다. 기독교인들이 가지는 허식과 종교적인 페르조나, 완벽주의나 강박성 등으로부터의 해방은 의식이 허식을 벗고 보다 겸허해지는 과정을 통하여 가능하다고 보는 것이다. 이에 프로이트의 의심의 해석학과의 만남은 기존의 신앙을 의심하면서 폐기하는 것이 아니라, "두 번째 천진난만성(the second naivet?)"으로 나아가는 종교적 신앙을 만들어 내고 이러한 만남을 피하면 커다란 위기에 봉착한다고 보는 시각이 등장한다(Wulff, 1991, p. 315). 이는 흔히 신앙의 붕괴(disintegration)를 통한 재통합(reintegration)으로 이행되는 과정으로 해석될 수 있다(권수영, 2007).

4. 사례연구: 종교적 경험에 대한 기독(목회)상담의 통합적 접근

1) 가족 내 신교와 구교 사이의 종교 갈등, 어떻게 볼 것인가?

내담자 민소연(가명, 40세)는 12세의 딸 민정과 6세의 아들 민구를 둔 가정주부이다. 소연은 남편의 강력한 권고로 상담에 오게 되었다. 남편은 지인의 소개로 기독(목회)상담사를 찾아 아내의 지나친 종교중독과 폭력성을 호소하며 부부상담을 의뢰하게 된 것이다. 소연은 상담 첫 회기에서 남편의 권고가 있었지만, 자신의 충동적인 폭력성향에 대해서는 상담을 받고 싶은 욕구가 있었다고 밝혔다. 소연은 태권도 유단자(2단)로 어린 시절부터 태권도 도장에서 남자아이를 상대로 수련을 받은 경험 때문에 자신의 남성적인 성향이 자주 폭력적으로 나타난다고 믿고 있었다.

이들 부부는 지난 8년 동안 평일에는 남편이 충북 지방에서 기계정비업에 종사하고 금요일 밤에 귀경하여 주말을 함께 보내는 주말부부였다. 주로 주말에 진행되는 부부상담에는 부부가 참석했지만, 간혹 주중에 진행될 때는 아내만 참석하고는 했다. 아내는 남편이 가장으로서 투철한 종교적인 신앙을 가지고 있지 않은 것을 가장 큰 기도제목이자, 상담의 주 호소문제로 제시하고는 했다. 종교생활로 인한 갈등이 부부가 공히 경험하는 어려움인 것만은 분명해 보였다.

삼 형제의 막내로 자란 남편은 어린 시절부터 동네 개신교회에 간헐적으로 출석해 온 기독교인이었고, 아내는 고등학교 시절 자신의 어머니와 함께 영세를 받은 독실한 가톨릭 신자였다. 남편과 아내는 1년 남짓한 연애 시절에 서로 다른 종교적 신앙이 지금과 같은 갈등을 만들어 낼 줄 전혀 짐작하지 못했다고 했다. 남편은 신혼 초에 아무런 거부감 없이 아내와 함께 성당을 다니기 시작했다. 영세를 받도록 강력하게 요청했지만, 남편은 차일피일 미루다가 지방 근무가 시작된 후로는 주말에는 주로 피곤함을 핑계로 미사를 빠지는 일이 잦았다.

상담 회기 중 남편은 성당에서의 미사 경험이 종교적인 느낌이 들지 않고, 아직도 맞지 않는 옷을 입은 듯 이방인인 것 같은 느낌이라고 어색함을 토로했다. 남편은 여전히 어린 시절 다닌 개신교회에서의 재미있는 추억이 더 많이 생각나는 듯했다. 가톨릭교회의 절도 있는 신앙과 성모 마리아 신앙에 매료되어 있는 아내에게 남편은 늘 종교적으로 어린아이같이 보였다.

최근 아내와 큰딸 민정과의 큰 격돌도 종교적인 것이었다. 영세 받기 전 교육을 받던 민정이는 돌연 친구들과 다른 개신교회로 옮기겠다고 선언한 일 때문이었다. 민정이는 종교적으로 엄격한 엄마에게 허락을 얻기 전에 먼저 아빠와 상의했다. 아빠는 영세를 받는 것은 확실하게 가톨릭 신앙에 입문하고자 하는 태도가 중요하다면서, 민정이 스스로 개신교회도 한번 다녀볼 것을 흔쾌히 동의했다. 물론 엄마와는 상의하지 않은 상태였다.

엄마의 분노는 상상을 초월할 정도였다. 종교적인 선택은 옷이나 물건을 고르는 것과 다르다면서 무조건적인 반대의 의사를 전달했다. 엄마와 아빠는 그날 목소리를 높여 가면서 싸움을 했고, 엄마의 극심한 반대와 부모님의 갈등을 경험한 민정은 자신의 태도를 바꿀 수밖에 없었다. 그러던 어느 날, 민정이의 가방에서 근처 개신교회의 주보가 발견되면서, 엄마의 분노는 다시 격발되었다. 민정은 한 달 넘게 오전에는 성당에서 미사를 본 후, 오후에는 친구들과 개신교회에서 신앙생활을 시작했던 것이다.

개신교회를 못 다니게 하면 성당도 다니지 않겠다고 목소리를 높이는 민정에게 화가 난 엄마는 그만 걷잡을 수 없는 폭행을 가했다. 따귀를 맞고 쓰러진 민정에게 발길질까지 이어졌다. 방에서 낮잠을 자던 남편은 아내의 폭력을 뒤늦게 알고 마루로 달려 나왔지만, 민정은 넘어져서 일어나지 못할 정도였다. 평소 척추측만증을 앓고 있던 민정은 3주가 넘도록 정형외과 치료를 받아야 했다.

남편은 아내를 폭행죄로 신고하겠다고 협박하면서 당분간 종교적인 문제로 다투지 않을 것을 약속받고 대신 함께 부부상담에 임하게 된 것이었다. 부부가 서로 종교적인 문제는 당분간 제기하지 않기로 했다지만, 상담사에게 부부의 종교적 경험은 상담의 가장 중요한 중심 주제처럼 느껴졌다. 특히 아내는 자꾸만 상담 회기 중 자신의 종교적 신앙과 신념을 거침없이 쏟아내면서 부부간 혹은 가정 내에서 종교가 구심점이 되어야 한다는 생각을 지속적으로 강조했다. 상담사가 보기에는 아내 내담자에게 신교와 구교의 차이점은 너무도 명확해 보였다. 상담사는 가톨릭 신앙과 개신교 신앙의 차이를 크게 느끼지 못하는 터라, 이를 그토록 크게 느끼는 아내 내담자에 대한 의구심도 컸다.

아내의 종교적 신념을 흔히 역사 교과서에 나오는 구교와 신교의 분립과 갈등으로 이해한다면, 상담사는 아내와 남편이 경험하는 갈등을 보다 쉽게 이해할 수도 있다. 예컨대, 개신교에 익숙한 남편은 가톨릭교회의 미사가 가진 예전 전통이 불편할 수 있고, 성모에 대한 숭배사상이 어색할 수도 있다.

하지만 앞서 논한 대로 상담사는 개인의 종교적 경험이 교리나 종교적 역사에서 비롯된 보편적인 것이기보다는 개인의 감정과 신념, 충동과 가치와 관련된 개인적인 경험의 다양성을 표방하고 있다는 점을 명심해야 한다.

2) 종교적 경험이 내포한 감정적 기원과 가족역동

상담사는 아내 내담자 소연이 가진 종교적 경험의 감정적 기원부터 접근하기로 했다. 원가족에서 소연의 역할은 어떤 위치였을까? 소연은 무남독녀 외동딸이었다. 아버지는 불통의 상징이었다. 늘 출장 중이었던 아버지는 경제적인 지원은 모자람 없이 할 수 있었던 가장이였지만, 정서적인 교감은 전무했다. 어머니와의 관계는 어떠했을까? 어머니와의 관계는 양가적이었다.

소연은 어머니와의 관계를 매우 긍정적으로 언급했지만, 회기가 지나가면서 어머니가 양육과정 중 종종 폭력이 있었음이 드러났다. 소연은 자신의 어머니가 자신을 반듯하게 키우기 위해 회초리를 아끼지 않았다고 보고했으나, 가끔은 이성을 잃은 어머니로부터 극심한 폭력을 경험하기도 했었던 것으로 나타났다. 소연은 가정에 충실하지 않은 아버지로부터 어머니가 스트레스가 많았을 것이라고 이해하는 듯했다.

소연은 줄곧 회초리의 단초를 제공하는 죄는 늘 자신의 몫으로 돌렸다. 잘못하면 맞는 것이 당연하다는 논리였다. 그래서 자신이 지금껏 남에게 손가락질을 당하지 않고 살아온 바탕이 되었다는 것이다. 중학교 입학 전까지는 성당이나 교회에서 신앙생활을 하지 않았던 소연은 마치 자신의 어머니가 하나님 같은 존재였다고 말했다.

상담사가 '하나님 같은 존재'란 어떤 의미냐고 묻자, 소연은 기준을 제시하고 그 기준 안에 있으면 안전하다는 의미라고 대답했다. 이내 상담사는 소연이 원가족 내에서 느꼈던 극심한 불안과 강박적인 공포를 느낄 수 있었다. 프로이트가 지적한 바대로 종교적인 믿음은 처벌에 대한 공포와 불안이 심할수록 더욱 쉽게 의례와 종교적 의식에 강박적으로 집착하게 만든다.

어느 날 소연의 어머니는 가톨릭 신앙에 입문했다. 어떠한 계기가 있었는지 소연은 충분히 설명을 하지 못했다. 어머니를 따라간 성당은 소연에게 집안에서 어머니와의 사이에서 느끼는 불안을 잠시 피할 수 있도록 안전감을 주는 성스러운 장소로 여기게 된 것 같았다. 성당에 다니기 2년을 채 넘기기 전에 영세를 받은 어머니와 소연은 더욱 가톨릭 신앙에 빠져들었다.

소연과 어머니는 종교적 신념과 확신에 차 있었지만, 원가족 내 아버지를 가톨릭 신앙으로 회심시키고자 하는 어떠한 노력도 하지 않았다. 상담사는 이들이 왜 아버지와는 종교적으로 연결점을 찾으려고 하지 않았는지 임상적인 호기심이 생겼다. 심리적으로 소연과 어머니는 더욱 밀착관계가 지속되도록 종교는 이들을 연결한 반면, 가정 내에서 정서적인 거리감이 있었던 아버지에게 종교는 어떠한 역할도 할 수 없었다.

이 두 모녀의 가톨릭 신앙은 어떠한 종교적 경험일까? 프로이트가 지적한 대로 유아기 강박증적인 원망이 담겨 있는 심리적 경험이라면, 먼저 내담자의 환상을 다루어야 했다. 두 모녀에게 가톨릭 신앙은 자신보다 더 큰 힘에 의해 용납되는 경험이라는 공통점을 내포하고 있었다. 신학자 틸리히가 제시한 기독교 복음의 해답처럼 말이다.

상담사는 의도적으로 아내 내담자를 따로 주중에 만나기 시작했다. 지방에 있어서 참석을 하지 못하는 남편과는 별도로 개인 회기를 구성하여 아내의 원가족 내 불안을 더욱 다루어보기 위해서였다. 처음에 소연은 원가족과 함께 경험했던 어린 시절의 기억 중 어떠한 부정적인 경험도 노출하는 것을 허용하지 않았다. 아버지 역시 사회생활과 경제활동에 바쁜 평범한 가장이었을 뿐, 지나친 평가절하를 하지 않았다. 부모님의 부부관계 역시 만점은 아니었지만, 낙제점은 결코 아니라고 평가했다.

개인상담 회기에서 상담사는 소연이 어린 시절 어머니로부터 회초리를 맞거나, 폭력을 당할 경우 이를 아버지에게 들키지 않기 위해 무던히 애썼다는 것을 알게 되었다. 이유는 간단했다. 부모가 자신으로 인해 갈등이 생기는 것을 원치 않기 때문이었다고 밝혔다. 상담사는 초등학교 저학년의 소연이가 가지는 생각이라고 하기에는 너무 조작적이라고 느꼈다. 상담사는 처음으로 어린 소연이가 무의식적으로 가지기 시작했던 의례를 발견했다. 소연이는 초등학교 시절 단 한 번도 치마를 입은 적이 없었다. 회초리 자국이 드러나는 것을 숨겨야 했기 때문이다.

프로이트의 지적대로 소연은 아주 어린 시절부터 '무의식적인 죄의식'을 가지고 바지를 입는 의례를 시작했다. 체육시간 전에 교실에서 옷을 갈아입는 것은 철저하게 금기시되었다. 그녀는 어느새 남들이 있는 곳에서는 결코 옷을 갈아입지 않는 소녀로 성장했다. 친구들과 수영장에 가는 것을 피하기 위해 소연은 수영하는 법을 단 한 번도 배우려고 하지 않았다. 남자 아이들과 수영장에 가는 여자 친구들이 부럽기도 했지만, 그때 입문한 운동이 바로 태권도였다. 소연이는 초등학교 2학년 때부터 태권도라는 운동에 깊이 빠져들었다고 보고했다.

상담사는 내담자 소연이 자신의 폭력성의 기원이라고 내심 믿고 있는 태권도라는 운동이 실은 어린 시절 소연이의 불안을 방어해 주던 중요한 심리적 기제였음을 알게 되었다. 태권도는 자신의 회초리 자국을 드러내지 않고 할 수 있는 운동이었을 뿐만 아니라, 자신의 부끄러운 여성성을 자연스럽게 감추어 주는 남성적인 운동이었기 때문이다. 상담사는 아마도 가톨릭교회에서 강조하는 성모에 대한 믿음은 소연 내면에 깊이 숨겨져 있는 그의 여성성을 투사하는 데 긍정적인 역할을 했을 것이라 추측했다.

상담사는 소연이 무의식 깊숙이에 자리 잡고 있는 여성이고 싶은 간절한 원망(wish), 하지만 무슨 이유 때문인지 철저하게 거부된 환상을 다루어 보고 싶었다. 그의 가톨릭교회를 향한 종교성은 일면 소연이 내면세계에서 결코 이룰 수 없는 간절한 열망을 이루고자 하는 환상의 기능이 있을 것이라고 믿었기 때문이었다.

아버지 부재로 인해 지독하게 분리불안을 경험하는 외동아이라 할지라도 어린 시절부터 진행된 어머니의 폭력을 스스로 무던하게 견딘다는 것이 상담사는 쉽게 이해되지 않았다. 프로이트가 지적한 대로 아마도 무의식 가운데 거의 죽음에 가까운 공포와 처벌에 대한 두려움을 느끼고 있기에 어린 내담자는 자신의 강박적 믿음을 유지해야 할 절대적인 이유로 삼고 있는지도 모를 일이었다. 어린 시절 친구들로부터 구별되는 자신의 특이성, 태권도 소녀라는 별명에 대한 자랑스러움, 혹은 가톨릭 신앙이 주는 순수성과 절도 있음 등을 나열하던 소연에게 상담사는 지속적으로 숨겨진 열망과 환상에 대한 탐색을 시도했다.

3) 종교적 경험의 환상과 인격의 전체성을 위한 탐색

주중 상담사와 개인상담을 다섯 번째 진행할 무렵, 소연은 자신의 출생과 관련된 비밀을 상담사에게 털어놓았다. 초등학교를 졸업할 무렵, 술에 취한 소연의 어머니는 실로 엄청난 사실을 딸에게 털어놓았다. 자녀를 낳을 수 없는 어머니의 신체조건 때문에 소연의 아버지는 생후 6개월도 되지 않은 소연을 아버지의 딸이라고 가정으로 데리고 왔다는 것이었다. 아버지는 소연의 생모에 대해서는 어떠한 정보도 말하지 않았다.

어린 소연의 충격은 실로 대단했다. 갑자기 생긴 생모의 존재에 대한 충격도 컸지만, 지금의 어머니로부터 끊어지는 고통이 훨씬 컸었다고 기억했다. 상담회기 중 소연은 오랫동안 참고 있었던 울음을 터뜨렸다. 이어서 자신의 출생의 비밀로 인해 초등학교 내내 어머니의 엄격함, 때로는 폭력적인 양육태도가 다 이해되는 계기가 되었다고 보고했다. 그리고 어머니로부터 매를 들도록 한 것은 늘 자신이 아버지와 닮은 태도를 보일 때였다고 했다. 회기 중 소연은 아버지와 외모가 닮은 것만으로도 어머니의 심기를 건드린 것 같다고 보고하면서 오열하기 시작했다.

소연의 어머니가 그런 고백을 털어놓을 즈음에, 어머니와 소연을 연결한 것이 바로 가톨릭 신앙이었다. 아마도 당시 가톨릭교회에 막 입문한 어머니가 고해성사를 통해 어린 딸에게 숨겨진 비밀과 소연을 모질게 키웠던 자신의 죄를 털어놓도록 도움을 받았던 것으로 보였다. 현재의 어머니로부터 분리될 불안을 더욱 크게 느꼈을 소연에게 가톨릭 신앙은 자신과 어머니를 묶어줄 결정적인 연결고리이기도 했을 것이다. 이러한 모녀의 가톨릭 신앙을 Ricoeur은 어떻게 평가할까?

소연이 경험한 종교적 경험에서 하나님은 여전히 위로와 위안을 줄 뿐만 아니라, 주도면밀한 양심과 판단의 근거가 되기도 한다. 불안과 파편화된 자신을 있는 그대로 안아주는 하나님이기보다는, 내가 구하고 매달리고 온몸을 바쳐야 놓치지 않을 수 있는, Ricoeur가 비판한 바 있는 “초월적인 환상(transcendental illusion)”의 존재가 되어 있다. 이미 생모로부터 버림받고, 아버지로부터도 연결감이 없는 소연에게 어머니의 존재, 성모 마리아의 존재, 혹은 하나님의 존재가 모두 언제든지 자신을 떠날 수 있는 존재이다. 그래서 종교적 경험 가운데서도 더욱 불안하다. 소연을 늘 위로와 공포 사이에서 극단적으로 진동하게 만드는 종교적 경험은 결국 “천진난만한 종교(naive religion)”의 수준을 넘지 못한다. 여전히 자신을 스스로 성취할 수 없는 환상에 머물도록 만드는 심리적인 경험이기 때문이다.

내담자 소연이 딸 민정이의 종교적 선택에 대해서 무조건적인 강요와 폭력을 행사할 수밖에 없었던 것도 단순히 종교적인 것이라 볼 수 없다. 심리적으로 들여다보자면, 이는 분명 자신이 또다시 버려질 것만 같은, 그래서 누구와도 연합할 수 없다고 느끼는 신경증적인 불안이 내담자 소연을 침탈했기 때문에 생겨나는 심리적인 현상인 것이다. 그의 종교적 경험은 이 강박적인 불안과 환상이 선행적으로 다루어지지 않는다면, 또다시 폭력적인 충동행위로 자꾸 내면의 진짜 해답을 감추게 될 것이다.

상담사는 내담자 소연이 자신의 인격의 전체성(totality)을 볼 수 있도록 하기 위해, 딸 민정이의 존재를 통해 내담자 자신의 내면 역동을 들여다볼 수 있도록 도왔다. 딸 민정이는 자신의 종교적 선택을 스스로 하기 원하는 분화된 태도를 과감하게 소연에게 보였다. 아마도 딸 민정이 아빠와 미리 상의하고 동의를 구한 것도 내담자 소연을 불안하게 했을 가능성이 크다. 왜일까? 자신과 아버지와 연결되었다고 느낄 때마다 자신을 혹독하게 폭행했던 어머니의 기억 때문이다. 어쩌면 비참하게 파편화된 자신의 모습을 기억하지 않으려면, 딸 민정에게 세차게 충동적인 폭력반응을 일으켜야 했는지도 모른다.

Ricoeur의 지적대로 성숙한 종교적 경험을 위해서는 한 개인을 인격의 전체성(totality)에로 인도하여야 한다고 믿고 있는 기독(목회)상담사는 내담자가 가지고 있는 종교성을 다각도로 의심하기 시작할 수 있었다. 내담자 소연은 자신과 민정과의 갈등이 삶에 있어서 가장 중요한 문제인 종교적인 문제이기 때문에 극단적으로 갈등을 일으킨 것이 아님을 알게 되었다. 소연은 평소에도 민정이가 아빠와 더욱 친근하게 지낼 때마다 알지 못할 미움과 분노가 일어났음을 통찰하게 되었다. 물론 이는 자신의 원가족 경험에서 비롯된 파편화된 자신의 불안과 무력감과 연결되어 있었다.

내담자 소연은 남편과의 관계에 있어서도 빈번한 종교적인 갈등으로 인해 결코 영적으로, 때로는 심리적으로도 연합할 수 없다고 믿고 있는 왜곡된 신념을 발견했다. 이러한 신념도 이미 자리 잡고 있는 환상, 즉 남편과 완전하게 연합하는 일은 절대로 이루어지지 않을 것으로 여기는 불안을 무의식적으로 느끼지 않기 위해 스스로 만들어 낸 비합리적인 신념임을 알게 되었다. 상담사는 부부상담 회기 중에 아내가 원가족에서부터 구성된 오래된 불안과 환상을 남편에게 처음으로 고백하게 했다. 남편은 그동안 아내의 강한 종교적인 편향 때문에 숨겨져 있던 아내의 내면아이, 즉 무심한 아버지와 무서운 어머니 사이에서 겁에 질린 불안한 어린아이로서의 아내를 재발견하고 진심으로 안아주는 일이 가능해졌다.

내담자 소연은 거의 1년에 가까운 개인상담 및 부부상담, 딸 민정까지 포함한 가족상담의 회기를 거쳐서 서서히 자신 안에 있는 파편화된 감정과 사고, 충동 등을 스스로 알아가는 과정을 거쳤다. 그녀의 종교적 경험은 그가 세대를 거쳐 경험해 온 다양한 가족경험과 그가 가족역동 가운데 겪어온 심리사회적인 과정을 보여주는 복합적인 경험이었다. 상담을 종료한 후 반 년 정도가 지난 후, 내담자 소연과 남편은 사진 한 장을 보내왔다. 놀랍게도 이들은 가족 간의 협의를 거쳐 온 가족이 함께 출석하기 시작한 동네 개신교회 현관에서 찍은 사진이었다. 내담자 소연은 가족 전체와 다시 만나게 해주신 하나님을 경험하는 또 다른 종교적 경험을 시작하고 있었다.

5. 나오는 말

본 장에서는 북미의 기독(목회)상담의 태동기부터 초기 연구자들이 종교현상과 심리학적 연구, 특히 정신분석학과의 비판적 대화를 통해서 어떠한 발전과정을 거쳐 통합적인 방법론을 구축해 왔는지 고찰하고, 실제 사례를 통하여 종교와 심리학의 대화가 어떻게 상담현장에서 한 개인의 인격적 전체성(totality)을 향한 치유에 활용될 수 있을지 살펴보았다. 특히 심리학이나 정신분석학이 제시하는 해답이 신학적인 해답과 불일치를 보이더라도, 기독(목회)상담사들은 '의심의 해석학(hermeneutics of suspicion)'의 탐구자답게 지속적으로 상호 대화에 임하는 자세를 견지함이 비판적 상관관계 방법론에 있어서 필수적인 요소이다.

정신분석가 코헛(Heinz Kohut, 1913-1981)은 교리적 종교의 세계에 있어서 종교인들은 "절대적인 가치(absolute values)"를 다룬다는 태도로 인해 지나치게 진지하고 경직되어 있다고 지적한 바 있다. 결국 "절대 진리의 수호자가 되기 위해서 기쁨을 주는 신나는 탐구(joyful search)는 끝이 난다."고 비판한다. 이에 대한 코헛의 제안은 의미심장하다. 그는 오히려 종교인들이 누구나 절대 진리(the truth)에는 결코 이를 수 없고, 오직 가장 근사치를 유추하는 것(analogizing approximations)만 가능하다는 점을 깨닫는다면, 보다 다양한 관점에서 다양한 측면을 보면서 기술하는 것에 만족할 수 있으리라고 강조한다(Kohut, 1977, p. 207).

나는 코헛의 지적을 종교와 심리학의 비판적 대화에 임하는 모든 임상가들에게 필요한 유의미한 조언으로 여긴다. 종교현상을 다루는 전문가들일수록 너무 쉽게 답을 내고, 절대 진리(the truth)라고 믿는 내용에 대해서는 다른 대안적인 과학적 접근들과의 대화를 쉽게 거부하기 때문이다. 앞선 사례에서도 상담사가 내담자 집안 내에 종교적 갈등에 대한 자신의 신학적 판단만 고집했다면 어땠을까? 세대 간에 걸쳐 가족 구성원들이 겪고 있는 심리내면적인 고통을 궁극적으로 돕고, 현 가족 구성원들이 다시금 건강하고 온전한 종교경험을 가질 수 있도록 이끄는 일은 요원해졌을 수 있다.

종교의 깊은 차원은 늘 신비한 세계이다. 그래서 인간의 종교현상 역시 신학이나 종교학 등의 인문학으로 단순하게 이해할 수 있는 단순한 분야가 아니다. 종교현상을 이해하는 일은 한 개인과 하나님과의 일대일 관계 이상으로 다양한 대상 경험과 수없이 많은 상황적인 변인 속에 총체적으로 얽혀있는 역동적인 경험이기 때문이다. 심리학을 비롯한 사회과학의 영역은 기독(목회)상담 임상가들이 내담자의 종교경험을 이해하는 데 기꺼이 받아들여야 할 필수적인 대화 파트너임에 분명하다. 종교경험의 정답은 결코 정해져 있지 않다는 점이 오히려 우리를 더욱 자유롭게 할 수 있다. 우리가 수호해야 할 절대 진리가 아니라, 가장 근사치를 유추하기 위한 해석적인 작업을 위해 더욱 유연성 있게 이러한 비판적 대화를 위한 신나는 탐구(joyful search)가 필요한 것이 아닐까?

후주

1) 에리히 프롬의 여러 저작이 한국어로도 번역되어 소개된 바 있다. 신학자 틸리히와 학문적으로 교류했던 그의 심리학적 견해를 살펴보기 위해서는 프롬(2006), 황문수 역, **사랑의 기**(서울: 문예출판사), 프롬(2007), 차경아 역, **소유나 존재**(서울: 까치), 프롬(2012), 김석희 역, **자유로부터의 도피**(서울: 휴머니스트) 등을 참조하라.
2) 롤로 메이의 상담학 저술도 번역되어 국내에 소개된 바 있다. 메이(1999), 이봉우 역, **카운슬링의 기술**(서울: 분도출판사)와 메이(2005), 이정기 역, **실존주의 심리학**(부천: 상담신학연구소)을 참조하라.
3) 미국 내 심리치료로부터 비지시적 인간(내담자)중심상담을 새롭게 태동시킨 칼 로저스의 저작도 2000년대 이후 한국에 번역되어 소개되었다. 로저스(2007), 오제은 역, **칼 로저스의 사람 중심 상담**(서울: 학지사, 2007)과 로저스(2009), 주은선 역, **진정한 사람되기: 칼 로저스 상담의 원리와 실제**(서울: 학지사)를 참조하라.

참고문헌

권수영 (2005). **프로이트와 종교**. 서울: 살림출판사.

권수영 (2006). **누구를 위한 종교인가: 종교와 심리학의 만남**. 서울: 책세상.

권수영 (2007). 기독교가 본 프로이트: 의심의 해석학을 거쳐 재통합으로. **의학행동과학, 6**, 55-66.

권수영 (2012). 기독(목회)상담사의 신학적 성찰: 임상현장에서의 상관관계의 방법. **신학과 실천, 32**, 369-396.

Bateson, C.D., Schoenrade, P., & Ventis, W.L. (1993) *Religion and the individual: A social-psychological Perspective*. New York: Oxford University Press.

Browning, D. (1991). *A fundamental practical theology: Descriptive and strategic proposals*. Minneapolis: Fortress Press.

Freud, S. (1997a). **종교의 기원** [Obsessive actions and religious practices] (이윤기 역). 서울: 열린책들. (원저 1907년 출판).

Frued, S. (1997b). **문명 속의 불만** [The future of an illusion] (김석희 역). 서울: 열린책들. (원저 1927년 출판).

Graham, E., Walton, H., & Ward. F. (2005). *Theological reflection: Method*. London, UK: SCM Press.

Hiltner, S. (1968). **목회신학원론** [Preface to pastoral theology] (민경배 역). 서울: 대한기독교서회. (원저 1958년 출판).

James, W. (2000). **종교적 경험의 다양성** [The varieties of religious experience] (김재영 역). 경기: 한길사. (원저 1902년 출판).

James, W. (2005). **심리학의 원리 1, 2, 3** [Principles of psychology] (정양은 역). 경기: 아카넷. (원저 1890년 출판).

Kohut, H. (1977). *The restoration of the self*. New York: International Universities Press.

Kwon, S.-Y. (2004). Freud's critique of religion revisited: An ethical hermeneutics of psychoanalysis. *Korea Journal of Christian Studies, 33*, 223-238.

Ricoeur, P. (1967). *The symbol of evil*, New York: Harper & Row.

Ricoeur, P. (1970). *Freud & philosophy-An essay on interpretation*, New Haven: Yale University Press.

Ricoeur, P. (1974). *The conflict of interpretations: Essays in hermeneutics*, Evanston: Northwestern University Press.

Ricoeur, P. (1980). *Essays on biblical interpretation*, Philadelphia: Fortress Press.

Scheffler, S. (1992). *Human morality*, Oxford: Oxford University Press.

Stone, H., & Duke, J. (1996). *How to think theologically*. Minneapolis: Fortress Press.

Tillich, P. (1951). *Systematic theology: Vol. 1*. Chicago: The University of Chicago Press.

Tillich, P. (1959). **흔들리는 터전** [The shaking of the foundation] (김천배 역). 서울: 대한기독교서회. (원저 1948년 출판).

Tracy, D. (1975). *Blessed rage for order: The new pluralism in theology*. New York: Seabury.

Tracy, D. (1981). *The analogical imagination: Christian theology and the culture of pluralism*. London: SCM Press.

Woodward, J., & Pattison, S. (2007). **목회신학과 실천신학의 이해** [The Blackwell reader in pastoral and practical theology] (권수영 외 역). 서울: 대한기독교서회. (원저 2000년 출판).

Wulff, D. (1991). *Psychology of religion,* New York: John Wiley.

종교적 경험과 상담자의 윤리

박노권
(목원대학교 신학대학 목회와 상담 교수)

1. 들어가는 말

종교적 경험과 상담자의 윤리라고 하는 두 분야는 직접적인 연관성이 없어 보인다. 그러나 기독교상담에서 중요한 역할을 하는 윤리나 가치관의 문제는 상담자의 종교적 경험과 밀접한 관계가 있을 수 있기 때문에 간단히 그 연관성을 살펴보고 본 장에서는 윤리의 문제에 초점을 맞추어 이야기를 해보고자 한다.

흔히 종교경험이라고 할 때, 이 말은 회심이라는 말과 연결이 된다. 여기서 심리학적 의미의 회심은 "구원과 관련된 하나님에 의한 유일회적인 종교경험" 보다는 삶의 위기의 순간에서 갖게 되는 것으로 윌리엄 제임스의 표현을 빌리면 "분열된 자아의 통합(conversion as the unification of a divided self)"이라고 할 수 있다. 여기에서 중요한 점은 회심이 이상과 현실의 갈등 사이에서 갖는 죄책감으로부터 보다 높은 단계로 우리를 이끌어간다는 것이다.

그렇다면 종교적 체험을 한 상담자는 보다 높은 수준의 윤리를 자동적으로 갖게 된다고 할 수 있는가? 일반적으로 그렇다는 대답이 가능하다고 본다. 왜냐하면, 사람들은 보통 어떠한 종교체험을 하고 난 후 그 결과로 금주나 금연을 결심했다든지, 외박하거나 나쁜 행동을 포기했다고 하는 등의 보다 높은 도덕적 수준의 결단을 고백하는 경우가 많기 때문이다. 윌리엄 제임스(1997)도 사람들은 종교체험을 통해 인격이 변화된다고 한다. 즉, 체험을 통해 인간의식의 뜨거운 부분이 찬 부분을 덮게 될 때 부정적인 감정이 사라지고 편협한 자아를 잊게 하며 우리 의식의 지평을 열어줌으로써 이런 결과가 온다는 것이다. 융의 경우도 소위 신의 자리인 무의식과의 만남을 경험할 때 우리의 의식이 확장되고 이때 인격의 변화가 일어난다고 보고 있다(박노권, 2013, p. 125).

그러나 상담자가 가져야 할 윤리는 이러한 차원의 도덕적 변화를 넘어서서 조금 더 생각을 깊게 해야 할 복잡한 면이 있다. 왜냐하면, 성서가 말하고 기독교 전통이 말하는 윤리 규범이 오늘날 무조건적으로 받아질 수 있는 것이 아니고 때로는 해석이 필요하고 (성경시대 당시의 문화적 전통과 오늘날과는 차이가 있으므로) 또한 성서나 전통이 다루지 않는 많은 문제들을 오늘날 우리는 직면하고 있기 때문에 현재에 맞는 적절한 윤리관을 갖기 위해서는 또 다른 노력이 필요하다고 할 수 있기 때문이다.

그렇다면 상담에서 왜 굳이 윤리에 대하여 논해야 하는가? 한때 상담은 가치중립적(value-free)이라고도 생각되었지만 여러 사례들을 살펴본 결과 상담자가 갖는 가치는 치유과정에 스며들어 상담을 하는 과정 동안에 내담자에게 변화를 준다는 증거가 많아지고 있기 때문이다(Bergin, 1991). 즉, 상담자가 어떤 문제들에 대해 어떠한 가치관을 갖느냐가 중요한 상담의 요소가 되기 때문이다. 물론 여기서는 상담자가 상담과정에서 일어나는 윤리 문제들, 예를 들어, 한 내담자에게 들은 이야기를 경찰에 보고할 것인가, 상담료를 지불하지 않는 사람을 법적인 방법으로 대응해야 하는가, 내담자와 상담실 밖에서 지속적인 만남을 가져도 되는가 등의 상담자 지침서와 같은 일반적인 윤리 문제보다는 각종 상담에서 중요 이슈가 되고 있는 동성애, 낙태, 청소년 문제, 이혼, 인종차별, 약물남용, 안락사, 기아문제 등의 이슈에 대해서 올바른 윤리적 입장을 가질 필요가 있다는 것이다.

예를 들어, 오늘날 문제가 되고 있는 이혼, 동성애, 성윤리 등을 보면 개인의 자아실현과 개인에 대한 존중 때문에 올바른 윤리적 규범을 제시하지 못하고 개인의 판단에만 너무 의존하게 함으로, 오히려 개인적으로 사회적으로 문제가 더 심각해지게 되는 것을 볼 수 있다. 따라서 본 장에서는 윤리적 규범이 왜 오늘날 목회상담에서 상실되고 있는지를 분석하고 상담에서 윤리적 규범이 회복되어야 할 필요성을 제시한 후, 이 문제에 대해 관심을 가진 클랩쉬와 재클, 클라인벨, 그리고 브라우닝을 중심으로 윤리적 규범을 회복하기 위한 바람직한 방향을 제시해 보고자 한다. 이러한 작업을 통해 올바른 상담자의 윤리적 판단에 기초한 기독교상담이 현장에서 이루어질 수 있기를 바라는 마음이다.

2. 상담에서 윤리적 규범의 상실 원인

오늘날 규범적인 문화적 가치가 위기에 처해 있는 상황에서, 목회적 돌봄과 상담은 대부분 윤리적 안내의 과제를 저버리고 고통받는 사람의 정서적 역동성에 대해 분석하고 정정해 주는 상담에만 그 활동을 집중해 왔다. 대부분의 주요 개신교목회학 저서들은 이 학문이 형성된 초기부터 추론적 상담을 옹호해 왔는데, 이러한 상담은 도움을 필요로 하는 사람에게 해결책을 주는 것이 아니라, 상담을 요청하는 개인들로부터 정서적이고 윤리적인 해결책을 이끌어 내려고 시도하는 것이었다(Hiltner, 1958). 따라서 상담에서, 사람들이 갖고 살아야 할 규범적인 윤리와 문화적 가치 상징들을 재구성해야 하는 어려운 문제들과 씨름하려고 하지 않고, 골치 아픈 가치문제들은 개인의 취향과 편애에 맡겨버리고, 단지 상호인격적이고 정서적인 역동성에 대해서만 말하는 경향이 오늘까지도 지속되어 왔다.

메닝거(Menninger, 1973)가 제기했던 것도 바로 이 문제이다. 그는 만일 교회가 매일매일 생활의 결정을 돕는 규범적 가치 상징들과 관련된 문제들을 더 이상 직면하지 않는다면, 정서적이고 상호인격적인 역동성에 초점을 맞추는 정신요법이나 목회적 돌봄이나 어떤 돕는 직업도, 윤리적 맥락을 제시하지 못해 결국은 가치 혼돈을 가져올 것이라고 지적한다. 메닝거의 주장은 가치문제와 정서적-상호인격적 역동성 둘 모두에 대해 균형 있는 주의를 기울이지 않으면, 목사가 되었든 심리치료자가 되었든 거기에는 치료가 있을 수 없다는 것이다.

그렇다면 왜 이렇게 오늘날 상담에서 윤리적 규범이 자리를 잃어가고 있는가? 일반적으로 다원주의의 영향 때문이라고 이야기할 수 있고, 그리고 심리학의 영향을 또한 빼놓을 수 없다. 다원주의 사회에서는 모든 권위의 중심이 그 영향력을 잃는 경향이 있고, 모든 사람에게 똑같이 하나의 윤리적 규범을 요구하는 것이 허락되지 않고 서로의 상황이 다름을 인정해야 하기 때문이다. 이런 상황에서 교회 역시 고통받는 사람들에게 그들을 있는 그대로 용납하고 그들의 생각을 분명히 정리하도록 도움을 줄 수는 있지만, 사람들의 삶에 교회의 전통적인 가치를 절대적으로 강요하거나 영향을 주기가 어려워지고 있는 것이 현실이다.

또 한편 상담에서 가치관이나 윤리적 규범의 상실은 심리학의 영향에서부터 온다. 예를 들면, 프로이트는 그의 심리학이 윤리적이거나 형이상학적 생각을 갖지 않는 가치중립적이라고 생각했다(Browning, 1983). 초자아를 윤리성의 중심으로 본 프로이트는 만일 초자아가 너무 억압한다면 사람은 신경증적 고통을 받을 수밖에 없는데, 예를 들어, 너무 성적인 것을 억압하는 문명의 윤리성은 사람으로 하여금 신경증적 히스테리를 갖게 만든다는 것이다(Freud, 1989). 그러므로 그는 어떠한 가치관이나 윤리 규범을 제시하는 것을 회피하였다. 프로이트의 후계자인 하르트만(Hartmann, 1960, p. 20)도 "과학은 어떤 목표를 사람이 추구해야 하는가 하는 것이나 어떤 가치가 최상이라고 간주되어야 하는가를 결정할 수는 없다."고 말한다.

도덕주의를 피하고자 하는 것은 오늘날까지도 여전히 영향을 미치고 있는 인본주의 심리학자인 로저스의 "내담자중심 상담" 방법 안에서도 잘 나타난다. 이 이론에 따르면, 외부에서 주어지는 가치는 부정적 영향을 줄 수 있으며 중요한 것은 그 결정이 무엇이 되었든 내담자가 자유롭게 결정해야 한다는 것이다. 즉, 상담자는 내담자에 의해 어떤 결과가 선택되더라도 완전히 허락해야 하며, 그것이 내담자의 온전한 성장 가능성을 가져올 수 있다는 것이다(Rogers, 1957, p. 48).

윤리적 규범을 강요할 수 없다는 입장, 즉 가치중립(Value free)적 입장에 있어서는 프로이트와 로저스가 비슷하다고 할 수 있지만, 로저스의 입장은 더욱 확고하다. 로저스(Rogers, 1957, p. 221)는 인간본성에 대한 근본적인 낙관주의와 인간이 악의 있게 행동하지 않을 것이라는 그의 신념으로부터 그리고 그의 이론의 근거인 "개인은 그 자신을 인도하고 규제하고 조절할 수 있는 능력을 가졌다."는 가정으로부터, 프로이트보다는 이런 가치중립의 입장을 더욱 지속성 있게 갖게 되었다.

이렇듯 윤리 규범을 제시하는 것이 부정적이라고 보는 심리학의 영향이 목회상담에서도 나타난 것은 시워드 힐트너에게서 찾아볼 수 있다. 힐트너(Hiltner, 1949)는 윤리주의는 목회적 돌봄과 상담에서 가장 위험한 것 중의 하나라고 말하며, 돌봄과 상담의 상황에서 개인적인 윤리적 확신은 접어두어야 한다고 주장한다. 즉, 내담자들이 그들의 윤리에서 좀 더 자율적이 되도록 돕는 것이 적절한 목표라고 믿으며, 상담은 추론적이 되어야 한다는 것이다. 실제로 그의 상담을 보면, 그는 목사 자신의 윤리적 가치를 접어두고, 교인의 가치 구조 안에 전적으로 머물기를 시도하는데, 이 점에서 확실히 그는 중립성, 다른 말로 윤리상대주의 쪽으로 흐르고 있다고 할 수 있다. 힐트너의 이러한 방법, 즉 상담에서 목사의 윤리적 가치가 분리되는 방법은 목회심리학 운동의 초기 지도자들과 많은 목사들에게 큰 영향을 미쳤는데, 이는 당시 폭넓게 읽혀지던 로저스의 영향력이라고 볼 수 있다(Browning, 1987).

여기에서 1950년대부터 이미 거의 모든 개신교 신학교에서 주요 교과과정으로 등장하고 상담의 훈련과정으로 크게 자리 잡은 CPE(임상목회교육)를 언급하지 않을 수 없다. CPE는 병원이나 요양소 같은 의료기관을 주로 이용하면서, 목회상담을 위한 훈련에서 의학, 정신병학, 정신치료적 기술에 크게 의존하면서, 목사와 신학생들이 짧은 시간 안에 그들 자신과 남을 더 잘 이해하도록 하는 수단으로서 큰 도움이 되어 왔다.

그렇지만, 이것은 신앙의 언어를 정신의학적 용어로 대치해 버리는, 즉 영혼의 돌봄에 대한 관심보다는 모든 문제를 심리학적 문제로 처리하고자 하는 한계를 보여주고 있다. 그러다 보니 여기에서는 신학적인 윤리가 설 자리를 잃고 심리학적인 수용과 내담자 자신의 가치관만이 주요 관심이 되는 결과를 가져오게 되었다. 이런 관점에서, 홈즈(Holms, 1971)는 CPE운동이 일대일 상담상황에 대한 선호와 예언자적 민감성의 결여에 의해 인간 인격의 사회적 차원에 대한 인식을 상실하고 있다고 말하며, 개인의 느낌과 감정에 대한 강조만을 하다 보니 사회적 경험에 의해 축적된 가치관을 소홀히 하고 있다고 비판한다. 상담에서 이런 가치관과 윤리적 규범의 상실은 이 훈련을 받는 모든 목회자로 하여금 이제까지 배워온 신학적인 윤리, 기독교적 가치관을 과연 포기해야만 하는가 아니면 어떻게 이것을 조화시킬까 하는 고민을 갖게 만들었고 이 고민은 현재도 지속되고 있다.

3. 상담에서 윤리적 규범의 필요성

깨어진 관계나 깨어진 삶의 회복과 치유를 위해서는 사랑이나 수용, 용서는 필수적인 조건들이다. 그러나 한편, 무조건적인 수용을 하면서 무엇이 옳고 그른가에 대한 분명한 판단을 제시하지 않는다면, 사람은 가치관의 혼돈으로 말미암아 삶에 혼돈이 오고, 더 나아가서 정신적 질병까지 유발하게 된다는 사실이 밝혀지고 있다. 실제로, 오늘날 우리 사회의 윤리적 혼란과 가치의 왜곡은 온갖 사회 문제를 야기할 뿐만 아니라 사람들의 정신적 · 영적인 문제를 만들어 내는 주요한 원인이 되고 있다. 사람들은 건강하기 위해서는 건전한 가치와 의미를 필요로 하는데 낡은 권위주의와 그동안 사회를 떠받치던 가치관의 붕괴는 많은 사람들로 하여금 가치관 혼돈을 겪게 하며, 마치 바다 한가운데 키나 나침반이나 지도도 없이 폭풍을 만나 작은 배를 타고 표류하는 것 같은 느낌을 갖게 만들었다.

이런 상황에서 사람들은 이제까지 그들이 배워온 원리들을 더 이상 지키지 않으므로 무엇을 해야 할지 알지 못하는 상황이 발생하는데, 특히 이혼, 낙태, 동성애 등은 규범이 빠르게 변해 가는 오늘의 상황 속에서 사람들이 혼돈을 느끼는 문제들이다. 이제 다원주의 환경에서 전통과 세속가치의 경계선상에서 살고 있는 그들을 전통은 더 이상 만족시킬 수가 없으므로, 사람들은 옳은 일을 하기를 원하면서도, 윤리성에 대해서 혼란을 경험하고 있는 것이다. 오늘날 서구사회의 윤리적 혼란과 무질서는 바로 이처럼 절대적인 윤리기준이 상실되면서 인간의 자율과 이성적 판단을 우선적으로 신뢰하는 데서 출발한다. 즉, 동서양을 막론하고 사회를 오랫동안 지탱해 오던 전통적인 권위와 윤리적 가치관들이 무너지고, 이에 대신할 만한 새로운 가치체계를 찾지 못한 채로 개인의 자유만을 강조하게 됨으로써 무질서와 혼란이 성행하는 것이다.

그동안 개인의 권리와 자유를 강조하는 인본주의심리학의 영향으로, 각 사람의 억눌려 있던 감정을 표현하고 창의적인 사고를 격려하여 우리 사회가 평등 개념과 다양성을 수용하는 데 있어 획기적인 발전을 하는 등 사회 구석구석에 많은 긍정적인 변화를 가져왔음은 부인할 수 없는 사실이다. 그러나 지나친 자율과 자유만을 강조함에 따라 예로부터 전해 내려오는 전통적인 가르침이나 권위를 무시하는 풍조가 생겨 그에 대한 대가를 치러야 하는 현실이 초래되었다. 문화의 축척과 역사의 교훈 및 인생의 경험으로 생긴 지혜를 겸손히 받아들이고 올바른 권위에 순복하는 것은 사회가 정상적인 질서 가운데 발전할 수 있도록 하는 기틀이 되는 것인데, 인본주의심리학과 인간의 자기중심적인 속성 또는 타락한 본성이 맞물려 개인에 대한 지나친 관심으로, 사회의 정당한 권위를 인정하는 인식이 사라지게 된 것이다.

이것은 특히 목회상담의 영역에 있어서도 마찬가지이다. 정신건강을 위해서 사회의 가치관이나 윤리를 제쳐둘 수 있다는 생각은 매우 위험한 것이다. 예를 들면, 로저스는 캘리포니아주에서 정신건강을 위해 필요한 경우에는 혼외정사도 가능하다는 법을 제정하는 캠페인에 앞장섰던 적이 있다. 그러나 기독교인들에게 정신건강을 위해서 혼외정사를 처방한다고 하면, 혹 성적인 억압에서는 해방될 수 있을지 모르나 양심의 고통이라는 더 큰 문제를 안게 될 것이다. 그리고 인간에게는 다양한 욕구, 예를 들면, 남에게 인정받고 싶은 욕망, 사회에서 인정받고 싶은 욕망, 부부간의 지속적인 사랑 등이 있는데, 한 가지 욕구 때문에 다른 것을 잃게 되어 삶의 불균형을 초래하게 될 수도 있다. 그러므로 진정한 삶의 행복을 위해서 목회상담은 내담자의 윤리적인 삶의 심각성을 인식하여 윤리적인 맥락에서 상담을 해야 할 것이다. 왜냐하면, 가치의 혼돈은 점차적으로 삶의 문제, 심한 경우 정신적 질병의 주요 원인으로 나아갈 수 있기 때문이다(Browning, 1976).

4. 윤리적 규범 회복 필요성의 신학적 근거

목회상담의 근거가 되는 기독교 신앙은 인간의 본래의 삶의 질서가 윤리의 근본이기 때문에 윤리를 깬다는 것은 근본적인 삶의 질서를 깨어 버리는 것으로 믿는다. 즉, 하나님은 모든 만물을 지으실 때 그 속에 질서를 부여하셨으며, 피조물들은 각자 자기가 부여받은 질서를 지키며 살도록 지음을 받았다. 그 질서는 각 피조물의 기본적인 삶의 원칙들이기 때문에 이 질서가 무너지면 피조물들은 진정한 삶의 길에서 떠나 고통당하지 않을 수 없다. 그러므로 삶의 질서인 윤리를 범하는 것 자체가 곧 풍성한 삶을 버리는 것이 되는 것이다.

브라우닝은 이 문제에 대해 좀 더 역사적인 접근을 시도하는데, 웨버(Weber, 1963)의 주장을 인용하면서, 기독교의 뿌리인 유대교는 명백히 윤리적 타입의 종교이며 현세적 금욕주의의 종교이므로, 기독교는 유대주의 맥락에서 볼 때 윤리적 타입의 종교로서 이해될 수 있으며, 따라서 기독교인은 이 전통을 따르는 것이 중요하다고 주장한다(Browning, 1976).

유대주의의 윤리적 성격에 대해 논하는 그의 주장을 따르면, 고대 이스라엘에는 영혼의 돌봄자라고 할 수 있는 여러 종류의 성인—사제, 예언자, 현인, 그리고 후기의 서기관과 랍비 등—이 있었는데, 여기서 사제들의 제의적 활동은 계약법이 깨졌을 때에 죄를 속죄하도록 고안되었으며, 힌두 브라만이나 그리스 신탁과 비교해 볼 때, 이들의 현저한 특징은 계약법에 대해 합리적으로 설명하는 것(특별히 개인을 위해)이라는 것이다(Browning, 1976). 웨버 역시 "사제인 레위인들은 공동체를 위한 희생제물을 드림에 있어서의 훈련이 아니고, 야훼의 명령을 순수한 합리적 지식으로 전할 수 있는 훈련을 통해서 그들의 특권을 얻는다."고 말한다(Weber, 1952, p. 13). 비록 그들의 가르침이 내용에서는 원시적이라 할지라도, 레위인 사제들이 합리적이고 교육적이었다는 사실은 주목할 만하다. 포로후시대에 이들은 제의식으로부터 독립되어 율법전문가, 해석가, 선생의 그룹으로 발전하기 시작했는데, 이들이 후에 서기관, 랍비, 후기 유대주의의 바리새인이 되었다.

이렇듯 유대종교가 다른 종교와 비교해서 특별한 것은 실천적 합리성(practical rationality), 즉 마술적이고 신비적인 기술보다는 평범한 사람들의 삶에 밀접하고 매일의 행동에 관심을 갖는 것이었다. 이들은 뛰어난 목회적 돌봄의 실천자들이었으며, 이들의 지식은 비밀스럽거나 신비적인 지식이 아니라 율법에 대한 합리적 지식, 그리고 이것을 평범한 사람들의 매일의 삶에 적용하는 것이었다(Weber, 1963).

후대의 바리새인들은 율법을 법률적 의미까지 갖는 구전으로 보충했는데, 이들은 사제들과 비교해 볼 때, 변화하는 시대에 더욱 잘 적용할 수 있는 생동적인 율법에 관심을 갖고 있었다. 바리새인들은 물려받은 전통에 충실하고 동시에 그것을 삶이 야기시키는 새로운 상황에 대처하도록 확장하고 수정하는 것에 부지런하던 뛰어난 실천적 합리주의자였으며, 따라서 연구와 합리적 논쟁은 그들의 주요한 연장이었다(Dannies, 1967).

여기에서 구약종교의 소위 율법주의는 종종 신약의 사랑, 용서, 은혜에 대한 강조와 비교되기도 하지만, 그것은 본래 고대 근동에서 이루어지던 종교의 마술적 행위—초자연적이고 세속적 힘의 조작을 통해서 대중이 원하는 소원 성취, 고통 제거, 현재 보상 등을 약속하는 것—와 대조되어야 한다고 본다(Browning, 1976). 이처럼, 마술이나 점을 통한 삶의 문제해결이 아니라, 유대주의는 매우 개인적이며 공적 행동의 실천적, 현세적, 금욕적, 그리고 윤리적 합리화를 일찍부터 강조했던 것을 본다.

이것은 초기 기독교에서도 계속된다. 예수는 반율법주의자가 아니었고 초율법주의자였음을 기억할 때, 더욱 분명해진다. 사람은 윤리를 갖지 않고는 윤리를 초월할 수가 없다. 이상적인 초율법의 통찰력이 받아지기 전에 매일 삶을 인도할 법규가 있어야 하는 것은 당연하다. 물론 초대교회에서 대체로 음식과 할례를 포함한 제의적 구속은 거부하였지만—이것은 기독교가 우주적 종교가 되기 위해 불가피했던 것—사회윤리적 행동의 영역 안에 있는 유대 율법의 배경은 옳은 행위의 척도로서 계속되었다. 이것은 바울이 믿음을 강조했을 뿐만 아니라 삶의 실제적 안내를 위한 올바른 행위에 대해 강조한 것에서도 잘 나타난다.

이런 기독교 역사의 맥락에서 브라우닝(1976)은 교회의 중요한 사명은 오늘을 살아가는 데 필요한 도덕적 규범을 제시하는 것이라고 한다. 그리고 이러한 규범적 유대주의의 윤리적 행동성격과 실천적 합리성의 전통에다가 '영적 존재'의 차원을 덧붙인 것이 기독교라는 것이다. 따라서 기독교의 용서는 무엇보다 죄의식과 패배감을 씻고 윤리적 삶을 새롭게 다시 시작할 수 있는 힘과 용기를 가능하게 하는 것으로 이해된다. 다시 말해, 윤리적 질문과 행위에 대한 심각한 요구가 없다면, 용서는 그 의미와 그 힘을 상실한다는 것이다.

물론 기독교 공동체 안에서 의식의 중심은 용서의 차원이 되어야만 하며, 사실 용서는 기독교 예배의 불변하는 차원이다. 비록 윤리적 비전을 제시하는 것이 진화하는 사회적, 문화적 상황에 적합하도록 우리들이 변화하도록 돕는 의식의 한 부분일 수 있지만, 용서의 차원은 기독교 예배의 더욱 지속적인 부분이며 크리스천의 윤리적 질문보다 더 높은 차원이다. 그러나 브라우닝의 주장처럼, 용서가 단지 사람들을 편안하게 해주거나 죄책감을 제거하는 것으로만 이해되어서는 안되며 이것은 언제나 윤리적 차원과 늘 함께 가야하는 것이다.

따라서 교회의 돌봄은 먼저 사람에게 삶의 구조와 성격을 해석해 주고, 살아가는 데 필요한 종교문화적 가치체계를 주는 것에 관심을 가져야 한다. 이럴 때에 심리학의 치료적 수용이나 기독교의 용서가 간과하기 쉬운 윤리적 규범의 결핍 문제를 해결할 수 있게 된다. 기독교는 유대주의의 힘 있고 실천적인 윤리적 합리성으로부터 자라났으므로, 어떠한 상황에서도 본래의 전통을 지키는 것은 중요하다.

그러므로 목회상담(크게는 목회적 돌봄)에 대한 유대-기독교 전통의 신학적, 윤리적 근거를 회복하기 위해서라도 윤리적 규범의 회복이 있어야 한다. 맥네일의 책『A History of the Cure of Souls』그리고 클렙쉬와 재클의 책『Pastoral Care in Historical Perspective』도 기독교 전통에서 윤리와 목회적 돌봄은 거의 동의어였다고 주장한다. 즉, 목회적 돌봄의 역사에서 윤리와 치료적 기능이 구분되지도 않고 서로 갈등을 일으키지도 않았다고 주장한다. 그러므로 목회상담은 윤리적 규범을 강조하는 신학적 전통 위에서 이루어져야 하는 것이다.

5. 상담에서 윤리적 규범 회복을 위한 시도들

최근 많은 학자들이 상담에서 윤리의 중요성에 대해 언급하고 있으나, 그 가운데서 클렙쉬와 재클(Clebsch & Jaekle), 클라인벨(H. Clinebell), 브라우닝(D. Browning)의 주장을 서로 비교하면서, 윤리회복의 움직임에 대한 시도를 분석해 보고자 한다.

1) 클렙쉬와 재클

클렙쉬와 재클(1975)은 기독교 역사에 나타난 목회의 기본적 기능을 다루면서 현대 목회에 결정적으로 부족한 점을 지적하고 있다. 그것은 영혼을 치유하는 세 가지 기능인 치유, 지탱, 안내보다 화해의 기능이 이해되지 못해 왔다는 것이다. 그들은 기독교의 전통에서 화해의 목회는 상호의존되어 있는 두 개의 형태를 활용함으로써 사람들로 하여금 하나님과 이웃과의 바른 관계를 맺을 수 있게 할 수 있다고 주장한다. 그 두 개의 형태란 징계(교정, 목회적 훈계 또는 교회의 규범)와 용서(고백, 참회 및 사죄의 선언)이다. 어떤 개신교의 주류에서는 이러한 목회가 내용 없는 윤리주의에 대한 지나친 반응의 결과라고 과소평가하여 왔다.

그러나 징계를 포함하는 화해는 현대 목회상담에 있어서 가장 시급한 것이라고 클랩쉬와 재클(1975)은 분명하게 주장한다.

> 현대인을 억누르고 있는 죄책감—하나님으로부터의 소외에서 오는 죄책감과 동시에 동료 인간으로부터의 소외에서 발생되는 죄책감—은 인간 고뇌의 한 형태로서 목회에서 다른 어떤 돕는 직업에 있어서보다 오랫동안, 깊이 있게 관심을 받아왔다……. 화해에 대한 새로운 관점에서 볼 때 목회 기술을 사용하는 사람은 치료 기술을 가진 다른 사람들과 보다 깊은 대화를 나누어야 한다. 그리고 단순히 듣는 사람이 될 뿐만 아니라 지나간 이천년 동안 서구 세계의 모든 분야에서 수많은 사람들을 화해시키기 위한 노력으로 실천했던 참회를 듣는 일, 사죄의 선언, 그리고 훈육을 통해 얻은 축적된 지혜를 사용하여 귀중한 공헌을 할 수 있도록 하는 예술가가 되어야 한다. 이러한 화해에 대한 새로운 강조는 영혼을 치료하는 목회를 촉진시켜 우리 시대에서 치유의 능력에 대한 새로운 인식을 갖게 할 것이다(pp. 81-82).

그동안 많은 개신교의 목회상담자들은 죄책감을 그 파괴적인 결과가 입증하는 것만큼 심각하게 다루지 않았다. 율법주의적인 윤리주의를 파괴적이고 비기독교적이라고 적당히 배척한 나머지 죄책감을 해결할 효율적인 방법을 발견하는 데도 그렇고 사람들을 도와서 건설적인 양심을 발전시키는 데도 실패하여 왔는데, 이 점을 클랩쉬와 재클은 분명히 지적하고 있다.

2) 하워드 클라인벨

클라인벨은 이 윤리의 문제에 대해 좀 더 자세하게 다룬다. 그는 일찍이 그의 책 『Basic Types of Pastoral Counseling』(1966)에서 수정된 모델이라고 부르는 목회상담에 대한 새로운 모델을 제시했다. 이것은 아직도 어느 정도 힐트너가 그의 추론적 방법에서 사용하는 프로이트와 로저스의 성향과 "내담자중심" 통찰력을 사용하는 것이었다. 그러나 클라인벨의 모델은 많은 경우에 상담에서 지지적이고, 실재를 직면하고, 미래지향적이며, 정보를 주고, 적극적이며 행동적 접근에 대한 필요를 강조함으로써 프로이트나 로저스 이론에 깊이 영향을 받았던 다른 이들을 넘어선다. 그의 글은 현대 세속 심리치료 심리학의 중립적이고 기술적인 목소리—과학적이 되고자 하고 윤리주의에 두려움을 느끼는 심리학—를 여전히 많이 취하지만, 이 책의 한 장에서 상담에서 윤리적 관심의 필요성, 즉 상담에서 윤리적 대결의 역할에 대해 논한다. 클라인벨(1966, p. 227)은 자신 있게 "목사는 상담에서 그가 옳다고 생각하는 것에 대해 결코 소심하지 말아야 한다."고 주장한다.

그러나 그는 후에 『Basic Types of Pastoral Care and Counseling』(1984)에서 좀 더 적극적으로 이 윤리의 문제를 다룬다. 특히 그는 죄책감에는 다양한 종류가 있으며 그에 대한 접근방법도 다양할 수 있음을 제시한다. 사사로운 죄책감, 혼돈된 양심, 독선적인 양심, 개발되지 못한 양심, 의미를 찾지 못하는 사람들, 사회적 양심이 개발되지 않은 사람들 등을 제시하며 이들에게 어떻게 바른 윤리관을 심어줄 수 있을지를 구체적으로 논한다. 예를 들어, 일반적인 사사로운 죄책감은 다섯 단계를 거쳐서 해결될 수 있다. 대결(confrontation), 고백(confession), 용서(forgiveness), 회복(restitution: 파괴적인 행동의 변화), 그리고 화해(reconciliation)이다. 이것은 공식적으로 로마가톨릭교회에서 속죄의 성례전으로 불리는 것으로, 오랜 화해의 전통을 가진 성례전의 지혜에서 빌려온 것이다. 이 다섯 단계에 대해 좀 더 논해 보면 다음과 같다.

첫째 단계는, 가장 중요한 요소인 대결이다. 만일 상대방을 고려하지 않고 일방적으로 자신이 진리라고 믿는 것만을 이야기한다면 이것도 문제이지만, 상담자가 너무 수동적이고 수용적이 된다면 이것도 역시 내담자에게서 신뢰감이나 공감을 얻지 못한다. 적절한 때에까지도 전혀 대결을 하지 않는 상담자는 "잔인한 친절"에 종사하는 것이다. 대부분의 사람들은 현재의 행동의 고통을 경험해 보기 전에는 변화가 되지 않는다. 대결은 이 고통을 알 수 있도록 돕는 것이며 그 행동이 변화되도록 돕는 것이다.

실제로 많은 사람들은 목회자를 그들이 속한 종교적 전통의 가치관을 지니고 있는 사람으로 생각하고 있다. 죄책감을 느끼는 어떤 사람이 목사에게 와서 도움을 요청할 때, 만일 목회자가 그들을 수용한다고 하여 그들의 잘못된 행동을 직면하지 않고 묵시적으로 용서하는 것처럼 생각하도록 한다면 그들은 오히려 혼돈을 일으키게 될 것이다. 그러므로 상담에서 목회자는 결코 옳다고 판단되는 것에 대해 두려워하면 안 된다. 권위주의적, 독선적, 그리고 배타적이 되지 않으면서 기본적인 성실성 문제에 대해 확고한 입장을 취하는 것은 중요한 일이다.

둘째 단계로, 고백이다. 자아 대결은 두 번째 단계인 고백으로 자연스럽게 이르게 한다. 자발적인 고백은 흔히 상담에서의 초기 카타르시스 단계에서 일어난다. 내담자에게 죄책감의 상처를 알아보게 하고, 죄책감을 쏟아 놓도록 격려하는 것은 대단히 중요한 일이다. 자신의 고통스러운 죄책감을 경험하고 표현하는 것은 정화하고 치유하는 과정에 있어서 필수적인 부분이다. 그러므로 상담자는 내담자를 도와서 죄책감을 모든 면에서 충분히 경험하고 표현하게 해야 한다.

셋째 단계는, 용서이다. 참회를 듣고 하나님의 용서의 통로로서(교회와 그 전통의 대표자로서) 봉사하는 것은 목회자의 기능이다. 이 목회자의 잠재적인 가치는 흔히 교회의 전통을 중요시하지 않는 자들에 의해 무시되기 쉬운데, 이것은 우리의 귀중한 유산임을 기억해야 한다. 예를 들어, 음주로 여러 사람에게 해를 끼치고 죄책감에 사로잡혀 있는 사람과 상담을 한 후(깊은 참회를 포함해서), 목회자가 그를 위해 하나님의 용서를 구하는 기도를 드리게 될 때, 이것은 기독교의 가르침인 기쁜 소식을 상징하는 화해를 보여준 것이다. 이것은 은총의 통로로서 이로 인하여 정화와 용서가 그 사람에게 생생하게 와닿게 되는 것이다.

넷째 단계는, 회복이다. 만일 참회와 용서가 지속적인 변화와 화해로 이어지려면 사람들에게 근원적인 해를 끼치는 파괴적인 행동, 태도 및 신앙을 변화시키는 회복과 책임적인 행동이 따라와야 한다. 정화와 용서를 경험하게 되는 내적인 통로는 사람들이 다른 사람들이나 자신들에게 행한 상처를 치유하기 위해, 또는 보다 관심을 갖고 책임적인 삶을 살기 위해 모든 가능한 노력을 다하지 않는 한 부분적으로 차단되게 된다.

"값싼 은혜"는 결코 변화를 가져오는 은혜가 아니다. 알코올중독자들의 회복을 위한 열두 단계의 프로그램은 준엄한 윤리적 자아대결의 중요성을 설명해 준다. 열두 단계 중의 처음 일곱 개는 하나님과 다른 사람들에게 우리의 잘못의 정확한 성격을 인정하는 것(참회) 을 포함하며, 나머지 부분은 "우리들이 해를 끼친 모든 사람들의 명단을 작성하는 것"과 그렇게 함으로 자신이나 "다른 사람에게 상처를 입히지 않는다면 가능한 한 그런 사람들을 직접 고쳐주는 것" 등을 포함한다(Alcoholic Anonymous, 1976).

이러한 내적 정화가 알코올중독자로 하여금 영적인 각성을 회복하게 하는 것은 우연한 일이 아니다. 목회자는 알코올중독자가 아닌 내담자에게 죄가 되고 무책임한 생활에서 오는 윤리적인 찌꺼기가 쌓인 삶을 철저하게 정화하도록 도와주어야 한다. 그렇게 하는 대가로 내적인 평화와 용서 및 회복된 관계를 얻을 수 있게 된다(Glasser, 1965).

마지막 단계로, 화해이다. 앞에 언급한 과정들을 통하여 우리는 하나님과 그리고 이웃과의 진정한 화해를 이루게 된다. 이처럼 대결적인 상담접근방법은 흔히 죄책감으로 마비되었던 사람을 해방시켜 보다 책임적인 기능을 발휘할 수 있게 하며, 그들을 도와서 계속되는 자신의 악순환의 덫에서 해방될 수 있게 하여 온전히 기능하는 인간이 되도록 돕는 것이다.

이와 같이 올바른 가치관을 제시하고 도전을 주는 방법을 통해 클라인벨은 사람들에게 파괴적인 결과를 줄 수 있는 죄책감의 문제를 해결하려고 했고, 이러한 건설적인 양심을 회복시킴으로써 온전한 치료와 상담이 이루어질 수 있다고 보았다.

3) 돈 브라우닝

시카고대학 신학부의 돈 브라우닝(1976, p. 77) 역시 "상담의 필수적인 요소인 수용의 개념이나 용서도 만일 윤리적인 명령이나 심판이 결여되어 있는 상황이라면 아무런 의미가 없다."라고 주장하며, 상담 및 목회적 돌봄에서 윤리적 규범의 상실이 가장 심각한 문제임을 말한다.

> 목사는 병자와 죽어 가는 사람을 상담할 명백한 의무가 있다. 그러나 그는 무엇보다 먼저 공동체로 하여금 병과 죽음의 의미에 대한 종교문화적 견해를 갖도록 도와야만 한다. 확실히 목사는 결혼문제, 성문제, 이혼문제를 가진 사람들을 상담해야 하지만, 먼저 그 사람들 안에 결혼, 성, 이혼의 규범적 의미에 대한 긍정적인 비전을 갖도록 도와야 한다. 오늘날 목회상담에 있어서 어려움은, 상담을 위한 맥락을 구성해야 하는 의미의 구조를 발전시키는 것에 대한 도전보다도 상담의 도구를 토론하는 데 더 많은 시간을 소비한다는 것이다(pp. 108-109).

그러나 브라우닝은 단지 윤리의 중요성만을 강조하는 학자들과는 달리 오늘날에 있어서 어떻게 윤리 규범을 만들어야 하는지 구체적인 방법론을 제시한다. 왜냐하면, 어느 경우에는 전통적인 규범이 자동적으로 오늘날 상황에 그대로 적용될 수 없다고 보기 때문이다. 그는 전통적인 권위가 무너지고 있는 때에, 우리는 우리의 실천적 행동을 인도하도록 이제까지 받아지던 전통을 더 이상 무비판적으로 의존할 것이 아니라, 전통에 대해 비판적으로 생각해 볼 것을 제안한다.

오늘날 우리의 상황에 맞는 실제적인 윤리적 규범을 만들기 위해 그는 전통과 세속문화(특히 심리학)와의 비판적 대화를 주장하는데, 다음 다섯 가지 차원에서 상호간 대화가 이루어져야 한다고 본다. 첫째, 은유적 차원(우리는 어떠한 세계에 살고 있는가? 무엇이 가장 궁극적인가?), 둘째, 의무적 차원(우리는 무엇을 해야 하는가?), 셋째, 욕구-경향성 차원(윤리적 판단을 하기에 앞서, 인간의 기본적인 욕구는 과연 무엇인가?), 넷째, 상황적 차원(지금 우리의 상황은 어떠한가?), 마지막으로, 규칙-역할 차원(앞의 대화들을 통해 어떤 행동 규정을 우리는 만들 수 있는가?)이다. 이와 같이 대화를 강조하는 이유는, 권위주의는 오히려 신경증적 질병을 초래한다는 것을 오늘날 심리학에서 잘 밝혀주고 있기 때문에, 권위주의에 빠지지 않고 대화로서 현대인이 이해할 수 있는 윤리적 규범을 세우고자 했기 때문이다.

여기서 트레이시(David Tracy)를 따르면서, 브라우닝은 그의 방법을 "수정된 상호연결방법(revised correlational method)"이라고 부르는데 그것은 틸리히의 상호연결방법—심리학 같은 세속 분야에 의해 제기되는 실존적 질문들에 답하기 위해 종교적 전통으로 연결시키는 방법—과 달리, 브라우닝은 '질문'들뿐만 아니라 '답'들도 심리학(또는 일반세속문화)에 의해 제시된다고 보기 때문이다. 브라우닝은 일반세속문화(사회학, 정치학, 경제학, 예술 등) 중에서도 특히 심리학에 큰 관심을 보이는데, 그 이유는 심리학이 현대 많은 사람들의 삶 속에서 중요한 위치를 점유하고 있는 것으로 믿기 때문이다(Rieff, 1968). 미국이란 상황에서 오늘날 삶의 복잡성, 종교적 언어의 상대적 약화, 우리 세계 안에 넘치는 의미성에 대한 요구 때문에 심리학들이 점점 종교의 영역을 차지해가고 있음을 그는 보면서, 다원주의라는 오늘의 상황에서 신학이 단지 일방적인 독백이 아니라 공적 신학(public theology)으로서 인정을 받기 위해 이런 상호비판적 대화가 필요하다고 주장한다. 즉, 문화에 큰 영향을 미치는 심리학의 기술적 배후에 있는 철학들과 기독교 신앙과의 상호비판적인 대화를 통해 현대를 살아가는 기독교인(더 나아가 비기독교인인 현대인)에게 오늘에 맞는 윤리적 규범을 제시하고자 하는 것이었다(Browning, 1987). 예를 들어 브라우닝은 최근의 이슈가 되는 동성애 문제에 대해 우리가 어떤 윤리적 입장을 가져야 할지를 앞에 언급한 5단계를 통해, 즉 신학과 심리학과의 대화를 통해 분석해 보았다. 이러한 대화를 통해 동성애는 오랜 역사 동안 내려온 것으로 인간의 심리학적 성향을 볼 때 죄라고 규정하기보다는 이성애적 사랑과 비교하여 올바른 윤리 규범이 될 수 없다는 주장을 하고 있다. 비록 완벽하지 않더라도 그리고 정통적인 기독교 윤리관의 입장에서는 비판을 받을 요소가 많이 있지만, 오늘날 기독교 가치관에 맞는 윤리관을 대화를 통해 얻고자 하는 이러한 그의 진지한 시도에는 귀를 기울일 필요가 있다고 판단된다(박노권, 2004).

6. 나오는 말

오늘날 우리 문화의 윤리적인 혼란과 충돌 및 복합성은 혼돈된 양심의 문제를 만들어 내는데, 이러한 시대의 모습을 폴 틸리히(1952)는 이미 정확히 표현했다.

> 그 형태는 각각 다르지만 모든 개인에게 잠재적으로 현존하는 불안은 만일 익숙해진 의미, 권력, 신앙, 그리고 질서의 구조가 분해된다면 일반적인 것이 된다. 이 구조가 불안을 붙들어 매고 있다. 그러나 커다란 변화의 시대에는 이런 방법이 더 이상 실효가 없다(Tillich, 1952, p. 62).

롤로 메이(1967)도 우리 시대의 만화경처럼 변하고 있는 생의 도전에 대해서 분명하게 말한다.

> 문화가 전환기의 깊은 충격을 받게 될 때 사회 속의 개인들은 점차 정신적, 감정적 충격 때문에 고통을 당하게 된다. 통용되었던 관습과 사고방법이 더 이상 안전을 보장해 주지 못하는 것을 발견하고 사람들은 독단주의나 순응주의로 전락하든지, 사실을 알려는 생각을 포기하든지, 아니면 새로운 확신과 새로운 토대 위에서 그들의 실존을 파악하려는 보다 높은 자의식을 가지려고 노력하게 된다(p. 17).

현대인이 처한 이런 상황에서, 낡은 윤리적 확신을 회복하려는 광적인(그러나 쓸모없는) 권위주의적 종교집단의 노력은 걷잡을 수 없는 우리 시대의 불안과 불확실성에 대한 방어적인 반응으로서의 반사작용이라고 이해할 수 있다. 그렇다면 우리는 바람직한 정신건강을 위해서 어떻게 올바른 윤리적 규범을 회복할 수 있겠는가? 먼저, 목회상담자들은 모든 가치관에 관한 문제에 대해 권위적인 해답을 주려고 시도하기보다는, 오히려 사랑과 관심을 갖고 지지해 주는 환경을 만들어 주면서 가치관을 분명하게 밝혀주는 것이 필요하다. 그리고 이를 위해서는 브라우닝이 제기한 비판적 대화를 통해 오늘날 기독교적인 윤리적 규범을 상담자는 자신 안에 갖고 있어야 한다.

일반 상담자가 가치중립(value free)적 입장을 취한다고 하나 분석해 보면, 나름대로 어떠한 가치규범, 특히 프로이트나 로저스의 경우처럼 윤리적 이기주의를 그 배경에 가질 수 있으며, 이럴 경우 이러한 윤리적 이기주의를 내담자에게 제시할 가능성이 있고, 이것은 기독교적 상담에서 바람직하지 못한 결과를 초래할 수 있는 것이다(Browning, 1976). 그러므로 유대 기독교 전통 속에 구현되어 있는 인간을 향상시키는 바른 가치관을 갖도록 도와주는 것이 오늘날 목회상담에서 전인건강을 위해 해야 할 중요한 역할인 것이며, 상호 신뢰하는 관계 속에서 사람들은 그들의 혼돈되고 충돌을 일으키는 파괴적인 가치관을 재평가하고 분명하게 할 수 있는 것이다.

그러나 오늘날 이슈가 되고 있는 문제들에 대해 목회자 개인이 사회학, 심리학 등의 연구를 통해 바람직한 윤리를 추구하는 것은 쉽지 않으므로, 전교회적으로 이러한 일을 위한 노력이 필요할 것이다. 가톨릭이나 일부 미국의 개신교회들은 사회문제, 예를 들면, 동성애문제, 이혼, 낙태, 성, 결혼, 여성, 노동, 가난 등의 문제에 대해 교단의 입장을 나타내고 있는데, 이러한 바른 윤리적 규범을 교회가 사회 속에서 제시하는 것은 매우 중요하며, 상담학적 측면에서 볼 때, 기독교인의 정신건강을 위해서 이런 작업이 개인주의화되는 시대 속에서 앞으로 목회상담자들이 해야 할 과제라고 본다.

참고문헌

박노권 (2013). 종교심리학. 대전: 목원대학교출판부.

박노권 (2004). "Analysis of Don Browning's Method for Pastoral Care to establish Erthical Norms on the Issue of Homosexuality." 한국기독교신학논총, Vol. 36(1).

Bergin, A. E. (1991). "Values and Religious Issues in Psychotherapy and Mental Health," *American Psychologist* 46 (1991), 394-403.

Browning, D. (1987). *Religious Thought and the Modern Psychologies.* Philadelphia: Fortress Press.

Browning, D. (1983). *Religious Ethics and Pastoral Care.* Philadelphia: Fortress Press, 1983.

Browning, D. (1976). *Moral Context of Pastoral Care.* Philadelphia: Westminster Press.

Clebsch, W. A., & Jaekle, C. R. (1975). *Pastoral Care in Historical Perspective.* New York: Jason Aronson.

Clinebell, H. (1984). *Basic Types of Pastoral Care and Counseling.* Nashville: Abingdon Press.

Clinebell, H. (1966). *Basic Types of Pastoral Counseling.* New York: Abingdon Press.

Dannies, W. D. (1967). *Introduction to Pharisaism*. New York: Fortress Press.

Freud, S. (1989). *Civilization and Its Discontents*. trans. and ed. James Strachey. New York: W. W. Norton &Company.

Hartmann, H.(1960). *Psychoanalysis and Moral Value*. New York: International Universities Press.

Hiltner, S. (1949). Seward. *Pastoral Counseling*. New York: Abingdon Press.

Hiltner, S. (1958). *Preface to Pastoral Theology*. New York: Abingdon Press.

Holifield, E. B. (1983). *A History of Pastoral Care in America*. Nashville: Abingdon Press.

Holms, U. T. (1971). *The Future Shape of Ministry*. New York: Seabury Press.

James, W. (1997). **종교체험의 여러 모습들** (김성민, 정지련 역). 서울: 대한기독교서회. (원저 1902년 출판).

May, R., (Ed.). (1967). *Existence: A New Dimension in Psychiatry and Psychology*. New York: Simon &Schuster.

McNeill, J. T. (1951). *A History of the Cure of Souls*. New York: Harper and Brothers.

Menninger, K. (1973). *Whatever Became of Sin?*. New York: Hawthorn Books, Inc.

Rieff, P. (1968). *The triumph of the therapeutic: Uses of faith after Freud*. New York: Harper & Row.

Rogers, C. (1957). *Client-Centered Therapy*. Boston: Houghton Mifflin Co.

Tillich, P. (1952). *The Courage To Be*. New Haven: Yale University Press.

Weber, M. (1963). *The Sociology of Religion*. trans. Ephraim Fischoff. New York: Beacon Press, Inc.

Weber, M. (1952). *Ancient Judaism*. trans. Hans Geerth and Don Martindale. New York: Free Press.

찾아보기

인명

내용

저자 소개(가나다순)

가요한
한동대학교 상담심리사회복지학부 교수

권수영
연세대학교 신과대학/연합신학대학원 목회신학 교수

박노권
목원대학교 신학대학 목회와 상담 교수

오오현
호남신학대학교 목회상담학 교수

유상희
치유상담대학원대학교 교수

유영권
연세대학교 신과대학/연합신학대학원 상담코칭학과 교수

이상억
장로회신학대학교 실천신학 목회상담학 교수

장정은
이화여자대학교 기독교학과 교수

최재락
전 서울신학대학교 신학과 교수

최지영
나사렛대학교 교수

하재성
고려신학대학원 교수

황헌영
서울신학대학교 상담대학원 교수

기독(목회)상담총서 ③
종교적 경험과 심리

2018년 5월 25일 1판 1쇄 발행
2024년 6월 20일 1판 3쇄 발행

지은이 • 한국기독교상담심리학회
펴낸이 • 김 진 환
펴낸곳 • (주) 학지사
04031 서울특별시 마포구 양화로 15길 20 마인드월드빌딩 5층
대표전화 • 02) 330-5114 팩스 • 02) 324-2345
등록번호 • 제313-2006-000265호
홈페이지 • http://www.hakjisa.co.kr
인스타그램 • https://www.instagram.com/hakjisabook

ISBN 978-89-997-1559-4 93180

정가 19,000원

저자와의 협약으로 인지는 생략합니다.
파본은 구입처에서 교환하여 드립니다.

이 책을 무단으로 전재하거나 복제할 경우 저작권법에 따라 처벌을 받게 됩니다.

출판미디어기업 **학지사**

간호보건의학출판 **학지사메디컬** www.hakjisamd.co.kr
심리검사연구소 **인싸이트** www.inpsyt.co.kr
학술논문서비스 **뉴논문** www.newnonmun.com
원격교육연수원 **카운피아** www.counpia.com
대학교재전자책플랫폼 **캠퍼스북** www.campusbook.co.kr